퀀트 전략을 위한
인공지능 트레이딩

퀀트 전략을 위한 인공지능 트레이딩

파이썬과 케라스를 활용한 머신러닝/딥러닝 퀀트 전략 기술

초판 1쇄 발행 2020년 8월 20일
초판 2쇄 발행 2021년 1월 11일

지은이 김태헌, 신준호 / **펴낸이** 김태헌
펴낸곳 한빛미디어(주) / **주소** 서울시 서대문구 연희로2길 62 한빛미디어(주) IT출판부
전화 02-325-5544 / **팩스** 02-336-7124
등록 1999년 6월 24일 제25100-2017-000058호 / **ISBN** 979-11-6224-331-2 93000

총괄 전정아 / **책임편집** 서현 / **기획** 서현 / **교정** 김묘선
디자인 표지 이아란 내지 김연정 전산조판 김민정
영업 김형진, 김진불, 조유미 / **마케팅** 박상용, 송경석, 조수현, 이행은, 고광일 / **제작** 박성우, 김정우

이 책에 대한 의견이나 오탈자 및 잘못된 내용에 대한 수정 정보는 한빛미디어(주)의 홈페이지나 아래 이메일로
알려주십시오. 잘못된 책은 구입하신 서점에서 교환해 드립니다. 책값은 뒤표지에 표시되어 있습니다.

한빛미디어 홈페이지 www.hanbit.co.kr / 이메일 ask@hanbit.co.kr

지금 하지 않으면 할 수 없는 일이 있습니다.
책으로 펴내고 싶은 아이디어나 원고를 메일(writer@hanbit.co.kr)로 보내주세요.
한빛미디어(주)는 여러분의 소중한 경험과 지식을 기다리고 있습니다.

퀀트 전략을 위한

인공지능 트레이딩

김태헌,
신준호 지음

한빛미디어
Hanbit Media, Inc.

당신은 자산을 투자할 때 이번 한 번만 수익을 기대하는가, 아니면 지속적으로 수익을 내고자 하는가? 어쩌다 한 번이 아니라 지속적으로 수익을 내기 위해서는 직감에 의존하지 말고 데이터와 알고리즘을 기반으로 투자해야 한다. 즉, 투자에서 재료는 데이터이고 그걸 요리해서 수익을 내는 방법은 퀀트 전략 모델링 및 머신러닝이라고 할 수 있다. 이 책은 여러 가지 레시피는 물론이고 어떻게 데이터를 요리해서 수익을 낼지에 관해 기본기부터 고급 기술까지 폭넓게 다루고 있다. 예제를 하나하나 따라 하다 보면 어느새 자신만의 투자 레시피를 만들고 있는 당신을 발견하게 될 것이다.

김도국 카카오엔터프라이즈 AI 연구원

인공지능과 빅데이터는 우리 삶의 곳곳에 파고들었고 금융도 더는 예외가 아니다. 이 책은 이러한 시대의 흐름에 발맞춰 퀀트 투자를 효과적으로 정리하고 알기 쉽게 설명하고 있다. 퀀트 투자를 시작하는 이들을 위한 입문서이자 투자 전문가들이 놓치기 쉬운 포인트도 짚어주는 전문서다. 이 책을 통해 한국의 투자 전문가들이 글로벌 퀀트 투자자로 거듭나는 기회를 얻게 될 것이다. 또한 한국 금융 시장이 글로벌 시장으로 도약하는 데 좋은 발판이 될 것으로 기대한다.

김보미 하나금융융합기술원 책임연구원
전) 뱅크오브아메리카 퀀트

이 책에는 저자의 경험과 노하우가 압축되었다. 단순 최신 트렌드를 좇는 것이 아니라 실무에서 실제로 사용하는 기술을 예제를 통해 쉽게 풀어나갔으며 섬세하게 디테일도 놓치지 않으려 노력한 흔적이 곳곳에 엿보인다. 다양한 각도에서 생각할 수 있도록 독자를 이끄는 점이 인상적이다.

김슬기 LG CNS 미래전략사업부

금융투자 분야는 전통적인 제조업과 달리 인적 자원에 크게 의존하는 지식기반 산업이다. 하지만 인공지능이 금융 지식을 사람과 비교할 수 없는 속도로 습득하기 때문에, 미래의 금융투자는 현재와 완전히 다른 양상으로 전개될 것이다. 데이터에 기반한 현명한 투자 의사결정에 대한 인사이트를 얻고 싶은 분에게 꼭 추천하고 싶은 책이다.

남민주 미래에셋자산운용 부동산운용본부

나는 미국 Dataminr에 근무하는 동안 트위터를 실시간 분석하여 기업 관련 사고는 물론 테러, 총기난사 등 사건 정보를 발생 직후 실시간으로 투자기관에 제공했다. 이렇게 미국 금융업계는 다양한 데이터를 AI 기술로 적극 활용하고 있다. 투자 전략이 기밀인 금융계의 특성상, 기관과 전문가가 얼마나 발 빠르게 AI를 공부하고 활용하는가에 따라 실력차가 크게 벌어질 것이다. 이 책은 바로 그 시작 지점에서 독자에게 기본 지식과 앞으로의 공부 방향을 친절하게 제시하고 있다.

박소영 전) 미국 Dataminr Domain Expert

급변하는 금융업계가 앞으로 어떻게 바뀔 것인지에 대해 훌륭한 인사이트를 불어넣는 책이다. 생소했던 AI 분야가 장차 금융업계에 어떻게 녹아들어갈지, 저자는 쉬운 용어와 구체적 사례 및 데이터를 기반으로 독자들을 매료시킨다. 저자가 가리키는 길을 따라가다 보면 금융업계의 미래가 그려질 뿐만 아니라 내 자산을 어떻게 관리할지에 대한 인사이트도 얻게 될 것이다.

이요한 케이프투자증권 IB 사업부

2020년 4월 기준 증권사에 개설된 주식계좌는 약 3,100만 개로 대한민국 인구의 절반을 넘어섰다. 경제 성장의 둔화와 지속되는 저금리 기조로 1%대 예금 금리도 보장받지 못하는 시중의 유동성이 새로운 투자처를 찾아나서는 건 당연한 절차로 보인다. 이 책은 계량 분석, 프로그래밍과 인공지능 개념이 보편화된 오늘날의 투자자에게 합리적인 투자 전략과 이를 위한 기술을 함양해주는 좋은 입문서다. 이 책을 접한 후 퀀트 투자는 이제 전문가의 성역이 아니다. 정복의 대상이 될 것이다!

이황복 삼정KPMG Data & Analysis 시니어 컨설턴트

4차 산업혁명 시대에 걸맞게 금융의 다방면에서도 인공지능이 적용되고 있다. 방대한 데이터 속에서 양질의 데이터를 추출하기 위한 투자 도구로 머신러닝/딥러닝이 새롭게 부상하고 있는 것이다. 이 책은 머신러닝/딥러닝의 트렌드와 투자 영역에서의 실전 적용 사례를 이해하기 쉽게 설명하고 있다. 현업 종사자뿐만 아니라 일반 투자자에게도 새로운 투자 방법을 안내해주는 훌륭한 길잡이가 될 것이라 기대한다.

정승원 한국투자증권 투자공학부

이 책은 실제 투자자 입장에서 아직은 뚜렷하지 않은, 그러나 피할 수 없는 머신러닝 및 인공지능과 금융투자의 교차로에 대해 심도 있게 기술하고, 앞으로 금융투자가 나아가게 될 여러 방향에 기반이 되는 방법과 예제를 제시하여 시야를 넓혀준다. 이 책을 통해 투자자들은 금융투자 분야에서 어떠한 데이터가 어떠한 모형을 통해 머신러닝과 인공지능을 활용하게 될지 직접 시험해보고, 다가오는 미래의 금융투자에 한걸음 더 가까이 다가갈 수 있을 것이다.

정승재 Viva Republica(토스) 데이터 사이언티스트

지은이 소개

지은이 **김태헌** data.manyo@gmail.com

데이터 과학자로 하나금융융합기술원에서 로보어드바이저, 신용평가 시스템 개발 등의 프로젝트에 참여하고 있다. 중학생 때부터 10여 년간 중국에서 거주하며 베이징 대학교를 졸업했고 미국 캘리포니아 대학교 샌디에이고에서 국제경제 석사 학위를 받았다. 역서로는 『단단한 머신러닝』과 『데이터 과학자와 데이터 엔지니어를 위한 인터뷰 문답집』(이상 제이펍, 2020)이 있다.

지은이 **신준호** junho9314@gmail.com

컴퓨터소프트웨어학을 전공했으며, 하나금융융합기술원 AI Quant Cell에서 로보어드바이저, 투자 전략 백테스팅 시스템 등을 개발한다.

기계가 인간을 이겼다는 소식은 이제 우리에게 익숙하다. 미국 최장수 퀴즈쇼 〈제퍼디!Jeopardy!〉 에서 인간 챔피언들을 압도하며 우승한 IBM의 왓슨Watson, 몇 년 전 우리나라에 인공지능 열풍을 몰고 온 알파고AlphaGo, 게다가 인간 고유의 영역이라 여기던 시, 그림, 음악 등 창작까지, 이제 기계가 못할 일은 없어 보인다. 물론 금융 영역, 특히 투자 방면에서도 '인간 투자자를 이긴 인공지능' 같은 자극적인 머리기사를 종종 보곤 하지만 아직까지 투자에서 기계가 사람을 앞선다고 생각하는 사람은 많지 않다.

그런데 왜 유독 주식시장의 주가 예측, 트렌드 예측이 다른 예측보다 더 어려운 걸까? 머신러닝이 많이 사용되는 대표 분야 '이미지 인식'을 예로 들어보자. 강아지의 코나 눈 모양은 품종이 달라도 미래에 크게 바뀌지 않을 것이며 품종이 다른 강아지 A와 B에서도 비슷하기 때문에 패턴 인식이나 예측에서 좋은 성능을 낼 수 있다. 하지만 주식시장 예측에서 기반이 되는 주가 데이터는 시계열 데이터time series data의 일종이다. 쉽게 말해 특정 시점 t_1에 x_1이라는 데이터 하나밖에 존재하지 않는다. 따라서 기존 데이터를 통해 패턴을 학습하는 머신러닝은 과거 패턴과 미래 패턴이 동일하지 않다면 좋은 성과를 내기가 어렵다. 설상가상으로 주가를 움직이는 요소가 매우 복잡하기 때문에 적절한 변수를 사용하지 않는 한 많은 잡음noise을 갖게 된다.

그렇다면 머신러닝으로 주식시장을 예측하는 것은 불가능한 걸까? 불가능하다면 왜 세계적인 헤지펀드, 투자은행이 앞다퉈 데이터 사이언스 팀을 만들고, 머신러닝을 활용한다는 퀀트 기반 펀드들이 좋은 퍼포먼스를 보여주는 걸까? 반대로, 예측이 가능하다면 머신러닝 기반의 하드코어 퀀트가 전통적 투자자를 대체하게 될까?

사실 머신러닝을 활용한 투자 전략 개발은 역사가 10년도 채 되지 않았다. 투 시그마Two Sigma, 시타델Citadel LCC 등 세계적 헤지펀드, 투자은행의 수석 데이터 과학자들이 모인 〈AI and Big Data Conference〉에서 이들은 머신러닝을 기반으로 한 퀀트 투자가 기존 투자 방법을 완벽하게 대체하지는 못할 것이라고 입을 모았다. 하지만 의사결정의 보조 수단이나 새로운 알파를 찾는 돌파구가 될 수 있다고 확신했다. 결론적으로 머신러닝을 활용한 투자 전략은 정도의 차이가 있을 뿐 이미 유효성이 입증되었고, 수많은 훌륭한 오픈 소스 플랫폼과 '데이터 민주화'에 힘입어 개인도 충분히 도전해볼 만한 가치가 있다고 생각한다.

자세한 내용은 본문에서 다루겠지만, 머신러닝은 급물살을 타고 빠르게 발전하고 있다. 이에 금융 시장에서도 머신러닝을 이용한 전략이 속출할 수밖에 없다. 예를 들어보자. 위 그림은 GAN(생성적 적대 신경망)의 일종인 BEGAN 알고리즘으로 구현한 사람들의 얼굴로, 할리우드 스타나 그 외 사진 데이터를 받아 만든 가상 인물이다. 이런 기술이 선보였을 때 금융계에 종사하는 데이터 과학자라면 어떤 생각을 했을까? '저런 기술을 이용해 가상의 주식시장 데이터를 만들어볼 수는 없을까?' 그리고 이 생각을 실행에 옮긴 곳이 이미 여럿 있다. 데이터 부족이라는 단점을 기술로 극복하려는 것이다. 물론 실무에 사용하려면 많은 실험과 검증을 거쳐야겠지만 이론적으로는 충분히 가능한 이야기다.

머신러닝, 특히 딥러닝 기술을 적용하려면 다량의 데이터가 필요한데, 앞서 말한 것처럼 주가 데이터는 시계열이기 때문에 특정 시점에 하나의 데이터만 존재한다. 하지만 특정 시점이 아닌 일정한 기간을 놓고 볼 때 해당 종목과 움직임이 비슷한 주가 데이터가 수없이 많이 양산된다면 딥러닝 기술을 예측에 적용하는 것이 가능할 것이다.

주식시장의 발 빠른 확산을 보여주는 또 다른 증거는 바로 가파르게 성장하고 있는 대체 데이터alternative data 시장이다. 대체 데이터에 대해서는 여러 정의가 있지만 기본적으로는 기존 금융권에서 사용하지 않았던 데이터 소스를 이용하는 것이라고 할 수 있다. 가장 잘 알려진 예로, 미국 월마트 주차장에 세워진 차들의 위성사진을 기반으로 월마트 매출을 예측해 투자에 활용한 사례가 있다. 이때 사용된 위성사진 데이터가 대체 데이터인 셈이다. 엄밀히 말해 위성사진 데이터는 기존의 금융 데이터를 대체하는 것이 아니라 보조하는 것이며, 이에 대해서는 본문에서 상세히 다루겠다.

이렇듯 삶의 곳곳에서 숨만 쉬어도 데이터가 양산되는 시대에 각종 데이터를 투자에 활용하려는 움직임은 상상을 초월한다. 날씨 데이터를 사용해 선물가격을 예측하고, 건물의 그림자 사진을 토대로 부동산 투자를 한다. 이러한 데이터는 대부분 일반인이 쉽게 구할 수 없지만, 구글 트렌드나 위성사진 데이터 같은 공개된 데이터 중에도 대체 데이터로 이용할 만한 데이터가 꽤 많다.

그림 10년 만에 4배로 성장한 대체 데이터 시장(대체 데이터 공급 업체 수)

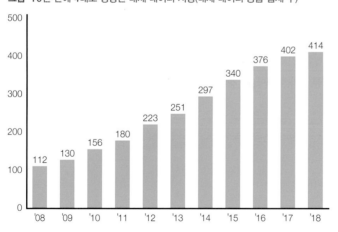

얼마 전에 코로나19 난리통에 산유국 사이에 '치킨게임'이 벌어지면서 원유시장에 대혼란이 왔다. 원유 가격이 '역대급' 저가 행진을 계속하자 한국의 많은 20, 30대 젊은 투자자들이 빚까

지 내서 그 어느때보다도 적극적인 투자를 하고 있다. 많은 개인 투자자들은 '언젠가는 원유 가격이 이전으로 회복하겠지' 하는 '가치투자' 개념으로 투자에 임했다. 반면 미국 퀀트 투자기관은 골드만삭스와 구글벤처스가 투자한 스타트업 오비탈 인사이트^{Orbital Insight}가 위성사진 데이터를 AI기술로 분석한 자료를 통해 원유 재고량과 생산량을 실시간으로 파악해 투자했다. 이들은 원유 탱크에 드리워진 그림자를 통해 저장량을 가늠하기 때문에 그 누구보다 더 빠르게 관련 정보를 얻을 수 있다. 오늘날에는 정보(데이터)와 정보의 가공력(AI기술)이 주식 투자의 승패를 가른다.

대체 데이터뿐만 아니라 각종 API를 통해 수많은 금융 데이터를 활용할 수 있는 환경에 놓여 있다. 어떤 이들은 이를 '데이터 민주화'라 부른다. 데이터 민주화는 기관만이 아니라 개인에게도 머신러닝 방법을 통해 알파를 찾을 수 있는 기회를 열어주었다. 무료 오픈 소스인 파이썬, R 등의 도구만 있으면 누구든 쉽게 데이터를 가공하고 활용해 투자 전략을 모델링할 수 있다.

이 책의 주요 목적은 자신만의 투자 가설을 머신러닝 툴(파이썬 + 머신러닝 알고리즘)을 통해 실현 가능하도록 돕는 것이다. 가령 "SMA, EMA, RSI 같은 기술 지표^{technical indicator} 몇 가지를 보고 투자하면 돼" 혹은 "xx상사의 주가는 한국의 무역량과 상관이 있을 거야"와 같은 가설이 정량적, 통계적으로 유의미한지를 머신러닝 툴을 통해 파악할 수 있게 돕는 것이다. 그리고 이런 과정에서 숱하게 부딪히는 문제와 아울러 한계와 가능성에 대해서도 이야기할 것이다.

김태헌

이 책은 퀀트에 대한 개론서가 아니며 특정 전략을 추천하거나 안정적이면서도 고수익을 올리는 '완벽한' 알고리즘 코드를 제공하지 않는다. 이 책은 독자들이 자신의 계량적 투자 전략을 파이썬을 이용해 구현하는 방법과 그 과정에서 만나게 될 문제를 해결하는 데 도움을 주기 위해 기획, 집필되었다.

머신러닝을 사용해 퀀트 전략을 구현하기는 쉽지 않다. 월스트리트 퀀트 출신인 영주 닐슨 교수의 말처럼, 퀀트 투자의 핵심은 끊임없이 의문을 가지고 끊임없이 연구하는 것이다. 파이썬과 기초적인 퀀트 지식 외에 머신러닝에 대한 기본 지식이 필요하다. 그리고 머신러닝을 이해하려면 수학과 통계도 알아야 한다. 즉, 퀀트 전문가가 되려면 도메인 지식(금융 지식), 머신러닝에 대한 이해(수학과 통계), 프로그래밍 능력(파이썬, R 등 프로그래밍 언어를 다루는 능력)이 필요하다고 할 수 있다.

이 책이 이런 융합 분야에서 여러분의 시행착오를 조금이나마 덜어주기 위해 세상에 나온 만큼, 이 책에서 아무런 고민 없이 실전에 바로 적용할 만한 내용은 찾아볼 수 없을 것이다. 그래서 '머신러닝을 활용한 투자 전략'의 기초적 이해에 초점을 맞추고 머신러닝 이론이나 계량 투자의 기본에 대한 설명은 최대한 배제했다. 하지만 모르는 부분을 공부하며 쉽게 찾아볼 수 있도록 최대한 상세하게 참고자료와 가이드를 제시했다.

누구를 위한 책인가

- 일반 퀀트, 머신러닝 기반 계량 투자(퀀트)에 관심 있는 분
- 머신러닝을 실무(투자금융)에 적용해보고 싶은 투자자
- 금융 데이터에 관심이 많은 데이터 과학자, 학생, 일반인
- 4차 산업혁명 시대를 준비하는 금융업계 관리자
- 미국과 한국 금융업계에서 활용하는 머신러닝 알고리즘이 궁금한 분

다시 한번 강조하지만 이 책은 데이터라는 금광에서 금을 캐낼 기본 도구를 제공할 뿐 특정 전략을 추천하거나 보여주지 않는다. 평소 한국 금융 시장에서 인공지능, 머신러닝 등의 단어를 마케팅용으로만 활용하는 현실이 안타까웠다. 이에 머신러닝 활용 전략의 가능성을 알리는 데

보탬이 되고자 기초적인 방법들과 실제 적용하는 과정에서 부딪힌 문제에 대한 고민과 해법의 실마리가 될 내용을 담았다.

누구를 위한 책이 아닌가(이 책이 다루지 않는 내용)

- 머신러닝이 모든 문제의 해결사라고 기대하는 분
- 따라만 하면 수익률이 보장되는 모델이 나오리라고 기대하는 분
- 투자 지식이 전무한 분
- 머신러닝 기반의 파생상품, 옵션 등 금융공학 내용을 알고 싶은 분
- 현업에서 사용되는 거래 시스템 구축에 관한 내용
- 고빈도 거래(high frequency trading) 전략
- 포트폴리오 전략[1]

투자 지식이 전무하다면 오히려 절호의 기회다. 시장에 대한 편견이 없는 상태에서 계량 투자를 받아들일 수 있기 때문이다. 앞서 말한 것처럼, 이 한 권의 책에 모든 것을 담을 수는 없다. 계속 강조한 것처럼, 끊임없는 공부와 연구가 필요하다. 어느 때나 한결같이 시장을 이기는 전략이란 불가하기 때문에, 설령 매우 좋은 전략을 개발했다 하더라도 꾸준히 모니터링하고 시장 변화에 따라 알고리즘도 개선해나가야 한다.

이렇게 읽으세요

단지 금융권에서 사용하는 머신러닝/딥러닝 기술이 궁금할 뿐이라면 2장, 3장, 6장, 8장의 코드는 읽지 않아도 된다. 하지만 코드를 일일이 읽고 실습해보고 싶다면, 파이썬 기초를 다루는 것은 이 책의 목적이 아니며 좋은 입문서들이 많으니 기초부터 다지고 와서 이 책을 펼쳐야겠다. "'기초'라 하면 어느 정도를 말하느냐?"라고 묻는 독자도 있을 것이다.

---

1 투자를 대응 영역이라 한다면 가장 중요한 부분일 것이다. 개인적으로도 매우 중요하다고 생각하지만 포트폴리오까지 다루면 분량이 방대해지므로, 아쉽지만 '머신러닝을 활용한 투자 포트폴리오 만들기' 내용은 제외했다.

사실 나 역시 "파이썬을 얼만큼 잘 해야 실무에서 일하는 데 어려움이 없을까?"를 자문자답해 봤지만 정답은 찾지 못했다. 다만 현업 종사자들도 기본적인 파이썬 사용법을 익히고 나면 그 외 내용은 그때그때 구글 검색을 해서 정보를 얻거나 추가로 학습해 실력을 쌓아간다는 우리네 공부법을 터득했을 뿐이다. 그래도 궁금증을 호소하는 독자가 있다면 다음 내용을 이해하고 있으며 자유자재로 다룰 수 있는지 점검하고 자기 능력을 가늠해보기 바란다.

많은 프로그래밍 기본서에서 자료형, 조건문, 반복문, 함수, 클래스, 모듈 혹은 라이브러리 순서로 프로그래밍 언어 사용법을 설명하는데, 내가 생각하는 파이썬의 기본이라는 것도 이에 다름 아니다. 파이썬에서 다루는 정수형, 문자열, 리스트, 튜플, 딕셔너리와 같은 자료형과 if-elif-else와 같은 조건문, for 구문을 활용한 반복문, 모듈의 기본이 되는 함수 및 모듈, 클래스 등에 익숙하다면 파이썬의 기본기를 갖췄으며 이 책을 무난히 독파하리라.

이 책은 이러한 기본 지식을 토대로 금융 데이터 분석에서 자주 사용하는 라이브러리와 함수 등을 소개해 실무에서 파이썬을 엑셀처럼 능숙하게 다룰 수 있도록 도울 것이다.[2] 마이크로소프트 엑셀이 처음 세상에 선보였을 때가 아직도 생생하게 기억난다. 그때는 엑셀을 잘 다루는 사람이 많지 않았지만 오늘날 엑셀은 직장인들에게 필수 도구로 자리 잡았다. 나는 머지않아 파이썬이 엑셀을 대체할 것이라 본다. 실제로 금융권, 특히 투자 업계에서 파이썬 교육을 시행하는 곳이 늘고 있다. 하지만 코딩이란 실무에서 자주 사용하지 않으면 쉽게 잊히기 마련이다. 마치 외국어를 배우는 것과 같아서 꾸준히 되새겨야 하고, 무엇보다 실제 데이터를 가지고 실습을 많이 해보는 노력과 열정을 이길 것이 없다 하겠다.

또 한 가지 주의해야 할 점은 책에 나오는 코드를 몇 번 따라 해본다고 해도 본인이 직접 고민하고 새로운 방법을 시도해보지 않으면 좋은 전략을 만들어내기 힘들다는 점이다. 따라서 책에 나오는 예제만 의지하는 것은 절대 권장하지 않는다. 이 책에 나온 예제들은 단지 머신러닝 기반 전략에 대한 아이디어나 인사이트를 주기 위한 힌트임을 명심하길 바란다.

* 이 책의 내용은 저자의 개인적인 의견을 반영하고 있으며, 특정 기관의 전략과는 관련이 없습니다.

---

2 실습 환경 구축은 이 책의 깃허브(github.com/quant4junior/algoTrade)에 작성된 '아나콘다를 이용한 환경 설정 방법' 내용을 참조한다.

CONTENTS

CONTENTS

CHAPTER 6 머신러닝을 이용한 투자 전략

CONTENTS

## CHAPTER 1

금융과 투자 영역의 머신러닝

중세 천문학은 여러 세기에 걸친 관측을 통해 천체 역학을 설명해줄 이론을 고안했다. 이 이론에서는 원형 궤적을 따르지 않는 것은 신의 뜻에 맞지 않으며 신성하지 못한 것으로 간주해 고려조차 하지 않았다. 설상가상으로, 예측 오차가 큰 폭으로 벌어지자 오히려 더 복잡한 이론을 주장해 이러한 오차를 설명하고자 했다. 그런데 무모하게도, 케플러$^{Johannes Kepler}$가 원형이 아닌 궤도를 고려하고 나서야 비로소 천체의 위치를 놀랍도록 정교하게 예측할 수 있었는데, 그가 사용한 모델은 매우 간단한 일반적인 모델이었다. 천체학자들이 비원형 궤도를 끝내 고려하지 않았다면 어떻게 됐을까? 경제학자들이 드디어 비원형 함수를 고려하기 시작했다면? 금융의 케플러는 도대체 어디에 있는 것일까? 유감스럽게도, 금융에는 뉴턴의 『프린키피아』와 같은 걸작이 존재하지 않는다. 케플러도 뉴턴도 없기 때문이다.[1]

AI 로봇이 투자 영역에서 사람을 대체할 수 있을까? 뉴욕 증시는 1968년 6월 12일부터 12월 31일까지 무려 6개월여 동안 매주 수요일마다 밀린 서류를 수작업으로 처리하느라 문을 닫을 수밖에 없었다고 한다. 당시 사람들은 손바닥에 쥔 작은 기기에서 손가락 하나로 원하는 자산에 투자하는 지금의 모습을 상상이나 했을까? 질문을 바꿔보자.

AI 기술이 사람의 투자 의사결정에 어느 정도 도움이 될까? 글로벌 투자은행과 헤지펀드의 동향을 살펴보고 금융과 관련된 머신러닝 콘퍼런스를 다녀보면, AI 기술이 실제로 투자 의사결정에 유용하게 작용한 사례가 많아지고, 대다수의 현직 트레이더나 포트폴리오 매니저들이 AI의 영향력이 갈수록 확장될 것이라고 예측함을 확인할 수 있다. 그러나 한편으로는 국내는 물론이고 해외에서도 회의적인 시각이 존재하는 것 역시 주지의 사실이다. 왜 사람들은 머신러닝 기

---

1 『실전 금융 머신 러닝 완벽 분석』(에이콘, 2019)

반의 투자 전략을 미심쩍은 눈초리로 바라보는 걸까?

그 이유를 알아보기 위해, 먼저 금융 영역을 AI를 활용하는 다른 영역들과 비교해보자. 컴퓨터 비전이나 텍스트 분석은 연구가 거듭되면서 성능 좋은 오픈 API나 노하우가 축적되고 공유되어 발 빠르게 발전하고 있다. 하지만 투자 업계에서는 금융 데이터를 손쉽게 처리해주는 판다스 Pandas 같은 효율적인 라이브러리가 만들어져도, 업무 특성상 성능 좋은 알고리즘이나 방법론이 공유되는 경우가 거의 없다.

둘째로, 검증 방법이 제한적이다. 시장에서 호평을 받는 트레이더나 포트폴리오 매니저는 어떤 사람들일까? 다양한 면면이 있겠지만, 무엇보다 양호한 수익률을 꾸준히 창출한다는 공통점이 있다. 투자에서는 과거 데이터를 바탕으로 하는 백테스트backtesting 검증 방법이 자주 사용되지만, 이는 일반적인 머신러닝 검증셋이나 테스트셋과 달리 성과에 대한 신뢰도가 높지 않다. 신뢰성 있는 백테스트 방법론의 개발은 머신러닝을 투자에 적용하기 위해 해결해야 할 난제의 하나다.

물론 페이퍼 트레이딩 같은 방법을 통해 검증을 진행하긴 한다. 하지만 소요 시간이 긴 탓에 검증을 하는 동안 시장 환경이 바뀌어 알고리즘이 무용지물이 되는 경우가 허다하다. 그래서 전체적인 마켓 사이클을 포착하려는 시도가 끊임없이 이어지는 것이다. 이론과 백테스트(투자 결과) 간의 간극이 좁혀지지 않는 한 이에 대한 논쟁도 변함없이 지속될 것이다.

마지막 이유는 둘째 이유와 연관되는데, 바로 양질의 데이터가 부족하다는 것이다. 우수한 투자 의사결정 결과를 내는 데 머신러닝 알고리즘이 중요할까 아니면 데이터의 질과 양이 중요할까? 어리석은 질문 같지만, 많은 데이터 과학자들은 후자라고 답할 것이다. 전문가들이 강조하듯이 머신러닝을 적용하기 위해서는 데이터의 질과 양이 중요하다. 머신러닝 알고리즘은 먹고 자라는 데이터에 따라 영리해질 수도, 아둔해질 수도 있다. 따라서 양질의 데이터를 보유한 분야는 그만큼 머신러닝의 활용도가 높고 발전 또한 가속화할 것이다.

그렇다면 양질의 데이터가 많은 곳은 어디일까? 많은 설문조사 자료에 따르면, 금융권은 AI 기술 활용도가 높은 곳 중 하나다. AI 하면, 어쩌면 언론에 자주 보도되는 자율주행이나 광고에서 흔히 볼 수 있는 IoT 가전 등이 먼저 떠오를 수도 있겠다. 그러나 '숫자'가 전부라고 할 수 있는 금융권에서 수많은 빅데이터가 양산되고 AI 기술을 활용하려는 시도가 많은 것은 그리 놀랄 만한 일이 아니다. 그런데 역설적이게도, 금융이라는 포괄적 영역에서 범위를 투자로 좁히면 분석할 만한 질 좋은 데이터가 턱없이 부족하다.

세계 경제가 서로 더 긴밀하게 연동하고 경제 주체들의 투자 패턴이 다양해짐에 따라 고려해야 할 변수가 기하급수적으로 증가하는 반면 시계열 데이터를 기본으로 하는 투자 자산 데이터는 그 양이 한정적이다. 주가만 하더라도 분, 초 단위로 쪼개면 수많은 데이터가 양산되지만, 일별로 본다면 하루에 단 하나의 데이터가 생성되는 셈이니 말이다. 심지어 애널리스트 분석 자료에 자주 활용되는 OECD 경기선행지수composite leading indicator (CLI), 국가별 GDP, 금리 자료 등은 업데이트 주기가 더 길다. 이러한 데이터로는 시계열 대비 차원dimension의 수가 많아 좋은 성능을 가진 모델을 만들기가 힘들다.

앞서 언급한 여러 가지 고충이 있는 것이 사실이지만, 매사에 그렇듯 새로운 방법론과 시도로 난관을 극복하고 알파를 찾는 곳이 있기 마련이다. 이에 우리는 바로 이 장에서 돌파구가 되어줄 시도와 가능성에 대해 알아보고자 한다.

1.1 AI, 금융, 투자의 삼자관계

당장 주가만 봐도 매일, 매시간, 매분, 매초마다 엄청난 양의 데이터가 양산된다. 금융에서 모든 자료는 컴퓨터가 다루기 좋아하는 '숫자'로 기록되는데, 잘못된 데이터를 질색하는 보수적 성향도 금융 데이터의 질을 높이는 데 한몫을 한다.

하지만 기록된 숫자가 전부는 아니다. 금융은 자본주의 사회에서 우리의 삶에 깊숙이 침투하여 개인의 일상생활과 밀접한 관계를 맺고 있으며 우리가 살아가며 생산해내는 수많은 데이터를 통해 우리와 연결돼있다. 은행은 누군가에게 돈을 대출해줄 때 그 사람의 통장 거래내역과 담보로 잡은 아파트 시가만 보는 것이 아니라 기혼 여부와 자녀 유무, 직업(물론 수치로 변환할 수 있다)부터 통신요금의 연체 내역과 납부 여부, 심지어 애완동물을 기르는지 여부까지도 확인할 수 있다.

주식 같은 자산도 이와 비슷하다. 주가에 영향을 미치는 것은 단지 가격 그 자체나 회사의 재무제표만이 아니다. 신문기사나 뉴스 전파의 파급력을 누구도 무시하지 못할 것이다. 그래서 종래의 전통 금융업계가 ICT 기술을 접목해 핀테크 업체로 탈바꿈하는 것이다. 심지어 중국 알리바바 그룹의 회장을 지낸 마윈은 '테크핀techfin'이라는 신조어까지 만들어 IT 업체가 주도하는 기술에 금융을 접목하는 개념을 소개한 바 있다. 국내에서도 카카오뱅크, 라인파이낸셜플러스 등 거대 IT 기반의 금융 업체가 생기며 전통적인 금융의 정의가 더욱 광범해졌다.

전통적인 금융 관점에서 AI 기술이 활용되는 곳은 다음과 같이 네 영역으로 나눌 수 있다.

- 이상 탐지(금융 사기 탐지)
- 리스크 평가 및 관리
- 플랫폼 서비스 제공
- 투자 관리

앞서 언급한 것처럼, 금융에 대한 정의가 달라졌으니 머신러닝이 적용되는 금융 영역도 변화할 것이다. 그중에서도 가장 주목할 흥미로운 영역은 바로 투자다. 그러나 투자 영역에서 AI 기술의 활용은 잠재적 규모와 파급력에 비해 아직 초기 단계에 머물러있다. 이를테면, 대외적으로 공개되는 좋은 전략(알고리즘)이나 세부적인 투자 프로세스가 없다.

투자 영역의 특성상, 특정 전략이 공개되면 성능(수익률)이 떨어질 공산이 매우 크기 때문에 학술 논문을 제외하고 이들이 공개되는 일은 매우 드물다. 또한 학술 논문에 게재된 전략이더라도, 실제로 구현해보니 결과가 데이터에 따라 다르거나 실제 트레이딩에 적용하기 어려울 때가 많다. 반대로 현업 트레이더 출신이 작성한 조사 보고서working paper 같은 경우는 이론적 근거가 미약해 재사용하는 데 어려움이 많다. 이러한 특수성으로, 머신러닝이 투자에 좁게는 주가 데이터 분석에 활용될 가능성에 대해서는 회의적인 시각이 다수 존재하는 것이다.

그럼에도 '우리는 끈기 있게 AI를 투자 영역에 접목하려는 시도를 해야 할까?' 아니, 질문을 바꿔보자. '많은 글로벌 투자은행, 헤지펀드, 자산운용사는 여전히 AI를 투자에 활용하려고 할까?' 2019년 초 뉴욕에서 열린 'AI and Data Science in Trading' 국제 공동학술회에서 많은 투자은행과 헤지펀드 실무자들은 정도는 다르지만 한목소리로 '그렇다'고 답했다. 반면에 'AI가 현직 투자자들을 대체할 수 있을까?'를 묻는 질문에는 '그렇지 않다'고 입을 모았다. 글로벌 투자 리더들은 머신러닝이 사람이 쉽게 얻기 힘든 인사이트를 제공해 더 영리한 투자 의사결정을 해주고, 시간이 많이 걸리던 반복적인 작업을 효율적으로 처리해줄 것이라 확신했다. 하지만 AI 기술만 의지해 투자 의사결정을 내리는 것에는 대부분 회의적인 견해를 보였다.

최근에 CFA 인스티튜트에서 발표한 「투자 관리 영역의 AI 선구자들」 보고서[2]에서는 골드만삭스Goldman Sachs, 만 AHLMan AHL, 핑안 보험Ping An 등 세계적인 금융 그룹의 머신러닝 활용 사례를

---

2 「AI Pioneers in Investment Management」 https://www.cfainstitute.org/en/research/industry-research/ai-pioneers-in-investment-management

소개하고, AI의 가능성과 동시에 한계를 적시하며, AI와 HI^{Human Intelligence}를 결합한 모델을 제시했다. 또 머신러닝에 대한 다양한 의견에도 불구하고 머신러닝이 향후 투자 영역에서 주연이든 조연이든 활약하게 되리라는 전망에는 이견이 없음을 강조했다.

이 예견은 트레이더나 포트폴리오 매니저도 체감할 만큼 확실시되고 있다. 글로벌 마켓 데이터 벤더인 리피니티브^{Refinitv}에서 발표한 「트레이딩의 미래: 테크놀로지 2024 – AI와 빅데이터 분석이 트레이딩 데스크에 미치는 영향」[3]을 보면, 머신러닝 기술(빅데이터와 클라우드 컴퓨팅)이 향후 3~5년 내에 금융 시장에 미치는 영향이 막대해질 조짐을 트레이더가 현장에서 느끼고 있음을 알 수 있다(그림 1-1과 1-2).

그림 1-1 금융 시장에 영향을 주는 기술

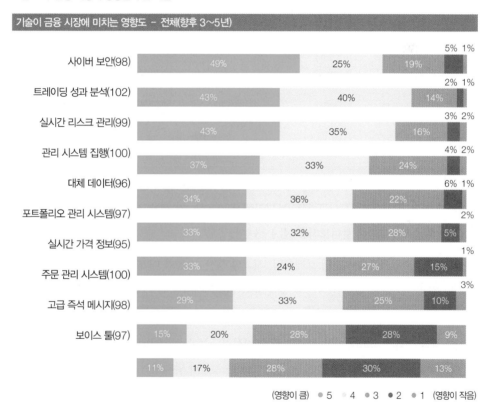

---

3 「The Future of Trading: Technology in 2024 – The Impact of AI, Big Data and Analytics on Your Trading Desk」 (Greenwich, 2019)

그림 1-2 트레이더가 선정한 향후 금융 시장에 영향을 미칠 기술

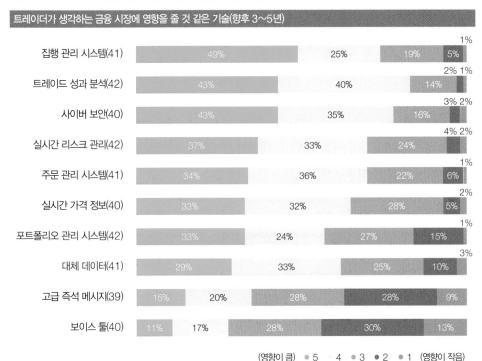

하지만 현재 AI 기술의 적용 실태는 미국 같은 선진국조차도 초기 단계에 머물러있다. 앞서 언급한 「투자 관리 영역의 AI 선구자들」 보고서에서 발표한, 전 세계 현직 종사자 230명을 대상으로 한 설문조사 결과를 살펴보자(그림 1-3).

머신러닝/딥러닝 기술을 시스템 트레이딩, 시그널 생산, 자동화 매매 등에 활용하는 곳도 일부 있지만 인프라와 인력 등의 부족으로 실제 알고리즘 트레이딩에서 사용하지 못하는 곳이 대다수다.

지금까지의 논의를 정리해보자. 투자 영역에 머신러닝 기술을 적용하는 것은 대세에 의한 필연적 순서고 많은 수요가 따르지만, 실제 적용 현황은 걸음마 단계에서 벗어나지 못한 것을 알 수 있다. 즉 AI가 투자 금융 업계에 막대한 영향을 미칠 것에는 공감하지만 실제로 준비된 곳이 많지 않다는 결론을 내릴 수 있다. 이는 여러분에게 절호의 기회다. 따라서 다음 절에서는 AI 기술이 투자에 더 활발하게 적용되리라 예견하는 근거를 더 자세히 알아본다.

그림 1-3 트레이딩 알고리즘을 위해 만들어진 AI 기술

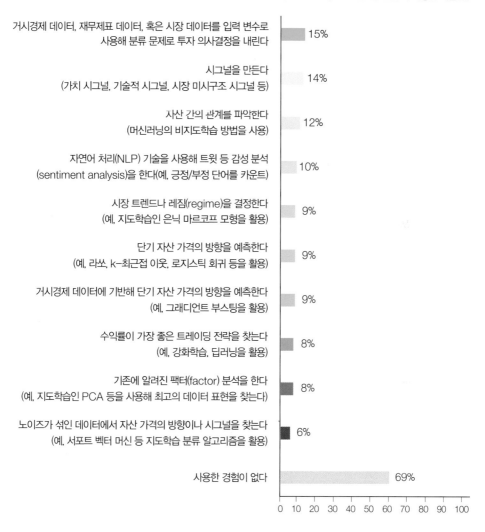

1.1.1 투자 자산의 다양화와 투자 목적의 개인화

전통 자산인 금이나 주식으로 시작해 여전히 열기가 식지 않은 비트코인까지, 투자 자산은 날이 갈수록 다양화하고 있다. 게다가 선진국에서는 인구 고령화에 따른 장기적인 투자 전략이 개인에게 꼭 필요한 시대가 도래했으며 다양한 가치관에 따른 투자 목적과 가치관의 다원화 현상도 점차 뚜렷해지고 있다. 최근 이러한 틈을 공략하기 위해 개인 맞춤형 자산 관리 서비스로 부상한 것이 바로 로보어드바이저robo-advisor다.

사실 로보어드바이저 궁극의 목적은 개인 맞춤형 자산 관리이지만 아직 개인화 수준이 낮고 추천하는 상품의 질도 높지 않은 것이 현실이다. 그러나 향후 금융 상품에 대한 정량적 분석이 뒷받침된다면 넷플릭스나 아마존 같은 고도화된 개인 맞춤형 서비스를 충분히 제공할 수 있을 것이다. 봇물 터지듯 쏟아지는 금융 상품의 관리와 서로 다른 개인의 투자 성향, 목적을 충족하기 위해 AI 기술은 더 크게 부각될 것이며 발전을 가속화해서 이와 같은 사회적 요구를 다분히 실현할 것으로 기대된다.

1.1.2 인간의 한계와 데이터 기반 투자 전략의 장점

하버드 대학교 수학과 교수 출신의 계량 분석가(퀀트, quant) 제임스 사이먼James H. Simons이 설립한 르네상스 테크놀로지Renaissance Technologies는 1982년 설립된 때부터 그가 은퇴한 2009년까지 연평균 30%라는 높은 수익률을 달성했는데, 그 원천에는 첨단 수학과 컴퓨터에 기반한 계량 데이터 분석 모델이 있었다. 그는 TED에서 다음과 같이 강조했다.

> 100% 모델 기반 투자를 하는 기관은 극소수다. 그러나 르네상스는 100% 모델 기반 투자를 하고 있으며, 이 모델에 주력하는 것이야말로 비즈니스를 유지하는 비결이다.

실제 르네상스 테크놀로지는 매일 테라바이트 단위의 데이터를 적재하고 있다.

최근 우수한 성과를 보인 헤지펀드 매니저와 트레이더의 전략을 보면, 데이터를 기반으로 투자하는 르네상스 테크놀로지, 브리지워터 어소시에이츠Bridgewater Associates, 투 시그마Two Sigma, AQR 캐피털 등의 출신이 대거 포진했음을 알 수 있다(표 1-1).

많은 의사결정 프로세스가 데이터 기반data-driven으로 전환하는 시대에 투자라고 예외일 수는 없다. 나날이 복잡다단해지는 투자 환경에서 사람의 '감'에 기반한 투자 의사결정은 점점 힘을 잃

어갈 것이다. 앞서 언급했듯이, 많은 현업 종사자가 몸으로 느끼는 것처럼 분명 AI는 투자 의사결정에서 중추적 역할을 담당하게 될 것이다.

표 1-1 2018년 글로벌 헤지펀드 연봉 순위[4]

순위	이름	회사(직원)	수익(억 달러)
1	제임스 해리스 사이먼스	르네상스 테크놀로지스(설립자)	16
2	마이클 플랫	BlueCrest 캐피털 매니지먼트(설립자)	12
3	레이 달리오	브리지워터 어소시에이츠(설립자)	10
4	케네스 C. 그리핀	시타델(설립자)	8.7
5	존 오버덱	투 시그마 투자(설립자)	7
5	데이비드 시겔	주 시그마 투자(설립자)	7
7	데이비드 쇼	D.E. Shaw(설립자)	5
7	이스라엘 잉글랜더	밀레니엄 매니지먼트(설립자)	5
7	폴 튜더 존스	튜터 인베스트먼트(설립자)	5
7	제프리 탈핀스	엘레먼트 캐피털 매니지먼트(설립자)	5
11	칼 아이칸	아이칸 캐피털 매니지먼트(설립자)	4.8
12	체이스 콜맨	타이거 글로벌 매니지먼트(설립자)	4.5
13	알란 하워드	앨런 하워드 애셋 매니지먼트(설립자)	3
14	크리스핀 오데이	오데이 애셋 매니지먼트(설립자)	2
15	그렉 센슨	브리지워터 어소시에이츠(정보책임자)	1.5
15	로버트 프린스	브리지워터 어소시에이츠(정보책임자)	1.5
15	피트 뮐러	PDT 파트너스(설립자)	1.5
18	스티븐 숀펠드	숀펠드 스트래티직 어드바이저(설립자)	1.3
19	피터 브라운	르네상스 테크놀로지(대표)	1
19	폴 싱어	엘리엇 매니지먼트(설립자)	1

1.1.3 새로운 데이터가 창출하는 새로운 투자 기회

데이터의 종류와 양이 기하급수적으로 증가하면서 투자 영역 또한 새로운 기술이 필요해졌다. 방대한 데이터를 처리하기에는 기존의 통계 기법이나 계량 경제 기법의 효율이 너무 낮기 때문이다. 머신러닝은 거듭해서 발전하는 데이터 전처리 기술, 특성 공학feature selection 기술 등에 힘

---

4 https://www.forbes.com/hedge-fund-managers/list/

입어 투자 영역에 새 기회를 창출할 보고가 될 것이다. 진부한 예이긴 하지만, 월마트 주차장에 주차된 차들의 위성사진을 보고 월마트의 매출액을 예측해 투자했다는 이야기는 이 주장을 뒷받침하는 가장 적절한 예일 것이다.

그 밖에 홍수처럼 쏟아지는 뉴스를 정제해서 투자하고자 하는 종목에 대한 유의미한 정보로 바꿔주는 알고리즘 등도 머신러닝이 거뜬히 해낼 수 있는 과제task다. 주가나 투자 자산에 영향을 미칠 수 있는 요소의 데이터가 무궁무진한 만큼, 이러한 관점에서 본다면 데이터 과학자를 목표로 하는 이들에게 투자 영역은 더없이 훌륭한 무대가 아닐 수 없다.

1.2 실제 투자 영역의 머신러닝 응용 사례

AI 기술을 투자에 활용하는 방법은 크게 두 가지다. 거시적인 시장 전체의 움직임(레짐)을 예측해 이에 대응하는 자산 배분 혹은 주식 선정stock selection을 하는 것이다. 다른 하나는 거시적인 시장 전체의 움직임에 상관없이(혹은 결합하는 형태) 자산 자체의 움직임을 예측하는 것이다. 이 방법론에 대해서는 글로벌 투자기관이 실제 투자 영역에서 어떻게 AI 기술을 적용하는지 살펴보며 더 자세히 이야기해보자.

마켓 사이클market cycle 혹은 레짐regime을 예측할 때 가장 많이 사용하는 방법은 거시 지표macro index 사용법, 자연어 처리natural language processing(NLP) 기술을 활용한 패턴 인식 혹은 순환 검출cycle detection 방법, 팩터 기반의 접근법 등이다. 이렇게 생성된 마켓 시그널은 퀀트나 포트폴리오 매니저에게 훌륭한 정량적 인사이트를 제공하며, 더 현명한 투자 의사결정을 가능하게 한다.

1.2.1 New York Life Investments

다양한 자산을 세계 경제 사이클의 움직임에 따라 배분하기 위해 마켓 사이클을 예측하는 알고리즘을 개발한다. 이때 사용하는 리스크 팩터 기반의 접근법에서 사이클, 모멘텀, 밸류, 감성 분석의 핵심 기술이 바로 머신러닝이다. 또한 그들이 밝힌 바에 의하면 그들도 여타 개발 과정과 마찬가지로 현업자들과 협력해 알고리즘을 개발하는데 이에 앞선 과정이 있으니 바로 학술 논문에서 인사이트를 얻는 것이다. 다른 장에서 다루겠지만, 많은 머신러닝/딥러닝 기법을 사용한 투자 전략 논문들이 연이어 발표되고 있으나 실제로 투자에 활용된 사례는 많지 않다. 하지만 논문을 통해 최신 머신러닝 방법을 이해하고 인사이트를 얻는 것이야말로 알고리즘 개발의 첫발을 떼는 일일 것이다.

그들이 밝힌 머신러닝의 또 다른 장점은 데이터 시각화다. 트리 모델이나 차원 축소 모델처럼 시각화에 유용한 모델이 많고 파이썬 패키지를 통한 손쉬운 데이터 시각화도 가능하기 때문에, 이러한 방법들을 배워두면 매우 요긴하게 사용할 수 있을 것이다.

1.2.2 크래프트테크놀로지스

국내에서도 AI 기술을 투자 영역에 적용하려는 시도가 이루어지고 있다. 국내 인공지능 스타트업인 크래프트테크놀로지스(이하 크래프트)는 지난해 미국 뉴욕 증시에 AI 기반의 ETF를 상장해 화제가 되었다. 크래프트에 의하면 크래프트의 인공지능 ETF는 인간의 개입 없이 100% 딥러닝 기반으로 운용된다. 크래프트가 기술 블로그(https://www.qraftec.com/blog/)에 공개한 크래프트 딥러닝 자산관리 프레임워크를 살펴보면, 금융 데이터 특성에 맞는 자체 개발 DNN 알고리즘을 활용해 데이터로부터 특징을 추출하고, 강화학습을 통해 최적 주문집행 문제를 해결하고 있음을 알 수 있다.

그 밖에 전통 금융사인 신한금융그룹도 딥러닝과 강화 학습을 활용한 펀드를 출시했고 (https://bit.ly/30XLPAZ), 한국투자증권은 인공지능 기술을 적용한 리서치 서비스를 오픈하는 등 전통 금융업계 역시 변화에 맞춰서 발 빠르게 대응하고 있다.

1.2.3 MAN AHL

만 그룹은 현재 140조[5]의 자산을 운용하는 세계적인 헤지펀드다. 만 AHL은 만 그룹의 퀀트 투자를 담당하며, 2009년부터 머신러닝을 투자에 적용하려는 시도를 해왔다. 기존의 투자 전략을 대체하기보다는 다양화diversify하는 방침에 초점을 두고 전통적인 통계나 계량 경제 기법의 한계를 보완하기 위해 베이지안 머신러닝, 딥러닝 등 패턴 인식 알고리즘과 NLP 기술을 활용한 전략 개발에 힘쓰고 있다. 또한 단순한 주가 데이터로는 좋은 성과를 내기 힘들므로 호가창 limit order book 데이터를 활용해, 파이썬을 사용한 ML 기법으로 시장 미시구조에 대한 연구를 진

---

5 114.4billion. 2019년 6월 30일 기준

행하고 있다.

1.2.4 Castle Ridge Asset Management

이 헤지펀드는 바클레이헤지BarclayHedge에서 선정한 2018년도 롱온리long-only 헤지펀드 중 수익률 부문에서 2위를 차지했다. 이 업체는 자체 개발한 알고리즘 프로그램 'W.A.L.L.A.C.E'를 사용하는데, 2019년 3월에 뉴욕에서 열린 'ML in Finance(금융에서 머신러닝)' 콘퍼런스 발표 자료에 따르면 이는 유전 알고리즘genetic algorithm과 머신러닝 알고리즘을 결합해 만들었다. 사용하는 데이터는 주가 데이터 45%, 재무 데이터 35%, 텍스트 데이터가 15%로 구성되며 마켓 하강 국면을 정확히 포착해 투자와 자산 배분에 매우 유용하다고 한다.

1.2.5 State Street Corporation

그 밖에 트레이딩 볼륨을 예측하기 위해 딥러닝 알고리즘을 사용한 사례도 있다. 미국의 스테이트 스트리트 코퍼레이션State Street Corporation이 공개한 자료에 따르면, 그들은 일간 트레이딩 행위를 다음과 같은 다섯 가지 요소로 분류했다.

- 금융 마켓 인덱스
- 마켓 인덱스 재조정 스케줄
- 과거 트레이딩 볼륨
- 지역별 마켓의 상관관계
- 스페셜 캘린더 데이

이러한 데이터를 수집해 다음과 같은 딥러닝 모델에 입력으로 사용한다. 그들이 개발한 모델은 두 개의 인코더 네트워크와 한 개의 디코더 네트워크를 가진, 합성곱 신경망convolutional neural network(CNN)에 기반한 시퀀스-투-시퀀스sequence-to-sequence 모델이다. 이는 누구나 사용할 수 있는 페이스북의 파이토치PyTorch라는 딥러닝 프레임워크를 사용해 만들어진 모델이다.

업계 특성상 세부 자료가 공개되는 일은 없겠지만, 이렇게 개괄적인 내용이라 할지라도 앞으로 많은 논의의 주요 쟁점이 될 것은 분명하다. 이 내용이 어렵다고 낙심할 필요는 없다. 작금의 금융 용어는 미래에 달라질 공산이 크며 융합 시대에 AI 리터러시literacy를 키워가는 일이야말로 미래를 준비하는 투자 업계 종사자의 자세일 것이다.

이 책이 여러분을 하루 아침에 머신러닝 전문가, 데이터 과학자, 퀀트 등으로 변신시켜줄 수는 없지만, 급변하는 투자 금융 업계에 적응하고 새롭게 적용되는 AI 언어를 이해하며 시작할 수 있는 용기를 불어넣어 주기를 바란다.

1.3 투자 영역에서 활용하는 알고리즘

투자 영역이라고 해서 특별한 머신러닝/딥러닝 모델을 사용하는 것은 아니다. 이미지 인식에 주로 활용하는 CNN부터 생성적 모델인 GAN, 오토인코더에 이르기까지 다양하게 사용한다. 따라서 머신러닝/딥러닝에 관한 전반의 지식을 갖추고 머신러닝/딥러닝 알고리즘을 깊이 이해하려면 선형대수와 미적분, 통계학 지식이 필수이며, 이를 구현하기 위해서는 컴퓨터 공학 공식도 다룰 줄 알아야 한다. 사실 딥러닝을 기술 영역으로 분류하는 사람이 많기 때문에 알고리즘의 수학적인 이해뿐만 아니라 관련 프레임워크 사용법도 잘 알아야 한다.

책의 분량상 모든 알고리즘을 설명할 수는 없다. 또한 특정 알고리즘보다 데이터 정제, 시계열 데이터를 다루는 기술, 과적합 방지 기술, 백테스트 등의 공통 과제가 더 중요한 것도 사실이다. 따라서 이 책은 학계에서 많이 시도할 뿐만 아니라 실전에서도 요긴하게 사용할 수 있는 머신러닝/딥러닝 알고리즘을 배우고, 파이썬을 통한 실습을 진행해 다음 단계로 나갈 수 있는 발판을 제공하는 데 초점을 맞출 것이다.

1.3.1 머신러닝이란 무엇인가?

머신러닝이란 머신(기계)으로 하여금 명확한 프로그래밍 가이드 없이 패턴을 찾아내도록 하는 컴퓨팅 방법 혹은 알고리즘을 뜻한다. 머신러닝 프로그램은 스스로 입력한 데이터를 해석하고 결과output를 예측하는 법을 배운다. 그리고 딥러닝은 인공 신경망에 기반한 머신러닝의 한 종류다. [6]

---

6 「Machine Learning for Stock Selection」(K.C. Rasekschaffe, R.C. Jones, Financial Analysts Journal, vol.75, no.3, 2019)

머신러닝이 블랙박스라고 주장하는 사람들도 있지만, 머신러닝은 블랙박스가 아니라 패턴을 인식하는 함수다. 머신러닝 알고리즘은 고차원 공간에서 특별한 명령 없이도 패턴을 학습한다. 최근에는 해석 가능한 머신러닝 알고리즘이 별도의 연구 분야로 자리 잡았는데, 이러한 논쟁은 멀지 않은 미래에 종결될 것이라 본다. 따라서 이러한 논쟁은 접어두고, 왜 머신러닝이 투자 영역에서도 각광을 받는지 그 이유를 알아보기로 한다.

1.3.2 머신러닝이 각광받는 이유

마르코스 로페즈 교수는 그의 저서인 『자산운용사를 위한 머신러닝』[7]에서 머신러닝 방법을 투자에 활용할 때 가질 수 있는 강점을 다음과 같이 요약했다.

1. 샘플 내(in-sample) 분산 조정이 아닌 샘플 외(out-of-sample) 데이터에 대한 예측력에 초점을 맞추고 있다.
2. 컴퓨터의 계산능력을 활용해 (잠재적으로 비현실적인) 가정을 피할 수 있게 해준다.
3. 비선형(non-linear)이거나, 계층적(hierarchical), 혹은 고차원에서의 연속되지 않는 상호작용 효과 (non-continuous interaction effects) 등 복잡한 내용을 '학습(learn)'할 수 있다.
4. 다중공선성과 다른 대체 효과에 견고한 방법으로 변수 탐색(variable search)과 상황 탐색(specification search)을 구분할 수 있도록 해준다.

통계학과 계량 경제학을 기반으로 하는 전통적인 방법론은 투자 금융 영역에서 선형 회귀 모델의 형태로 자주 응용되고 많은 상황에서 상당한 효과를 발휘하고 있다. 하지만 더 복잡한 현실 세계를 모델링하기 위해서는 비선형 관계를 찾는 머신러닝 테크닉이 필요하다. 예를 들어 머신러닝 테크닉은 선형 회귀보다 독립변수 간에 강한 상관관계가 있는 다중공선성multicollinearity 문제를 유연하게 해결할 수 있다.

또 다른 이유는 데이터가 증가한 것이다. 정형 데이터뿐만 아니라 텍스트, 이미지, 음성 같은 비정형 데이터를 분석해 투자 의사결정에 활용하려는 시도가 속출하면서, 데이터 전처리, 특성 공학 등을 위한 머신러닝/딥러닝은 필수 기술이 되었다. 앞서 살펴본 실제 투자 영역에서의 AI 적용 사례를 통해 알 수 있듯이, 한 가지 데이터로는 좋은 성과를 내기가 힘들고 다양한 데이터를 종합, 분석하는 기술이 필요해짐에 따라 투자 영역에서도 데이터 과학자들의 입지가 탄탄해진 것이다.

---

7 『Machine learning for Asset Managers』(Marcos Lopez de Prado, 2020)

예를 들어 전통적인 통계 방법으로 페어 트레이딩pairs trading 전략을 사용할 때는 기본적인 주가 데이터를 사용한다. 언더아머Under Armour와 나이키Nike를 한 쌍으로 보고 트레이딩 전략을 짠다면, 두 주가 사이의 스프레드를 주로 보고 투자 타이밍을 잡을 것이다.

하지만 머신러닝 방법을 사용한다면 위치 정보 데이터geolocation data를 사용해 언더아머와 나이키 매장에 방문하는 고객 수 데이터나, NLP 기술을 활용해 트위터나 페이스북에서 언더아머와 나이키를 언급한 횟수 등에 관한 데이터를 추가적으로 분석해 더 정밀한 페어 트레이딩 전략을 구사할 수 있을 것이다. 실제로 이 전략을 구현한 「Pairs Trading Strategy with Geolocation Data(위치 정보 데이터를 이용한 페어 트레이딩 전략)」 논문[8]에 따르면, 추가적인 데이터를 통해 입체적인 전략을 구현했을 때 수익률이 높았음을 알 수 있다.

1.4 투자 영역에서 활용하는 데이터

마르코스 로페즈[9]는 금융 데이터를 [표 1-2]와 같이 분류한다. 이들 데이터는 금융 데이터라고 통칭하기보다 '투자 의사결정에 활용하는 데이터'라고 부르는 것이 더 합리적이다.

표 1-2 금융 데이터의 분류

재무제표 데이터	마켓 데이터	분석 데이터	대체 데이터
자산	가격/변동성	애널리스트 추천	위성/CCTV 이미지
부채	거래량	신용 등급	구글 검색어
판매량	배당	이익 예측	트윗/SNS
비용/이익	이자율	감성 분석	메타데이터
거시 변수	상장/폐지	...	...
...	...	...	...

1.4.1 전통적인 금융 데이터

이 책에서는 대체 데이터(1.4.2절 참조)를 제외한 펀더멘털 데이터, 마켓 데이터, 분석형 데

---

8 「Pairs Trading Strategy with Geolocation Data—The Battle between Under Armour and Nike」
9 「실전 금융 머신 러닝 완벽 분석」(에이콘, 2019)의 저자

이터를 전통적인 금융 데이터라고 지칭한다. 편의상 주가 데이터나 재무제표 데이터, 거시경제 데이터를 주로 사용하기 때문에 파생 데이터라고 볼 수 있는 분석형 데이터는 크게 신경 쓰지 않아도 좋다.

학술 논문에서 자주 다루는 데이터는 일 단위의 주가 데이터나 분기별 재무제표 데이터다. 주가 데이터는 분, 초 단위로 쪼개어 사용하며 호가창 데이터를 분석에 활용하기도 한다. 주가 데이터나 분기별 재무제표 등의 자료는 일반인도 쉽게 구할 수 있으며, 많은 주식 투자 플랫폼에서도 이 자료를 요약한 다양한 형태의 정보를 제공한다. 가장 간단한 방법이지만, 이 자료는 특정 주가의 방향이나 특정 자산이나 회사의 가치를 예측할 때 베이스라인이 되기 때문에 중요하다.

하지만 일 단위 데이터라고 하더라도 시계열 길이가 그리 길지 않음을 알 수 있다(일 년에 252개 정도). 만약 주 단위, 월 단위 분석으로 넘어가면 사용할 수 있는 데이터 포인트는 크게 줄어든다. 또한 주가 데이터 자체에 노이즈가 매우 많아서 이러한 데이터를 가지고 머신러닝 모델을 학습한다면 과적합overfitting이 일어날 공산이 크다. 따라서 전통적인 금융 데이터를 활용하려면 이러한 문제부터 해결할 방법을 찾아야 한다.

참고로, 마켓 사이클(혹은 레짐) 예측에 자주 사용하는 거시경제 지표는 발표 주기나 발표 형태 등이 제각기 다르므로 사용할 때 주의해야 한다. 이외에 장단기 금리 차이, CLI 지수, GDP 등 유명한 지표들이 많이 연구되고 실제로도 활용되며 데이터 벤더에서 제공하는 예측 데이터나 설문survey 기반의 데이터도 활용 가능하다.

1.4.2 대체 데이터

대체 데이터alternative data에서 '대체(혹은 대안)'는 쉽게 말해 전통적인 금융 데이터 외의 데이터를 가리키는 말이다. 사실 다른 도메인 영역에서도 해당 도메인의 전통적인 데이터가 아니면 흔히 '대체 데이터'라고 부르지만, 가장 자주 사용되는 곳은 투자 영역이다. 왜냐하면 오랜 기간 동안 주가 데이터, 기업 거래 데이터, 기업 정보 데이터 등이 전통적인 금융 데이터로 분석되고 활용되었기 때문이다.

가장 널리 사용하는 대체 데이터는 NLP 기술을 활용한 뉴스나 SNS 데이터다. 많은 투자자가 뉴스 등의 정보를 통해 투자 의사결정을 해본 경험이 있을 것이다. 블룸버그Bloomberg 단말기를 사용해본 사람이라면 하루에, 아니 1분 그 짧은 동안에도 얼마나 많은 양의 뉴스 기사가 쏟아져 나오는지를 실감할 것이다. 게다가 신간 뉴스의 어마어마한 양에는 못 미치지만 내용이 중복되며 형편없는 기사도 양이 적지 않다. 하지만 머신러닝의 도움을 받아 데이터를 효율적으로 처리할 수 있게 된 덕분에, 텍스트 데이터를 활용하려는 시도는 여전히 활발하게 진행 중이다.

한편 SNS 정보는 뉴스 기사보다 더 신속하고 때로는 파급력이 더 크기 때문에 인기가 많은 대체 데이터다. 뱅크 오브 아메리카Bank of America에서 분석한 보고서에 따르면, 트럼프 대통령의 트윗 개수와 S&P 500 지수는 음의 상관관계를 보인다. 즉 하루에 트윗을 35개 이상 쓰는 날에는 주가가 하락하고 반대로 5개 이하를 쓰는 날에는 주가가 상승하는 경향이 있다고 한다(그림 1-4와 1-5).

그림 1-4 트럼프 대통령의 트윗 개수와 S&P 500 지수의 상관관계

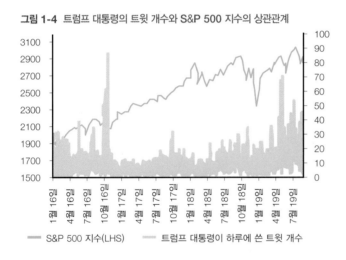

그림 1-5 트럼프 대통령이 트윗을 많이 날리면 마켓 지수가 평균적으로 9bp 하락

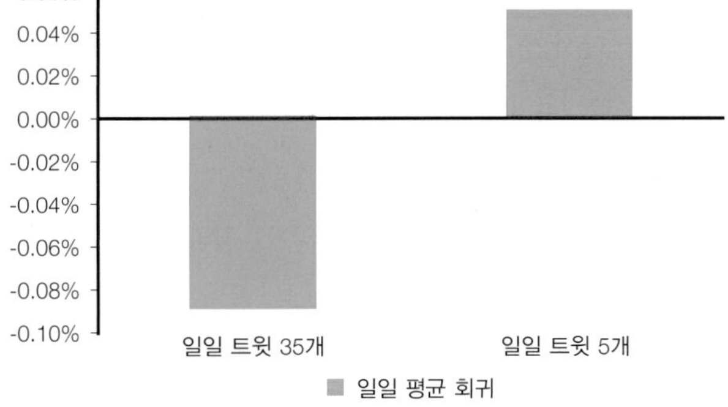

J.P. 모간에서도 이와 비슷한 분석을 내놓았는데, 트럼프 대통령의 트윗이 미국 국채 2년물과 5년물에 영향을 끼친다고 주장하며 볼피피 지수$^{Volfefe\ Index}$까지 만들어냈다.[10] 이러한 데이터를 분석해 금융 기관에 제공하는 스타트업도 늘었는데, 대표적으로 트윗 데이터를 분석하는 DataMinr가 있다. 이 밖에 각종 데이터를 수집하고 가공해 금융 기관에 제공하는 대체 데이터 벤더들도 꾸준한 성장세에 있다(그림 1-6).

그림 1-6 대체 데이터 벤더[8]의 증가 추이

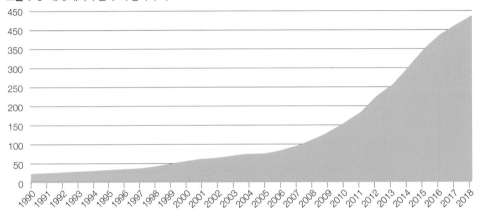

하지만 (금융 투자를 위해 가공된) 대체 데이터는 대체로 값이 비싸다. 2017년 이코노미스트^{Economist}에서 '데이터는 새로운 석유다'라고 주장했는데, 이러한 주장에 동조하듯 많은 금융 기관이 새로운 데이터를 찾아 골드러시$^{gold\ rush}$를 이뤘다. 그들은 새로운 데이터 수집을 위해 수십 억을 투자하고 다시 데이터 분석을 위해 수십 억을 들여 인재를 끌어모았다.

하지만 최근 들어 대체 데이터의 효용성에 대한 제고가 좀 더 체계적이고 신중하게 이루어지고 있는 듯하다. 2019년 몬크^{Monk} 등이 발표한 「다시 생각하는 기관 투자에서의 대체 데이터」[11]에 의하면, 대체 데이터의 유용성 검증을 위해서는 [표 1-3]과 같은 여섯 가지 관점에서 접근해야 할 필요가 있다.

사실 앞서 살펴본 월마트 주차장 위성사진을 보고 다음달(혹은 다음 분기) 월마트 매출액을 예

---

10 트럼프의 트윗을 분석해서 트레이딩에 연결할 수 있는 오픈소스 프로젝트도 만들어져있다. (https://github.com/maxbbraun/trump2cash 참고)

11 「Rethinking Alternative Data in Institutional Investment」(Monk, Ashby, Marcel Prins, and Dane Rook, The Journal of Financial Data Science 1.1, 2019)

측해 투자한 사례를 생각해보면, 월마트 단일 주식에 투자할 예산과 위성사진을 수집하고 가공, 분석하는 데 들어가는 비용을 함께 고려해야 한다. 이와 같이 어떤 대체 데이터는 사용 범위가 매우 좁을 수도 있고comprehensive 어떤 대체 데이터는 수집과 가공을 거치는 동안 효용성freshness을 잃게 될 수도 있다.

표 1-3 데이터 유용성 검증을 위한 여섯 가지 접근법

관점	설명
신뢰성	데이터가 얼마ㅏ 정확한가
세분화	데이터 포인트가 얼마나 세분화되었는가
효용성	데이터를 언제 반영했으며, 최신 트렌드를 반영했는가
사용 범위	데이터가 포괄할 수 있는 범위가 얼마나 되는가
행동가능성	데이터에 기반해 구체적인 행동과 결정을 실행/내릴 수 있는가
희소성	데이터가 얼마나 희소성이 있는가

1.5 마치며

1장에서는 AI를 투자 영역에서 어떻게 활용할 수 있는지 그 가능성과 한계를 알아보았다. 하지만 정해진 답은 없다. 이 책의 내용은 여러분이 그 가능성과 한계를 발견하고 도약할 기반을 마련할 수 있도록 구성했다.

이어지는 장들에서는 기본적인 데이터 전처리 및 핸들링 기술을 배운 후, 전통적인 퀀트 방법론을 본격적인 시작으로 머신러닝, 딥러닝을 활용한 투자 전략 개발 방법까지 알아볼 것이다.

## CHAPTER 2

금융 데이터 분석을 위한 파이썬 활용법

2장에서는 본격적으로 퀀트 전략이나 머신러닝을 활용한 전략을 구현하기 전에 금융 데이터를 다룰 때 알아두면 유용한 파이썬 라이브러리, 함수 등을 살펴본다. 그다음 배울 내용을 순서대로 간단히 소개하면 다음과 같다.

먼저 2.1절에서 가장 중요한 시간^{time} 데이터를 다루는 다양한 방법을 배울 것이다. 사회 곳곳에서 시계열 데이터를 볼 수 있지만 가장 자주 접하는 곳은 단연 금융권이다. 따라서 시간 데이터를 능숙하게 다룰 수 있도록 파이썬 표준 라이브러리 데이트타임^{datetime}, 넘파이^{numpy}에서 시간과 판다스^{pandas}에서 시간을 어떻게 다루는지 살펴본다.

다음으로 2.2절에서 데이터 전처리 작업에 유용한 판다스로 데이터 전처리 과정에 필수적인 내용을 알아본다. 판다스의 핵심 기능을 자유자재로 다룰 수 있다면 매우 큰 도움이 되리라 확신한다.

마지막으로 2.3절에서는 파이썬 API를 활용하는 기본적인 방법과 API를 통해 데이터를 불러오는 방법을 배운다. 사실 많은 책에서 API 활용법을 설명하는데, 독자로서 가장 큰 애로사항은 시간이 지나 API에 수정사항이 생기면 오류가 발생해서 사용하기 어렵다는 것이다. 따라서 이 절에서는 API가 무엇이고 어떤 원리로 작동하며, 알아두면 편리한 금융 데이터 API에는 무엇이 있는지 알아본다.

2.1 날짜와 시간

파이썬에는 다양한 날짜Date, 시간Time 라이브러리가 존재한다. 그중에서 이번에 알아볼 내용은 datetime, 넘파이에서 지원하는 날짜와 시간, 넘파이 기반으로 만들어진 판다스의 날짜와 시간 관련 함수다. 특히 날짜와 시간 관련 함수는 시계열 데이터를 다루는 다양한 상황에서 사용된다. 스트링string 타입의 문자를 날짜 형태 포맷format으로 바꾸거나 시간 단위 변경, 시각화 등에 다양하게 응용할 수 있다.

2.1.1 파이썬 라이브러리

먼저 파이썬의 표준standard 라이브러리인 datetime에 대해 알아보자. datetime에는 time, date, datetime, timedelta 외에도 여러 기능이 있는데, 언급한 네 개의 핵심 객체를 한번 살펴보자.

f	date	function	▲
c	datetime	class	
i	datetime_CAPI	instance	
i	MAXYEAR	instance	
i	MINYEAR	instance	
m	sys	module	
f	time	function	
c	timedelta	class	
C	timezone	class	
f	tzinfo	function	▼

다음 표는 파이썬 datetime에서의 날짜와 시간을 요약해 설명한 것이다.[1]

항목	기능
	사용 예
time	시간 기능만 제공 – 시, 분, 초, 마이크로초
	datetime.time(hour=4,minute=3,second=10,microsecond=1000)
date	날짜 기능만 제공 – 연, 월, 일
	datetime.date(year=2019,month=1,day=10)

----

[1] 각 객체의 데이터 생성 방법은 부록 A를 참고한다.

datetime	날짜와 시간 기능을 제공 – date + time
	datetime.datetime(year=2019,month=10,day=24,hour=4,minute=3,second=10,microsecond=1000)
timedelta	datetime 인스턴스 간의 차이를 구함
	datetime.datetime(year=2019,month=10,day=24,hour=4,minute=3,second=10,microsecond=1000)

실제 분석에서 날짜와 시간은 문자열 타입으로 주어지는 경우가 많다. 따라서 자유롭게 데이터 타입을 변환하는 방법을 익혀야 한다. 다음 설명을 보면서 날짜 변환conversion에 대해 알아본다.

먼저 str 타입의 문자를 datetime 형식으로 바꾸는 방법을 살펴보자.

```
import datetime
format = '%Y-%m-%d %H:%M:%S'
datetime_str = '2018-05-13 12:34:56'
datetime_dt = datetime.datetime.strptime(datetime_str, format)
print(type(datetime_dt))
print(datetime_dt)
```

```
<class 'datetime.datetime'>
2018-05-13 12:34:56
```

strptime() 함수에 datetime_str 변수와 형식을 매개변수로 전달한다. 우리가 입력한 str 타입의 날짜와 날짜를 표현하는 형식을 strptime() 함수에 전달한 것이다. 함수의 결과를 보니, str 타입의 문자가 datetime 타입으로 변환한 것을 확인할 수 있다.

이번에는 반대로 datetime을 str 타입의 문자로 변환할 수 있는지 확인해보자.

```
datetime_str = datetime_dt.strftime('%Y-%m-%d %H:%M:%S')
print(type(datetime_str))
print(datetime_str)
```

```
<class 'str'>
2018-05-13 12:34:56
```

위에서 strftime() 함수를 호출할 때 변환된 datetime_dt에서 strftime() 함수를 호출한 것을 알 수 있다. 함수 매개변수에는 변환하려는 날짜, 시간 형식을 전달한다. 결과를 보니, str 타입으로 변환된 것과 우리가 전달한 형식에 맞게 값이 나온 것을 확인할 수 있다.

또 다른 형식으로 변경하려면 다음과 같이 수정해서 전달하면 된다.

```
datetime_str = datetime_dt.strftime('%Y-%m-%d %H')
print(type(datetime_str))
print(datetime_str)
```

```
<class 'str'>
2018-05-13 12
```

```
datetime_str = datetime_dt.strftime('%Y-%m')
print(type(datetime_str))
print(datetime_str)
```

```
<class 'str'>
2018-05
```

'%Y-%m-%d %H' 형식을 전달하면 **연-월-일-시** 형식으로 출력되고, '%Y-%m'을 전달하면 **연-월**만 출력된다.

strptime() 함수와 strftime() 함수는 서로 반대되는 기능을 가지고 있다. 변환 방향은 [그림 2-1]과 같다.

그림 2-1 strptime() 함수와 strftime() 함수의 관계

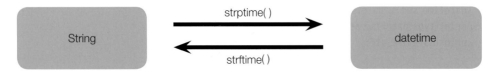

strptime() 함수와 strftime() 함수는 서로 반대의 기능을 수행하고 날짜 데이터를 변환할 때 많이 사용하는 함수다. 주의해야 할 점은 우리가 형식을 정의할 때 지정한 형식이 대소문자

를 구분하므로 형식을 맞추거나 정확한 날짜를 표현해야 한다는 것이다.

- **strptime():** str 타입으로 된 날짜 데이터를 datetime 형태로 변환하는 함수다.
- **strftime():** datetime 형태의 데이터를 str 타입으로 변환하는 함수다.

다음 표에 변환 문자열과 그 의미를 설명했다.

변환 문자열	의미	변환 문자열	의미
%a	요일 이름의 약자	%M	분(00–59)
%A	요일 이름	%p	AM 또는 PM
%b	월 이름의 약자	%S	초(00–59)
%B	월 이를	%w	요일(0–6)
%c	지역 날짜와 시간	%x	지역 날짜
%d	날짜(01–31)	%X	지역 시간
%H	시간(00–23)	%y	연도(00–99)
%l(소문자 엘)	시간(01–12)	%Y	연도(예, 2003)
%j	1월 1일 이후의 날짜(001–366)	%%	퍼센트 기호(%)
%m	월(01–12)		

2.1.2 넘파이 라이브러리

앞서 살펴본 파이썬 표준 라이브러리 datetime에서는 datetime.date와 datetime.time이 각각 모듈 형식으로 존재했다. 넘파이에서는 날짜date와 시간time을 하나의 객체로 관리하는데, 모두 datetime64 객체로 표현한다. 파이썬의 datetime.datetime과 차이점은 datetime에서는 시간을 마이크로초(10^{-6}) 단위까지 관리한다면, 넘파이의 datetime64는 아토초(10^{-18}) 단위까지 관리한다는 것이다. 넘파이의 날짜와 시간을 이해해야 하는 가장 중요한 이유는 우리가 궁극적으로 사용할 판다스의 날짜와 시간 함수가 넘파이를 기반으로 만들어졌기 때문이다. 그럼 넘파이의 날짜와 시간 사용 예제를 살펴보자.

numpy 객체를 이용해 날짜를 생성하는 방식에는 두 가지가 있다.

- 날짜와 시간과 관련된 ISO 8601 국제 표준 방식으로, str 타입의 값을 전달해 생성한다.
- 유닉스 시각을 이용한 방식이다. UTC 시간 1970년 1월 1일 00:00:00부터 경과 시간을 초 단위로 환산해 나타낸다.

먼저 str 타입의 값을 전달해 날짜를 만드는 방식을 살펴보자.

```
# str 타입은 ISO 8601 형식에 맞춰서 사용해야 한다.
import numpy as np
np.datetime64('2019-01-01')
```

```
numpy.datetime64('2019-01-01')
```

'2019-01-01'은 str 타입의 날짜를 표현한다. 해당 값이 ISO 8601 포맷(https://ko.wikipedia.org/wiki/ISO_8601)을 맞춘다면 str 타입의 변수가 datetime64 타입으로 자동 변환된다. 출력된 결과를 보면, datetime64 타입으로 날짜가 바뀐 것을 확인할 수 있다.

이번에는 유닉스 기준 시간을 이용해 날짜를 만드는 방식을 살펴보자.

```
import numpy as np
np.datetime64(1000,'ns')
np.datetime64(10000,'D')
np.datetime64(1000000000,'s')
```

```
numpy.datetime64('1970-01-01T00:00:00.000001000')
numpy.datetime64('1997-05-19')
numpy.datetime64('2001-09-09T01:46:40')
```

첫째 매개변수는 수치 데이터이고 둘째 매개변수는 수치 데이터를 표현하는 단위다. 'ns'는 나노초 단위, 'D'는 일 단위, 's'는 초 단위다. 파이썬 라이브러에서 살펴본 timedelta 형식을 응용한다는 것을 미루어 짐작할 수 있다. 출력 결과는 각기 다른 종류의 날짜가 만들어진다.

array() 함수를 이용한 방식으로 날짜를 생성해보자.

```
np.array(['2007-07-13', '2006-01-13', '2010-08-13'], dtype='datetime64')
```

```
array(['2007-07-13', '2006-01-13', '2010-08-13'],
dtype='datetime64[D]')
```

np.array() 함수를 이용해 str 타입의 배열을 전달하고, dtype을 'datetime64'로 설정한다.

다음에는 arange() 함수를 이용해 날짜 범위를 지정하여 날짜를 생성한다.

```
np.arange('2005-02', '2005-03', dtype='datetime64[D]')
```

```
array(['2005-02-01', '2005-02-02', '2005-02-03', '2005-02-04',
       '2005-02-05', '2005-02-06', '2005-02-07', '2005-02-08',
       '2005-02-09', '2005-02-10', '2005-02-11', '2005-02-12',
       '2005-02-13', '2005-02-14', '2005-02-15', '2005-02-16',
       '2005-02-17', '2005-02-18', '2005-02-19', '2005-02-20',
       '2005-02-21', '2005-02-22', '2005-02-23', '2005-02-24',
       '2005-02-25', '2005-02-26', '2005-02-27', '2005-02-28'],
      dtype='datetime64[D]')
```

dtype을 'datetime64[D]'로 전달하면 일자까지 나오는 데이터를 생성한다.

이번에는 dtype을 'datetime64[M]'으로 전달한다.

```
np.arange('2005-02', '2006-03', dtype='datetime64[M]')
```

```
array(['2005-02', '2005-03', '2005-04', '2005-05', '2005-06', '2005-07',
       '2005-08', '2005-09', '2005-10', '2005-11', '2005-12', '2006-01','2006-02'],
      dtype='datetime64[M]')
```

각각 날짜를 생성할 때 어떤 단위를 전달하는지에 따라 생성되는 범위가 달라진다.

두 날짜의 간격을 구할 때는 단순하게 빼주면 된다. timedelta가 내부적으로 동작하기 때문에 직관적인 날짜 간격을 구하기가 쉽다. 날짜 간격을 구해보자.

```
np.datetime64('2009-01-01') - np.datetime64('2008-01-01')
np.datetime64('2009') - np.datetime64('2008-01')
np.datetime64('2009-01-01') - np.datetime64('2008-01')
```

```
numpy.timedelta64(366,'D')
numpy.timedelta64(12,'M')
numpy.timedelta64(366,'D')
```

두 날짜 간 간격이 일 단위 간격인지, 월 단위 간격인지 확인한다. 결과를 확인해보니, 날짜 간격을 구할 때 두 날짜 중 작은 단위 날짜로 맞춘다는 것을 확인할 수 있다. 또한 넘파이에서 사용하는 datetime64도 파이썬 표준 라이브러리 datetime의 영향이 있기에 앞에서 살펴본 동작들이 순조롭게 이어진다는 것을 알 수 있게 하는 부분이다.

앞에서 전달한 단위 코드를 추가로 더 확인해보자.

단위 코드	의미	단위 코드	의미
Y	연	M	월
W	주	D	일
h	시간	m	분
s	초	ms	밀리초
us	마이크로초	ns	나노초
ps	피코초	fs	펨토초

표에서 살펴본 단위 코드는 날짜 형식을 다룰 때 대부분 공통으로 적용되는 단위다. 월(M)과 분(m)은 대소문자를 구분하므로 주의해 사용한다. 이외에 넘파이에서 제공하는 세부적인 기능도 많지만 여기까지만 살펴보고 판다스로 넘어가도록 하자. 지금까지 설명한 내용이 잘 이해되지 않는다면 그냥 넘어갔다가, 추후에 더 자세한 내용이 궁금해지는 시점이 온다면 그때 여기로 돌아와 확인해보도록 한다.

2.1.3 판다스 라이브러리

판다스 창시자인 웨스 맥키니Wes McKinney는 AQR 캐피털의 프론트 퀀트 리서치 팀 근무 당시 파이썬을 활용해 투자 데이터를 가공하던 중 불편을 느끼고 더 효율적으로 작업하고자 직접 판다스를 개발했다.

판다스는 테이블 데이터 및 시계열 데이터 구조를 조작하는 탁월한 기능을 제공하는 라이브러리다. 판다스는 내부적으로 넘파이를 포함하고 있어 날짜와 시간 관련 기능도 datetime64를 바탕으로 이뤄진다. 판다스만 잘 활용해도 짧은 코드로 강력한 기능을 구사할 수 있다. 대표적인 기능으로 날짜 범위 생성, 날짜 변환, 날짜 이동 등이 있다. 또한 DataFrame 객체의 인덱싱 기능은 데이터 필터링Filtering, 인덱싱Indexing, 피벗팅Pivoting, 정렬Sorting, 슬라이싱Slicing 등 다양하게 활용할 수 있다. 이 절에서는 먼저 판다스의 날짜와 시간 관련 기능만 살펴본다.

다음 표는 판다스에서 날짜와 시간을 어떻게 사용하는지 보여준다.

개념	Scalar 클래스	Array 클래스	데이터 형식	생성 방법
Date times	Timestamp	DatetimeIndex	datetime64[ns] 또는 datetime64[ns, tz]	to_datetime 또는 date_range
Time deltas	Timedelta	TimedeltaIndex	timedelta64[ns]	to_timedelta 또는 timedelta_range
Time spans	Period	PeriodIndex	period[freq]	Period 또는 period_range
Date offsets	DateOffset	None	None	DateOffset

위 개념 중에서 Date times와 Time spans를 알아보자. Date times는 파이썬 표준 라이브러리 datetime을 지칭하는 것이다. 앞에서 다양한 예제로 살펴봤듯이, 특정 시점 하나를 지칭한다. 판다스에서 하나의 날짜만 사용할 때는 Timestamp 함수로 표현하고 두 개 이상의 배열을 이룰 때는 DatetimeIndex로 표현한다.

Time spans는 특정 시점이 아니라 기간을 포괄하는 개념이다. 앞에서 살펴본 'D'라는 일 단위로 '2019-01-01' 하루 데이터를 생성하면, '00시 00분 00초'부터 '23시 59분 59초'까지의 하루 기간을 포괄한다. 하나만 사용했을 때는 Period 클래스로 표현하고 두 개 이상의 배열을 이룰 때는 PeriodIndex로 표현한다.

Date times를 코드로 살펴보자.

```python
import pandas as pd
pd.Timestamp(1239.1238934, unit='D')
pd.Timestamp('2019-1-1')
pd.to_datetime('2019-1-1 12')
pd.to_datetime(['2018-1-1', '2019-1-2'])
pd.date_range('2019-01','2019-02')
```

```
Timestamp('1973-05-24 02:58:24.389760')
Timestamp('2019-01-01 00:00:00')
Timestamp('2019-01-01 12:00:00')
DatetimeIndex(['2018-01-01', '2019-01-02'], dtype='datetime64[ns]', freq=None)
DatetimeIndex(['2019-01-01', '2019-01-02', '2019-01-03', '2019-01-04',
               '2019-01-05', '2019-01-06', '2019-01-07', '2019-01-08',
               '2019-01-09', '2019-01-10', '2019-01-11', '2019-01-12',
               '2019-01-13', '2019-01-14', '2019-01-15', '2019-01-16',
```

```
'2019-01-17', '2019-01-18', '2019-01-19', '2019-01-20',
'2019-01-21', '2019-01-22', '2019-01-23', '2019-01-24',
'2019-01-25', '2019-01-26', '2019-01-27', '2019-01-28',
'2019-01-29', '2019-01-30', '2019-01-31', '2019-02-01'],
dtype='datetime64[ns]', freq='D')
```

Timestamp() 함수는 특정 시점을 나타내는 날짜와 시간을 표현한다. 판다스에서도 Timestamp 함수에 수치 데이터를 전달하고 unit 값을 매개변수로 넘기면 넘파이에서 살펴본 유닉스 시각을 이용한 방식임을 알 수 있다. UTC 시간 '1970년 1월 1일 00:00:00'부터 현재까지 경과 시간을 초 단위로 환산해 나타낸 방식이다.

다음에는 Timestamp() 함수를 이용한 방식과 to_datetime() 함수로 특정 시점 날짜와 시간을 생성한다. 한 개의 날짜만 생성하는 경우, 호출하는 함수는 다르지만 내부적으로 넘파이에서 datetime64를 통해 날짜를 만드는 것과 같다. 판다스 내부적으로 넘파이가 동작한다는 내용을 이런 출력 결과로 확인할 수 있다.

to_datetime() 함수에 str 타입으로 이뤄진 날짜 데이터 배열을 매개변수로 전달하면 어떤 결과가 나올까? DatetimeIndex라는 클래스로 배열이 생기고 데이터 타입이 datetime64[ns]로 표현되는 것을 확인할 수 있다.

마지막으로, date_range() 함수는 특정 기간의 날짜를 자동 생성한다. '2019-01'과 '2019-02'를 전달하면 출력 결과는 2월 말까지 데이터를 생성하는 것이 아니라 2월 1일자 데이터만 생성한다. 간단하게 생각하면, 둘째 인자로 전달한 값의 월은 고려하지 않는다는 것이다. 추후 데이터를 생성하거나 가공할 때 주의가 필요한 대목이다.

그럼 Time spans가 무엇인지 코드로 살펴보자.

```
import pandas as pd
pd.Period('2019-01')
pd.Period('2019-05', freq='D')
pd.period_range('2019-01','2019-02',freq='D')
```

```
Period('2019-01', 'M')
Period('2019-05-01', 'D')
PeriodIndex(['2019-01-01', '2019-01-02', '2019-01-03', '2019-01-04',
```

```
           '2019-01-05', '2019-01-06', '2019-01-07', '2019-01-08',
           '2019-01-09', '2019-01-10', '2019-01-11', '2019-01-12',
           '2019-01-13', '2019-01-14', '2019-01-15', '2019-01-16',
           '2019-01-17', '2019-01-18', '2019-01-19', '2019-01-20',
           '2019-01-21', '2019-01-22', '2019-01-23', '2019-01-24',
           '2019-01-25', '2019-01-26', '2019-01-27', '2019-01-28',
           '2019-01-29', '2019-01-30', '2019-01-31', '2019-02-01'],
         dtype='period[D]', freq='D')
```

Time spans는 특정 시점이 아니라 기간을 포괄하는 개념이다. 그래서 앞에서 살펴본 Date times와 달리 freq 인자가 추가되었다. Period를 사용해 '2019-01'을 넣을 때 출력값이 기본적으로 월 단위(freq='M')로 인식된다. 하지만 매개변수 freq를 일간daily을 뜻하는 D 로 설정하면 일 단위로 자동 생성되고 '2019-01'과 달리 '2019-05-01'처럼 1일자까지 붙는 것을 확인할 수 있다. 그리고 str 타입의 두 개 이상 날짜 데이터를 가진 배열을 전달하면 PeriodIndex 클래스로 묶이는 것을 알 수 있다.

그렇다면 Date times와 Time spans의 특정 시점과 기간은 어떤 차이점이 있을까? 다음의 비교 연산 코드에서 두 개념이 포괄하는 범위를 확인할 수 있다.

```
p = pd.Period('2019-06-13')
test = pd.Timestamp('2019-06-13 22:11')
p.start_time < test < p.end_time
```

```
True
```

Timestamp는 한 시점을 뜻하는 것이고, Period는 1일의 시작 시점부터 종료 시점까지의 범위를 포괄한다.

date_range() 함수와 period_range() 함수에 freq 인자를 넣어주면 다양한 결과를 확인할 수 있다. 다양한 값을 전달해 어떤 값이 나오는지 확인해보자.

```
pd.date_range('2019-01','2019-02',freq='B')
pd.date_range('2019-01','2019-02',freq='W')
pd.date_range('2019-01','2019-02',freq='W-MON')
```

```
DatetimeIndex(['2019-01-01', '2019-01-02', '2019-01-03', '2019-01-04',
               '2019-01-07', '2019-01-08', '2019-01-09', '2019-01-10',
               '2019-01-11', '2019-01-14', '2019-01-15', '2019-01-16',
               '2019-01-17', '2019-01-18', '2019-01-21', '2019-01-22',
               '2019-01-23', '2019-01-24', '2019-01-25', '2019-01-28',
               '2019-01-29', '2019-01-30', '2019-01-31', '2019-02-01'],
              dtype='datetime64[ns]', freq='B')

DatetimeIndex(['2019-01-06', '2019-01-13', '2019-01-20', '2019-01-27'],
              dtype='datetime64[ns]', freq='W-SUN')

DatetimeIndex(['2019-01-07', '2019-01-14', '2019-01-21', '2019-01-28'],
              dtype='datetime64[ns]', freq='W-MON')
```

주기[freq]를 표현하는 단위를 다음 표에 간단히 설명했다(더 많은 내용이 궁금하다면 홈페이지[2]를 방문해 알아보자).

주기 표현	설명
None	일반적인 간격, 달력상 1일 간격
B	영업일(평일), Business Days
W	주말
M	각 달(month)의 마지막 날
MS	각 달의 첫날
BM	주말이 아닌 평일 중에서 각 달의 마지막 날
BMS	주말이 아닌 평일 중에서 각 달의 첫날
W-MON	주(월요일)

실무에서 시계열 데이터를 다루다 보면 가장 많은 문제가 발생하는 부분이 바로 시간에 대한 설정이나 조정인데, 백그라운드에서 시간 데이터가 어떻게 작동하는지 알아야 문제를 바로잡기 쉽기 때문이다. 그러나 이렇게 종합적이지 않고 시간만 다루는 예제를 통해서는 아마 감이 잡히지 않을 것이다. 자주 다루면서 서서히 익혀가야 할 부분이니 이해가 안 가는 부분이 있더라도 일단은 부담 없이 넘어가길 바란다.

---

2 https://pandas.pydata.org/pandas-docs/stable/user_guide/timeseries.html

2.2 금융 데이터 전처리와 분석을 위한 판다스 사용법

판다스는 데이터 전처리 및 시계열 분석을 효율적으로 수행하기 위해 비개발자 출신 금융인이 만든 파이썬 라이브러리다. 판다스는 데이터 구조를 유연하게 조작할 수 있는 강력한 기능을 제공하며, 금융뿐만 아니라 통계, 웹 분석, 신경과학 등 다방면에서 활용된다. 판다스의 기능이 너무 많아 한 번에 배울 수 없으므로, 여기서는 실무 데이터 전처리 및 분석 작업에서 자주 사용하는 기능을 위주로 설명한다.

2.2.1 가장 중요한 준비 과정 – 데이터 불러오기

데이터를 분석하려면 데이터를 불러와야 한다reading and writing. 실무 환경에서 다른 부서와 협업하다 보면 데이터 저장 형식이 다를 때가 많다. 같은 엑셀 파일인데도 CSV 형식으로 저장된 경우가 있고 아닌 경우도 있다. 따라서 다양한 형태의 파일을 불러오는 방법을 모른다면 분석은 시도조차 하지 못할 것이다. 실제로 데이터 분석 전문가 실기 시험이나 데이터 분석가 코딩 면접에서 평소 데이터를 다루던 환경과 달라 데이터를 불러오지 못해서 분석을 시작하지도 못하는 어처구니없는 사례가 예상외로 많다고 한다.

판다스의 강력한 기능 중 하나는 다양한 형식의 파일 포맷을 읽을 수 있다는 것인데, 가장 많이 사용하는 포맷으로는 CSV와 텍스트 파일이 있다. 또한 판다스는 마이크로소프트 엑셀, SQL 데이터베이스, fast HDF5 등 다양한 포맷의 입/출력(I/O)에 접근할 수 있다.

> **데이터 가져오기**
>
> 야후 파이낸스 홈페이지에서는 Close 컬럼과 Abj Close 컬럼을 제공한다. 아래 Download 버튼을 누르고 CSV 파일을 내려받으면 [그림 2-2]와 같은 형식의 데이터를 엑셀 파일(그림 2-3)로 확인할 수 있다. API를 사용하면 종가Close 컬럼에 수정 종가가 들어있는 것을 API 구현체를 통해 확인할 수 있다.

그림 2-2 야후 파이낸스 데이터 다운로드

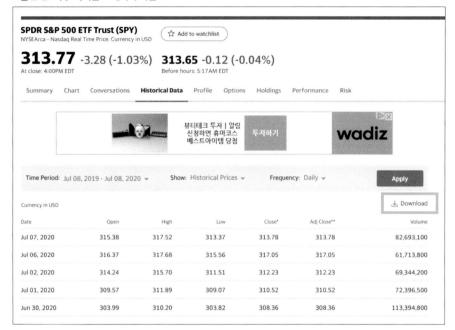

그림 2-3 실제 엑셀로 내려받은 데이터 화면

	A	B	C	D	E	F	G	H
1	Date	Open	High	Low	Close	Adj Close	Volume	
2	2019-06-10	289.37	290.82	288.87	288.97	283.1838	60799100	
3	2019-06-11	290.99	291.4	288.18	288.9	283.1152	58641300	
4	2019-06-12	288.64	289.26	287.82	288.39	282.6154	46984700	
5	2019-06-13	289.4	289.98	288.62	289.58	283.7815	48945200	
6	2019-06-14	289.26	289.93	288.41	289.26	283.468	52324700	
7	2019-06-17	289.52	290.22	289.18	289.37	283.5758	39205700	
8	2019-06-18	291.39	293.57	290.99	292.4	286.5451	85434800	
9	2019-06-19	292.55	293.65	291.47	293.06	287.1919	78674400	
10	2019-06-20	296.04	296.31	293.13	295.86	289.9358	1.17E+08	
11	2019-06-21	294.13	295.52	293.76	294	289.5144	83309500	
12	2019-06-24	294.23	294.58	293.47	293.64	289.1599	47582700	
13	2019-06-25	293.7	293.73	290.64	290.76	286.3238	82028700	
14	2019-06-26	291.75	292.31	290.35	290.47	286.0382	51584900	
15	2019-06-27	291.31	292.06	290.89	291.5	287.0525	40355200	
16	2019-06-28	292.58	293.55	292.01	293	288.5296	59350900	
17	2019-07-01	296.68	296.92	294.33	295.66	291.149	79107500	
18	2019-07-02	295.61	296.49	294.68	296.43	291.9073	61504500	
19	2019-07-03	297.18	298.82	297.02	298.8	294.2411	40898900	
20	2019-07-05	297.44	298.64	296.01	298.46	293.9063	51677300	
21	2019-07-08	297.01	298.26	296.22	296.82	292.2914	45841800	
22	2019-07-09	295.54	297.52	295.48	297.19	292.6557	41101300	
23	2019-07-10	298.37	299.66	297.78	298.61	294.054	58448500	
24	2019-07-11	299.32	299.58	298.2	299.31	294.7433	50826100	
25	2019-07-12	299.85	300.73	299.51	300.65	296.0629	40326000	
26	2019-07-15	301.13	301.13	300.19	300.75	296.1614	33900000	
27	2019-07-16	300.65	300.88	299.44	299.78	295.2062	36650100	

다음 표에 판다스에서 제공하는 입출력 API를 나타냈다. [3]

형식	설명	읽기	쓰기
텍스트	csv	read_csv	to_csv
텍스트	json	read_json	to_json
텍스트	html	read_html	to_html
바이너리	MS Excel	read_excel	to_excel
바이너리	Python Pickle Format	read_pickle	to_pickle
sql	SQL	read_sql	to_sql
...	...	...	...

가장 자주 사용하는 CSV 파일을 읽어오는 방법을 알아보자. 애플 주가 데이터가 담긴 CSV 파일을 read_csv() 함수를 이용해 분석에 용이하도록 데이터프레임 형태로 불러온다.

```
import pandas as pd
df = pd.read_csv('../data/us_etf_data/AAPL.csv')
df.head()
```

	Date	Open	High	Low	Close	Adj Close	Volume
0	1980-12-12	0.513393	0.515625	0.513393	0.513393	0.410525	117258400.0
1	1980-12-15	0.488839	0.488839	0.486607	0.486607	0.389106	43971200.0
2	1980-12-16	0.453125	0.453125	0.450893	0.450893	0.360548	26432000.0
3	1980-12-17	0.462054	0.464286	0.462054	0.462054	0.369472	21610400.0
4	1980-12-18	0.475446	0.477679	0.475446	0.475446	0.380182	18362400.0

많은 양의 데이터를 읽어올 때 전체 데이터를 출력해 확인하는 것은 효율적이지 못하다. head() 함수를 호출하면 상위 5개 행만 출력된다.

판다스는 두 개의 객체로 데이터 구조를 이룬다. Series와 DataFrame 객체다. Series는 1차원으로 구성되며 형태가 배열과 비슷하다. DataFrame은 2차원 테이블 형식으로 구성되며 흔히 알고 있는 행Row과 열Column 형태로 구성된다.

데이터프레임에서 행은 인덱스Index를 의미하고, 열은 Series 객체로 변수를 의미한다.

---

3 자세한 내용은 https://pandas.pydata.org/pandas-docs/stable/user_guide/io.html를 참고한다.

차원	이름	설명
1	Series	1D 배열이고 같은 데이터 타입의 데이터만 허용된다.
2	DataFrame	2D 테이블 형태의 데이터 구조이고 컬럼끼리는 다른 데이터 타입을 허용한다.

데이터프레임 구조의 장점은 서로 다른 형태의 변수를 하나의 틀 안에서 분석할 수 있다는 것이다. 이것은 다양한 종류의 데이터를 동시에 전처리할 수 있다.

데이터를 읽어올 때 다양한 매개변수를 사용할 수 있는데(파일 타입이나 내용에 따라 반드시 사용해야 할 때가 있다), 이런 매개변수로 인해 더욱 유연하게 데이터를 불러올 수 있다.

```
aapl_df = pd.read_csv('./data/us_etf_data\AAPL.csv',index_col='Date',
                      parse_dates=['Date'])
print(aapl_df.head())
print(type(aapl_df.index))
print(type(aapl_df.index[0]))
```

Date	Open	High	Low	Close	Adj Close	Volume
1980-12-12	0.513393	0.515625	0.513393	0.513393	0.410525	117258400.0
1980-12-15	0.488839	0.488839	0.486607	0.486607	0.389106	43971200.0
1980-12-16	0.453125	0.453125	0.450893	0.450893	0.360548	26432000.0
1980-12-17	0.462054	0.464286	0.462054	0.462054	0.369472	21610400.0
1980-12-18	0.475446	0.477679	0.475446	0.475446	0.380182	18362400.0

```
<class 'pandas.core.indexes.datetimes.DatetimeIndex'>
<class 'pandas._libs.tslibs.timestamps.Timestamp'>
```

이번에는 read_csv() 함수를 호출하면서 두 가지 옵션을 추가한다.

첫째로, index_col 옵션으로 인덱스로 설정할 컬럼명을 전달한다. 아무 옵션 없이 데이터를 읽어오면 0, 1, 2, 3, 4와 같은 정수 형태로 인덱스가 잡힌다. 출력 결괏값에는 'Date' 컬럼이 인덱스로 잡혀 있는 것을 확인할 수 있다.

둘째로, parse_dates 옵션을 활용해 str 타입의 'Date' 컬럼값을 timestamp 타입으로 변환한다. 인덱스 타입을 확인해보면 DatetimeIndex이고, 인덱스 각 항목은 timestamp 타입인 것을 확인할 수 있다. 우리가 앞 절(날짜와 시간-2.1절)에서 살펴본 내용이 실제 판다스에서 어떻게 변화되는지 다시 확인할 수 있다. 이 기능이 얼마나 유용한지는 실무에서 시계열 데이터를 다뤄본 사람이라면 잘 알 것이다. 인덱스를 `timestamp` 타입으로 만들어주는 것은 필수는 아니지만 데이터 결합, 데이터 분석 등을 용이하게 해준다.

2.2.2 에러의 주된 원인 제거 – 결측치와 이상치 다루기

데이터 수집 과정에서 사람의 실수나 전산 오류 등 여러 가지 이유로 결측치|missing value가 발생하는 일이 잦다. 수집된 데이터의 질이 양호하지 못하면, 아무리 좋은 알고리즘이라 해도 우수한 성능을 내지 못할 것이며, 반대로 잘못된 데이터로 엉뚱한 결론에 도달해 큰돈을 잃는 경우가 발생할 수 있다. 따라서 분석 전에 결측치나 이상치 데이터를 처리하는 과정은 필수로 거쳐야 한다.

결측치를 다루기 위해서는 결측치를 확인하는 법과 처리하는 법을 알아야 한다. 결측치를 처리하는 여러 가지 방법이 있지만, 그 방법은 데이터 분석 목적과 경험에 따라 달라질 수 있다.

먼저 결측치가 존재하는지 확인하는 작업부터 시작해보자. 판다스에서 결측치 데이터는 NaN으로 표시된다. 하지만 분석을 하다 보면 결측치 외에도 무한값infinity 때문에 많은 에러가 발생하니 무한값도 일단 결측치라고 간주한다.

우선 임의의 데이터를 생성해 데이터프레임으로 만들어보자.

```
s1 = pd.Series([1,np.nan,3,4,5])
s2 = pd.Series([1,2,np.nan,4,5])
s3 = pd.Series([1,2,3,np.nan,5])
df = pd.DataFrame({'S1':s1,
                   'S2':s2,
                   'S3':s3
                   })
df.head()
```

	S1	S2	S3
0	1.0	1.0	1.0
1	NaN	2.0	2.0
2	3.0	NaN	3.0
3	4.0	4.0	NaN
4	5.0	5.0	5.0

판다스 Series 객체를 세 개 만들고 하나의 DataFrame 객체로 만들었다. 데이터프레임 데이터는 'S1', 'S2', 'S3' 세 개 컬럼으로 구성되고 컬럼마다 한 개의 NaN 데이터가 존재한다. NaN 데이터를 확인하는 함수는 isna(), isnull(), isin() 세 개가 있다.

DataFrame에서 확인하려는 변수(series)에 isna() 함수를 호출하면 해당 Series에서 NaN 값 포함 여부를 True/False로 Boolean 타입의 값을 반환한다. 즉, 결측치이면 True를 반환한다.

```
df['S1'].isna()
```

```
0    False
1     True
2    False
3    False
4    False
Name: S1, dtype: bool
```

DataFrame 객체에서도 isna() 함수를 호출하면 해당 데이터프레임에서 True/False 값을 확인할 수 있다.

```
df.isna()
```

	S1	S2	S3
0	False	False	False
1	True	False	False
2	False	True	False
3	False	False	True
4	False	False	False

isna() 함수의 반환값은 True/False로 변환된 데이터다. Series 객체에서 호출하면 Series 객체를 반환하고, 데이터프레임에서 호출하면 데이터프레임을 반환한다. 이를 통해 DataFrame 멤버함수를 연속해 호출하는 방법으로 이어질 수 있는데, 이 방법을 체인chain 기법이라 한다.

DataFrame의 멤버함수 sum()을 호출해 각 변수에 결측치가 몇 개 존재하는지 한눈에 살펴보자.

```
df.isna().sum()
```

```
S1    1
S2    1
S3    1
dtype: int64
```

파이썬에서 True와 False는 1과 0으로 나타낸다. sum() 함수를 호출하면 자동으로 True는 1로 계산하고 False는 0으로 계산한다. 따라서 sum() 함수를 사용해 편리하게 Boolean 값을 계산할 수 있다. 다른 방법으로는 count() 함수를 호출해 데이터 개수를 출력하는 방법이 있는데, NaN 값을 제외한 모든 데이터 개수를 출력한다. 만약 변수별로 데이터 개수가 다르다면, 데이터에 문제가 있는 것이라 볼 수 있기 때문에 한 번 더 확인해야 한다.

추가로, isin(), isnull() 함수를 사용해 결측치를 확인할 수 있다. 우선 isin() 함수를 호출해보자. isin() 함수는 데이터프레임을 구성하는 각 컬럼(Series) 값이 매개변수로 전달받은 인자 안에 포함된 여부를 True/False로 판단한다. 전달 가능한 타입은 iterable, Series, DataFrame, dict인데, 보통 리스트 타입을 많이 전달해 확인한다.

```
df.isin([np.nan])
```

	S1	S2	S3
0	False	False	False
1	True	False	False
2	False	True	False
3	False	False	True
4	False	False	False

판다스에 저장되는 NaN 값은 np.NaN 값을 뜻한다. 리스트 타입으로 np.NaN 값을 전달했으며 출력 결과는 isna() 함수와 같게 나온다.

isna()에서 호출 방식과 같이 sum() 함수를 체인해 누락 데이터를 확인해보자.

```
df.isin([np.nan]).sum()
```

```
S1    1
S2    1
S3    1
dtype: int64
```

isnull() 함수를 호출해 누락 데이터를 확인해보자.

```
df.isnull()
```

	S1	S2	S3
0	False	False	False
1	True	False	False
2	False	True	False
3	False	False	True
4	False	False	False

```
df.isnull().sum()
```

```
S1    1
S2    1
S3    1
dtype: int64
```

얼핏 보면 isna() 함수와 isnull() 함수는 차이점이 없다. 그렇다. 파이썬 판다스에서는 isna() 함수와 isnull() 함수가 같은 동작을 수행한다. 왜 두 함수가 같은 동작을 수행할까? 판다스 라이브러리 코어 부분에 구현된 isna() 함수를 보면 다음 코드와 같이 구현되었다.[4]

---

4 https://github.com/pandas-dev/pandas/blob/537b65cb0fd2aa318e089c5e38f09e81d1a3fe35/pandas/core/dtypes/missing.py#L109

```
def isna(obj):
    """
    Detect missing values for an array-like object.
    This function takes a scalar or array-like object and indicates
    whether values are missing ("NaN" in numeric arrays, "None" or "NaN"
    in object arrays, "NaT" in datetimelike).
    ------------- 중간 생략 ------------------------
    return _isna(obj)

isnull = isna
```

그러면 왜 같은 동작을 수행하는 함수가 두 개나 구현되었을까? 그 이유는 판다스가 R의 영향을 받았기 때문이다. R에서는 na 데이터와 null 데이터를 다른 데이터로 구분하기 때문인데, 판다스는 두 데이터를 넘파이의 NaN^Not a Number로 대체해 구분이 없어진 것이다. 그래서 isna()와 isnull()은 같은 동작을 수행한다.

이렇게 결측치를 살펴보는 isna(), isin(), isnull() 함수를 알아봤다. isna()와 isnull()은 같은 함수이고 inis()은 매개변수를 전달받기에 같은 기능을 구현할 수 있지만, 조금씩 차이가 있다.

결측치를 확인하는 방법을 알아봤으니, 이제 결측치를 처리하는 방법을 살펴보자. 이 처리 방법에는 크게는 결측치를 합리적인 다른 값으로 채우는 방법과 결측치가 있는 항이나 행을 제거하는 방법이 있다. 물론 각 방법에는 일장일단이 있으므로 한 가지 방법만을 사용하진 않지만, 시계열 길이가 길지 않거나 데이터 포인트가 작다면 결측치가 있다고 해서 바로 제거하는 방법을 사용하기보다는 합리적인 대체 값을 고안하는 것이 좋다.

먼저 가장 자주 사용되는 fillna() 함수에 대해 알아보자.

```
df.fillna(0)
```

	S1	S2	S3
0	1.0	1.0	1.0
1	0.0	2.0	2.0
2	3.0	0.0	3.0
3	4.0	4.0	0.0
4	5.0	5.0	5.0

`fillna()` 함수는 데이터프레임에 있는 NaN 값을 다른 값으로 채우는 함수다. 우리가 원하는 값을 전달하면 결측치를 전달한 값으로 치환한다. 위에서 NaN으로 표시된 값이 0으로 바뀐 것을 확인할 수 있다. 물론 결측치를 단순하게 0으로 대체하는 것은 옳지 못한 방법일 수 있다. `fillna()`에는 결측치를 원하는 값으로 치환할 수 있는 다양한 옵션이 있다. `method` 값에 다음과 같은 채우기 방법을 지정하거나 평균^{mean} 등 특정 값을 지정할 수도 있다.

함수	기능
pad / ffill	앞선 행의 값을 가져온다.
bfill / backfill	다음 행의 값의 가져온다.

`fillna()` 함수에 pad 옵션을 전달해보자.

```
df.fillna(method='pad')
```

	S1	S2	S3
0	1.0	1.0	1.0
1	1.0	2.0	2.0
2	3.0	2.0	3.0
3	4.0	4.0	3.0
4	5.0	5.0	5.0

pad 옵션은 `ffill` 옵션과 같다. 각 열의 결측치가 이전 행의 값으로 변경된 것을 확인할 수 있다.

반대 기능을 수행하는 'bfill' 옵션을 지정해보자.

```
df.fillna(method='bfill')
```

	S1	S2	S3
0	1.0	1.0	1.0
1	3.0	2.0	2.0
2	3.0	4.0	3.0
3	4.0	4.0	5.0
4	5.0	5.0	5.0

이번에는 반대로 결측치 다음 행들의 값이 채워졌다. 금융 시계열 분석에서 `backward fill` 방법은 사전 관찰 편향[look-ahead-bias] 문제를 일으킬 수 있기 때문에 보통의 경우 한 단계 앞의 시계열 값을 가져오는 `forward fill` 방법을 많이 사용한다. 경우에 따라 backward와 forward 값의 평균값을 사용하는 것도 합리적인 선택이 될 수 있다.

지양하고는 있지만 `dropna()` 함수를 사용해 결측치가 발생한 행이나 열을 완전히 제거하는 방법도 사용한다. 행을 제거할지, 열을 제거할지 여부는 `axis` 값을 설정해 변경할 수 있다. `axis = 0`은 아래로 향하는 행[row] 방향이다. 열[column] 방향으로 계산하려면 `axis = 1`을 전달하면 된다. 많이 헷갈리는 부분이나 반드시 기억하기 바란다. 디폴트 값은 0이다. 따라서 열을 제거하고자 할 때 `axis = 1` 값을 지정하는 것만 기억하면 된다. 아니면 `rows`나 `columns`를 사용해도 헷갈림을 방지할 수 있다.

```
df.dropna()
df.dropna(axis='rows')
df.dropna(axis=0)
```

	S1	S2	S3
0	1.0	1.0	1.0
4	5.0	5.0	5.0

```
df.dropna(axis='columns')
df.dropna(axis=1)
```

0
1
2
3
4

당황스럽지만, 인덱스를 제외하고 모든 열에 결측치가 존재하기 때문에 모든 열이 삭제된다.

우리가 불러온 애플[APPLE] 주가 데이터에 결측치가 있는지 한번 살펴보자.

```
aapl_df[aapl_df.isin([np.nan, np.inf, -np.inf]).any(1)]
```

Date	Open	High	Low	Close	Adj Close	Volume
1981-08-10	NaN	NaN	NaN	NaN	NaN	NaN

야후 파이낸스에서 받은 데이터지만 결측치가 있다는 것을 확인할 수 있다. 결측치 외에도 데이터의 계산 결과 무한값^{Infinity}이 생성되어 이후 연산 등이 어려워질 수 있으니 이들을 조정해야 한다. 위 코드는 결측치와 무한값을 동시에 찾아낼 수 있다.

isin() 함수는 데이터프레임에서 전달받은 인자가 포함되는지 확인한다. 출력값은 True/False로 나타내는데 뒤에 any(1) 함수를 연속으로 호출해 한 개의 요소 값이 True이면 해당 Row를 표시하는 함수다. 위 함수는 무한값을 포함한 결측치 여부를 확인하는 데 유용하니 기억해두어 사용할 수 있도록 한다.

2.2.3 데이터 선택 방법 – 슬라이싱, 인덱싱, 서브셋 데이터 추출

이번에는 데이터 분석에서 많이 사용되는 슬라이싱과 인덱싱에 대해 살펴보자. 보통 책의 찾아보기를 인덱스라고도 하는데, 이를 보면 어떤 내용이 몇 페이지에 있는지 바로 알 수 있다. 즉, 인덱스는 해당 페이지를 찾아서 우리가 원하는 정보를 얻게 하는 길잡이 역할을 한다.

같은 맥락으로 '인덱싱^{indexing}'은 위치 정보의 개념이다. 그렇다면 슬라이싱^{slicing}은 무엇일까? 단어 뜻처럼 자른다는 개념으로 파이썬에서는 인덱싱(위치 정보)을 기반으로 해당 부분을 잘라내는 것이 슬라이싱이다. 원하는 데이터를 추출할 때 인덱싱과 슬라이싱 방법을 자주 사용한다. 파이썬 사용 경험이 있는 독자라면 대괄호 연산자([ ])를 이용해 인덱싱과 슬라이싱하는 방법을 접해보았을 것이다.

먼저 파이썬 코드에서 인덱싱이 어떻게 이뤄지는지 살펴보자. 다음과 같은 임의의 리스트가 있다고 가정해보자.

```
a = [0,1,2,3,4,5,6,7,8,9,10]
a[0:5]
```

```
[0, 1, 2, 3, 4]
```

대괄호 연산자를 활용해서 0번째부터 (5-1)번째 위치까지 잘라낸 결과다. 파이썬에서 슬라이싱할 때 마지막 인덱스는 참조하지 않는다. 그리고 슬라이싱된 데이터를 다른 변수에 저장하면 그것이 a라는 리스트의 서브셋 데이터가 된다.

앞에서 설명한 인덱싱의 개념과 같이 대괄호 연산자를 이용해 컬럼값을 넣어주면 DataFrame에서 선택한 데이터를 출력한다. 그럼 컬럼 단위로 데이터를 추출해보자.

```python
import pandas as pd
df = pd.read_csv('../data/us_etf_data/AAPL.csv',index_col='Date', parse_dates= ['Date'])
df['Open'].head()
```

```
Date
1980-12-12    0.513393
1980-12-15    0.488839
1980-12-16    0.453125
1980-12-17    0.462054
1980-12-18    0.475446
Name: Open, dtype: float64
```

애플 주가 데이터를 읽어와 'Date' 컬럼을 인덱스로 설정한다. 대괄호 연산자를 이용해 'Open' 컬럼을 head() 함수를 이용해 일부만 확인한다. 출력 결과를 보면 'Open' 컬럼의 값이 'Date' 인덱스에 따라 출력된 것을 알 수 있다. 또한 한 개의 컬럼만 선택한다면 판다스 1차원 객체인 Series가 출력되는 것을 확인할 수 있다.

다수의 컬럼을 선택할 때는 어떻게 해야 할까? 만약 직관적으로 다음 코드와 같이 'Open', 'High' 두 개의 컬럼을 선택한다면 에러가 발생할 것이다.

```python
df['Open','High']
```

```
KeyError: ('Open', 'High')

During handling of the above exception, another exception occurred:
```

```
KeyError                                    Traceback (most recent call last)
<ipython-input-62-d6c6693d2906> in <module>
----> 1 df['Open','High']

~\Anaconda3\envs\py36\lib\site-packages\pandas\core\frame.py in __getitem__
(self, key)
   2978            if self.columns.nlevels > 1:
   2979                return self._getitem_multilevel(key)
-> 2980            indexer = self.columns.get_loc(key)
   2981            if is_integer(indexer):
   2982                indexer = [indexer]

~\Anaconda3\envs\py36\lib\site-packages\pandas\core\indexes\base.py in get_
loc(self, key, method, tolerance)
   2897                return self._engine.get_loc(key)
   2898            except KeyError:
-> 2899                return self._engine.get_loc(self._maybe_cast_
indexer(key))
   2900         indexer = self.get_indexer([key], method=method,
tolerance=tolerance)
   2901         if indexer.ndim > 1 or indexer.size > 1:

pandas/_libs/index.pyx in pandas._libs.index.IndexEngine.get_loc()

pandas/_libs/index.pyx in pandas._libs.index.IndexEngine.get_loc()

pandas/_libs/hashtable_class_helper.pxi in pandas._libs.hashtable.
PyObjectHashTable.get_item()

pandas/_libs/hashtable_class_helper.pxi in pandas._libs.hashtable.
PyObjectHashTable.get_item()
```

대괄호 연산자에 'Open', 'High' 두 개의 컬럼을 전달하면 판다스 내부적으로 ('Open', 'High') 튜플 형식의 한 개의 컬럼으로 인식하게 된다. 해당 컬럼이 데이터프레임에 존재하지 않기 때문에 KeyError가 발생한다.

그래서 판다스에서는 여러 개의 컬럼을 선택할 때 반드시 리스트 형식으로 전달해야 한다. 파이썬을 처음 접하는 사람들이 자주 혼동하는 부분이니 꼭 기억해두자!

```
df[['Open','High','Low','Close']].head()
```

	Open	High	Low	Close
Date				
1980-12-12	0.513393	0.515625	0.513393	0.513393
1980-12-15	0.488839	0.488839	0.486607	0.486607
1980-12-16	0.453125	0.453125	0.450893	0.450893
1980-12-17	0.462054	0.464286	0.462054	0.462054
1980-12-18	0.475446	0.477679	0.475446	0.475446

이번에는 행 단위로 데이터를 추출하는 방법을 알아보자. 주가 데이터 분석에서 행은 날짜를 나타내는 경우가 많다.

```
df[0:3]
```

	Open	High	Low	Close	Adj Close	Volume
Date						
1980-12-12	0.513393	0.515625	0.513393	0.513393	0.410525	117258400.0
1980-12-15	0.488839	0.488839	0.486607	0.486607	0.389106	43971200.0
1980-12-16	0.453125	0.453125	0.450893	0.450893	0.360548	26432000.0

먼저 범위를 지정하지 않았기에 전체 컬럼이 출력된 것을 확인할 수 있다. 그다음 [0:3] 범위를 지정해 3개 행을 추출할 수 있는데, 다른 방법인 인덱스(Date) 값을 통해서도 수행할 수 있다. 한 가지 주의해야 할 사항은 파이썬을 관통하는 인덱싱 규칙이 있다는 것이다. 이번에는 콜론 연산자(:)를 사용해 범위를 지정한다. 파이썬에서는 range() 함수를 사용하는 등 범위를 지정할 때 [시작:끝] 범위를 지정하게 된다. 이때 시작start 인덱스는 출력값에 포함하지만, 끝end 지점 인덱스는 포함하지 않는 값이 출력된다. 위에서 출력된 결과는 0, 1, 2번째 행 데이터인 것이다. 이는 파이썬의 인덱싱 규칙이므로 기억해야 한다.

이번에는 인덱스(Date) 값을 사용해 행 데이터를 슬라이싱해보자.

```
df['2018-10-10':'2018-10-20']
```

Date	Open	High	Low	Close	Adj Close	Volume
2018-10-10	225.460007	226.350006	216.050003	216.360001	213.863373	41990600.0
2018-10-11	214.520004	219.500000	212.320007	214.449997	211.975418	53124400.0
2018-10-12	220.419998	222.880005	216.839996	222.110001	219.547028	40337900.0
2018-10-15	221.160004	221.830002	217.270004	217.360001	214.851822	30791000.0
2018-10-16	218.929993	222.990005	216.759995	222.149994	219.586548	29184000.0
2018-10-17	222.300003	222.639999	219.339996	221.190002	218.637650	22885400.0
2018-10-18	217.860001	219.740005	213.000000	216.020004	213.527298	32581300.0
2018-10-19	218.059998	221.259995	217.429993	219.309998	216.779327	33078700.0

정수 인덱스가 아닌 날짜 인덱스로 지정해도 데이터프레임에서 원하는 범위의 데이터가 출력되는 것을 확인할 수 있다. 그런데 한 가지 의문이 든다. df 변수의 인덱스 타입은 DatetimeIndex였고 인덱스를 이루는 개별 요소들의 타입은 Timestamp였다. 두 타입이 다른데 어떻게 비교연산이 될 수 있었을까? 그 해답은 이어서 나오는 loc와 iloc를 활용한 인덱싱 방식에서 알아보고자 한다.

실무에서는 판다스의 loc와 iloc 인덱서를 이용해 데이터를 추출하는 작업을 많이 하게 된다. loc는 인덱스 값을 기준으로 행 데이터를 추출하고 iloc는 정수형 숫자(한마디로 순서에 기반한 숫자)로 데이터를 추출한다.

인덱서	설명
loc	인덱스 라벨 값 기반으로 데이터 추출
iloc	정수형 값으로 데이터 추출

먼저 코드로 한번 살펴보자. 이전에 불러온 데이터가 아닌 새 데이터를 불러온다.

```python
import pandas as pd
df = pd.read_csv('../data/us_etf_data/AAPL.csv')
df.head()
print(type(df.index))
print(type(df.index[0]))
```

	Date	Open	High	Low	Close	Adj Close	Volume
0	1980-12-12	0.513393	0.515625	0.513393	0.513393	0.410525	117258400.0
1	1980-12-15	0.488839	0.488839	0.486607	0.486607	0.389106	43971200.0
2	1980-12-16	0.453125	0.453125	0.450893	0.450893	0.360548	26432000.0
3	1980-12-17	0.462054	0.464286	0.462054	0.462054	0.369472	21610400.0
4	1980-12-18	0.475446	0.477679	0.475446	0.475446	0.380182	18362400.0

```
<class 'pandas.core.indexes.range.RangeIndex'>
<class 'int'>
```

앞서 살펴본 코드와 달리, 데이터를 불러올 때 별도로 인덱스를 설정하지 않으면 정수형 데 이터로 이루어진 RangeIndex가 기본 인덱스로 설정된다. 하지만 다음 코드처럼 날짜 데이터 (Date)로 인덱스를 설정(index_col)하면 내부적으로 날짜 데이터를 인식해 다른 인덱스를 구성하게 된다.

```
import pandas as pd
df = pd.read_csv('../data/us_etf_data/AAPL.csv',index_col='Date', parse_dates= ['Date'])
df.head()
print(type(df.index))
print(type(df.index[0]))
```

Date	Open	High	Low	Close	Adj Close	Volume
1980-12-12	0.513393	0.515625	0.513393	0.513393	0.410525	117258400.0
1980-12-15	0.488839	0.488839	0.486607	0.486607	0.389106	43971200.0
1980-12-16	0.453125	0.453125	0.450893	0.450893	0.360548	26432000.0
1980-12-17	0.462054	0.464286	0.462054	0.462054	0.369472	21610400.0
1980-12-18	0.475446	0.477679	0.475446	0.475446	0.380182	18362400.0

```
<class 'pandas.core.indexes.datetimes.DatetimeIndex'>
<class 'pandas._libs.tslibs.timestamps.Timestamp'>
```

날짜 타입으로 인덱스 타입을 바꾸려면 'parse_dates'에 컬럼값을 전달하면 되며, 설정 후에 인덱스가 DatetimeIndex로 설정된 것과 각 인덱스 타입이 Timestamp인 것도 확인할 수 있다.

그럼 loc와 iloc 인덱서를 활용해 데이터를 추출하는 방법을 살펴보자.

```
df.loc['1980-12-12']
```

```
Open           5.133930e-01
High           5.156250e-01
Low            5.133930e-01
Close          5.133930e-01
Adj Close      4.105250e-01
Volume         1.172584e+08
Name: 1980-12-12 00:00:00, dtype: float64
```

'1980-12-12' 데이터가 해당 DataFrame의 최초 데이터다. 우리는 Date 컬럼을 인덱스로 사용하므로 loc 인덱서에 '1980-12-12' 데이터를 넘겨 해당 일자의 데이터를 추출한다.

같은 값을 iloc( ) 함수로 확인해보자.

```
df.iloc[0]
```

```
Open           5.133930e-01
High           5.156250e-01
Low            5.133930e-01
Close          5.133930e-01
Adj Close      4.105250e-01
Volume         1.172584e+08
Name: 1980-12-12 00:00:00, dtype: float64
```

해당 일자는 첫 번째 날짜이기에 0 인덱스를 전달한다. 값이 같은 것을 확인할 수 있다. 새로운 사실로 1개의 행 데이터 또한 Series 타입이란 것을 알 수 있다.

```
type(df.loc['1980-12-12'])
```

```
pandas.core.series.Series
```

loc와 iloc 인덱서를 이용해 데이터를 추출하는 범위를 확장해보자. loc와 iloc 인덱서를 이용하면 행 데이터뿐만 아니라 열 데이터도 자유롭게 출력할 수 있다. df.loc[행 인덱싱 값, 열 인덱싱 값] 형식을 이용하면 된다. 가운데 콤마(,)를 기준으로 행 인덱싱 범위와 열 인덱싱 범위를 구분한다.

iloc 인덱서도 마찬가지로 df.iloc[행 인덱싱, 열 인덱싱]으로 데이터를 추출할 수 있다. 행과 열을 동시에 선택하는 방법을 이해하는 열쇠는 [ ]에서 콤마의 사용법을 아는 것이다. 콤마의 왼쪽은 항상 행 인덱스에 기반한 행을 선택하고, 콤마의 오른쪽은 항상 열 인덱스에 기반한 열을 선택한다.

먼저 loc 인덱서를 활용해 행과 열 범위를 설정하고 데이터를 추출해보자.

```
df.loc['2018-10-10':'2018-10-20',['Open','High','Low','Close']]
```

Date	Open	High	Low	Close
2018-10-10	225.460007	226.350006	216.050003	216.360001
2018-10-11	214.520004	219.500000	212.320007	214.449997
2018-10-12	220.419998	222.880005	216.839996	222.110001
2018-10-15	221.160004	221.830002	217.270004	217.360001
2018-10-16	218.929993	222.990005	216.759995	222.149994
2018-10-17	222.300003	222.639999	219.339996	221.190002
2018-10-18	217.860001	219.740005	213.000000	216.020004
2018-10-19	218.059998	221.259995	217.429993	219.309998

iloc 인덱서는 정수형 데이터를 인자로 받는다. 실제 정수형 데이터를 전달해서 나오는 결과를 확인해보자. iloc는 마지막 원소를 포함하지 않으므로 슬라이싱할 때 1을 더해야 한다.

```
df.iloc[8000:8010,[0,1,2,3]]
```

Date	Open	High	Low	Close
2012-08-28	96.425713	96.585716	95.809998	96.400002
2012-08-29	96.464287	96.809998	96.085716	96.209999
2012-08-30	95.805717	95.935715	94.692856	94.838570
2012-08-31	95.321426	95.514282	93.892860	95.034286

2012-09-04	95.108574	96.448570	94.928574	96.424286
2012-09-05	96.510002	96.621429	95.657143	95.747147
2012-09-06	96.167145	96.898575	95.828575	96.610001
2012-09-07	96.864288	97.497147	96.538574	97.205711
2012-09-10	97.207146	97.612854	94.585716	94.677139
2012-09-11	95.015717	95.728569	93.785713	94.370003

임의의 행 인덱스 8000번부터 8010번까지의 행을 추출한다. iloc 인덱서의 장점은 데이터를 정수형으로 전달할 수 있어 문자로 전달하는 것보다 간단하게 사용할 수 있다는 점이다. 반면에 데이터 수가 많을 때는 원하는 데이터를 쉽게 추출하기 어렵다는 단점이 있다. 따라서 Date를 인덱스로 사용하는 주가 데이터 분석에서는 iloc보다 loc을 사용해 명확한 기간을 추출할 것을 권장한다.

대괄호 연산자를 활용해 인덱싱할 때 str 타입과 Timestamp 타입이 서로 다름에도 불구하고 어떻게 비교연산이 될 수 있는지를 질문했었다. 이에 대한 답을 찾아보자.

numpy 객체를 이용해 날짜를 생성하는 방식(2.1.2절)에서 날짜를 생성하는 방식이 두 가지 있었다. 그중 첫째 방식이 ISO 8601 국제 표준 방식으로 str 값을 넘겨서 생성하는 방식이었다. 판다스는 내부적으로 넘파이를 기반으로 동작하므로 우리가 넘긴 str 값이 ISO 8601 표준 방식을 따른다면 내부적으로 데이터 타입이 변환되어 날짜 비교연산이 가능해지는 것이다. 다른 경우에도 자동 변환이 되는지 코드로 살펴보자.

'연-월' 형식으로만 데이터를 전달해보자.

```
df.loc['2016-11'].head()
```

Date	Open	High	Low	Close	Adj Close	Volume
2016-11-01	113.459999	113.769997	110.529999	111.489998	106.680237	43825800.0
2016-11-02	111.400002	112.349998	111.230003	111.589996	106.775925	28331700.0
2016-11-03	110.980003	111.459999	109.550003	109.830002	105.631424	26932600.0
2016-11-04	108.529999	110.250000	108.110001	108.839996	104.679260	30837000.0
2016-11-07	110.080002	110.510002	109.459999	110.410004	106.189255	32560000.0

흔히 일자 데이터를 제외한 연-월 데이터 '2016-11'만 넘기고 5개 행만 출력한다. 그 결과, 우리가 원하는 11월 데이터만 출력된다.

그럼 중간에 문자를 섞어 전달해보자.

```
df.loc['2016-Nov-1':'2016-Nov-10'].head()
```

Date	Open	High	Low	Close	Adj Close	Volume
2016-11-01	113.459999	113.769997	110.529999	111.489998	106.680237	43825800.0
2016-11-02	111.400002	112.349998	111.230003	111.589996	106.775925	28331700.0
2016-11-03	110.980003	111.459999	109.550003	109.830002	105.631424	26932600.0
2016-11-04	108.529999	110.250000	108.110001	108.839996	104.679260	30837000.0
2016-11-07	110.080002	110.510002	109.459999	110.410004	106.189255	32560000.0

11월을 의미하는 Nov를 11 대신 문자로 넘겼음에도 불구하고 11월 데이터가 정상적으로 출력되는 것을 확인할 수 있다. 이는 판다스 내부적으로 날짜가 변환됨을 의미한다.

그렇다면 다른 형식으로도 넘겨보자.

```
df.loc['November 1, 2016':'November 10, 2016'].head()
```

Date	Open	High	Low	Close	Adj Close	Volume
2016-11-01	113.459999	113.769997	110.529999	111.489998	106.680237	43825800.0
2016-11-02	111.400002	112.349998	111.230003	111.589996	106.775925	28331700.0
2016-11-03	110.980003	111.459999	109.550003	109.830002	105.631424	26932600.0
2016-11-04	108.529999	110.250000	108.110001	108.839996	104.679260	30837000.0
2016-11-07	110.080002	110.510002	109.459999	110.410004	106.189255	32560000.0

이번에는 11월을 의미하는 'November' 풀네임을 전달한다. 이번에도 똑같이 원하는 결과가 출력된다.

그렇다면 처음에 봤던 코드를 다시 살펴보자.

```
df.loc['2018-10-10':'2018-10-20']
```

Date	Open	High	Low	Close	Adj Close	Volume
2018-10-10	225.460007	226.350006	216.050003	216.360001	213.863373	41990600.0
2018-10-11	214.520004	219.500000	212.320007	214.449997	211.975418	53124400.0
2018-10-12	220.419998	222.880005	216.839996	222.110001	219.547028	40337900.0
2018-10-15	221.160004	221.830002	217.270004	217.360001	214.851822	30791000.0
2018-10-16	218.929993	222.990005	216.759995	222.149994	219.586548	29184000.0
2018-10-17	222.300003	222.639999	219.339996	221.190002	218.637650	22885400.0
2018-10-18	217.860001	219.740005	213.000000	216.020004	213.527298	32581300.0
2018-10-19	218.059998	221.259995	217.429993	219.309998	216.779327	33078700.0

우리가 str 타입의 날짜 데이터를 넘겼음에도 불구하고 원하는 기간의 데이터를 슬라이싱해 출력한다. 위와 같이 ISO8601 규칙에만 어긋나지 않는다면 자동으로 날짜를 인식해 원하는 데이터를 추출할 수 있다.

2.2.4 금융 시계열 데이터 분석에 유용한 판다스 함수

shift( ) 함수

시계열 데이터를 분석하는 경우, 서로 다른 시간대의 데이터 간 변화율을 계산하거나 살펴볼 필요가 있다. 이 경우 흔히 데이터 시점을 지연lagging시켜 그 효과를 확인하게 된다. 주가를 분석하는 경우 전일 주가 대비 당일 주가의 변화량 혹은 변화율을 계산해 모멘텀을 계산하거나 수익률을 계산하는 데 응용할 수 있다. 이때 판다스에서 사용할 수 있는 유용한 함수가 바로 shift( ) 함수다.

shift( ) 함수는 인덱스에 연결된 데이터를 일정 간격으로 이동시키는 함수다. 인덱스에서는 변화 없이 데이터만 전, 후로 이동한다. 시계열 데이터의 인덱스는 주로 날짜 시간으로 되어 있으므로 shift( ) 함수를 사용하면 이전 일자 데이터 혹은 N일 전 데이터를 손쉽게 가져올 수 있다. 날짜 데이터를 아래로 밀거나 밑의 날짜 데이터를 위로 올릴 수 있기 때문에 비교연산이나 증감연산을 하는 데 많이 사용한다. 그럼 바로 코드를 살펴보자.

우선 shift() 함수를 호출해보자.

```
aapl_df['Close_lag1'] = aapl_df['Close'].shift()
aapl_df.head()
```

Date	Open	High	Low	Close	Adj Close	Volume	close_lag1
1980-12-12	0.513393	0.515625	0.513393	0.513393	0.410525	17258400.0	NaN
1980-12-15	0.488839	0.488839	0.486607	0.486607	0.389106	43971200.0	0.513393
1980-12-16	0.453125	0.453125	0.450893	0.450893	0.360548	26432000.0	0.486607
1980-12-17	0.462054	0.464286	0.462054	0.462054	0.369472	21610400.0	0.450893
1980-12-18	0.475446	0.477679	0.475446	0.475446	0.380182	18362400.0	0.462054

shift() 함수를 호출할 때 아무 숫자도 전달하지 않으면 기본적으로 'period' 값에 1이 전달된다. 'Close' 컬럼의 shift() 연산 결과를 'Close_lag1' 컬럼에 저장했다. 'Close_lag1' 결과를 보면 'Close' 값이 한 칸씩 아래로 시프트shift된 것을 확인할 수 있다.

Date	Open	High	Low	Close	Adj Close	Volume	close_lag1
1980-12-12	0.513393	0.515625	0.513393	0.513393	0.410525	17258400.0	NaN
1980-12-15	0.488839	0.488839	0.486607	0.486607	0.389106	43971200.0	0.513393
1980-12-16	0.453125	0.453125	0.450893	0.450893	0.360548	26432000.0	0.486607
1980-12-17	0.462054	0.464286	0.462054	0.462054	0.369472	21610400.0	0.450893
1980-12-18	0.475446	0.477679	0.475446	0.475446	0.380182	18362400.0	0.462054

shift() 함수는 periods 값에 정수형 데이터가 전달되면 숫자만큼 데이터가 이동한다. 음의 정수 데이터가 전달되면 위 방향으로 시프트되고 양의 정수 데이터가 전달되면 아래로 내려간다. 헷갈린다면 한 번씩 사용해보며 데이터가 어떻게 변경되는지 확인해보도록 한다.

또한 axis='1'(columns) 값을 전달하면 데이터가 오른쪽으로 이동하게 된다(디폴트는 row인 0이다. 변수 사이에서 시프트하는 기능은 자주 사용하지 않으므로 이런 기능이 존재한다는

pct_change( ) 함수

pct_change( ) 함수는 현재 값과 이전 요소 값의 백분율 변화량을 연산하는 함수다. 주가 데이터에서는 변화량이 곧 수익률이라고 할 수 있다. 따라서 주가 데이터를 다룰 때 pct_change( ) 함수를 사용하면 수익률을 쉽게 계산할 수 있다. 긴 설명 없이 바로 코드를 보며 실습해보자.

pct_change( ) 함수를 호출한다.

```
aapl_df['pct_change'] = aapl_df['Close'].pct_change()
aapl_df.head(10)
```

Date	Open	High	Low	Close	Adj Close	Volume	close_lag1	pct_change
1980-12-12	0.513393	0.515625	0.513393	0.513393	0.410525	17258400.0	NaN	NaN
1980-12-15	0.488839	0.488839	0.486607	0.486607	0.389106	43971200.0	0.513393	-0.052174
1980-12-16	0.453125	0.453125	0.450893	0.450893	0.360548	26432000.0	0.486607	-0.073394
1980-12-17	0.462054	0.464286	0.462054	0.462054	0.369472	21610400.0	0.450893	0.024753
1980-12-18	0.475446	0.477679	0.475446	0.475446	0.380182	18362400.0	0.462054	0.028984
1980-12-19	0.504464	0.506696	0.504464	0.504464	0.403385	12157600.0	0.475446	0.061033
1980-12-22	0.529018	0.531250	0.529018	0.529018	0.423019	9340800.0	0.504464	0.048673
1980-12-23	0.551339	0.553571	0.551339	0.551339	0.440868	11737600.0	0.529018	0.042193
1980-12-24	0.580357	0.582589	0.580357	0.580357	0.464072	12000800.0	0.551339	0.052632
1980-12-26	0.633929	0.636161	0.633929	0.633929	0.506909	13893600.0	0.580357	0.092309

pct_change( ) 함수를 호출할 때 아무 숫자도 전달하지 않으면 기본적으로 'period' 값에 1이 전달된다. 'Close' 컬럼의 pct_change( ) 연산 결과를 'pct_change' 컬럼에 저장한다. 'pct_change' 결과를 보면 'Close' 값의 백분율 변화량을 확인할 수 있다.

pct_change( ) 함수도 shift( ) 함수와 마찬가지로 periods 값에 정수형 데이터가 전달되면 숫자 간격만큼 데이터와 백분율을 계산한다. 음의 정수 데이터가 전달되면 위^{up} 방향으로 변화율을 계산하고, 양의 정수 데이터가 전달되면 아래^{down} 방향으로 변화율을 계산한다.

	Open	High	Low	Close	Adj Close	Volume
Date						
1980-12-12	0.513393	0.515625	0.513393	0.513393	0.410525	17258400.0
1980-12-15	0.488839	0.488839	0.486607	0.486607	0.389106	43971200.0
1980-12-16	0.453125	0.453125	0.450893	0.450893	0.360548	26432000.0
1980-12-17	0.462054	0.464286	0.462054	0.462054	0.369472	21610400.0
1980-12-18	0.475446	0.477679	0.475446	0.475446	0.380182	18362400.0

0.486607
0.513393 -1

diff( ) 함수

pct_change( ) 함수로 변화율을 손쉽게 구했다면, 변화량을 손쉽게 구하는 방법도 있다. 바로 판다스의 diff( ) 함수를 이용하는 것이다. diff( ) 함수는 뺄셈을 연산하는 함수다. 현재 값에서 이전 값을 차감하는 형식으로 변화량을 구하는데, 아무런 옵션이 없다면 기본으로 같은 컬럼(Series)의 직전 행 값과 뺄셈 연산을 수행한다. pct_change가 변화율을 계산한다면 diff 함수는 변화량을 계산한다.

그럼 코드를 보면서 어떤 차이가 있는지 확인해보자.

```
aapl_df['Close_diff'] = aapl_df['Close'].diff()
aapl_df.head()
```

	Open	High	Low	Close	Adj Close	Volume	close_lag1	pct_change	close_diff
Date									
1980-12-12	0.513393	0.515625	0.513393	0.513393	0.410525	17258400.0	NaN	NaN	NaN
1980-12-15	0.488839	0.488839	0.486607	0.486607	0.389106	43971200.0	0.513393	-0.052174	-0.026786
1980-12-16	0.453125	0.453125	0.450893	0.450893	0.360548	26432000.0	0.486607	-0.073394	-0.035714
1980-12-17	0.462054	0.464286	0.462054	0.462054	0.369472	21610400.0	0.450893	0.024753	-0.011161
1980-12-18	0.475446	0.477679	0.475446	0.475446	0.380182	18362400.0	0.462054	0.028984	-0.013392

diff( ) 함수도 shift, pct_change 함수와 마찬가지로 아무 값도 전달되지 않으면 기본적으로 1로 계산된다. 세 함수 모두 period를 매개변수로 전달받을 수 있다. 값을 전달할 때는 period에 값을 지정해 넘기거나 다른 옵션이 없으면 숫자만 넘겨도 된다. 양수를 넣으면 한 칸 아래로 미루고, 음수를 넣으면 한 칸 위로 올린다.

Date	Open	High	Low	Close	Adj Close	Volume
1980-12-12	0.513393	0.515625	0.513393	0.513393	0.410525	17258400.0
1980-12-15	0.488839	0.488839	0.486607	0.486607	0.389106	43971200.0
1980-12-16	0.453125	0.453125	0.450893	0.450893	0.360548	26432000.0
1980-12-17	0.462054	0.464286	0.462054	0.462054	0.369472	21610400.0
1980-12-18	0.475446	0.477679	0.475446	0.475446	0.380182	18362400.0

0.486607 - 0.513393

또한 축 방향을 설정하는 **axis**는 기본값이 **0**('rows')인데, **1**('columns')을 전달하면 오른쪽 컬럼 방향으로 계산을 수행한다.

지금까지 설명한 shift(), pct_change(), diff() 함수는 특징이 서로 비슷해 계산 방향이나 이동 방향을 혼동하기 쉽다. 세 함수 모두 실제 분석에서 자주 사용되므로 자유자재로 사용할 수 있도록 익히기 바란다.

rolling() 함수

여러 주식 차트를 제공하는 플랫폼을 살펴보면, 이동 평균선을 제공하는 곳이 많다(그림 2-4). 이동 평균선은 하루씩 이동해가면서 일정 기간 단위의 주가 평균을 계산한 지표인데, 주가 데이터 분석에서 데이터 흐름을 파악하기 위해 많이 사용된다. 가장 기본적인 스무딩 smoothing 기법이기도 하다.

실제로 이동 평균선을 이용한 투자 전략에서는 매수 시점과 매도 시점의 시그널이 이동 평균선을 기준으로 발생한다. 이동 평균선은 판다스에서 제공하는 기능을 몰라도 계산할 수 있지만 판다스의 rolling() 함수를 이용한다면 단 한 줄의 코드로 계산할 수 있다.

rolling() 함수는 윈도우window라는 일정 구간 데이터들의 평균값, 최솟값, 최댓값 등을 계산하는 함수다. 윈도우 크기만큼의 데이터를 이용해 연산을 수행하기에 윈도우 함수라고도 불리는데, 대표적으로 주식 차트의 이동 평균선, 지수 이동 평균, 볼린저 밴드를 계산할 때 응용할 수 있다. 그럼 먼저 다음 그림을 보면서 윈도우 개념을 이해하자.

그림 2-4 주가 이동 평균선

그림 2-5 Rolling() 함수 윈도우 개념

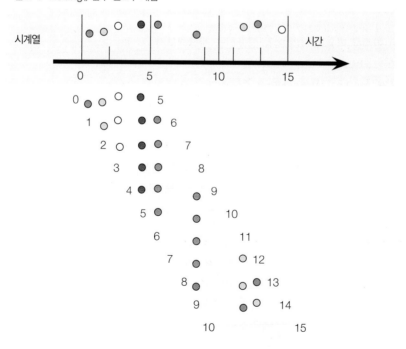

[그림 2-5]는 크기가 5인 윈도우를 한 칸씩 오른쪽으로 롤링^{rolling}하도록 설정되었다. 윈도우 크기에 따라 5개 구간 평균을 구하거나 최댓값 혹은 최솟값 등 판다스에서 지원하는 집계함수를 체인해 계산할 수 있다.

실제 데이터프레임에서 rolling() 함수를 수행하면 [그림 2-6]과 같이 동작을 수행한다.

그림 2-6 rolling() 함수 수행 동작

Date	Open	High	Low	Close	Adj Close	Volume
1980-12-12	0.513393	0.515625	0.513393	0.513393	0.410525	17258400.0
1980-12-15	0.488839	0.488839	0.486607	0.486607	0.389106	43971200.0
1980-12-16	0.453125	0.453125	0.450893	0.450893	0.360548	26432000.0
1980-12-17	0.462054	0.464286	0.462054	0.462054	0.369472	21610400.0
1980-12-18	0.475446	0.477679	0.475446	0.475446	0.380182	18362400.0

해당 사각형은 크기가 2인 윈도우이고 한 개의 사각형이 한 칸씩 내려오면서 그룹 연산을 수행한다.

그럼 rolling() 함수를 이용해 단기 이동 평균선을 계산해보자.

```
df['MA'] = df['Close'].rolling(window = 5).mean()
df.head(10)
```

Date	Open	High	Low	Close	Adj Close	Volume	MA
1980-12-12	0.513393	0.515625	0.513393	0.513393	0.410525	117258400.0	NaN
1980-12-15	0.488839	0.488839	0.486607	0.486607	0.389106	43971200.0	NaN
1980-12-16	0.453125	0.453125	0.450893	0.450893	0.360548	26432000.0	NaN
1980-12-17	0.462054	0.464286	0.462054	0.462054	0.369472	21610400.0	NaN
1980-12-18	0.475446	0.477679	0.475446	0.475446	0.380182	18362400.0	0.477679
1980-12-19	0.504464	0.506696	0.504464	0.504464	0.403385	12157600.0	0.475893
1980-12-22	0.529018	0.531250	0.529018	0.529018	0.423019	9340800.0	0.484375
1980-12-23	0.551339	0.553571	0.551339	0.551339	0.440868	11737600.0	0.504464
1980-12-24	0.580357	0.582589	0.580357	0.580357	0.464072	12000800.0	0.528125
1980-12-26	0.633929	0.636161	0.633929	0.633929	0.506909	13893600.0	0.559821

윈도우 크기를 결정하는 'window' 매개변수에 5를 전달하고 평균을 계산하는 mean( ) 함수를 체인 호출한다. 윈도우 사이즈 5를 전달했으므로 초기 5개 데이터가 확보되지 않으면 정상적인 계산을 수행할 수 없다. 이런 경우 기본적으로 NaN 값을 출력하는데 종종 NaN 값을 처리하기 위해 행^{row}을 삭제하거나 보간법을 사용하지만, 이동 평균선을 계산할 때는 (결측치가 생기는 것이 자연스럽기 때문에) NaN 값을 그대로 두는 경우가 많다.

그림 2-7 이동 평균 계산 과정

Date	Open	High	Low	Close	Adj Close	Volume	MA
1980-12-12	0.513393	0.515625	0.513393	0.513393	0.410525	117258400.0	NaN
1980-12-15	0.488839	0.488839	0.486607	0.486607	0.389106	43971200.0	NaN
1980-12-16	0.453125	0.453125	0.450893	0.450893	0.360548	26432000.0	NaN
1980-12-17	0.462054	0.464286	0.462054	0.462054	0.369472	21610400.0	NaN
1980-12-18	0.475446	0.477679	0.475446	0.475446	0.380182	18362400.0	0.477679
1980-12-19	0.504464	0.506696	0.504464	0.504464	0.403385	12157600.0	0.475893
1980-12-22	0.529018	0.531250	0.529018	0.529018	0.423019	9340800.0	0.484375
1980-12-23	0.551339	0.553571	0.551339	0.551339	0.440868	11737600.0	0.504464
1980-12-24	0.580357	0.582589	0.580357	0.580357	0.464072	12000800.0	0.528125
1980-12-26	0.633929	0.636161	0.633929	0.633929	0.506909	13893600.0	0.559821

[그림 2-7]은 5개 윈도우 사이즈를 기반으로 한 칸씩 내려오면서 이동 평균$^{Moving\ Average}$(MA)을 계산하는 과정을 보여준다.

```
type(df['Close'].rolling(window=5))
```

```
pandas.core.window.Rolling
```

덧붙이자면 윈도우 함수의 출력 타입은 Rolling 클래스다. 그래서 Rolling 클래스의 내장함수를 연속적으로 사용할 수 있는데, 위에서 살펴본 것은 그중에서 평균을 계산하는 mean( ) 함수다.

Rolling 클래스는 pandas/pandas/core/window.py에 구현되는데, 판다스 참조 페이지[5]에 들어가면 전체 함수를 확인할 수 있다.

resample( ) 함수

주가 데이터를 분석하다 보면 데이터는 가능한 한 가장 작은 단위로 수집하는 경향이 있다. 이는 어쩌면 당연하겠지만, 단위(날짜)를 바꿔가며 분석이나 예측 모델링을 진행해야 할 경우가 자주 발생한다. 예측 주기를 일Daily에서 주Weekly로 바꾼다거나 아니면 월Monthly이나 연Yearly 단위로 어떤 축약한 내용을 확인하고 싶을 때도 있을 것이다.

그림 2-8 월별 데이터 분석 예

코스피 의약품	1월	2월	3월	4월	5월	6월	7월	8월	9월	10월	11월	12월
2015	3%	5%	21%	15%	18%	11%	−16%	8%	−3%	8%	14%	−3%
2016	11%	−13%	7%	−1%	11%	2%	−7%	−1%	0%	−23%	2%	7%
2017	−5%	5%	0%	2%	16%	7%	−5%	1%	8%	8%	−3%	2%
2018	15%	6%	−1%	−6%	−4%	−2%	−8%	9%	9%	−26%		

코스닥 제약	1월	2월	3월	4월	5월	6월	7월	8월	9월	10월	11월	12월
2015	11%	19%	5%	18%	3%	10%	−9%	−8%	−4%	4%	12%	−3%
2016	14%	−12%	6%	−5%	3%	−4%	1%	−2%	0%	−10%	−8%	8%
2017	7%	1%	3%	3%	6%	7%	−4%	4%	5%	13%	14%	4%
2018	31%	9%	7%	−1%	−6%	9%	−7%	8%	3%	−24%		

예를 들어 연 단위로 시가Open – 고가High – 저가Low – 종가Close (OHLC) 가격의 평균을 확인한다고 할 때, 파이썬이나 판다스 기초가 있는 사람들은 가장 먼저 groupby( ) 함수를 떠올릴 것이다. 하지만 이와 관련해 판다스의 resample( ) 함수야말로 실무에서 자주 사용되는 편리한 기능을 제공한다.

resample( ) 함수는 시간 간격을 재조정하는 기능을 한다. 앞에서 언급한 내용처럼, 이미 확보한 데이터가 일별 데이터일 때 시간 간격을 재조정해 월별 데이터로 가공한다거나 일별 데이터를 시간별 데이터로 재조정할 때 사용할 수 있다. resample( ) 함수를 사용해 데이터를 가공하는 과정을 리샘플링resampling이라 부르는데, 이는 크게 두 가지 유형으로 나뉜다.

5 https://pandas.pydata.org/pandas-docs/stable/reference/window.html

- **업 샘플링**up-sampling : 분 단위, 초 단위로 샘플의 빈도수를 증가시킨다.
- **다운 샘플링**down-sampling : 몇 일, 몇 달 단위로 샘플의 빈도수를 감소시킨다.

업 샘플링은 보간법interpolation을 사용해 누락된 데이터를 채워나가고, 다운 샘플링은 기존 데이터를 집계aggregation하는 방법으로 데이터를 사용한다. 금융에서 시계열 데이터를 다룰 때는 업 샘플링보다 다운 샘플링을 사용하는 경우가 더 많다. 따라서 이번에는 다운 샘플링을 소개한다.

```python
import pandas as pd
index = pd.date_range(start = '2019-01-01',end= '2019-10-01',freq='B')
series = pd.Series(range(len(index)), index=index)
series
```

```
2019-01-01      0
2019-01-02      1
2019-01-03      2
2019-01-04      3
2019-01-07      4
2019-01-08      5
2019-01-09      6
2019-01-10      7
2019-01-11      8
2019-01-14      9
2019-01-15     10
2019-01-16     11
2019-01-17     12
              ...
2019-09-25    191
2019-09-26    192
2019-09-27    193
2019-09-30    194
2019-10-01    195
Freq: B, Length: 196, dtype: int64
```

date_range() 함수를 이용해 임의의 시계열 데이터를 생성한다. 시작 일자와 종료 일자를 전달하고 freq 옵션에 값을 전달하면, 일정 간격으로 날짜를 생성한다. freq에서 'B'는 영업일

Business day을 의미하며 주말을 제외한 평일 날짜를 생성한다. 앞의 '판다스 라이브러리'(2.1.3절)에서 살펴본 다양한 freq 옵션을 사용할 수 있다.

우선 resample() 함수를 적용하면 어떤 결과가 나오는지 확인해보자.

```
series.resample(rule='M').sum()
```

```
2019-01-31     253
2019-02-28     650
2019-03-31    1113
2019-04-30    1639
2019-05-31    2231
2019-06-30    2370
2019-07-31    3220
2019-08-31    3575
2019-09-30    3864
2019-10-31     195
Freq: M, dtype: int64
```

resample() 함수에는 시간 간격을 유연하게 조정할 수 있는 다양한 매개변수가 존재한다. 간격을 조절하는 매개변수는 rule에 전달하는데, rule의 단위로는 날짜의 주기Frequency 단위와 같은 단위를 사용한다. 파이썬에서 사용하는 일종의 날짜 시간 단위 규약Convention이다. 만약 rule = 'M'Monthly을 전달하면 월말 일자를 기준으로 데이터를 정렬한다. 추가로 sum() 함수를 체인시키면 월별 합계를 구할 수 있다. 가령 2019-01-31일의 253은 2019-01-01일자 '0'부터 2019-01-31일 '22'까지의 데이터를 전부 합계한 데이터다.

앞에서 sum() 함수를 호출해 월별 합계를 계산했다면, 월말 일자 하루 데이터 혹은 월초 일자 하루 데이터를 확인하고 싶은 경우가 생길 수 있다. 그럴 때는 last()와 first() 함수를 호출한다. 주의할 점은 rule 매개변수에도 적절한 값을 전달해야 한다는 점이다. 월말 일자를 확인할 때 'M'을 전달한다면, 월초 일자를 확인할 때는 start를 의미하는 S를 붙여 'MS'를 전달하면 된다.

월말 일자만 확인하는 경우, last() 함수를 호출한다.

```
series.resample(rule='M').last()
```

```
2019-01-31    22
2019-02-28    42
2019-03-31    63
2019-04-30    85
2019-05-31   108
2019-06-30   128
2019-07-31   151
2019-08-31   173
2019-09-30   194
2019-10-31   195
Freq: M, dtype: int64
```

월초 일자를 확인하는 경우, first() 함수를 호출한다.

```
series.resample(rule='MS').first()
```

```
2019-01-01     0
2019-02-01    23
2019-03-01    43
2019-04-01    64
2019-05-01    86
2019-06-01   109
2019-07-01   129
2019-08-01   152
2019-09-01   174
2019-10-01   195
Freq: MS, dtype: int64
```

앞에서 살펴본 rolling() 함수와 resample() 함수는 모두 일정 시간 간격으로 데이터를 조정할 수 있는 기능을 가진다. 그렇다면 이 두 함수의 구체적인 사용법은 어떻게 다를까?

rolling() 함수는 윈도우 기반 시간 델타delta 간격으로 새로운 값을 보여준다. 이는 제한된 범위 없이 윈도우 크기로 새로운 시점에 새로운 결괏값을 계산한다. 반면 resample() 함수는 주기 기반으로 동작하므로 고정된 크기 내에서 최솟값과 최댓값 사이의 일정 값을 보여주게 된다. 요약하면, rolling() 함수는 시간 기반 윈도우 작업을 수행하고 resample() 함수는 주기 기반 윈도우 작업을 한다.

이외에도 판다스는 여러 가지 기능을 제공한다. 데이터프레임을 합치는 방법으로 concat, append, merge, 컬럼의 유일한 값을 뽑는 unique, 빠른 함수 연산을 지원하는 map, apply, 함수, group by, join, drop, del, reset_index, rename 등 다양한 기능이 있지만 모든 판다스 기능을 살피기엔 지면의 한계가 있으므로 그 외 활용법은 기존 판다스 자료를 참고한다.

2.3 금융 데이터 분석을 위한 오픈 API 활용

금융 및 주가 데이터를 가져오는 방법에는 크게 네 가지가 있다. 각 방법의 장단점을 살펴보자.

- 데이터 구매
- 증권사 API 이용
- 금융 웹 페이지 크롤링
- 금융 데이터 제공 오픈 API 사용

첫째 방법은 데이터를 직접 구매하는 방법이다. 전통적인 금융 데이터를 구매할 수 있는 곳은 여러 곳이다. 국내에서는 코스콤에서 운영하는 데이터 몰에서도 일별 데이터^{Interday}, 일 중 데이터^{Intraday}를 구분해 시장별 데이터를 구매할 수 있다. 데이터를 구매하면 데이터를 가져오는 작업을 최소화할 수 있어 편리하고, 데이터 문제가 있을 때 불편사항 해소를 요청할 수 있다는 장점이 있다.

하지만 데이터의 업데이트와 서비스 구독 비용을 감안해 이불리를 따져봐야 한다. 증권사나 투자은행에서 사용하는 데이터는 종류가 매우 많지만 기본적으로 블룸버그 L.P.나 톰슨 로이터 등 기업 전용 데이터 벤더를 많이 이용한다. 그러나 이러한 데이터는 웬만한 규모의 자산을 운용하지 않는 한 쓰기 힘들므로 활용에 대한 논의는 생략한다.

둘째 방법은 증권사 API를 이용하는 방법으로, 국내 증권사 중 API를 제공하는 증권사를 이용해 종목별 일별 데이터, 일 중 데이터를 받을 수 있다. 실제로 많은 개인 사용자들이 애용하는 방법이다. 당사자가 직접 프로그래밍해 원하는 데이터를 받아올 수 있다는 유연성이 있다. 하지만 프로그래밍에 두려움이 있는 사람들은 초기 진입이 어렵고, 데이터의 적재가 제대로 됐는지 검증해야 한다는 번거로움이 있다.

셋째 방법은 네이버, 구글, 에프앤가이드와 같은 가격 정보를 제공하는 페이지에서 크롤링하는 방법이다. 이 방법은 둘째 방법과 비슷하지만, 데이터를 웹페이지에서 가져오는 것과 증권사 DB에서 가져오는 것의 차이가 있다. 일반적으로 프로그래밍을 이미 알고 있는 사용자들이 주가 데이터를 분석하고 싶을 때 많이 접근하는 방식이다. 하지만 단시간에 많은 데이터를 요청하면 서버 접근이 차단될 수 있으니 이 점을 주의해야 한다.

마지막으로, 오픈 API를 이용하는 방법은 파이썬 환경에 라이브러리를 설치해 사용하는 방법이다. 초기에 간단한 작업을 하거나 아이디어를 검증할 때 가장 편하게 사용할 수 있다는 장점이 있다. 하지만 이 방법 역시 내부적으로는 데이터 서버에서 크롤링해 데이터를 가져오기 때문에 과다 사용 시 접근이 차단될 수 있다는 점과 일부 서비스가 원활하지 않을 수 있다는 점, 접근할 수 있는 데이터가 제한된다는 단점이 있다.

다음 절에서는 편의성을 고려해 오픈 API 사용법을 이용해 데이터를 가져오는 방법을 살펴본다. 먼저 API가 무엇인지, 사용하기 용이한 금융 데이터 API에 어떤 것이 있는지, 그리고 추가로 API 내부 코드를 살펴보면서 어떤 원리로 작동하는지 알아본다.

2.3.1 API

API^application programming interface^는 응용프로그램에서 데이터를 주고받기 위한 도구다. 특정 응용프로그램이나 웹 서비스에 프로그래밍적 권한을 제공할 경우 '이미 정해진 규격'에 따라 정보를 요청할 수 있는데, 이 규격을 API라고 한다. 그래서 오픈 API는 누구나 사용할 수 있도록 공개된 API를 말한다. 우리는 오픈 API를 데이터를 받을 수 있는 도구라고 알고 있지만, 사실 오픈 API는 데이터뿐만 아니라 더 포괄적으로 프로그래밍적 권한을 가진 기능이라고 이해하는 것이 옳다.

그림 2-9 오픈 API 비즈니스 차트[6]

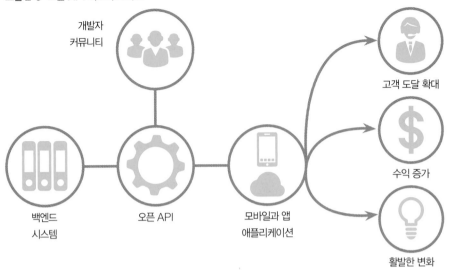

혼동할 수 있는 개념을 잠깐 정리하고 가자.

모듈

파이썬에서 모듈은 `file.py`처럼 전역변수, 함수, 클래스 등을 모아둔 파일이다. 파일명이 곧 모듈명이다. 예를 들어 `hello.py` 파일이 있다고 하자.

```
name = '철수'

def hello():
    print('안녕 ',name)
```

`hello` 모듈을 임포트하고 모듈에 있는 함수를 호출할 수 있다.

```
import hello
hello.hello()
```

안녕 철수

출력된 결과를 확인할 수 있다.

---

6 https://ko.wikipedia.org/wiki/오픈_API

패키지

패키지는 모듈을 디렉터리 형식으로 묶어 놓은 것이다. 패키지 내에 __init__.py가 있는 것이 특징이다. 예를 들어 tools 패키지를 살펴보자.

```
tools
ㄴcalc_fomula.py
ㄴlogger.py
ㄴvisualize.py
ㄴ__init__.py
```

tools 패키지는 3개의 모듈과 __init__.py으로 구성된다.

__init__ 파일을 어떻게 정의하느냐에 따라 패키지 내 모듈을 호출하는 방식이 달라진다.

예를 들어, 다음과 같은 __init__.py 파일이 있다.

```
from.import visualize
from.import logger
from.import calc_formula
```

visualize.py 파일

```
def visual():
    print('visual() 함수 호출 ')
```

tools 패키지를 임포트하고 패키지 내에 있는 함수를 호출할 수 있다.

```
import tools
tools.visualize.visual()
```

visual() 함수 호출

패키지를 임포트하면 패키지 내에 존재하는 __init__ 파일을 제일 먼저 호출한다. __init__파일을 정의해놨기에 직접 visualize 모듈을 호출할 수 있고, visualize 모듈에 있는 visual() 함수를 호출할 수 있다.

다른 방법으로 tools 패키지를 임포트하고 패키지 내에 있는 함수를 호출할 수 있다.

```
from tools import visualize
visualize.visual()
```

visual() 함수 호출

tools 디렉터리에 있는 visualize 모듈을 직접 임포트하고 모듈 내에 있는 visual() 함수를 호출한다.

라이브러리

다른 프로그램에서 사용하기 위해 미리 만들어놓은 모듈 패키지들의 집합체다. 라이브러리는 모듈과 패키지보다 더 상위의 개념으로 기능들의 묶음이라고 보면 된다. 다양한 종류가 있지만, 파이썬에서 제공하는 대표적인 라이브러리는 파이썬 표준 라이브러리다.

API

특정 프로그램을 만들기 위해 제공되는 모듈이다. 보통 API는 라이브러리 형태로 제공 및 설치한다. API와 라이브러리의 차이점은 라이브러리가 기능의 묶음이라 한다면 API는 특정 프로그램을 만들기 위해 제공되는 기능의 묶음에 기능 사용 설명서가 있다는 것이다. 그래서 우리는 오픈 API를 사용하기 위해 pip 명령어를 활용해 라이브러리를 설치하고 라이브러리 자체를 임포트하거나 패키지나 모듈 단위로 임포트해야 한다.

라이브러리 및 API는 다음과 같은 명령어를 이용해 설치할 수 있다.

```
pip install "라이브러리명"
ex)
pip install numpy
pip install pandas
```

라이브러리 혹은 패키지를 호출하는 방법은 다음과 같다.

```
import "라이브러리명"
```

```
ex)
import numpy
import numpy as np
import pandas
import pandas as pd
```

특히 **as** 명령어를 사용하면 라이브러리 혹은 패키지를 **as** 뒤에 나오는 별칭으로 사용할 수 있다. API 또한 라이브러리와 같이 **pip**을 통해 설치하고 임포트로 호출해 사용한다.

2.3.2 FinanceDataReader 사용법

FinanceDataReader는 **pandas-datareader**의 불안정성을 보완하고자 만든 API다. 과거 야후 파이낸스의 API 서비스 지원 중단과 구글 파이낸스의 불안정한 사태의 재연을 막기 위해 개발된 것이다. 제공되는 데이터로는 한국 주식 가격, 미국 주식 가격, 지수, 환율, 암호 화폐 가격, 종목 리스트 등이 있다. API 사용법을 알아보고, API 내부에 구성된 로직도 한번 살펴보자.

먼저 **pip install** 명령어를 입력해 라이브러리를 설치한다.

```
pip install -U finance-datareader
```

그럼 바로 사용법을 살펴보자. 다음 코드는 한국 거래소에 상장된 모든 종목 리스트를 가져온다.

```
import FinanceDataReader as fdr
df_krx = fdr.StockListing('KRX')
print(len(df_krx))
df_krx.head()
```

2307

	Symbol	Name	Sector	Industry
0	155660	DSR	1차 비철금속 제조업	합섬섬유로프
1	001250	GS글로벌	상품 종합 도매업	수출입업(시멘트,철강금속,전기전자,섬유,기계화학), 상품중개,광업,채석업/하수처리 서...
2	082740	HSD엔진	일반 목적용 기계 제조업	대형선박용엔진,내연발전엔진
3	011070	LG이노텍	전자부품 제조업	기타 전자부품 제조업
4	010060	OCI	기초 화학물질 제조업	타르제품,카본블랙,무수프탈산,농약원제,석탄화학제품,정밀화학제품,플라스틱창호재 제조,판매

라이브러리를 임포트한 다음 StockListing( ) 함수에 'KRX' 심볼을 전달하면, 한국 거래소에 상장된 전체 종목 리스트를 출력할 수 있다.

다음 코드는 미국 S&P 500에 등록된 모든 종목 리스트를 가져온 것이다.

```
df_spx = fdr.StockListing('S&P500')
df_spx.head()
print(len(df_spx))
df_spx.head()
```

505

	Symbol	Name	Sector	Industry
0	MMM	3M Company	Industrials	Industrial Conglomerates
1	ABT	AbbottLaboratories	Health Care	Health Care Equipment
2	ABBV	AbbVie Inc.	Health Care	Pharmaceuticals
3	ABMD	ABIOMED Inc	Health Care	Health Care Equipment
4	ACN	Accenture plc	Information Technology	IT Consulting & Other Services

이와 마찬가지로 StockListing( ) 함수에 미국 'S&P500' 심볼을 전달하면, S&P 500 지수에 등록된 전체 종목 리스트를 출력할 수 있다.

종목 코드를 가져오는 방법을 알아보았으니 이제 가격 데이터를 가져오는 방법을 살펴보자.

```
df = fdr.DataReader('001250', '2018') # GS글로벌, 2018년
df.head(10)
df['Close'].plot()
```

Date	Open	High	Low	Close	Volume	Change
2018-01-02	2795	2860	2795	2850	118224	0.019678
2018-01-03	2850	2860	2820	2845	152892	-0.001754
2018-01-04	2845	2860	2815	2820	195786	-0.008787
2018-01-05	2820	2920	2820	2900	283369	0.028369
2018-01-08	2900	2940	2870	2900	179173	0.000000
2018-01-09	2920	2945	2860	2875	209231	-0.008621
2018-01-10	2850	2970	2850	2955	440681	0.027826
2018-01-11	2975	2975	2930	2940	200819	-0.005076
2018-01-12	2930	2955	2890	2910	156725	-0.010204
2018-01-15	2910	2915	2870	2895	245777	-0.005155

<matplotlib.axes._subplots.AxesSubplot at 0x2b51f365978>

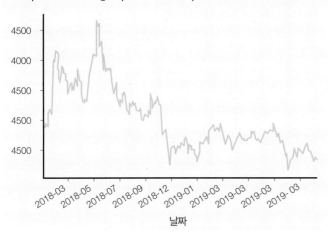

한국 거래소에 상장된 종목은 단축 코드(여섯 자리)[7]를 전달하면 가격 데이터를 가져올 수 있

---

7 주식에는 표준 코드 외에 사용자들의 편의를 도모하기 위해 표준 코드 열두 자리를 여섯 자리로 축약한 '단축 코드'와 업종별 시장 동향, 업
종별 주가 지수 산정 및 업종별 통계 등에 이용하기 위한 별도의 '업종 코드'가 함께 표시된다. —[네이버 지식백과] 유가증권 표준 코드(시
사상식사전, pmg 지식엔진연구소)

다. 함수 하나만 호출하면 가격 데이터를 정말 손쉽게 가져온다.

미국 주가 데이터도 불러와보자.

```
df = fdr.DataReader('AAPL', '2017') # 애플(AAPL), 2017년
df.head(10)
df['Close'].plot()
```

Date	Open	High	Low	Close	Volume	Change
2017-01-03	116.15	115.80	116.33	114.76	28780000.0	0.0028
2017-01-04	116.02	115.85	116.51	115.75	21120000.0	-0.0011
2017-01-05	116.61	115.92	116.86	115.81	22190000.0	0.0051
2017-01-06	117.91	116.78	118.16	116.47	31750000.0	0.0111
2017-01-09	118.99	117.95	119.43	117.94	33560000.0	0.0092
2017-01-10	119.11	118.77	119.38	118.30	24460000.0	0.0010
2017-01-11	119.75	118.74	119.93	118.60	27590000.0	0.0054
2017-01-12	119.25	118.89	119.30	118.21	27090000.0	-0.0042
2017-01-13	119.04	119.11	119.62	118.81	26110000.0	-0.0018
2017-01-17	120.00	118.34	120.24	118.22	34440000.0	0.0081

<matplotlib.axes._subplots.AxesSubplot at 0x2b51f3f4c88>

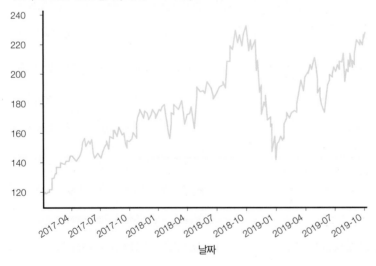

날짜

미국 종목을 가져올 때는 티커ticker명을 사용한다. 티커는 미국에서 사용하는 종목 코드이며 네 자리로 제한된다. 다른 종목의 가격 데이터를 가져올 때도 **DataReader**를 호출하면 된다. 아래의 속성을 참고해 다양한 값을 호출할 수 있다.

| 거래소별 전체 종목 코드 – StockListing( ) 함수 |

- **한국 거래소**: KRX (KOSPI, KODAQ, KONEX)
- **미국 거래소**: NASDAQ, NYSE, AMEX, S&P500

| 가격 데이터 – DataReader( ) 함수 |

- **국내 주식**: 005930(삼성전자), 091990(셀트리온헬스케어) 등
- **해외 주식**: AAPL(애플), AMZN(아마존), GOOG(구글) 등
- **각종 지수**: KS11(코스피 지수), KQ11(코스닥 지수), DJI(다우 지수), IXIC(나스닥 지수), US500(S&P5000)
- **환율 데이터**: USD/KRX(원달러 환율), USD/EUR(달러당 유로화 환율), CNY/KRW(위안화 원화 환율)
- **암호 화폐 가격**: BTC/USD(비트코인 달러 가격, 비트파이넥스), BTC/KRW(비트코인 원화 가격, 빗썸)

이외 상세한 옵션은 API 사용자 매뉴얼[8]을 참고한다.

```
df = fdr.DataReader('AAPL', '2018-01-01', '2018-03-30')  # 애플(AAPL), 2018-01-01 ~ 2018-03-30
df = fdr.DataReader('KS11', '2015')       # KS11 (KOSPI 지수), 2015년~현재
df = fdr.DataReader('USD/KRW', '1995')  # 원달러 환율, 1995년~현재
df = fdr.DataReader('BTC/KRW', '2016')  # 비트코인 원화 가격 (빗썸), 2016년~현재
```

미국 이외의 해외 주식 종목을 살펴보자. 만약 해당 국가의 특정 종목명을 알고 있다면 바로 찾을 수 있지만, 모른다면 인베스팅닷컴(Investing.com)을 이용해보자. 인베스팅닷컴은 금융 데이터를 조회할 수 있는 사이트로 전 세계를 대상으로 한다.

---

8 https://github.com/FinanceData/FinanceDataReader/wiki/Users-Guide

그림 2-10 인베스팅닷컴 초기 화면

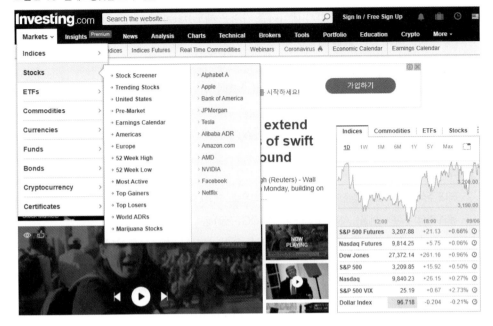

아시아/태평양 카테고리에 속한 국가의 주식을 확인하고 싶다면, 다음 그림과 같이 Markets →
Stocks → Asia 버튼을 클릭하면 된다.

그림 2-11 인베스팅닷컴 종목 조회 카테고리

그림 2-12 인베스팅닷컴 아시아/태평양 주식시장

콤보 박스에서 각 국가 주식시장에 상장된 종목 리스트를 확인할 수 있다.

다음 코드는 API에서 제공하는 거래소 코드다. 현재 API를 통해 한국, 미국, 중국, 일본, 홍콩 거래소에 상장된 종목을 조회할 수 있다.

```
exchange_map = {
          'KRX':'Seoul', '한국 거래소':'Seoul',
          'NASDAQ':'NASDAQ', '나스닥':'NASDAQ',
          'NYSE':'NYSE', '뉴욕증권거래소':'NYSE',
          'AMEX':'AMEX', '미국증권거래소':'AMEX',
          'SSE':'Shanghai', '상해':'Shanghai', '상하이':'Shanghai',
          'SZSE':'Shenzhen', '심천':'Shenzhen',
          'HKEX':'Hong Kong', '홍콩':'Hong Kong',
          'TSE':'Tokyo', '도쿄':'Tokyo',
}
```

그럼 일본에 상장된 유명 카메라 회사 캐논(Canon Inc., 7751)을 조회해보자. 조회하는 방법은 다음과 같이 매개변수를 설정해 API를 호출하는 것이다.

```
jp_df1 = fdr.DataReader(symbol='7751',start='2019-01-01',exchange='TSE') # 캐논
jp_df2 = fdr.DataReader(symbol='7751',start='2019-01-01',exchange='도쿄') # 캐논
```

홈페이지의 차트와 우리가 받은 데이터의 선 그래프를 비교해보면 두 데이터가 일치하는 것을 확인할 수 있다.

```
jp_df2['Close'].plot()
```

그림 2-13 API를 통해 받은 그래프와 인베스팅닷컴에서 제공한 그래프의 비교

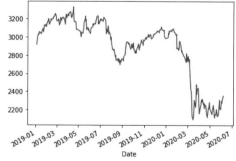

중국에 상장된 종목도 조회해보자. 이번에는 중국 철도 건설 공사^{China Railway Construction Corporation}를 선택한다. 그리고 다음과 같이 매개변수를 설정해 API를 호출한다.

```python
# 중국 철도 건설 공사(601186)
ch_df1 = fdr.DataReader(symbol='601186',start='2019-01-01',exchange='SSE')
# 중국 철도 건설 공사(601186)
ch_df2 = fdr.DataReader(symbol='601186',start='2019-01-01',exchange='상해')
```

다시 그래프를 통해 홈페이지의 차트 그래프와 비교해보자.

```python
ch_df1['Close'].plot()
```

그림 2-14 API를 통해 받은 그래프와 인베스팅닷컴에서 제공한 그래프의 비교

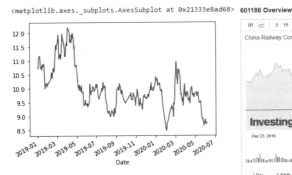

지금까지 FinanceDataReader를 살펴보았다. 이 매뉴얼은 한국인에게 친숙한 한국어로 작성되어 다른 매뉴얼에 비해 비교적 쉽게 이해할 수 있다는 장점이 있다. 이외에도 API를 사용한 예제가 홈페이지에 있어 쉽게 배울 수 있다. 하지만 이미 구현된 API 코드를 해부하고 공부하거나, API 코딩을 기반으로 내용을 추가, 변경해 자기 입맛에 맞는 기능을 보충하지 못한다면, 기존의 구현된 내용만 사용할 수 있다는 한계점이 있다. 또한 많은 API 역시 원천 데이터가 아닌 제3의 웹페이지에서 데이터를 가져오다 보니 서비스 중단이나 URL 요청 포맷 변경 시 대응해야 한다는 애로사항도 있다. 따라서 낚은 물고기로 만족하지 않고 '물고기 낚는 법'을 배워 다양하고 좀 더 유연하게 오픈 API를 활용할 수 있어야 하겠다.

2.4 마치며

이 장에서는 파이썬을 활용해 금융 데이터를 다룰 때 자주 사용하는 날짜^{date}와 시간^{time}을 다루는 법, 데이터 전처리 과정과 분석 과정을 좀 더 쉽게 만들어주는 편리한 라이브러리인 판다스, 데이터를 쉽게 불러올 수 있게 해주고 백테스팅, 시각화 등 다양한 기능을 쉽게 구현할 수 있도록 도와주는 금융 분석 관련 API에 대해 살펴보았다. 파이썬 기초에 취약한 독자에겐 다소 어려웠을 수도 있으나, 기본적인 금융 데이터 분석에 꼭 필요한 내용이니 익혀서 숙달하길 바란다.

다음 장에서는 파이썬으로 기초적인 바이앤홀드 전략을 실습 삼아 만들어볼 것이다. 그리고 투자 전략을 짤 때 자주 사용하는 주요 지표의 생성 방법, 판다스 사용법을 응용한 투자 전략, 주요 지표의 계산법과 기술 지표의 계산법에 대해 자세히 알아볼 것이다.

## CHAPTER 3

파이썬으로 만드는 투자 전략과 주요 지표

이 장의 첫 절에서는 2장에서 배운 내용을 바탕으로 매우 기초적인 바이앤홀드^{buy and hold} 전략을 만드는 실습을 해보고, 투자 전략을 짤 때 자주 사용하는 주요 지표의 생성 방법을 살펴본다.

3.2절에서는 앞에서 배운 판다스 사용법을 응용해 투자 전략을 만들고 자주 사용하게 될 수익률 계산, 최대 낙폭, 샤프 지수 등 주요 지표 계산법, 기술 지표 계산법 등을 자세히 알아본다.

3.1 바이앤홀드 전략

바이앤홀드는 주식을 매수한 후 장기 보유하는 투자 전략이다. 즉 매수하려는 종목이 충분히 저가라고 판단될 때 주기적으로 매수한 후 장기간 보유하는 식으로 투자하는 방법이다. 그리고 매수한 종목의 가격이 충분히 올랐다고 판단되었을 때 매도한다. 규칙이 매우 단순하지만, 주가는 예측이 불가하지만 경제가 성장함에 따라 장기적으로 우상향한다는 투자 철학의 관점에서 보면 합리적인 투자 방법이다.

3.1.1 데이터 불러오기

본격적으로 바이앤홀드 전략을 구현해보자. 야후에서 받은 아마존^{AMZN} 데이터를 이용하며, 판다스를 사용해 데이터를 불러오고, head() 함수를 사용해 데이터를 살펴보자.

```python
import pandas as pd
import numpy as np
df = pd.read_csv('../data/us_etf_data/AMZN.csv',index_col='Date', parse_dates=['Date'])
df.head()
```

Date	Open	High	Low	Close	Adj Close	Volume
1997-05-15	2.437500	2.500000	1.927083	1.958333	1.958333	72156000
1997-05-16	1.968750	1.979167	1.708333	1.729167	1.729167	14700000
1997-05-19	1.760417	1.770833	1.625000	1.708333	1.708333	6106800
1997-05-20	1.729167	1.750000	1.635417	1.635417	1.635417	5467200
1997-05-21	1.635417	1.645833	1.375000	1.427083	1.427083	18853200

데이터는 'Date'가 인덱스로 설정되고 시가, 고가, 저가, 종가, 수정 종가, 거래량으로 구성된다.

3.1.2 결측치

결측치가 있는지 살펴보자.

```python
df[df.isin([np.nan, np.inf, -np.inf]).any(1)]
```

Date	Open	High	Low	Close	Adj Close	Volume

다행히도 결측치가 없는 것을 알 수 있다. 우리는 바이앤홀드 전략을 수정 종가를 이용해 테스트한다. 시가로 처리해도 상관없지만 보통 전략을 테스트할 때 종가를 기준으로 처리한다.

만약 데이터에 일부 날짜에 누락된다면, 어떤 결과를 보일지 확인해보자. 다음 결과처럼 날짜별로 하나의 결측치만 포함되어도 그 행을 출력하도록 했다.

```
import pandas as pd
import numpy as np
df = pd.read_csv('../data/ch03/AMZN_결측값.csv',index_col ='Date', parse_dates= ['Date'])
df[df.isin([np.nan, np.inf, -np.inf]).any(1)]
```

Date	Open	High	Low	Close	Adj Close	Volume
1997-05-21	NaN	1.645833	1.375000	1.427083	1.427083	18853200.0
1997-05-27	1.510417	NaN	1.458333	1.583333	1.583333	8697600.0
1997-06-02	1.510417	1.531250	NaN	1.510417	1.510417	591600.0
1997-06-11	1.593750	1.604167	1.531250	NaN	1.541667	1188000.0
1997-06-19	1.510417	1.531250	1.500000	1.510417	NaN	1003200.0
1997-06-24	1.505208	1.526042	1.479167	1.510417	1.510417	NaN
2000-07-14	NaN	NaN	NaN	NaN	NaN	NaN
2000-09-25	NaN	NaN	NaN	NaN	NaN	NaN
2000-12-22	NaN	NaN	NaN	NaN	NaN	NaN
2001-03-08	NaN	NaN	NaN	NaN	NaN	NaN
2001-06-27	NaN	NaN	NaN	NaN	NaN	NaN

3.1.3 데이터 슬라이싱

수정 종가를 슬라이싱해 서브 데이터셋을 만들어보자.

```
price_df = df.loc[:,['Adj Close']].copy()
price_df.plot(figsize=(16,9))
```

<matplotlib.axes._subplots.AxesSubplot at 0x15eaa6479b0>

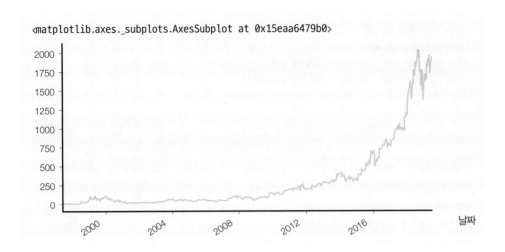

수정 종가로 데이터프레임을 만들고 종가 모양이 어떻게 생겼는지 그래프를 통해 살펴보자. 전체 기간을 보면 주가가 많이 상승했다. 하지만 짧은 시점을 확인해보면 다를 수 있다. 실제로 아마존의 경우 2000년대 초반 IT 거품이 터지면서 주가가 일제히 폭락한 적이 있다. 그 부분을 한번 살펴보자.

```python
from_date = '1997-01-03'
to_date = '2003-01-03'
price_df.loc[from_date:to_date].plot(figsize=(16,9))
```

<matplotlib.axes._subplots.AxesSubplot at 0x15eac55ef98>

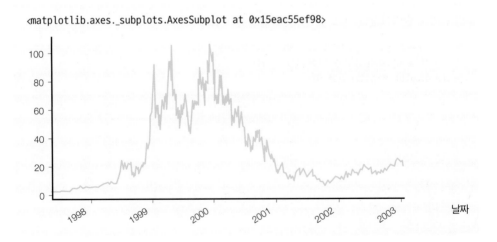

2000년 초반까지 100달러에 달하던 주가가 2001년 10달러로 곤두박질쳐 투자금액의 90% 가량을 잃었다. 일반 투자자라면 주가가 90% 하락하는 것을 견디기가 몹시 괴로우리라. 이렇게 한때 최고점 대비 현재까지 하락한 비율 중 최대 하락률을 최대 낙폭maximum draw down (MDD) 이라고 한다.

3.1.4 일별 수익률 계산

일별 수익률을 계산해보자.

```
price_df['daily_rtn'] = price_df['Adj Close'].pct_change()
price_df.head(10)
```

Date	Adj Close	daily_rtn
1997-05-15	1.958333	NaN
1997-05-16	1.729167	-0.117021
1997-05-19	1.708333	-0.012049
1997-05-20	1.635417	-0.042683
1997-05-21	1.427083	-0.127389
1997-05-22	1.395833	-0.021898
1997-05-23	1.500000	0.074627
1997-05-27	1.583333	0.055555
1997-05-28	1.531250	-0.032895
1997-05-29	1.505208	-0.017007

바이앤홀드 전략에서 일별 수익률을 계산하는 이유는 매수한 시점부터 매도한 시점까지 보유하게 되는데 일별 수익률을 누적 곱하면 최종적으로 매수한 시점 대비 매도한 시점의 종가 수익률로 계산되기 때문이다.

그림 3-1 전략 수익률 계산

$$ret_{바이앤홀드} = \frac{p_2}{p_1} \times \frac{p_3}{p_2} \times \frac{p_4}{p_3} \times \frac{p_5}{p_4} \times ... \times \frac{p_n}{p_{n-1}}$$

다음에는 바이앤홀드 전략의 누적 곱을 계산해보자. 판다스 cumprod( ) 함수를 사용하면 쉽게
계산할 수 있다.

```
price_df['st_rtn'] = (1+price_df['daily_rtn']).cumprod()
price_df.head(10)
```

Date	Adj Close	daily_rtn	st_rtn
2019-06-11	1863.699951	0.001650	951.676733
2019-06-12	1855.319946	-0.004496	947.397580
2019-06-13	1870.300049	0.008074	955.046996
2019-06-14	1869.670044	-0.000337	954.725291
2019-06-17	1886.030029	0.008750	963.079328
2019-06-18	1901.369995	0.008133	970.912503
2019-06-19	1908.790039	0.003902	974.701462
2019-06-20	1918.189941	0.004925	979.501413
2019-06-21	1911.300049	-0.003592	975.983170
2019-06-24	1907.953857	-0.001751	974.274476

그래프를 그려보면 아마존 주가가 얼마나 상승했는지 확인할 수 있다. 만약 아마존 주식을 1달
러에 매수했다면, 2019년 06월 기준 1900달러이므로 1900배 이익을 얻었을 것이다. 그야말
로 대박이다.

```
price_df['st_rtn'].plot(figsize=(16,9))
```

<matplotlib.axes._subplots.AxesSubplot at 0x246ce07fd30>

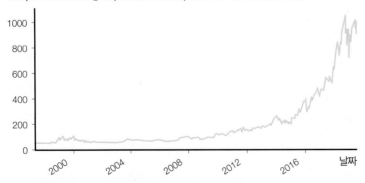

이번에는 다른 시점을 기준으로 수익률을 계산해보자.

```python
base_date = '2011-01-03'
tmp_df = price_df.loc[base_date:,['st_rtn']] / price_df.loc[base_date,['st_rtn']]
last_date = tmp_df.index[-1]
print('누적 수익 : ',tmp_df.loc[last_date,'st_rtn'])
tmp_df.plot(figsize=(16,9))
```

누적 수익 : 10.356931096748838
<matplotlib.axes._subplots.AxesSubplot at 0x15eadc1fa58>

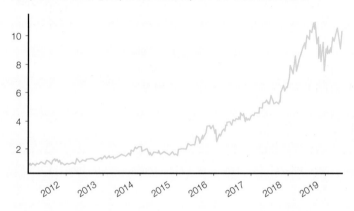

base_date 변수를 선언해 새로운 기준 일자를 설정한다. 특정 일을 기준으로 수익률을 계산하고 누적 수익을 보니 1부터 10 가까이 상승했다. 2011년 01월 03일에 처음 아마존 주식을 매수했다면 10배 가까운 수익률을 얻을 수 있다는 뜻이다.

사실 지금까지 바이앤홀드 전략에는 복잡한 코딩이 없었다. 단지 주어진 기간의 수익률만 확인했을 뿐이다. 그렇지만 바이앤홀드 전략에 신호(매수/매도 신호)를 추가한다면 다양한 전략으로 응용할 수 있다.

3.2 투자 성과 분석 지표

3.1절에서 살펴본 바이앤홀드 전략의 성과를 분석해보자. 다양한 분석 항목이 있지만 다음 네 가지를 중점적으로 살펴본다.

- 연평균 복리 수익률(compound annual growth rate, CAGR)
- 최대 낙폭(maximum draw down, MDD)
- 변동성(Valaility, Vol)
- 샤프 지수(Sharpe ratio)

3.2.1 연평균 복리 수익률(CAGR)

수익률 성과를 분석할 때는 산술평균 수익률보다 기하평균 수익률을 더 선호한다. 그 이유는 기하평균 수익률이 복리 성질과 주가 변동이 심한 때에 따라 변동성을 표현하기 때문이다. 그래서 CAGR을 계산한다.

$$\mathrm{CAGR}(t_0, \ t_n) = \left(\frac{V(t_n)}{V(t_0)}\right)^{\frac{1}{t_n - t_0}} - 1$$

$V(t_0)$: 초깃값
$V(t_n)$: 최종값
$t_n - t_0$: 연 횟수

이 CAGR 수식을 파이썬 코드로 구현해보자.

```
CAGR = price_df.loc['2019-06-24','st_rtn'] ** (252./len(price_df.index)) -1
```

우리가 가진 데이터의 마지막 일자가 2019년 06월 24일이다. 해당 일자의 최종 누적 수익률의 누적 연도 제곱근을 구하는 것이다. 또한 우리는 일^{Daily} 데이터를 사용했으므로 전체 연도를 구하기 위해 전체 데이터 기간을 252(금융공학에서 1년은 252영업일로 계산)로 나눈 역수를 제곱(a**b) 연산한다. 그리고 −1을 하면 수익률이 나온다.

TIP 산술평균(arithmetic mean): N개의 변수를 모두 합한 후 N으로 나눈 값

$$산술평균 \ = \ \frac{x_1 + x_2 + \ldots + x_n}{n}$$

기하평균(geometric mean): N개의 변수를 모두 곱한 값의 N제곱근

$$기하평균 \ = \ \sqrt[n]{x_1 + x_2 + \ldots + x_n}$$

3.2.2 최대 낙폭(MDD)

최대 낙폭은 최대 낙폭 지수로, 투자 기간에 고점부터 저점까지 떨어진 낙폭 중 최댓값을 의미한다. 이는 투자자가 겪을 수 있는 최대 고통을 측정하는 지표로 사용되며, 낮을수록 좋다.

$$최대 \ 낙폭 = \frac{Trough \ Value - Peak \ Value}{Peak \ Value}$$

Peak Value: 관측 기간 최고점 가격

Trough Value: 관측 기간 최저점 가격

MDD 계산 과정을 파이썬 코드로 살펴보자.

```
historical_max = price_df['Adj Close'].cummax()
daily_drawdown = price_df['Adj Close'] / historical_max - 1.0
historical_dd = daily_drawdown.cummin()
historical_dd.plot()
```

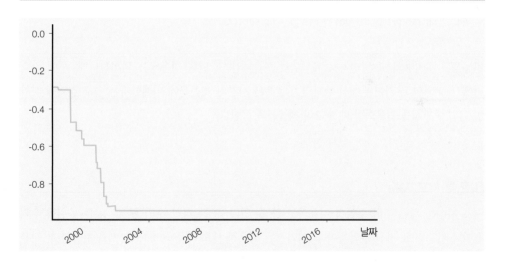

수정 종가에 cummax() 함수 값을 저장한다. cummax()는 누적 최댓값을 반환한다. 전체의 최댓값이 아닌 행[row]별 차례로 진행하면서 누적 값을 갱신한다. 현재 수정 종가에서 누적 최댓값 대비 낙폭률을 계산하고 cummin() 함수를 사용해 최대 하락률을 계산한다. 출력 그래프를 보면 최대 하락률의 추세를 확인할 수 있다.

3.2.3 변동성(Vol)

변동성에는 여러 종류가 있지만 주가 변화 수익률 관점의 변동성을 보고자 한다. 변동성은 금융 자산의 방향성에 대한 불확실성과 가격 등락에 대한 위험 예상 지표로 해석하며, 수익률의 표준 편차를 변동성으로 계산한다.

만약 영업일 기준이 1년에 252일이고 일별 수익률의 표준 편차가 0.01이라면, 연율화된 변동성은 다음 수식과 같이 계산된다.

$$\sigma_p = \sigma_\text{일}\sqrt{p}$$

$$\sigma_\text{연간} = 0.01\sqrt{252} = 0.1587$$

변동성 수식을 파이썬 코드로 구현해보자.

```
VOL = np.std(price_df['daily_rtn']) * np.sqrt(252.)
```

변동성은 수익률의 표준 편차로 계산한다. 이는 일^{Daily} 단위 변동성을 의미하는데, 루이 바슐리에$^{\text{L. Bachelier}}$의 '투기이론'에서 주가의 변동폭은 시간의 제곱근에 비례한다는 연구 결과에 따라 일 단위 변동성을 연율화할 때 252의 제곱근을 곱한다.

3.2.4 샤프 지수

샤프 지수는 위험 대비 수익성 지표라고 볼 수 있다. R_a는 자산 수익률이고 R_b는 무위험 수익률이나 기준 지표 자산 수익률이다. 여기서는 사후적 샤프 비율$^{\text{ex-post Sharpe ratio}}$을 사용한다. 같은 공식을 사용하지만, 자산의 실현 수익률을 사용한다는 점에서 다르다. 실현 수익률의 산술평균/실현 수익률의 변동성으로 계산한다.

$$S_a = \frac{E[R_a - R_b]}{\sigma_a} = \frac{E[R_a - R_b]}{\sqrt{\text{var}[R_a - R_b]}}$$

샤프 지수를 파이썬 코드로 구현해보자.

```python
Sharpe = np.mean(price_df['daily_rtn']) / np.std(price_df['daily_rtn']) *
np.sqrt(252.)
```

우리는 사후적 샤프 비율을 사용했다. 실현 수익률의 산술평균/실현 수익률의 변동성으로 계산하므로 넘파이의 평균을 구하는 함수와 연율화 변동성을 활용해 위험 대비 수익성 지표를 계산한다.

3.2.5 성과 분석 결과

최종 성과를 분석해보자. 위의 공식을 다음의 파이썬 함수를 통해 구현한 것이다.

```python
CAGR = price_df.loc['2019-06-24','st_rtn'] ** (252./len(price_df.index)) -1
Sharpe = np.mean(price_df['daily_rtn']) / np.std(price_df['daily_rtn']) * np.sqrt(252.)
VOL = np.std(price_df['daily_rtn']) * np.sqrt(252.)
MDD = historical_dd.min()
print('CAGR : ',round(CAGR*100,2),'%')
print('Sharpe : ',round(Sharpe,2))
print('VOL : ',round(VOL*100,2),'%')
print('MDD : ',round(-1*MDD*100,2),'%')
```

```
CAGR :   36.58 %
Sharpe :   0.81
VOL :   60.09 %
MDD :   94.4 %
```

아마존은 상장 후 현재(2019년 06월 24일 기준)까지 연평균 복리 수익률CAGR로 36% 성장했다. 주가 그래프를 보더라도 급상승한 것을 확인할 수 있다. 기준에 따라 다르지만, 샤프 지수Sharpe는 1 이상만 되어도 좋다고 판단한다.

다음으로 변동성VOL을 보면 60%인 것을 확인할 수 있는데, 이는 주가 수익률이 꽤 많이 출렁인 것을 의미한다. 장기간의 시점에서 주가를 바라볼 때는 안정적으로 우상향했다고 생각할 수 있지만, 하루하루 주가 흐름은 그닥 안정적이지 않았다는 것을 알 수 있다.

마지막으로 최대 낙폭^{MDD}을 살펴보면 무려 94% 하락한 경우가 있음을 알 수 있다. 2000년대 초반 IT 거품이 터지면서 100달러에 달하던 주가가 10달러로 크게 떨어진 충격적인 사태가 있었다. 만약 이런 상황이 당장 일어난다면 충격을 견뎌낼 투자자가 과연 있을까. 곰곰이 생각해 볼 일이다.

3.3 마치며

2장에서 배운 내용을 바탕으로 바이앤홀드라는 가장 기본적인 전략을 구현하고 그동안 엑셀을 통해 계산했을 각종 지표, 이를테면 연평균 복리 수익률, 최대 낙폭, 변동성, 샤프 지수를 파이썬을 통해 계산해보고 성과 분석 결과까지 살펴보았다.

다음 장에서는 이 장에서 배운 내용을 확장해 전통 퀀트 전략을 만드는 방법을 살펴볼 것이다. 먼저 전통 퀀트 방법론을 소개한 후 평균 회귀 전략과 상대 및 절대 모멘텀 전략, 가치 투자 퀀트 전략을 차례로 알아볼 것이다.

## CHAPTER 4

전통 퀀트 투자 전략

퀀트Quant 투자를 달리 표현하면 데이터 기반data-driven 전략이라고 할 수 있다. 머신러닝이나 딥
러닝을 활용하는 투자 방법도 데이터 기반의 투자 전략이기 때문에 모두 퀀트 투자 전략으로
분류할 수 있기 때문이다. 그러나 이 책에서는 전통적인classic 투자 전략이라는 단어를 사용해
머신러닝과 딥러닝 기반의 전략과 기존의 퀀트 전략을 구별하기로 한다.

4장에서는 대중에게 잘 알려진 퀀트 전략을 설명한다. 잘 알려졌으며 여전히 좋은 성과를 내는
전략이 많지만, 많은 대가의 인사이트insight를 정량화하거나 코드화해서 자신의 것으로 만드는
작업이야말로 복잡한 머신러닝/딥러닝 기반 전략을 만들기 전에 선행해야 할 작업이다. 따라서
이 장에서는 3장에서 배운 방법을 활용해 효율적인 퀀트 전략을 구현해본다.

먼저 전통 퀀트 방법론이 무엇인지 살펴보고 파이썬 코드로 구현한 평균 회귀 전략을 구현한
다. 그다음 듀얼 모멘텀 전략을 구현하기 위한 절대 및 상대 모멘텀 투자 전략을 살펴본다. 마
지막으로 가치 투자 전략을 이용한 '마법공식'을 소개한다.

4.1 전통 퀀트 방법론 소개

퀀트의 역사는 생각보다 장구하다. 그렇다고 퀀트 투자를 어렵거나 복잡하게 생각할 필요는 없
다. 퀀트는 정량적quantitative 방법론을 기반으로 투자 의사를 결정하는 것이며, 여기서 정량적 방
법론이란 모든 것을 수치화하는 것을 의미한다. 옛 중국인은 양쯔강의 수위를 이용해 농작물의

수확량을 예측했는데, 필요한 농작물을 미리 구매(투자)할 때 '강물 수위'라는 정량적 지표를 기반으로 의사결정을 내렸기 때문에 어떤 의미에서는 퀀트(정량) 투자다.

시대가 바뀌어 현대 주식시장이 형성되면서, 사람들은 강물 수위 같은 자연 데이터가 아닌 주가나 재무제표 등의 가공 데이터를 투자 의사결정에 활용하기 시작했다. 이 장에서 주가 데이터, 재무제표 데이터를 '전통 금융 데이터'라고 표현하는 것은 단순히 최근에 많이 활용되고 있는 대체 데이터나 초 단위의 호가창 데이터 등과 구분하기 위함이다. 엄밀히 말하면, 금융에서 '가장 기본이 되는' 데이터를 활용해 퀀트 투자 전략을 구현하는 방법을 소개한다.

머신러닝 관점에서는 입력 데이터input data가 매우 중요하다. 사용하는 데이터에 따라 주가를 사용해 기술 지표를 만들고 이를 투자에 활용하는 '기술 지표 투자 전략'과 기업 재무제표를 사용하는 '가치 투자 전략', 이렇게 두 가지로 크게 나눌 수 있다. 주가 데이터나 기업 재무제표 데이터 모두 2장에서 설명한 방법으로 쉽게 구할 수 있다.

기술 지표를 활용한 투자 전략은 퀀트에서 가장 많이 사용하는 전략이다. 많은 증권사 사이트나 애플리케이션에서도 기술 지표를 제공하고 있어 누구나 익숙할 것이다. 쉽게 설명하자면 주관적인 접근을 배제하고 주가 데이터로 만든 지표indicator에만 의존해 투자 의사결정을 내리는 것인데, 사용하는 지표에는 주식시장에 대한 트레이더의 철학이 담겨있다고도 볼 수 있다.

쉬운 예로, '올라가는 주식이 계속 오른다'고 믿는 트레이더들은 모멘텀 지표를 활용하는 전략을 선호할 것이다. 반면 '올라간 주식은 반드시 내려온다(혹은 평균으로 회귀한다)'는 주가나 수익률의 평균 회귀mean-reversion 특성을 믿는 트레이더들은 평균 회귀 지표를 선호할 것이다. 기술적 분석은 모든 정보가 이미 주가에 반영되었다는 가정을 기반으로 한다.

이러한 지표 중 자주 사용하는 것은 이동 평균선moving average, 상대 강도 지수relative strength index, 스토캐스틱 오실레이터stochastic oscillator 등이며 주식 시장을 바라보는 트레이더의 시각에 따라 사용되는 지표도 다르다. 거듭 말하지만, 시장을 바라보는 자신만의 시각이 없다면 그 어떤 전략을 세워도 의미가 없을 것이다.

기술 지표를 활용한 퀀트 투자 전략 구현에서 관건은 주가 데이터를 활용해 기술 지표를 만드는 것이다. 많은 파이썬 라이브러리에서 해당 기능을 제공하지만, 전략의 확장성을 위해 수식을 기반으로 직접 만들어보는 과정을 상세히 설명한다. 몇 가지 대표적인 지표를 따라 만들다 보면 기술 지표를 파이썬 코드로 구현하는 일이 결코 어렵지 않음을 알게 될 것이다.

그다음에는 해당 지표들로 신호를 발생시켜 종목을 매매하고 전략의 수익률이나 승률hit rate 등을 살펴보는 방법을 설명한다. 무릇 수익률이 초미의 관심사겠으나, 상승과 하락을 얼마나 정확하게 예측하는지도 전략 평가의 승패를 가르는 결정적 요소다. 게다가 샤프 비율 같은 지표를 우선시하는 투자자들도 있다. 전략 평가는 전적으로 트레이더에 좌우되므로, 이 책에서는 무엇보다도 다양한 지표를 파이썬으로 구현하는 방법을 자세히 설명하고자 한다.

기술 지표를 활용한 퀀트 투자 방법으로 모멘텀 전략과 평균 회귀 전략을 선택했다. 앞서 잠깐 언급한 것처럼, 평균 회귀와 모멘텀은 전적으로 상반된 개념이다. 그럼에도 두 전략을 선별한 것은 두 전략의 상관관계가 낮고 전략이 초점을 맞추는 시간대(장, 단기)도 다르기 때문에 양극에 있는 두 방법을 살펴볼 가치가 있다고 판단했기 때문이다.

가치 투자 전략은 당기순이익, 영업이익, 영업이익률, 매출액, 부채비율, PER, PBR, PSR, PCR, ROE, ROA 등 기업의 가치 판단에 기준이 되는 재무제표 데이터를 기초로 한다. 만약 자신이 CEO의 능력을 보고 투자하는 (조금은 극단적인) 가치 투자자라고 한다면, 이 데이터를 정량화해 사용할 수도 있을 것이다. 예를 들어, CEO 출신 대학의 랭킹별로 점수를 매기고 연령이나 직군별로 정량화해 점수를 주는 식으로 말이다.

하지만 여기서는 재무제표를 이용한 가치 투자 전략을 살펴보며 '기본적인' 방법론에 집중할 것이다. 이 방법론에서는 주가 데이터price data와는 다른 데이터를 사용하므로, 주가 데이터를 사용해 만든 기술 지표를 활용하는 방법처럼 지표를 계산하는 작업보다 기준이 되는 데이터에서 순위rank를 매겨 분위별로 자르는 작업이 훨씬 더 중요하다. 하지만 전략 평가는 기술 지표를 활용한 퀀트 투자 방법과 유사하다.

가치 투자 전략에서는 『주식시장을 이기는 작은 책』(알키, 2011)에 나오는 유명한 '마법공식'을 파이썬으로 구현한다. 이 책의 저자 조엘 그린블라트Joel Greenblatt는 1985년 회사를 창립한 이래 2005년까지 약 20년간 연평균 40%라는 경이적 수익률을 달성한 고담 캐피털의 설립자이자 파트너이며, 업계에선 구루로 평가받고 있는 투자의 거장이다. 놀랍게도, 그는 이런 믿기 힘든 성과를 단 두 개의 지표(자본 수익률과 이익 수익률)로 만든 마법공식을 통해 이룩했다. 이 공식은 엑셀을 이용해서도 쉽게 구현할 수 있지만, 파이썬으로 구현하는 방법과 다른 가치 투자 전략으로 확장할 방법을 4.6절에서 자세히 알아보기로 한다.

4.2 평균 회귀 전략

평균으로의 회귀regression to mean란 많은 자료를 토대로 결과를 예측할 때 평균에 가까워지려는 경향성을 말한다. 한번 평균보다 큰 값이 나오면 다음번에는 평균보다 작은 값이 나와 전체적으로는 평균 수준을 유지한다는 의미다. 이는 영국의 유전학자 프랜시스 골턴Francis Galton이 아버지와 아들의 체격과 관련한 실험을 한 결과 키가 큰 아버지를 둔 아들은 아버지보다 키가 작아지며 키가 작은 아버지를 둔 아들은 아버지보다 키가 커지는 경향이 있다는 사실을 발견한 데서 착안했다. 이 같은 현상이 주식시장에서도 통용될까?

주식시장에서도 평균 회귀 현상이 통용되는지 검증하려는 많은 시도가 있었다. 이 현상에 의하면, 가격이 평균보다 높아지면 다음번에는 평균보다 낮아질(혹은 평균이 될) 확률이 높다. 즉, 투자했을 때 투자 수익률이 낮았다면 그 후 수익률이 높은 기간이 이어진다는 의미로 해석할 수도 있다. 일반화할 수는 없지만, 주가가 몇몇 종목에서는 별다른 이유 없이 일렁이는 파도처럼 올라갔다 내려가기를 되풀이하는 현상이 마치 어느 적정 지점을 두고 주가의 등락이 반복되면서 평균 회귀 현상을 보이는 것과 같이 관찰된다.

이 장에서 살펴볼 평균 회귀 전략은 과거부터 특정 종목의 가격이 일정 평균값으로 수렴하는 경향을 관찰하여 미래 시점에도 일정 값으로 수렴할 것이라는 아이디어를 이용한 전략이다. 이 방법은 단순 선형 회귀 문제와 비슷하다고 볼 수 있다. 1개의 독립변수와 1개의 종속변수가 주어졌을 때 두 변수 관계를 잘 설명할 회귀 계수를 찾듯이, 평균 회귀 전략도 특정 종목의 평균 가격에 수렴할 것이라고 가정한다.

평균 회귀 속성을 이용한 전략을 들여다보면, 내용이 아주 간단하다. 주가의 평균가격을 계산해 일정 범위를 유지하느냐 이탈하느냐에 따라 매매를 결정한다. 현재 주가가 평균가격보다 낮으면 앞으로 주가가 상승할 것으로 기대해 주식을 매수하고, 현재 주가가 평균가격보다 높으면 앞으로 주가가 하락할 것으로 예상해 주식을 매도하는 규칙을 설정할 수 있다. 이 절에서는 평균 회귀 속성을 계량화할 수 있는 보조지표를 사용해 전략을 구성했다. 익히 잘 알려진 볼린저 밴드Bollinger band 기법을 활용해 평균 회귀 전략을 세우고, 어느 시점에 진입/청산하는지 직접 구현해본다.

4.2.1 볼린저 밴드

1980년대 존 볼린저John A. Bollinger에 의해 개발된 볼린저 밴드는 단순하면서도 강력한 지표다. 볼린저 밴드만 이용해도 여러 가지 전략을 만들어낼 수 있는데, 이 장에서는 볼린저 밴드의 개념을 이해하고 평균 회귀 전략을 어떻게 구현하는지에 초점을 맞추어 살펴본다.

볼린저 밴드는 현재 주가가 상대적으로 높은지 낮은지를 판단할 때 사용하는 보조지표다. 볼린저 밴드는 3개 선으로 구성되는데, 중심선인 이동 평균moving average선, 상단선과 하단선을 구성하는 표준 편차standard deviation 밴드다(그림 4-1).

그림 4-1 볼린저 밴드를 이용한 투자 전략

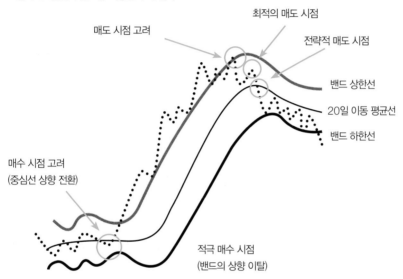

볼린저 밴드를 사용하는 이유는 이동 평균선으로 추세를 관찰하고 상단선과 하단선으로 밴드 내에서 현재 가격의 상승과 하락폭을 정량적으로 계산할 수 있기 때문이다. 볼린저 밴드는 '추세'와 '변동성'을 분석해주어 기술 분석에서 활용도가 높으며 평균 회귀 현상을 관찰하는 데도 매우 유용하다. 보통 중심선을 이루는 이동 평균선을 계산할 땐 20일을 사용하고 상·하위 밴드는 20일 이동 평균선 ± 2 * 20일 이동 표준 편차(σ)를 사용한다.

상단 밴드 = 중간 밴드 + 2 * 20일 이동 표준 편차

중간 밴드 = 20일 이동 평균선

하단 밴드 = 중간 밴드 − 2 * 20일 이동 표준 편차

그림 4-2 볼린저 밴드 수식

$$\sigma = \sqrt{\dfrac{\displaystyle\sum_{j=1}^{N}\left(X_j - \overline{X}\right)^2}{N}}$$

상단 밴드 $= \overline{X} + 2\sigma$

중간 밴드 $= \overline{X}$

하단 밴드 $= \overline{X} - 2\sigma$

$$\overline{X} = \dfrac{\displaystyle\sum_{j=1}^{N} X_j}{N}$$

4.2.2 데이터프레임

앞 장에서 배운 판다스를 이용하면 볼린저 밴드 공식을 간단하게 구현할 수 있다.[1] 가장 먼저 해야 할 작업은 데이터를 불러와 탐색하는 것이다.

```
import pandas as pd
df = pd.read_csv('../data/us_etf_data/SPY.csv')
df.head()
```

	Date	Open	High	Low	Close	Adj Close	Volume
0	1993-01-29	43.96875	43.96875	43.75000	43.93750	26.706757	1003200
1	1993-02-01	43.96875	44.25000	43.96875	44.25000	26.896694	480500
2	1993-02-02	44.21875	44.37500	44.12500	44.34375	26.953669	201300
3	1993-02-03	44.40625	44.84375	44.37500	44.81250	27.238594	529400
4	1993-02-04	44.96875	45.09375	44.46875	45.00000	27.352570	531500

SPY(S&P 500을 추종하는 ETF 지수)라는 개별 ETF 종목으로 실습을 진행한다. 판다스 패키지를 임포트하고 데이터가 저장된 곳을 지정해 데이터를 읽어온다. 그런 다음 데이터가 어떻게 구성되었는지 head( ) 함수를 통해 상위 5개 행 데이터를 확인한다. 각각의 컬럼(변수)은 우리가 주식 차트를 볼 때 확인하는 날짜Date, 시가Open, 고가High, 저가Low, 종가Close, 수정 종가Adj Close, 거래량Volume 데이터로 구성된다.

---

[1] 이 예제에서는 야후 파이낸스에서 가져온 데이터를 사용한다. 2장에서 살펴본 것처럼, 홈페이지에서 내려받거나 파이썬 API를 사용해 손쉽게 가져올 수 있다.

데이터프레임에 있는 describe() 내장 함수를 이용해 데이터셋의 분포, 중심, 경향 분산 및 형태를 요약하는 통계 정보를 확인할 수 있다.

```
df.describe()
```

	Open	High	Low	Close	Adj Close	Volume
count	6648.000000	6648.000000	6648.000000	6648.000000	6648.000000	6.648000e+03
mean	133.762935	134.541071	132.893598	133.759854	110.399391	8.440122e+07
std	59.488006	59.671285	59.277882	59.492056	64.113369	9.837713e+07
min	43.343750	43.531250	42.812500	43.406250	26.383823	5.200000e+03
25%	96.780937	97.735000	95.726562	96.921875	71.256485	6.966775e+06
50%	124.433750	125.335938	123.500000	124.312500	93.641503	5.709990e+07
75%	151.702503	152.514999	150.810624	151.791713	125.251474	1.229908e+08
max	296.040009	296.309998	293.760010	295.859985	294.427979	8.710263e+08

4.2.3 데이터 가공

모든 변수를 사용할 필요가 없으므로 볼린저 밴드 데이터프레임에 필요한 변수만 선택한다. 2장에서 배운 슬라이싱, 인덱싱, 서브셋을 이용해 날짜Date, 수정 종가Adj Close를 선택 및 추출하고 copy() 함수를 사용해 복사한다.

```
price_df = df.loc[:,['Date','Adj Close']].copy()
price_df.head()
```

	Date	Adj Close
0	1993-01-29	26.706757
1	1993-02-01	26.896694
2	1993-02-02	26.953669
3	1993-02-03	27.238594
4	1993-02-04	27.352570

이때 copy() 함수를 사용하지 않고 원본 데이터프레임의 slice() 함수를 사용할 경우에는 'SettingwithCopyWarning' 메시지가 출력된다는 점에 주의한다. 이 메시지는 원본 데이터가 변경되면 연쇄적으로 데이터가 변경될 수 있다는 경고 메시지다. 원본 데이터가 훼손되는 것을 방지하고자 테스트 단계에서는 copy() 함수 사용을 권장한다.

그다음 날짜, 수정 종가를 추출한 데이터프레임을 price_df 변수에 저장한다. 우리가 원하는 연, 월, 일 형식의 'Date' 컬럼을 price_df의 인덱스로 설정한다.

```
price_df.set_index(['Date'],inplace=True)
price_df.head()
```

Date	Adj Close
1993-01-29	26.706757
1993-02-01	26.896694
1993-02-02	26.953669
1993-02-03	27.238594
1993-02-04	27.352570

판다스의 set_index() 함수를 사용하면 인덱스를 쉽게 변경할 수 있다. 그리고 inplace 옵션을 추가하면 변경된 내용을 따로 저장하지 않아도 변수에 바로 적용된다.

Date를 인덱스로 설정하면 더욱 직관적이고 편하게 데이터를 다룰 수 있다. 예를 들어 수익률 계산 기간을 주나 월 단위로 변경하는 것보다 더 직관적으로 볼 수 있으며, loc 연산자를 사용해 원하는 날짜 데이터를 선택할 수 있도록 더 쉽게 만들 수 있다. 시계열 데이터를 다룰 때는 인덱스를 Date 타입으로 변경하는 것을 (필수는 아니지만) 권장한다.

4.2.4 볼린저 밴드 만들기

원하는 데이터 구조를 만들었으니, 이제 볼린저 밴드 공식을 이용해 볼린저 밴드 데이터프레임을 만들어보자.

상단 밴드 = 중간 밴드 + 2 * 20일 이동 표준 편차

중간 밴드 = 20일 이동 평균선

하단 밴드 = 중간 밴드 - 2 * 20일 이동 표준 편차

표준 볼린저 밴드 공식을 다시 떠올려보자. '이 공식을 어떻게 파이썬 코드로 작성할 수 있을까' 궁리를 하다 보니, 상단, 중간, 하단 밴드를 만들려면 제일 먼저 중간 밴드가 필요하다는 것을 알게 된다. 다행히도 이 작업은 생각만큼 어렵지 않다. 중간 밴드의 20일 이동 평균선은 판다스의 rolling() 함수를 이용하면 쉽게 만들 수 있다.

다음 공식을 이용해 중간 밴드(이동 평균선)를 만든다.

```
price_df['center'] = price_df['Adj Close'].rolling(window = 20).mean()
price_df.iloc[18:25]
```

Date	Adj Close	center
1993-02-25	26.953669	NaN
1993-02-26	26.991682	26.910942
1993-03-01	26.915695	26.921389
1993-03-02	27.314577	26.942283
1993-03-03	27.428545	26.966027
1993-03-04	27.276592	26.967927
1993-03-05	27.200619	26.960329

iloc 인덱서를 이용해 18행부터 24행까지 어떤 값이 들어있는지 확인해보자. 새롭게 만들어진 'center' 컬럼은 rolling()과 mean() 함수로 계산된 20일 이동 평균선을 의미한다. rolling() 함수 특성상 window 입력값으로 20을 주었기에 데이터가 20개 미만인 부분은 결측치를 의미하는 NaN^{Not a Number}으로 표시된다. 20일 동안의 종가 데이터가 없다면 20일 이동 평균을 계산할 수 없기 때문이다. 따라서 2장에서 언급한 것처럼, 기술 지표 생성 과정에서 자연스럽게 생기는 결측치 처리법을 익혀두어야 한다.

일반적으로 결측치는 어쩔 수 없이 생성되기 때문에 2009년 12월부터 데이터를 확보해야 20일 이동 평균 지표를 만들 수 있다. 예를 들어 2010년 01월 01일부터 2019년 01월 01일까지

의 주가를 분석한다면, 보통 쿠션 데이터[cushion data]라고 불리는 여분의 데이터를 확보해야 한다. 실무에서는 중요하지만 현재 실습 예제에서는 고려하지 않아도 될 내용이므로, 단순히 결측치가 발생한 행을 삭제한다.

중간 밴드를 만들었으니 이번에는 상단 밴드와 하단 밴드를 만든다.

```
price_df['ub'] = price_df['center'] + 2 * price_df['Adj Close'].rolling(window = 20).std()
price_df.iloc[18:25]
```

Date	Adj Close	center	ub
1993-02-25	26.953669	NaN	NaN
1993-02-26	26.991682	26.910942	27.598068
1993-03-01	26.915695	26.921389	27.601764
1993-03-02	27.314577	26.942283	27.644772
1993-03-03	27.428545	26.966027	27.701465
1993-03-04	27.276592	26.967927	27.706519
1993-03-05	27.200619	26.960329	27.685261

상단 밴드는 'ub'라는 새로운 컬럼에 지정하고, 평균을 계산할 때 사용한 mean( ) 함수 대신 표준 편차를 계산하는 std( )를 사용해 이동 표준 편차를 구한다.

마지막으로, 상단 밴드와 동일한 방법으로 하단 밴드[lb]를 만든다.

```
price_df['lb'] = price_df['center'] - 2 * price_df['Adj Close'].rolling(window = 20).std()
price_df.iloc[18:25]
```

Date	Adj Close	center	ub	lb
1993-02-25	26.953669	NaN	NaN	NaN
1993-02-26	26.991682	26.910942	27.598068	26.223816
1993-03-01	26.915695	26.921389	27.601764	26.241013
1993-03-02	27.314577	26.942283	27.644772	26.239794
1993-03-03	27.428545	26.966027	27.701465	26.230589
1993-03-04	27.276592	26.967927	27.706519	26.229334
1993-03-05	27.200619	26.960329	27.685261	26.235397

볼린저 밴드는 다음에도 다시 사용할 수 있도록 다음과 같이 파이썬 함수로 지정한다.[2] 앞에서 한 작업을 하나의 함수에 모아놓으면 다음과 같은 코드를 작성할 수 있다. 입력 매개변수로 이동 평균선 기간과 표준 편차 값을 전달받으면 된다.

```python
n = 20
sigma = 2
def bollinger_band(price_df, n, sigma):
    bb = price_df.copy()
    bb['center'] = price_df['Adj Close'].rolling(n).mean() # 중앙 이동 평균선
    bb['ub'] = bb['center'] + sigma * price_df['Adj Close'].rolling(n).std() # 상단 밴드
    bb['lb'] = bb['center'] - sigma * price_df['Adj Close'].rolling(n).std() # 하단 밴드
    return bb

bollinger = bollinger_band(price_df, n, sigma)
```

그다음 기간을 나눠 볼린저 밴드를 활용한 전략의 성과를 확인해보자.

```python
base_date = '2009-01-02'
sample = bollinger.loc[base_date:]
sample.head()
```

Date	Adj Close	center	ub	lb
2009-01-02	75.099487	71.378963	74.538229	68.219698
2009-01-05	75.010582	71.711677	74.931608	68.491746
2009-01-06	75.511505	71.964058	75.543401	68.384716
2009-01-07	73.249435	71.980327	75.580937	68.379718
2009-01-08	73.548378	72.071645	75.736733	68.406557

base_date 변수에 새로운 날짜를 할당하고 설정된 날짜 이후 데이터로 전략의 성과를 확인한다. Date 컬럼을 인덱스로 설정해놨기에 loc 인덱서를 활용하면 임의로 정한 날짜로 데이터프레임을 자를 수 있다. 이와 같은 방법으로 결측치가 보이는 데이터 영역을 삭제할 수 있다.

---

2 자세한 함수 사용법은 파이썬 기본서를 참고한다. 처음에 연습할 때는 위 설명처럼 한 줄씩 작성하는 것이 편하지만, 다루는 데이터 양이 많아지면 함수를 지정해 사용하는 것이 가독성이 좋고 더 편리해진다.

```
sample = price_df.loc[base_date:]
```

평균 회귀 전략에서 진입/청산 신호가 발생할 때 우리가 취하는 행동을 기록할 데이터프레임을 만들어보자. 앞으로 이러한 데이터프레임을 거래 장부trading book라고 부른다. 가계부에 지출과 수입의 내역을 적듯이, 거래내역을 적는 장부와 같다고 생각하면 되겠다.

다음에는 book 변수를 만들어 거래내역 컬럼을 만든다.

```
book = sample[['Adj Close']].copy()
book['trade'] = '' # 거래내역 컬럼
book.head()
```

Date	Adj Close	trade
2009-01-02	75.099487	
2009-01-05	75.010582	
2009-01-06	75.511505	
2009-01-07	73.249435	
2009-01-08	73.548378	

데이터프레임 타입으로 복사하는 데 필요한 컬럼을 리스트 형식으로 ['Adj Close']처럼 넘겨주었다. book이라는 새로운 변수에 할당한 다음 거래내역을 적을 'trade' 컬럼을 새롭게 만들었다.

위 코드를 함수화하면 다음과 같다.

```
def create_trade_book(sample):
    book = sample[['Adj Close']].copy()
    book['trade'] = ''
    return (book)
```

볼린저 밴드 데이터프레임도 만들었고 거래 발생 시 기록할 book 변수도 만들었으니, 이번에는 볼린저 밴드를 활용한 전략 알고리즘을 만들어본다.

4.2.5 거래 전략

먼저 만들고자 하는 전략의 전체 코드를 살펴보자.

```python
def tradings(sample, book):
  for i in sample.index:
  if sample.loc[i, 'Adj Close'] > sample.loc[i, 'ub']: # 상단 밴드 이탈 시 동작 안함
    book.loc[i, 'trade'] = ''
  elif sample.loc[i, 'lb'] > sample.loc[i, 'Adj Close']: # 하반 밴드 이탈 시 매수
    if book.shift(1).loc[i, 'trade'] == 'buy': # 이미 매수 상태라면
      book.loc[i, 'trade'] = 'buy' # 매수상태 유지
    else:
      book.loc[i, 'trade'] = 'buy'
  elif sample.loc[i, 'ub'] >= sample.loc[i, 'Adj Close'] and sample.loc[i,
      'Adj Close'] >= sample.loc[i, 'lb']: # 볼린저 밴드 안에 있을 시
    if book.shift(1).loc[i, 'trade'] == 'buy':
      book.loc[i, 'trade'] = 'buy' # 매수상태 유지
    else:
      book.loc[i, 'trade'] = '' # 동작 안 함
  return (book)
```

sample 데이터프레임의 인덱스를 이용해 for loop를 순회하며 날짜별로 if-else 조건문을 검사한다. 진입 조건에 맞으면 매수하고 청산 조건에 맞으면 매도한다. 평균 회귀의 기본적인 가정은 이렇다. 현재 주가가 일정기간 평균가격보다 낮다면 미래에는 주가가 상승할 것으로 예상해 주식을 매수하고, 반대로 현재 주가가 평균가격보다 높다면 앞으로 주가가 하락할 것으로 예상해 주식을 매도한다.

볼린저 밴드를 이용해서 과매수/과매도 구간을 포착하는 지표로 활용하고자 한다. 볼린저 밴드 하한선을 돌파했을 때를 과매도 구간이라고 간주하여 매수하고, 반대로 상한선을 돌파했을 때를 과매수 구간이라고 간주하여 매도하는 전략이다. 20일 이동 평균선을 기준으로 위아래로 표준 편차 두 구간을 사용하였기에 통계적으로 95%의 주가가 밴드 내에 존재한다고 가정하에 하한선을 크게 밑도는 경우 고려해볼 수 있는 전략이다.

첫 번째 종가가 상단 밴드를 이탈할 때를 살펴보자.

```python
if sample.loc[i, 'Adj Close'] > sample.loc[i, 'ub']:
    book.loc[i, 'trade'] = ''
```

종가가 상단 밴드를 이미 벗어났다면, 아무 행동도 취하지 않는다. 이는 곧 제로^{Zero} 포지션으로 이행한다는 것을 의미하고, 만약 보유한 포지션이 있다면 청산을 의미한다.

두 번째 종가가 하단 이탈할 때를 살펴보자.

```python
elif sample.loc[i, 'lb'] > sample.loc[i, 'Adj Close']: # 하단 밴드 이탈 시 매수 대기
  if book.shift(1).loc[i, 'trade'] == 'buy': # 이미 매수상태라면
    book.loc[i, 'trade'] = 'buy'  # 매수상태 유지
```

만약 종가가 하단 밴드를 벗어난 상황이라면 어떻게 될까? 이전 거래상태부터 확인해서 매수 상태라면 그 상태를 계속 유지한다. 그렇지 않고 이전 거래상태가 제로 포지션이고 현재 종가가 하단 밴드를 벗어났다면, 새롭게 포지션을 잡을 수 있도록 매수한다.

마지막 종가가 볼린저 밴드 '내부'에 있을 때를 살펴보자.

```python
elif sample.loc[i, 'ub'] >= sample.loc[i, 'Adj Close'] and sample.loc[i,
    'Adj Close'] >= sample.loc[i, 'lb']: # 볼린저 밴드 안에 있을 시
  if book.shift(1).loc[i, 'trade'] == 'buy':
  book.loc[i, 'trade'] = 'buy' # 매수상태 유지
  else:
  book.loc[i, 'trade'] = '' # 동작 안 함
```

볼린저 밴드 '내부'란 상단 밴드 아래에 있고 하단 밴드 위에 있는 상황을 이른다. 앞에서 설명한 것과 같이 통계적으로 95%의 주가가 밴드 내에 존재한다고 가정한다. 이 전략의 특징은 장기 보유보다는 과매도/과매수 구간을 포착하는 단기 매매에 더 효과적이라고 해석한다.

완성된 거래 전략을 수행하면 다음과 같이 거래내역이 기록된 것을 확인할 수 있다. 다른 전략을 구현할 때도 이와 같은 tradings() 함수를 다르게 구현한다.

```python
book = tradings(sample,book)
book.tail(10)
```

Date	Adj Close	trade
2019-06-11	287.501678	buy
2019-06-12	286.994171	buy
2019-06-13	288.178375	buy
2019-06-14	287.859955	buy
2019-06-17	287.969391	buy
2019-06-18	290.984741	buy
2019-06-19	291.641541	buy
2019-06-20	294.427979	buy
2019-06-21	294.000000	buy
2019-06-24	293.640015	buy

거래내역을 기록했으니 마지막으로 수익률을 계산해보자. returns() 함수를 구현해 트레이딩 book에 적혀있는 거래내역대로 진입/청산 일자에 따른 매수/매도 금액을 바탕으로 수익률을 계산한다. 그다음에는 계산된 수익률로 종목의 누적 수익률을 계산한다.

4.2.6 전략 수익률

먼저 전체 수익률 계산 함수를 살펴보자.

```
def returns(book):
  # 손익 계산
  rtn = 1.0
  book['return'] = 1
  buy = 0.0
  sell = 0.0
  for i in book.index:
   # long 진입
   if book.loc[i, 'trade'] == 'buy' and book.shift(1).loc[i, 'trade'] == '':
     buy = book.loc[i, 'Adj Close']
     print('진입일 : ',i, 'long 진입가격 : ', buy)
   # long 청산
   elif book.loc[i, 'trade'] == '' and book.shift(1).loc[i, 'trade'] == 'buy':
     sell = book.loc[i, 'Adj Close']
     rtn = (sell - buy) / buy + 1 # 손익 계산
```

```
      book.loc[i, 'return'] = rtn
      print('청산일 : ',i, 'long 진입가격 : ', buy, ' ¦ long 청산가격 : ', \
         sell, ' ¦ return:', round(rtn, 4))

   if book.loc[i, 'trade'] == '': # 제로 포지션
     buy = 0.0
     sell = 0.0

 acc_rtn = 1.0
 for i in book.index:
   rtn = book.loc[i, 'return']
   acc_rtn = acc_rtn * rtn # 누적 수익률 계산
   book.loc[i, 'acc return'] = acc_rtn

 print ('Accunulated return :', round(acc_rtn, 4))
 return (round(acc_rtn, 4))
```

수익률을 저장할 변수와 book 변수에 수익률 컬럼을 만든다. for-loop 문을 돌면서 포지션 여부에 따라 수익률을 계산해 데이터프레임에 저장하고, 최종적으로 누적 수익률을 계산한다. 함수를 부분별로 살펴보자.

먼저 첫 번째 for-loop 문을 살펴보자.

```
 for i in book.index:
   # long 진입
   if book.loc[i, 'trade'] == 'buy' and book.shift(1).loc[i, 'trade'] == '':
     buy = book.loc[i, 'Adj Close']
     print('진입일 : ',i, 'long 진입가격 : ', buy)
   # long 청산
   elif book.loc[i, 'trade'] == '' and book.shift(1).loc[i, 'trade'] == 'buy':
     sell = book.loc[i, 'Adj Close']
     rtn = (sell - buy) / buy + 1 # 손익 계산
     book.loc[i, 'return'] = rtn
     print('청산일 : ',i, 'long 진입가격 : ', buy, ' ¦ long 청산가격 : ', \
        sell, ' ¦ return:', round(rtn, 4))

   if book.loc[i, 'trade'] == '': # 제로 포지션
     buy = 0.0
     sell = 0.0
```

날짜별로 매수 신호가 있을 때 롱 포지션^{long position}[3]에 진입한다. `if` 조건문이 걸려있으며 매수 금액을 저장한다. 다음으로 `elif` 문에 롱 포지션 청산 조건을 확인한다. 청산 조건이 참^{True}일 때 매도 금액을 가져와 수익률을 계산하고 수익률 컬럼에 저장한다. 그리고 포지션이 정리되면 매수, 매도 금액을 저장하는 변숫값을 초기화한다.

이제 수익률을 바탕으로 누적 수익률을 계산해보자.

```
acc_rtn = 1.0
for i in book.index:
    rtn = book.loc[i, 'return']
    acc_rtn = acc_rtn * rtn  # 누적 수익률 계산
    book.loc[i, 'acc return'] = acc_rtn
```

계산된 수익률을 계속 곱한다. 이는 위에서 수익률을 계산할 때 +1을 먼저 해놓았기에 가능하다. +1 부분은 누적 수익률을 계산하는 부분으로 옮길 수 있고, 아니면 `weight * pct_change` 방법으로도 수익률 계산이 가능하다. 이 부분은 4.6절 '가치 투자 퀀트 전략'에서 자세히 다룬다.

```
print(returns(book))
```

진입일 : 2009-01-20 long 진입가격 : 65.089966
청산일 : 2009-03-23 long 진입가격 : 65.089966 | long 청산가격 : 66.898392 | return: 1.0278
진입일 : 2010-01-22 long 진입가격 : 90.269791
청산일 : 2010-04-14 long 진입가격 : 90.269791 | long 청산가격 : 100.584618 | return: 1.1143
진입일 : 2010-05-04 long 진입가격 : 97.538597
청산일 : 2010-10-13 long 진입가격 : 97.538597 | long 청산가격 : 98.862717 | return: 1.0136
진입일 : 2011-03-10 long 진입가격 : 109.513054
청산일 : 2011-04-26 long 진입가격 : 109.513054 | long 청산가격 : 114.094101 | return: 1.0418
진입일 : 2011-05-23 long 진입가격 : 111.783257
청산일 : 2011-06-30 long 진입가격 : 111.783257 | long 청산가격 : 112.26088 | return: 1.0043
진입일 : 2011-08-02 long 진입가격 : 106.748672
청산일 : 2012-02-03 long 진입가격 : 106.748672 | long 청산가격 : 115.768776 | return: 1.0845
진입일 : 2012-04-10 long 진입가격 : 117.45151499999999
청산일 : 2012-07-03 long 진입가격 : 117.45151499999999 | long 청산가격 : 119.371857 | return: 1.0164
진입일 : 2012-10-23 long 진입가격 : 123.511292
청산일 : 2012-12-18 long 진입가격 : 123.511292 | long 청산가격 : 126.961044 | return: 1.0279

---

3 매수 포지션을 뜻하며 주로 선물 거래에서 사용된다.

진입일 : 2013-06-05 long 진입가격 : 142.477417
청산일 : 2013-07-11 long 진입가격 : 142.477417 | long 청산가격 : 148.711197 | return: 1.0438
진입일 : 2013-08-15 long 진입가격 : 147.769791
청산일 : 2013-09-11 long 진입가격 : 147.769791 | long 청산가격 : 150.45195 | return: 1.0182
진입일 : 2013-10-08 long 진입가격 : 147.68678300000002
청산일 : 2013-10-17 long 진입가격 : 147.68678300000002 | long 청산가격 : 154.594528 | return: 1.0468
진입일 : 2014-01-24 long 진입가격 : 160.52166699999998
청산일 : 2014-04-02 long 진입가격 : 160.52166699999998 | long 청산가격 : 170.233917 | return: 1.0605
진입일 : 2014-04-11 long 진입가격 : 163.591492
청산일 : 2014-05-27 long 진입가격 : 163.591492 | long 청산가격 : 172.613312 | return: 1.0551
진입일 : 2014-07-31 long 진입가격 : 174.862244
청산일 : 2014-09-18 long 진입가격 : 174.862244 | long 청산가격 : 182.76814299999998 | return: 1.0452
진입일 : 2014-09-25 long 진입가격 : 178.636536
청산일 : 2016-04-13 long 진입가격 : 178.636536 | long 청산가격 : 195.218124 | return: 1.0928
진입일 : 2016-06-24 long 진입가격 : 191.74258400000002
청산일 : 2016-08-11 long 진입가격 : 191.74258400000002 | long 청산가격 : 206.280853 | return: 1.0758
진입일 : 2016-09-09 long 진입가격 : 201.21463
청산일 : 2016-12-07 long 진입가격 : 201.21463 | long 청산가격 : 212.96461499999998 | return: 1.0584
진입일 : 2017-03-21 long 진입가격 : 223.89772000000002
청산일 : 2017-04-24 long 진입가격 : 223.89772000000002 | long 청산가격 : 227.19300800000002 | return: 1.0147
진입일 : 2017-07-06 long 진입가격 : 231.55455
청산일 : 2017-07-14 long 진입가격 : 231.55455 | long 청산가격 : 236.37718199999998 | return: 1.0208
진입일 : 2017-08-10 long 진입가격 : 234.644501
청산일 : 2017-09-11 long 진입가격 : 234.644501 | long 청산가격 : 239.89070099999998 | return: 1.0224
진입일 : 2018-02-05 long 진입가격 : 256.626129
청산일 : 2018-05-10 long 진입가격 : 256.626129 | long 청산가격 : 265.551544 | return: 1.0348
진입일 : 2018-06-27 long 진입가격 : 264.125763
청산일 : 2018-08-07 long 진입가격 : 264.125763 | long 청산가격 : 280.04098500000003 | return: 1.0603
진입일 : 2018-10-10 long 진입가격 : 274.137573
청산일 : 2019-03-18 long 진입가격 : 274.137573 | long 청산가격 : 280.96347000000003 | return: 1.0249
진입일 : 2019-05-13 long 진입가격 : 279.50057999999996

Accunulated return : 2.6528
2.6528

완성된 returns( ) 함수를 수행하면, 다음과 같이 전체 포지션 보유건별 수익률과 최종 누적 수익률을 확인할 수 있다.

4.2.7 변화 추이

변화 추이를 한눈에 보고 싶다면 누적 수익률을 그래프로 그려보자.

```
import matplotlib.pylab as plt
book['acc return'].plot()
```

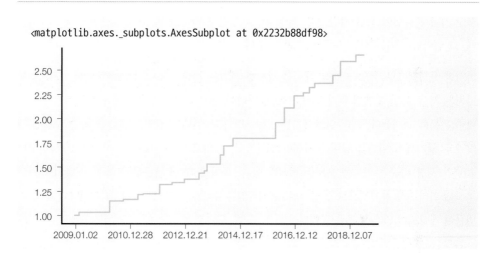

```
<matplotlib.axes._subplots.AxesSubplot at 0x2232b88df98>
```

백테스팅Backtesting이라 불리는 이 과정이 중요한 이유는 당사자가 실제로 데이터를 가지고 확인 해봐야 자신이 만든 전략을 신뢰할 수 있기 때문이다. 하지만 과거 데이터를 활용할 수밖에 없고 데이터 시계열 길이나 변수 자체에 노이즈가 포함되므로 정확한 예측을 제공할 수는 없다.

또 평균 회귀 전략이 모든 종목에 적중하는 것은 아니다. 모든 종목에 일괄적으로 적용되어 좋은 성과를 내는 알고리즘은 희귀하다. 하락하던 주가가 별안간에 파산해버린다면 다시 평균으로 회귀할 수 없고, 떨어져있던 주가가 어느 정도 상승해 팔았는데 뜻밖의 장기적 추세가 형성 돼 고공행진을 계속한다면 더 큰 시세차익을 바로 눈앞에서 놓쳐버릴 수도 있다. 따라서 자기의 투자 철학과 면밀하게 파악한 시장 동향을 기반으로 전략을 수립하고 실행해야 한다.

4.3 듀얼 모멘텀 전략

듀얼 모멘텀은 투자 자산 가운데 상대적으로 상승 추세가 강한 종목에 투자하는 상대 모멘텀 전략과 과거 시점 대비 현재 시점의 절대적 상승세를 평가한 절대 모멘텀 전략을 결합해 위험을 관리하는 투자 전략이다. 여기서 '모멘텀^{momentum}'은 물질의 운동량이나 가속도를 의미하는 물리학 용어로, 투자 분야에서는 주가가 한 방향성을 유지하려는 힘으로 통용된다.

듀얼 모멘텀은 일반 투자자에게도 큰 인기를 얻고 있는 퀀트 투자 전략이며, 이미 많은 연구를 통해 책과 논문 등으로 공개되었다. 2009년 메반 파베르$^{Mebane\ Faber}$의 저서 『THE IVY portfolio(아이비 포트폴리오)』(Wiley, 2009)에서는 하버드 대학교와 예일 대학교의 사학 재단 기금 운용팀이 오랜 기간 동안 안정적으로 높은 수익률을 낼 수 있었던 비법을 소개했는데, 그 밑바탕이 되는 전략이 듀얼 모멘텀이었다.

하지만 공식적으로 '듀얼 모멘텀' 개념을 창시한 사람은 게리 안토나치$^{Gary\ Antonacci}$다. 게리 안토나치는 저서 『듀얼 모멘텀 투자 전략』(에프앤미디어, 2018)에서 많은 자산군의 모멘텀 현상과 관련 논문을 소개했다. 게리 안토나치는 상대 모멘텀과 절대 모멘텀을 결합한 '듀얼 모멘텀 전략'으로 월가에서 이름을 날린 투자전략 전문가다. 그의 전략을 이용한 투자법은 1974년부터 40년간 시장 평균 수익률을 웃도는 성과를 냈다. 특히 2008년 금융위기 이후, 시장의 리스크를 최소화하면서 장기적으로 안정적인 수익을 얻을 수 있는 다양한 자산 배분 전략과 투자 기법들이 개발되며 많은 주목을 받았다.

듀얼 모멘텀 전략은 국내에서도 많은 미디어에 소개되며 대중에게 익숙한 퀀트 투자 전략이기도 하다. 2017년 (주)두물머리(https://doomoolmori.com/)에서 출시한 로보어드바이저인 '불리오'가 듀얼 모멘텀 전략을 사용했다는 사실은 기사를 통해 많이 알려진 사실이다. 2019년 NH투자증권도 'NH로보 EMP 랩'을 출시하며 머신러닝과 듀얼 모멘텀 전략을 혼합해 사용한다고 밝힌 바 있다.

듀얼 모멘텀 전략을 구현하기 위해서는 먼저 절대 모멘텀과 상대 모멘텀을 이해하고 구현할 수 있어야 한다. 조금 더 자세히 설명하면, 최근 N개월간 수익률이 양수^{positive}이면 매수하고 음수^{negative}이면 공매도하는 전략을 절대 모멘텀 전략이라 한다. [그림 4-3]에서 보듯, X축이 종목 코드이고 Y축이 날짜인 2차원 행렬이 있다고 가정할 때, N개월 날짜 간격으로 종목별 수익률을 계산한다. N개월은 전략을 구성하는 사람의 인사이트를 반영하여 정할 수 있고, 여러 가지 매개변수^{parameter}를 조절하면서 백테스팅 결과를 기반으로 유의미한 성과를 보여주는 매개변수를 선정할 수도 있다.

상대 모멘텀

CODE	AAPL	AMZN	BND	GDX	GLD	GM	MSFT	SLV	SPY	USM	USO	WMT
Date												
2010-01-2	0.897435	0.936595	1.011692	0.853490	0.965027	NaN	0.910501	0.922809	0.947586	0.870922	0.885026	0.985248
2010-02-2	1.050789	0.996046	1.003909	1.022124	1.009968	NaN	1.013871	0.982274	1.015404	1.004938	1.057190	1.011032
2010-03-3	1.124456	1.090172	0.996728	0.994848	0.995614	NaN	1.009304	1.063935	1.049976	1.117472	1.050587	1.037344
2010-04-3	1.106454	1.040134	1.011023	1.088577	1.046254	NaN	1.047325	1.041049	1.008574	0.996684	1.002182	0.966661
2010-05-2	0.964445	0.912503	1.011821	0.999599	1.027218	NaN	0.839806	0.978827	0.908766	0.968954	0.821032	0.946283
2010-06-3	0.964345	0.886563	1.013702	1.043164	1.014761	NaN	0.888760	1.010544	0.964485	1.008331	1.023508	0.944030
2010-07-3	1.035294	1.062455	1.008130	0.971786	0.986757	NaN	1.114421	1.008027	1.073083	1.142059	1.075145	1.058958
2010-08-3	0.928395	1.039644	1.015808	1.115713	1.056604	NaN	0.896134	1.054009	0.933930	0.887947	0.875000	0.980979
2010-09-3	1.133504	1.185448	1.003156	1.058278	1.051114	NaN	1.024686	1.123945	1.057911	1.075322	1.057360	1.045313
2010-10-2	1.065340	1.074946	1.004006	1.012368	1.028780	NaN	1.093929	1.116397	1.033854	1.007590	0.987089	1.015180
2010-11-3	1.022914	1.078853	0.993210	1.039664	1.026531	1.000293	0.943051	1.140008	0.999662	0.976328	1.006423	0.995949
2010-12-3	1.019469	1.019541	0.995889	1.026621	1.024671	1.059804	1.071813	1.085221	1.044635	1.061198	1.048387	0.991367
2011-01-3	1.029584	0.920855	1.002121	0.887280	0.941087	0.984620	0.991065	0.913609	1.012830	0.967639	0.988732	1.027676
2011-02-2	1.023708	1.006856	1.004877	1.079185	1.052446	0.919890	0.955238	1.188016	1.018434	1.007052	1.029419	0.922776
2011-03-3	0.997710	1.063090	0.999002	0.988487	0.998786	0.941730	0.970566	1.085622	1.017078	1.063623	1.052371	1.006622
2011-04-2	1.016166	1.087048	1.013393	1.040656	1.094612	0.990126	1.017269	1.271839	1.024634	0.947105	1.045865	1.054671
2011-05-3	1.004476	0.977633	1.011515	0.967232	0.994881	0.988502	0.981057	0.877889	0.990310	1.009193	0.901402	1.009909
2011-06-3	0.971520	1.062838	0.991449	0.956545	0.973918	1.004300	1.064265	0.946573	1.005720	0.992416	0.942308	0.978637
2011-07-2	1.137563	1.062199	1.015806	1.058616	1.092182	0.905167	1.053036	1.177273	0.965725	0.894172	1.007268	0.985050
2011-08-3	0.969956	0.972483	1.013366	1.094840	1.126807	0.856074	0.981587	1.056412	0.949060	0.988795	0.927688	1.018145
2011-09-3	1.000761	1.017361	1.002393	0.870779	0.888627	0.876248	0.949638	0.713475	0.940428	0.925753	0.884537	0.985755
2011-10-3	1.080566	1.007218	0.995476	1.080441	1.039637	1.310188	1.085610	1.133944	1.141636	1.069761	1.201749	1.091609
2011-11-3	0.963910	0.906601	0.992026	1.032473	1.016430	0.912559	0.991636	0.989793	1.024508	1.130592	1.101704	1.047484
2011-12-3	1.044003	0.878101	1.012132	0.855351	0.896009	0.967080	1.026899	0.845574	1.010610	1.013237	0.987050	1.025993
2012-01-3	1.110036	1.086075	1.009486	1.049442	1.085877	1.141092	1.103100	1.119667	1.029961	1.054483	0.952885	1.017073
2012-02-2	1.189066	1.001282	1.001432	0.979491	0.968920	1.067706	1.068885	1.023802	1.034348	0.922781	1.094703	0.950145

절대 모멘텀

반면에 상대 모멘텀 전략은 투자 종목군이 10개 종목이라 할 때 10개 종목의 최근 N개월 모멘텀을 계산해 상대적으로 모멘텀이 높은 종목을 매수하고 상대적으로 낮은 종목은 공매도하는 전략이다. 상대 모멘텀 전략도 X축이 종목을, Y축이 날짜인 2차원 행렬이 있다고 가정할 때, X축에 있는 종목들의 누적 기간 수익률로 상대 모멘텀 지수를 계산한다. 계산된 상대 모멘텀 지수를 가지고 종목을 필터링하는데, 몇% 종목을 대상으로 할지는 (과적합overfitting이 발생할 수는 있지만) 백테스팅을 통해 최적의 성과를 나타내는 매개변수를 찾아 결정하면 된다.

지금부터는 듀얼 모멘텀 전략의 기본이 되는 절대 모멘텀과 상대 모멘텀을 살펴보며 구현해 보자.[4]

----

4 듀얼 모멘텀 전략의 자세한 내용은 깃허브을 참고한다.

4.3.1 듀얼 모멘텀 전략 구현을 위한 절대 모멘텀 전략

현실적인 조건을 고려해서 최근 N개월간 수익률이 양수이면 매수하고 음수이면 매도하는 long only 포지션으로 절대 모멘텀 전략을 만들어보자. 모멘텀 지수를 계산하기 위해 과거 12개월간 종가의 수익률을 절대 모멘텀 지수로 계산해 주가 변동이 0% 이상이면 매수 신호가 발생하고 0% 미만이면 매도 신호가 발생하는 코드를 만든다.

| 데이터 |

먼저 필요한 라이브러리들을 임포트하고 야후 파이낸스에서 내려받은 데이터를 호출해 잘 준비되었는지 확인한다.

```
import pandas as pd
import numpy as np
import datetime

read_df = pd.read_csv('../data/us_etf_data/SPY.csv')
read_df.head()
```

	Date	Open	High	Low	Close	Adj Close	Volume
0	1993-01-29	43.96875	43.96875	43.75000	43.93750	26.706757	1003200
1	1993-02-01	43.96875	44.25000	43.96875	44.25000	26.896694	480500
2	1993-02-02	44.21875	44.37500	44.12500	44.34375	26.953669	201300
3	1993-02-03	44.40625	44.84375	44.37500	44.81250	27.238594	529400
4	1993-02-04	44.96875	45.09375	44.46875	45.00000	27.352570	531500

종가 데이터를 사용할 것이므로 전체 변수에서 종가 변수만 선택해 별도의 데이터프레임을 만든다.

```
price_df = read_df.loc[:,['Date','Adj Close']].copy()
price_df.head()
```

	Date	Adj Close
0	1993-01-29	26.706757
1	1993-02-01	26.896694
2	1993-02-02	26.953669
3	1993-02-03	27.238594
4	1993-02-04	27.352570

이 전략에서는 추가로 월말 데이터를 사용한다.

```
price_df['STD_YM']= price_df['Date'].map(lambda x : datetime.datetime.strptime(x,
'%Y-%m-%d').strftime('%Y-%m'))
price_df.head()
```

	Date	Adj Close	STD_YM
0	1993-01-29	26.706757	1993-01
1	1993-02-01	26.896694	1993-02
2	1993-02-02	26.953669	1993-02
3	1993-02-03	27.238594	1993-02
4	1993-02-04	27.352570	1993-02

이번에는 월말 종가에 접근하는 데이터프레임을 만들어보자.

```
month_list = price_df['STD_YM'].unique()
month_last_df = pd.DataFrame()
for m in month_list:
    # 기준 연월에 맞는 인덱스의 마지막 날짜 row를 데이터프레임에 추가한다
    month_last_df = month_last_df.append(price_df.loc[price_df[price_df['STD_YM']
                    = = m].index[-1]\, : ])
                    , : ])

month_last_df.set_index(['Date'],inplace=True)
month_last_df.head()
```

Date	Adj Close	STD_YM
1993-01-29	26.706757	1993-01
1993-02-26	26.991682	1993-02
1993-03-31	27.596252	1993-03
1993-04-30	26.890142	1993-04
1993-05-28	27.615356	1993-05

현재 데이터프레임에 있는 중복을 제거한 모든 '**연-월**' 데이터를 리스트에 저장해 월별 말 일자에 해당하는 종가에 쉽게 접근할 수 있다.

월말 종가 데이터를 적재하는 별도의 데이터프레임을 만든다. 월말 종가 데이터 리스트를 순회하면서 index[-1]을 통해 월말에 쉽게 접근하고, 데이터를 추출해 새로 만든 데이터프레임에 적재한다. 이제 모멘텀 지수를 계산할 준비가 거의 다 되었다.

| 데이터 가공 |

모멘텀 지수를 계산하기 위한 이전 시점의 데이터를 어떻게 가공하는지 한번 살펴보자.

```
month_last_df['BF_1M_Adj Close'] = month_last_df.shift(1)['Adj Close']
month_last_df['BF_12M_Adj Close'] = month_last_df.shift(12)['Adj Close']
month_last_df.fillna(0, inplace=True)
month_last_df.head(15)
```

Date	Adj Close	STD_YM	BF_1M_Adj Close	BF_12M_Adj Close
1993-01-29	26.706757	1993-01	0.000000	0.000000
1993-02-26	26.991682	1993-02	26.706757	0.000000
1993-03-31	27.596252	1993-03	26.991682	0.000000
1993-04-30	26.890142	1993-04	27.596252	0.000000
1993-05-28	27.615356	1993-05	26.890142	0.000000
1993-06-30	27.714964	1993-06	27.615356	0.000000
1993-07-30	27.580431	1993-07	27.714964	0.000000
1993-08-31	28.637531	1993-08	27.580431	0.000000

1993-09-30	28.429131	1993-09	28.637531	0.000000
1993-10-29	28.990005	1993-10	28.429131	0.000000
1993-11-30	28.680576	1993-11	28.990005	0.000000
1993-12-31	29.032679	1993-12	28.680576	0.000000
1994-01-31	30.045223	1994-01	29.032679	26.706757
1994-02-28	29.168985	1994-02	30.045223	26.991682
1994-03-31	27.946764	1994-03	29.168985	27.596252

판다스 데이터프레임에서 제공하는 shift() 함수를 이용하면 손쉽게 데이터를 가공할 수 있다. shift() 함수는 기본값이 period = 1, axis = 0으로 설정되지만, 입력 매개변수를 원하는 값으로 대체해 사용할 수 있다. 우리가 만든 데이터프레임에서 1을 지정하면 1개월 전 말일자 종가를 가져오고, 12를 넣으면 12개월 전 말일자 종가 데이터를 가져오게 할 수 있다. 데이터를 뒤로 밀어내는 것인데 초기 n개의 행에는 값이 없으므로 np.nan 값이 출력된다. 우리는 결측치 처리법으로 모든 결측치 값을 0으로 채운다.

| 포지션 기록 |

이제 모멘텀 지수를 계산해서 거래가 생길 때 포지션을 기록할 데이터프레임을 만든다.

```
book = price_df.copy()
book.set_index(['Date'],inplace=True)
book['trade'] = ''
book.head()
```

Date	Adj Close	STD_YM	trade
1993-01-29	26.706757	1993-01	
1993-02-01	26.896694	1993-02	
1993-02-02	26.953669	1993-02	
1993-02-03	27.238594	1993-02	
1993-02-04	27.352570	1993-02	

최종적으로는 기록된 포지션을 바탕으로 최종 수익률을 계산하는 데 사용된다. 처음에 만든 일별 종가가 저장된 데이터프레임을 복사해 날짜^Date 컬럼을 index로 설정하고 거래가 일어난 내역을 저장할 Trade 컬럼을 만든다.

| 거래 실행 |

모든 전략이 그렇지만, 절대 모멘텀 전략의 핵심은 바로 거래 실행^trading이다.

```python
# trading 부분.
ticker = 'SPY'
for x in month_last_df.index:
  signal = ''
  # 절대 모멘텀을 계산한다
  momentum_index = month_last_df.loc[x,'BF_1M_Adj Close'] / month_last_df.loc[x,'BF_12M_Adj Close'] -1
  # 절대 모멘텀 지표 True / False를 판단한다
  flag = True if ((momentum_index > 0.0) and (momentum_index != np.inf) and (momentum_index != -np.inf))\
  else False \
  and True
  if flag :
    signal = 'buy ' + ticker # 절대 모멘텀 지표가 Positive이면 매수 후 보유
  print('날짜 : ',x,' 모멘텀 인덱스 : ',momentum_index, 'flag : ',flag ,'signal : ',signal)
  book.loc[x:,'trade'] = signal
```

월별 인덱스를 순회하면서 12개월 전 종가 대비 1개월 전 종가 수익률이 얼마인지 계산한다. 계산된 수익률은 momentum_index 변수에 저장해 0 이상인지 확인하고, 0 이상이면 모멘텀 현상이 나타난 것으로 판단해 매수 신호가 발생하도록 한다. 이 부분을 flag 변수에 처리했는데, 추가로 다른 조건을 넣을 수 있다는 것을 보여주고자 and 조건을 걸고 True로 남겨놨다. 이어서 signal 변수에 저장된 매수 신호를 거래 장부 데이터프레임에 저장한다.

월말 종가를 기준으로 매수/매도 신호를 계산하므로 최소 1개월 이상 해당 포지션을 유지한다. 포지션을 유지하는 기간은 개인마다 다르지만 보통 1개월을 유지하기도 한다. 이를 전문 용어로 리밸런스^rebalance 주기라고 한다.

| 전략 수익률 |

포지션을 다 표기해놨으니 전략의 수익률을 확인해보자. 수익률 함수는 다음과 같은 코드로 표

현할 수 있다.

```python
def returns(book, ticker):
    # 손익 계산
    rtn = 1.0
    book['return'] = 1
    buy = 0.0
    sell = 0.0
    for i in book.index:
        if book.loc[i, 'trade'] == 'buy '+ ticker and book.shift(1).loc[i,'trade'] == '' :
            # long 진입
            buy = book.loc[i, 'Adj Close']
            print('진입일 : ',i, 'long 진입가격 : ', buy)
        elif book.loc[i, 'trade'] == 'buy '+ ticker and book.shift(1).loc[i,'trade'] == \
                                    'buy '+ ticker :
            # 보유중
            current = book.loc[i, 'Adj Close']
            rtn = (current - buy) / buy + 1
            book.loc[i, 'return'] = rtn

        elif book.loc[i, 'trade'] == '' and book.shift(1).loc[i, 'trade'] == 'buy '+ticker:
            # long 청산
            sell = book.loc[i, 'Adj Close']
            rtn = (sell - buy) / buy + 1 # 손익 계산
            book.loc[i, 'return'] = rtn
            print('청산일 : ',i, 'long 진입가격 : ', buy, ' ¦  long 청산가격 : ', \
                sell, ' ¦ return:', round(rtn, 4))

        if book.loc[i, 'trade'] == '':   # 제로 포지션
            buy = 0.0
            sell = 0.0
            current = 0.0

    acc_rtn = 1.0
    for i in book.index:
        if book.loc[i, 'trade'] == '' and book.shift(1).loc[i, 'trade'] == 'buy '+ticker:
            # long 청산 시
            rtn = book.loc[i, 'return']
            acc_rtn = acc_rtn * rtn # 누적 수익률 계산
            book.loc[i:, 'acc return'] = acc_rtn

    print ('Accunulated return :', round(acc_rtn, 4))
    return (round(acc_rtn, 4))
```

평균 회귀 전략에서 다룬, 수익률을 계산하는 함수와의 차이점은 for-loop 중간 elif 절에서 current 변수를 선언해 포지션별로 현재까지 수익률을 계산하는 로직이 추가된 점이다.

```
elif book.loc[i, 'trade'] == '' and book.shift(1).loc[i, 'trade'] == 'buy '+ticker:
    # long 청산
        sell = book.loc[i, 'Adj Close']
        rtn = (sell - buy) / buy + 1 # 손익 계산
        book.loc[i, 'return'] = rtn
```

```
returns(book,ticker)
```

진입일 : 1994-01-31 long 진입가격 : 30.045222999999996
청산일 : 1994-12-30 long 진입가격 : 30.045222999999996 | long 청산가격 : 29.148033 | return : 0.9701
진입일 : 1995-02-28 long 진입가격 : 31.357141
청산일 : 2000-12-29 long 진입가격 : 31.357141 | long 청산가격 : 92.002388 | return : 2.934
진입일 : 2001-02-28 long 진입가격 : 86.926689
청산일 : 2001-03-30 long 진입가격 : 86.926689 | long 청산가격 : 82.055542 | return : 0.944
진입일 : 2003-07-31 long 진입가격 : 72.26248199999999
청산일 : 2008-02-29 long 진입가격 : 72.26248199999999 | long 청산가격 : 105.568001 | return : 1.4609
진입일 : 2009-10-30 long 진입가격 : 85.141289
청산일 : 2011-10-31 long 진입가격 : 85.141289 | long 청산가격 : 107.309486 | return : 1.2604
진입일 : 2011-11-30 long 진입가격 : 106.873421
청산일 : 2012-01-31 long 진입가격 : 106.873421 | long 청산가격 : 112.998047 | return : 1.0573
진입일 : 2012-02-29 long 진입가격 : 117.902817
청산일 : 2015-10-30 long 진입가격 : 117.902817 | long 청산가격 : 193.002396 | return : 1.637
진입일 : 2015-11-30 long 진입가격 : 193.707825
청산일 : 2016-02-29 long 진입가격 : 193.707825 | long 청산가격 : 180.733292 | return : 0.933
진입일 : 2016-04-29 long 진입가격 : 193.650711
청산일 : 2016-05-31 long 진입가격 : 193.650711 | long 청산가격 : 196.945023 | return : 1.017
진입일 : 2016-06-30 long 진입가격 : 197.629578
청산일 : 2019-01-31 long 진입가격 : 197.629578 | long 청산가격 : 267.445465 | return : 1.3533
진입일 : 2019-02-28 long 진입가격 : 276.114929

Accunulated return : 10.9953
10.9953

SPY 종목의 경우 12개월 전 대비 가격이 올랐을 때 매수하는 절대 모멘텀 전략의 수익률은 다

음과 같다. 1에서 시작해 10.995로 종료되었으므로 1994년부터 2019년까지 1000%의 수익률을 낸 것을 확인할 수 있다.

다음은 이 장에서 살펴본 절대 모멘텀 전략의 전체 스크립트다.

```python
import pandas as pd
import numpy as np
import datetime

read_df = pd.read_csv('../data/us_etf_data/SPY.csv')
price_df = read_df.loc[:,['Date','Adj Close']].copy()
price_df['STD_YM']= price_df['Date'].map(lambda x : datetime.datetime.strptime(x,
                    '%Y-%m-%d')\.strftime('%Y-%m'))
month_list = price_df['STD_YM'].unique()

month_last_df = pd.DataFrame()
for m in month_list:
  month_last_df = month_last_df.append(price_df.loc[price_df[price_df['STD_YM']
                  == m].index[-1]\, : ])
month_last_df.set_index(['Date'],inplace=True)
month_last_df['BF_1M_Adj Close'] = month_last_df.shift(1)['Adj Close']
month_last_df['BF_12M_Adj Close'] = month_last_df.shift(12)['Adj Close']
month_last_df.fillna(0, inplace=True)

book = price_df.copy()
book.set_index(['Date'],inplace=True)
book['trade'] = ''
ticker = 'SPY'
for x in month_last_df.index:
  signal = ''
  momentum_index = month_last_df.loc[x,'BF_1M_Adj Close'] / month_last_df.loc[x,'BF_12M_
Adj Close'] -1
  flag = True if ((momentum_index > 0.0) and (momentum_index != np.inf) and
(momentum_index != -np.inf))\
  else False \
  and True
  if flag :
    signal = 'buy ' + ticker
  print('날짜 : ',x,' 모멘텀 인덱스 : ',momentum_index, 'flag : ',flag ,'signal : ',signal)
  book.loc[x:,'trade'] = signal

returns(book,ticker)
```

지금까지 단일 종목을 절대 모멘텀 전략으로 구현해보았다. 그렇다고 절대 모멘텀이 다수 종목을 대상으로 구현할 수 없는 것은 아니다. 절대 모멘텀 전략은 종목별 자신의 과거 수익률을 기반으로 매수/매도 신호를 포착하므로 단일 종목으로도 구성할 수 있다.

4.3.2 듀얼 모멘텀 전략 구현을 위한 상대 모멘텀 전략

절대 모멘텀 전략은 단일 종목에도 백테스트를 할 수 있다. 그러나 이와 달리 상대 모멘텀 전략은 다수 종목으로 투자 대상 종목군을 형성해야 이용할 수 있다. 이번에 사용할 데이터도 야후 파이낸스에서 받아온 종목들이다. 분석에 호기심을 불어넣기 위해 여러분에게 친숙할 거라고 생각되는 종목을 선택했다.

상대 모멘텀 전략에서는 모멘텀 지수를 계산하기 위해 과거 1개월 종가의 수익률을 계산한다. 지난달 마지막 일자를 기준으로 전체 투자 대상 종목에서 상대적으로 높은 수익률을 보인 상위 종목에 매수 신호를 발생시킨다. 이번 상대 모멘텀은 절대 모멘텀에 비해 코드량이 많으므로 전체 코드를 보여준 다음 세부 모듈별로 살펴본다.

먼저 전체 코드를 살펴보자.

```python
import os
import glob
import pandas as pd
import numpy as np
import datetime

# 종목 데이터 읽기
files = glob.glob('../data/us_etf_data/*.csv')  ①

# 필요한 데이터프레임 생성  ②
# Monthly 데이터 저장
month_last_df = pd.DataFrame(columns=['Date','CODE','1M_RET'])
# 종목 데이터프레임 생성
stock_df = pd.DataFrame(columns =['Date','CODE','Adj Close'])

for file in files:
    """
    데이터 저장 경로에 있는 개별 종목들을 읽어온다.
    """
```

```python
  if os.path.isdir(file):
    print('%s <DIR> '%file)
  else:
    folder, name = os.path.split(file)
    head, tail = os.path.splitext(name)
    print(file)
    read_df = pd.read_csv(file) # 경로를 읽은 데이터를 하나씩 읽기
    # 1단계. 데이터 가공
    price_df, ym_keys = data_preprocessing(read_df,head,base_date='2010-01-02')
    # 가공한 데이터 붙이기
    stock_df = stock_df.append(price_df.loc[:,['Date','CODE','Adj Close']],sort=False)
    # 월별 상대 모멘텀 계산을 위한 1개월간 수익률 계산
    for ym in ym_keys:
      m_ret = price_df.loc[price_df[price_df['STD_YM'] == ym].index[-1],'Adj Close'] \
      / price_df.loc[price_df[price_df['STD_YM'] == ym].index[0],'Adj Close']
      price_df.loc[price_df['STD_YM'] == ym, ['1M_RET']] = m_ret
      month_last_df = month_last_df.append(price_df.loc[price_df[price_df['STD_YM']
                    == ym].index[-1],\
                    ['Date','CODE','1M_RET']])

# 2단계. 상대 모멘텀 수익률로 필터링
month_ret_df = month_last_df.pivot('Date','CODE','1M_RET').copy()
month_ret_df = month_ret_df.rank(axis=1, ascending=False, method="max", pct=True)
# 투자종목 선택할 rank
# 상위 40%에 드는 종목들만 신호 목록   ③
month_ret_df = month_ret_df.where( month_ret_df < 0.4 , np.nan)
month_ret_df.fillna(0,inplace=True)
month_ret_df[month_ret_df != 0] = 1
stock_codes = list(stock_df['CODE'].unique())

# 3단계. 신호 목록으로 트레이딩 + 포지셔닝   ④
sig_dict = dict()
for date in month_ret_df.index:
  ticker_list = list(month_ret_df.loc[date,month_ret_df.loc[date,:] >= 1.0].index)
  sig_dict[date] = ticker_list
stock_c_matrix = stock_df.pivot('Date','CODE','Adj Close').copy()
book = create_trade_book(stock_c_matrix, list(stock_df['CODE'].unique()))

for date,values in sig_dict.items():
  for stock in values:
    book.loc[date,'p '+ stock] = 'ready ' + stock

# 3-2   트레이딩
book = tradings(book, stock_codes)
```

```
# 4단계. 수익률 계산
multi_returns(book, stock_codes)   ⑤
```

전체적인 코드 흐름을 살펴보면 다음 순서로 상대 모멘텀 전략을 구성했다.

① 데이터를 저장한 데이터 경로에서 종목별 csv 파일 경로를 읽어온다.

② 읽어온 상대경로를 통해 종목별 데이터프레임을 만들고 종목 가격을 저장한 데이터프레임과 월별 상대 모멘텀 지수를 계산할 데이터프레임을 만든다.

③ 먼저 상대 모멘텀 데이터프레임으로 과거 1개월간 수익률을 계산해 상위 40% 종목에 매수 신호를 준다(전략을 구현하는 사람마다 다르지만, 이 장에서는 40%를 기준으로 한다).

④ 매수 신호가 있는 종목에 포지션을 잡아준다.

⑤ 보유한 포지션으로 최종 수익률을 계산한다.

그렇다면 이번에는 내부적으로 어떻게 만들어졌는지 코드 단위로 살펴본다.

| 데이터 |

먼저 파일을 읽어오는 부분을 보자.

```
import os
import glob
import pandas as pd
import numpy as np
import datetime

# 종목 데이터 읽기
files = glob.glob('../data/us_etf_data/*.csv')   ①

# 필요한 데이터프레임 생성
# Monthly 데이터 저장
month_last_df = pd.DataFrame(columns=['Date','CODE','1M_RET'])
# 종목 데이터프레임 생성
stock_df = pd.DataFrame(columns =['Date','CODE','Adj Close'])

for file in files:
    """
    데이터 저장 경로에 있는 개별 종목들을 읽어온다.   ②
    """
    if os.path.isdir(file):
      print('%s <DIR> '%file)
```

```
else:
    folder, name = os.path.split(file)
    head, tail = os.path.splitext(name)
    print(file)
    read_df = pd.read_csv(file) # 경로를 읽은 데이터를 하나씩 읽어들인다.
    # 1단계. 데이터 가공
    price_df, ym_keys = data_preprocessing(read_df,head,base_date='2010-01-02')   ③
    # 가공한 데이터 붙이기
    stock_df = stock_df.append(price_df.loc[:,['Date','CODE','Adj Close']],sort=False)   ④
    # 월별 상대 모멘텀 계산을 위한 1개월간 수익률 계산
    for ym in ym_keys:
        m_ret = price_df.loc[price_df[price_df['STD_YM'] == ym].index[-1],'Adj Close'] \
        / price_df.loc[price_df[price_df['STD_YM'] == ym].index[0],'Adj Close']
        price_df.loc[price_df['STD_YM'] == ym, ['1M_RET']] = m_ret
        month_last_df = month_last_df.append(price_df.loc[price_df[price_df['STD_YM']
        == ym].index[-1],\
        ['Date','CODE','1M_RET']])
```

① glob 모듈을 이용해 경로에 있는 모든 csv 파일 경로를 읽고 리스트 타입 files 변수에 할당한다.

② csv 파일명이 종목 코드로 돼있으니 경로명에서 종목 코드를 추출한다. os.path.split() 함수와 os.path.splittext() 함수를 이용해 디렉터리 경로와 파일명을 분리하고 파일명과 확장자를 분리한다.

③ 미리 정의한 data_preprocessing() 함수는 csv 파일에서 읽어온 종목 데이터를 전처리한다.

④ 가공한 데이터를 stock_df에 추가한다. csv 파일에서 읽어온 모든 데이터를 하나의 데이터프레임에 모아놓는다.

⑤ 상대 모멘텀 지수를 계산하기 위해 1개월 수익률을 계산하고 별도의 월별 모멘텀 지수 데이터프레임을 만들어 저장한다.

위에서 만든 일자별 종목의 수정 종가를 저장한 **stock_df** 데이터프레임과 과거 1개월간 수익률을 저장한 **month_last_df** 데이터프레임은 다음 결과처럼 나온다(그림 4-4).

그림 4-4 stock_df() 함수와 month_last_df() 함수를 사용한 데이터프레임의 비교

	Date	CODE	Adj Close		Date	CODE	1M_RET
0	2010-01-04	AAPL	26.782711	18	2010-01-29	AAPL	0.897435
0	2010-01-04	AMZN	133.899994	37	2010-02-26	AAPL	1.050789
0	2010-01-04	BND	60.611969	18	2010-01-29	AMZN	0.936595
0	2010-01-04	GDX	44.908779	37	2010-02-26	AMZN	0.996046
0	2010-01-04	GLD	109.800003	18	2010-01-29	BND	1.011692
0	2010-11-18	GM	27.027195	37	2010-02-26	BND	1.003909
0	2010-01-04	MSFT	24.525019	18	2010-01-29	GDX	0.853490
0	2010-01-04	SLV	17.230000	37	2010-02-26	GDX	1.022124
0	2010-01-04	SPY	93.675278	18	2010-01-29	GLD	0.965027
0	2010-01-04	USM	36.015179	37	2010-02-26	GLD	1.009968
0	2010-01-04	USO	40.270000	18	2010-01-29	MSFT	0.910501
0	2010-01-04	WMT	42.711647	37	2010-02-26	MSFT	1.013871

미리 정의한 data_preprocessing() 함수를 살펴보자.

```
def data_preprocessing(sample, ticker, base_date):
    sample['CODE'] = ticker # 종목 코드 추가
    sample = sample[sample['Date'] >= base_date][['Date','CODE','Adj Close']].copy()
    # 기준일자 이후 데이터 사용
    sample.reset_index(inplace= True, drop= True)
    sample['STD_YM'] = sample['Date'].map(lambda x : datetime.datetime.strptime(x,'%Y-%m-
%d').strftime('%Y-%m')) # 기준년월
    sample['1M_RET'] = 0.0 # 수익률 컬럼
    ym_keys = list(sample['STD_YM'].unique()) # 중복 제거한 기준년월 목록
    return sample, ym_keys
```

data_preprocessing() 함수는 종목 코드 컬럼을 추가하고 base_date 이후 'Date', 'CODE', 'Adj Close' 컬럼을 선택해 별도의 데이터프레임을 만든다. reset_index() 함수를 호출하면서 sample 데이터프레임 내 기존 인덱스를 재설정한다. 정렬한 다음 월별 모멘텀 지수를 계산할 때 필요한 기준 연월 컬럼, 1개월 수익률 컬럼, 중복을 제거한 기준 연월 리스트를 만든다.

• 가공 전 데이터

	Date	Open	High	Low	Close	Adj Close	Volume
0	1980-12-12	0.513393	0.515625	0.513393	0.513393	0.410525	117258400.0
1	1980-12-15	0.488839	0.488839	0.486607	0.486607	0.389106	43971200.0
2	1980-12-16	0.453125	0.453125	0.450893	0.450893	0.360548	26432000.0
3	1980-12-17	0.462054	0.464286	0.462054	0.462054	0.369472	21610400.0
4	1980-12-18	0.475446	0.477679	0.475446	0.475446	0.380182	18362400.0

가공 전 데이터에서는 1980-12월 데이터가 인덱스 0번이었다.

• 가공 후 데이터

	Date	CODE	Adj Close	STD_YM	1M_RET
0	2010-01-04	AAPL	26.782711	2010-01	0.0
1	2010-01-05	AAPL	26.829010	2010-01	0.0
2	2010-01-06	AAPL	26.402260	2010-01	0.0
3	2010-01-07	AAPL	26.353460	2010-01	0.0
4	2010-01-08	AAPL	26.528664	2010-01	0.0

가공 후 데이터는 2010-01월 이후 데이터로 슬라이싱되었고 인덱스도 0번으로 시작되는 것을 확인할 수 있다.

| 데이터 가공 |

직전 1개월 수익률을 기준으로 상대 모멘텀 지수를 계산하는 과정을 살펴보자.

```python
# 2단계. 상대 모멘텀 수익률로 필터링
month_ret_df = month_last_df.pivot('Date','CODE','1M_RET').copy()
# 투자종목 선택할 rank
month_ret_df = month_ret_df.rank(axis=1, ascending=False, method="max", pct=True)
# 상위 40%에 드는 종목들만 신호 목록
month_ret_df = month_ret_df.where( month_ret_df < 0.4 , np.nan)
month_ret_df.fillna(0,inplace=True)
month_ret_df[month_ret_df != 0] = 1
stock_codes = list(stock_df['CODE'].unique())
```

월별 수익률이 행으로 쌓여있는 데이터를 피벗팅^{pivoting}해 일자별로 종목별 수익률 데이터로 만든다. 종목 코드를 컬럼으로 올림으로써 데이터의 가독성을 높인다. 판다스 데이터프레임에서 제공하는 rank() 함수를 이용해 각 월말 수익률의 순위를 퍼센트 순위로 계산하고 상위 40% 종목만 선별한 다음 나머지 값에는 np.nan 값을 채운다.

이 작업은 각 월말에 매수 대기 신호가 발생한 종목과 그렇지 않은 종목을 구분하기 위한 것이다. 상대 모멘텀 지수를 충족하는 종목이 어디에서 신호가 발생하는지를 피벗팅 테이블로 보기가 더 명확해진 것을 확인할 수 있다.

상위 10개 일자에 잡힌 종목별 신호 데이터를 확인해보자.

그림 4-5 피벗팅 테이블

CODE Date	AAPL	AMZN	BND	GDX	GLD	GM	MSFT	SLV	SPY	USM	USO	WMT
2010-01-29	0.0	0.0	1.0	0.0	1.0	0.0	0.0	0.0	1.0	0.0	0.0	1.0
2010-02-26	1.0	0.0	0.0	1.0	0.0	0.0	0.0	0.0	1.0	0.0	1.0	0.0
2010-03-31	1.0	1.0	0.0	0.0	0.0	0.0	0.0	1.0	0.0	1.0	0.0	0.0
2010-04-30	1.0	0.0	0.0	1.0	1.0	0.0	1.0	0.0	0.0	0.0	0.0	0.0
2010-05-28	0.0	0.0	1.0	1.0	1.0	0.0	0.0	1.0	0.0	0.0	0.0	0.0
2010-06-30	0.0	0.0	1.0	1.0	1.0	0.0	0.0	0.0	0.0	0.0	1.0	0.0
2010-07-30	0.0	0.0	0.0	0.0	0.0	0.0	1.0	0.0	1.0	1.0	1.0	0.0
2010-08-31	0.0	1.0	0.0	1.0	1.0	0.0	0.0	1.0	0.0	0.0	0.0	0.0
2010-09-30	1.0	1.0	0.0	0.0	0.0	0.0	0.0	1.0	0.0	1.0	0.0	0.0
2010-10-29	1.0	1.0	0.0	0.0	0.0	0.0	1.0	1.0	0.0	0.0	0.0	0.0

[그림 4-5]을 보면 월 말일자별로 1로 표시된 종목 코드와 0으로 표시된 종목 코드를 확인할 수 있다. 다음 날짜로 넘어갈 때 0에서 1로 되면 제로 포지션에서 매수 포지션으로 변경되고 1에서 0으로 변경되면 청산한다. 1에서 1로 변함없는 종목은 매수 후 보유상태를 유지한다.

| 포지션 처리 |

이제 각 월말에 거래 신호가 나타난 종목을 대상으로 포지션 처리를 해보자.

3단계. 신호 목록으로 트레이딩 + 포지셔닝

```
sig_dict = dict()
for date in month_ret_df.index:
  # 신호가 포착된 종목 코드만 읽어오기
  ticker_list = list(month_ret_df.loc[date,month_ret_df.loc[date,:] >= 1.0].index)
  # 날짜별 종목 코드 저장
  sig_dict[date] = ticker_list
stock_c_matrix = stock_df.pivot('Date','CODE','Adj Close').copy()
book = create_trade_book(stock_c_matrix, list(stock_df['CODE'].unique()))

# 포지셔닝
for date,values in sig_dict.items():
  for stock in values:
    book.loc[date,'p '+ stock] = 'ready ' + stock

# 3-2   트레이딩
book = tradings(book, stock_codes)

# 4단계.  수익률 계산
multi_returns(book, stock_codes)
```

신호가 발생한 종목 리스트를 만든 다음 **stock_df** 변수를 피벗팅해 만든 **stock_c_matrix** 변수를 전달해 새로운 거래 장부 역할 변수를 만든다. 이전 장에서 살펴본 거래 장부 역할 변수는 **create_trade_book()** 함수 반환값으로 받는다. 그리고 **sig_dict**에 저장된 날짜를 for-loop 문을 돌면서 월초 일자별로 신호가 발생한 종목에 포지션을 기록해둔다. 미리 월초 일자에 표기해놓고 뒤에 나오는 **tradings** 함수를 통해 1달 동안 롱 포지션을 유지하도록 하기 위해서다.

평균 회귀 전략을 구현하면서 살펴본 **create_trade_book()** 함수가 있었다. 이번 모멘텀 전략에서는 날짜를 구분하는 작업이 필요해 날짜를 처리하는 코드를 추가했다.

```
def create_trade_book(sample, sample_codes):
  book = pd.DataFrame()
  book = sample[sample_codes].copy()
  book['STD_YM'] = book.index.map(lambda x : datetime.datetime.strptime(x,'%Y-%m-%d').
strftime('%Y-%m'))
  # book['trade'] = ''
  for c in sample_codes:
    book['p '+c] = ''
    book['r '+c] = ''
  return book
```

book 변수는 앞으로도 포지션을 기록하는 용도로 많이 사용되겠지만, 전략을 구현할 때마다 조금씩 변경될 수 있다. 여기서는 종목이 다수이므로 포지션을 표기하기 위해 'p APPL' 처럼 'p' + 종목 코드로 컬럼을 만드는데, 여기서 'p'는 포지션을 나타내는 접두사다. 수익률을 표기할 컬럼은 'r'을 접두사로 해서 'r' + 종목 코드로 수익률 컬럼을 만든다.

[그림 4-6]에 book 변수 출력 데이터프레임을 나타냈다.

그림 4-6 book 변수 데이터프레임

CODE	AAPL	AMZN	BND	GDX	GLD	GM	MSFT	SLV	SPY	USM	...
2010-01-04	26.782711	133.899994	60.611969	44.908779	109.800003	NaN	24.525019	17.230000	93.675278	36.015179	...
2010-01-05	26.829010	134.690002	60.789135	45.341774	109.699997	NaN	24.532942	17.510000	93.923241	35.998024	...
2010-01-06	26.402260	132.250000	60.766037	46.443077	111.510002	NaN	24.382378	17.860001	93.989357	35.680672	...
2010-01-07	26.353460	130.000000	60.719822	46.217175	110.820000	NaN	24.128809	17.889999	94.386139	35.208931	...
2010-01-08	26.528664	133.520004	60.781410	46.913723	111.370003	NaN	24.295214	18.150000	94.700218	34.651424	...

상대 모멘텀에서는 종목 다수를 대상으로 하므로 종목별로 투자 신호를 처리하고자 여러 개의 컬럼을 만들었다. 앞으로 구현할 전략들도 콘셉트마다 매수/매도 신호를 어떻게 처리하는지에 따라 코드가 추가되거나 수정될 수 있다.

| 거래 실행 |

포지션을 잡았으니, 이제 거래trading하는 단계의 코드를 살펴보자.

```python
# 상대 모멘텀 트레이딩
def tradings(book, s_codes):
  std_ym = ''
  buy_phase = False
  for s in s_codes :
    print(s)
    for i in book.index:
      if book.loc[i,'p '+s] == '' and book.shift(1).loc[i,'p '+s] == 'ready ' + s:
        std_ym = book.loc[i,'STD_YM']
        buy_phase = True

      if book.loc[i,'p '+s] == '' and book.loc[i,'STD_YM'] == std_ym and buy_phase ==
True :
        book.loc[i,'p '+s] = 'buy ' + s
```

```
    if book.loc[i,'p '+ s] == '' :
      std_ym = None
      buy_phase = False
  return book
```

거래 동작은 종목별로 포지션을 잡아주는 단계로, 매수 준비와 매수 단계로 나뉜다. 두 단계는 전월 신호를 바탕으로 매수 준비 신호('ready')를 포착하고, 매수 준비 신호가 있는 종목이 실제 매수(buy) 동작으로 이어지도록 거래 단계를 구분한다. 이 과정은 평균 회귀 전략에서도 살펴봤으므로 간략하게 설명하고 넘어간다.

기본적으로 매수 신호는 종목별로 구분한다. 전체 종목 코드 리스트를 순회하면서 날짜별로 매수 대기 신호(ready)가 있는지 체크한다. 대기 신호가 잡히면 매수buy 신호를 보내고 매수 신호가 없으면 포지션 컬럼에 아무것도 기록하지 않는다. buy_phase 변수를 설정해 매수 후 보유하도록 매수 신호를 기록한다. 아무런 신호가 없다면 buy_phase 값은 False로 할당한다.

| 실행 결과 |

애플(AAPL)의 포지션 결과를 확인해보자.

```
book.loc['2012-01-27':'2012-03-01',['AAPL','p AAPL','r AAPL']]
```

CODE Date	AAPL	p AAPL	r AAPL
2012-01-27	55.975765	buy AAPL	
2012-01-30	56.692860	buy AAPL	
2012-01-31	57.127102	ready AAPL	
2012-02-01	57.090816	buy AAPL	
2012-02-02	56.956921	buy AAPL	
2012-02-03	57.527580	buy AAPL	
2012-02-06	58.064457	buy AAPL	
2012-02-07	58.672680	buy AAPL	
2012-02-08	59.655083	buy AAPL	
2012-02-09	61.718746	buy AAPL	
2012-02-10	61.750050	buy AAPL	
2012-02-13	62.898880	buy AAPL	
2012-02-14	63.757397	buy AAPL	

2012-02-15	62.281906	buy AAPL
2012-02-16	62.850063	buy AAPL
2012-02-17	62.838806	buy AAPL
2012-02-21	64.431946	buy AAPL
2012-02-22	64.205444	buy AAPL
2012-02-23	64.624649	buy AAPL
2012-02-24	65.378052	buy AAPL
2012-02-27	65.797287	buy AAPL
2012-02-28	67.004959	buy AAPL
2012-02-29	67.884750	ready AAPL
2012-03-01	68.138809	buy AAPL

애플은 2012년 01월에 매수 상태인데 02월로 넘어가면서 매수 신호가 이어져 매수 후 보유 buy and hold를 유지한다. 월 말(2012-01-31, 2012-02-29)에 매수 대기 신호가 잡혀있고 다음달 월 초에 매수 동작을 이어간다. 위의 tradeings() 함수에서 매수 신호가 있다면 포지션을 계속 유지하는 동작을 결과로 확인한다.

| 전략 수익률 |

마지막으로 거래 장부book에 적혀있는 거래 수익률을 계산해보자.

```
def multi_returns(book, s_codes):
  # 손익 계산
  rtn = 1.0
  buy_dict = {}
  num = len(s_codes)
  sell_dict = {}

  for i in book.index:
    for s in s_codes:
      if book.loc[i, 'p ' + s] == 'buy '+ s and \
      book.shift(1).loc[i, 'p '+s] == 'ready '+s and \
      book.shift(2).loc[i, 'p '+s] == '' :   # long 진입
        buy_dict[s] = book.loc[i, s]
      elif book.loc[i, 'p '+ s] == '' and book.shift(1).loc[i, 'p '+s] == 'buy '+ s:
        # long 청산
        sell_dict[s] = book.loc[i, s]
```

```
            # 손익 계산
            rtn = (sell_dict[s] / buy_dict[s]) -1
            book.loc[i, 'r '+s] = rtn
            print('개별 청산일 : ',i,' 종목 코드 : ', s , 'long 진입가격 : ', buy_dict[s], ' ¦ long
            청산가격 : ', sell_dict[s], ' ¦ return:', round(rtn * 100, 2),'%') # 수익률 계산

        if book.loc[i, 'p '+ s] == '':  # 제로 포지션 ¦¦ long 청산
            buy_dict[s] = 0.0
            sell_dict[s] = 0.0


    acc_rtn = 1.0
    for i in book.index:
      rtn   = 0.0
      count = 0
      for s in s_codes:
        if book.loc[i, 'p '+ s] == '' and book.shift(1).loc[i,'p '+ s] == 'buy '+ s:
          # 청산. 이때 수익률이 나오니깐
          count += 1
          rtn += book.loc[i, 'r '+s]
      if (rtn != 0.0) & (count != 0) :
        acc_rtn *= (rtn /count )  + 1
        print('누적 청산일 : ',i,'청산 종목수 : ',count, \
            '청산 수익률 : ',round((rtn /count),4),'누적 수익률 : ' ,round(acc_rtn, 4))
            # 수익률 계산

      book.loc[i,'acc_rtn'] = acc_rtn

    print ('누적 수익률 :', round(acc_rtn, 4))
```

```
# 위 정의된 함수 호출
multi_returns(book, stock_codes)
```

상대 모멘텀의 전략 수익률은 다수 종목을 대상으로 하므로 단일 종목으로 계산했던 절대 모멘
텀 수익률을 계산하는 것과 다르다. 하지만 이 절 초반에 설명했듯이, 절대 모멘텀 전략도 다수
종목으로 구성할 수 있으므로 2개 이상의 종목을 대상으로 수익률을 계산한다면 다음 multi_
returns() 함수를 재사용할 수 있다.

매수 포지션에 진입할 때와 포지션을 유지할 때를 구분하기 위해 if 조건절 부분이 조금 달라
졌지만, 개념은 동일하다. 전에 보유하고 있던 포지션 여부를 검사하는 수단이다. 날짜별 종목

을 순회해야 하므로 이중 for-loop를 통해 구현한다. if 문으로 포지션을 검사하는 단계에서 처음 포지션에 진입할 때의 패턴과 매도할 때의 포지션 패턴을 분석해보면, 처음 포지션 진입의 경우 매수 당일 'buy' 신호, 매수 전날 'ready' 신호, 매수 이틀 전날에는 보유한 포지션이 없는지 확인한다. 그리고 청산할 때 매도 신호가 있는지 확인한다. 다음으로, 누적 수익률 계산시 청산할 때 수익이 실현되므로 청산 종목수로 실현 수익률을 나눠 누적 수익률에 반영한다.

다음은 최종적으로 나오는 상대 모멘텀의 수익률 결과다. 이로써 상대 모멘텀 전략을 작성하는 방법을 살펴보았다.

```
누적 청산일 : 2018-04-02 청산 종목수 : 3 청산 수익률 : -0.039 누적 수익률 : 7.3855
누적 청산일 : 2018-05-01 청산 종목수 : 3 청산 수익률 : -0.0551 누적 수익률 : 6.9788
누적 청산일 : 2018-06-01 청산 종목수 : 3 청산 수익률 : 0.011 누적 수익률 : 7.0553
누적 청산일 : 2018-07-02 청산 종목수 : 3 청산 수익률 : -0.0122 누적 수익률 : 6.9696
누적 청산일 : 2018-08-01 청산 종목수 : 2 청산 수익률 : -0.0494 누적 수익률 : 6.6252
누적 청산일 : 2018-09-04 청산 종목수 : 2 청산 수익률 : 0.0435 누적 수익률 : 6.9134
누적 청산일 : 2018-10-01 청산 종목수 : 3 청산 수익률 : 0.0984 누적 수익률 : 7.5934
누적 청산일 : 2018-11-01 청산 종목수 : 3 청산 수익률 : -0.0286 누적 수익률 : 7.3765
누적 청산일 : 2018-12-03 청산 종목수 : 2 청산 수익률 : -0.01 누적 수익률 : 7.3024
누적 청산일 : 2019-01-02 청산 종목수 : 4 청산 수익률 : -0.0156 누적 수익률 : 7.1883
누적 청산일 : 2019-02-01 청산 종목수 : 4 청산 수익률 : 0.0323 누적 수익률 : 7.4207
누적 청산일 : 2019-03-01 청산 종목수 : 4 청산 수익률 : -0.0314 누적 수익률 : 7.1881
누적 청산일 : 2019-04-01 청산 종목수 : 2 청산 수익률 : 0.014 누적 수익률 : 7.2888
누적 청산일 : 2019-05-01 청산 종목수 : 1 청산 수익률 : 0.0312 누적 수익률 : 7.5163
누적 청산일 : 2019-06-03 청산 종목수 : 3 청산 수익률 : -0.0013 누적 수익률 : 7.5067
누적 수익률 : 7.5067
```

4.4 가치 투자 퀀트 전략

이 절에서 구현할 조엘 그린블라트의 마법공식은 가장 널리 알려진 '퀀트 전략'이다. 주식투자에 발을 딛은 사람이라면 한 번쯤 들어보고 찾아봤을 방법인데, '마법공식'을 검색하면 자세한 설명을 쉽게 찾을 수 있다. 『주식시장을 이기는 작은 책』(알키, 2011)에서 처음 선보인 마법공식은 우량한 기업을 저렴한 가격에 매수하는 초간단 주식투자법이다. 회사의 재정 상태를 알아보기 위해 관련 데이터를 분석하는 방법을 기본 분석이라고 하는데, 마법공식은 그야말로 기본 분석의 정석이다.

그림 4-7 양적 가치 투자 철학[5]

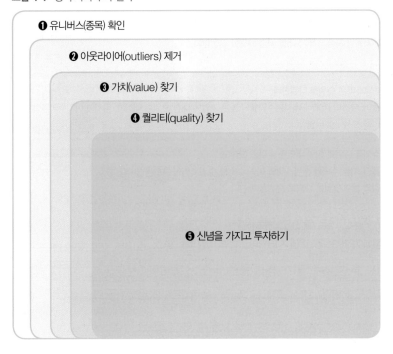

❶ 유니버스(종목) 확인

❷ 아웃라이어(outliers) 제거

❸ 가치(value) 찾기

❹ 퀄리티(quality) 찾기

❺ 신념을 가지고 투자하기

그러면 '어떻게' 저렴한 가격에 우량한 기업의 주식을 매수할 수 있을까? 마법공식의 핵심은 자본 수익률과 이익 수익률 순위를 매겨 상위 종목의 기업을 선택하는 것이다. 그 전에 종목을 구성할 때 다음의 두 조건으로 걸러낸다. 첫째, 거래소에 상장된 개별 종목을 시가총액 순으로 나열한 다음 일정 금액 이상의 종목을 기준으로 설정한다. 둘째, 투자 종목을 선별할 때 이상치가 있는 종목을 제거한다. 가령, 이익 수익률 지표가 마이너스(−)를 보인 종목은 제거한다. 그다음 자본 수익률과 이익 수익률 두 가지 지표를 기준으로 순위를 매겨 투자할 종목을 선별한다.

5 Alpha Architect(https://alphaarchitect.com/)

그림 4-8 마법공식 워크플로[6]

1 투자에 사용할 자금과 투자 대상 기업 규모를 설정한다.

2 마법공식에 따른 순위를 나열한다.
예를 들어, 코스피 200에서 자본수익률이 높은 기업에 대한 순위를 매기고, 동시에 이익수익률이 높은 기업을 순서대로 나열한다.

3 자본 수익률 순위와 이익 수익률 순위를 더한다.
예를 들면, 자본 수익률 순위 1위와 이익 수익률 순위 4위의 총합은 5이다.
더한 값의 등수가 낮은 순으로 순위를 매긴다.

4 등수가 가장 낮은 5~7개 기업을 매수한다.
처음 투자 기간 1년 동안은 투자 금액의 20~30%만 매수한다.

5 나머지 자금을 2~3개월마다 위 과정을 반복해 예정 투자금의 100%를 사용해 매수한다.

6 매수가 완료된 주식을 1년 동안 보유한 후 매도한다.

7 매도 이후 위 과정을 계속해서 반복한다.

자본 수익률은 투입된 자본 대비 수익을 얼마나 올릴 수 있는지를 판단하고, 이익 수익률은 주가 대비 수익을 얼마나 올릴 수 있는지를 판단하는 지표다. 일반 사용자는 각 수치를 계산하기가 어려우므로, 대개 자본 수익률 대신 총자산 순이익률[ROA]과 이익 수익률 대신 주가 수익률[PER]을 이용해 마법공식을 구성한다.

같은 방식으로 ROA가 높은 순으로 정렬해 우량한 주식을 결정하고 PER이 낮은 순으로 정렬해 저렴한 주식을 결정한다. 그다음 2개 지표 순위를 합산해 최종적으로 저렴하고 우량한 종목을

---

6 magicformulainvesting.com

선별해 투자한다.

파이썬으로 위 공식대로 종목을 선별하고, 매수 후 1년간 보유하는 방식으로 수익률을 계산해보자. 2장에서 설명한 데이터를 불러오는 방법 중 FinanceDataReader API를 사용해 전략을 구현한다.

가치 투자에서 사용할 데이터는 2장에서 살펴본 FinanceDataReader API를 이용한 데이터셋이다. 데이터를 받아와 어떻게 구성되었는지 확인해보자.

```
import FinanceDataReader as fdr
krx_df = fdr.StockListing('KRX')
krx_df.head()
```

	Symbol	Name	Sector	Industry
0	155660	DSR	1차 비철금속 제조업	합섬섬유로프
1	001250	GS글로벌	상품 종합 도매업	수출입업(시멘트,철강금속,전기전자,섬유,기계화학),상품중개,광업,채석업/하수처리 서 ...
2	082740	HSD엔진	일반 목적용 기계 제조업	대형선박용엔진,내연발전엔진
3	011070	LG이노텍	전자부품 제조업	기타 전자부품 제조업
4	010120	LS산전	전동기, 발전기 및 전기 변환·공급·제어 장치 제조업	고압기기, 저압기기, 변압기, 배전반, PLC, 인버터, 빌딩설비, 공조기, 건축배관, 자동화기기 ...

거래소에 상장된 종목 코드를 받아오기 위해 StockListing() 함수를 호출하고 Key 값으로 'KRX'를 전달한다. 'KRX'는 한국거래소를 상징하는데 코스피KOSPI, 코스닥KOSDAQ 코넥스KONEX 시장에 상장된 모든 종목을 가져온다. API에 정의된 한국시장 Key 값은 코스피, 코스닥, 코넥스다. 네 곳 중 원하는 주식시장을 선택해 종목을 호출하면 된다.

종목 정보를 받아왔으면 이제 마법공식에 필요한 개별 종목의 재무제표 데이터를 받을 차례다. 우리는 PER, ROA 지표가 필요한데 재무제표 데이터는 대표적으로 네이버Naver 금융, 다음Daum 금융, 야후 파이낸스, FnGuide 등에서 받아올 수 있다. 여기서는 이미 받아놓은 PER, ROA 데이터를 바탕으로 진행한다.

미리 받아놓은 PER과 ROA 지표를 확인해보자.

```
import pandas as pd
import numpy as np
```

```
df = pd.read_csv('../data/ch04/PER_ROA.csv',engine='python')
df.head()
```

	종목명	현재가	전일비	등락률	액면가	거래량	시가총액	영업이익	PER	ROA
0	삼성전자	43950	100	-0.23%	100	4637815	2623719	588867.0	7.30	13.83
1	SK하이닉스	74400	600	0.81%	5000	1673056	541634	208438.0	3.49	28.49
2	삼성전자우	36350	350	-0.95%	100	553133	299119	NaN	6.03	NaN
3	현대차	126000	2000	1.61%	5000	252713	269222	24222.0	23.54	0.92
4	NAVER	148500	500	0.34%	100	367244	244748	9425.0	37.72	7.02

데이터를 살펴보게 되면 셋째 행에서 ROA가 결측치인 NaN으로 나타난 것을 확인할 수 있다. 삼성전자우(삼성전자 우선주)는 우선주 종목으로 일반 보통주와 성격이 다른 주식이다. 마법 공식을 구현할 때는 보통주만을 대상으로 하므로 NaN을 보이는 데이터는 일단 제외한다.

주의! 에러가 발생한 경우

```
df = pd.read_csv('../data/ch04/PER_ROA.csv')
```

```
---------------------------------------------------------------------------
UnicodeDecodeError                        Traceback (most recent call last)
<ipython-input-10-e2222bbafa1f> in <module>
----> 1 df = pd.read_csv('../data/ch04/PER_ROA.csv')

~\Anaconda3\envs\py36\lib\site-packages\pandas\io\parsers.py in parser_f
(filepath_or_buffer, sep, delimiter, header, names, index_col, usecols,
squeeze, prefix, mangle_dupe_cols, dtype, engine, converters, true_values,
false_values, skipinitialspace, skiprows, skipfooter, nrows, na_values,
keep_default_na, na_filter, verbose, skip_blank_lines, parse_dates, infer_
datetime_format, keep_date_col, date_parser, dayfirst, cache_dates,
iterator, chunksize, compression, thousands, decimal, lineterminator,
quotechar, quoting, doublequote, escapechar, comment, encoding, dialect,
error_bad_lines, warn_bad_lines, delim_whitespace, low_memory, memory_map,
float_precision)
    674            )
    675
--> 676        return _read(filepath_or_buffer, kwds)
    677
```

```
    678        parser_f.__name__ = name


~\Anaconda3\envs\py36\lib\site-packages\pandas\io\parsers.py in _read
(filepath_or_buffer, kwds)
    446
    447        # Create the parser.
--> 448        parser = TextFileReader(fp_or_buf, **kwds)
    449
    450        if chunksize or iterator:


~\Anaconda3\envs\py36\lib\site-packages\pandas\io\parsers.py in __init__
(self, f, engine, **kwds)
    878            self.options["has_index_names"] = kwds["has_index_names"]
    879
--> 880            self._make_engine(self.engine)
    881
    882        def close(self):


~\Anaconda3\envs\py36\lib\site-packages\pandas\io\parsers.py in _make_
engine(self, engine)
    1112        def _make_engine(self, engine="c"):
    1113            if engine == "c":
->  1114                self._engine = CParserWrapper(self.f, **self.options)
    1115            else:
    1116                if engine == "python":


~\Anaconda3\envs\py36\lib\site-packages\pandas\io\parsers.py in __init__
(self, src, **kwds)
    1889            kwds["usecols"] = self.usecols
    1890
->  1891            self._reader = parsers.TextReader(src, **kwds)
    1892            self.unnamed_cols = self._reader.unnamed_cols
    1893


pandas\_libs\parsers.pyx in pandas._libs.parsers.TextReader.__cinit__()


pandas\_libs\parsers.pyx in pandas._libs.parsers.TextReader._get_header()


UnicodeDecodeError: 'utf-8' codec can't decode byte 0xc1 in position 0:
invalid start byte
```

외부에서 csv 파일을 열었을 때 문제가 없는 듯했으나 간혹 크롤링한 데이터를 저장하면서 인코딩 방식이 달라져서 다시 읽으려고 할 때 파일을 못 읽어오거나 읽어도 한글이 깨지는 경우가 발생할 수 있다. 그럴 때는 최대한 인코딩 설정에 맞춰 읽으면 해결할 수 있다. 아니면 파일을 다른 확장자로 다시 저장해 불러오면 된다. 문제를 해결하는 방법이 다양하고 문제마다 오류 메시지도 다르기 때문에 새로운 외부 데이터를 불러올 때는 신중해야 한다.

이번에는 판다스 내장 함수가 아닌 **with open** 구문을 이용한 방법으로 데이터를 읽어보자.

```python
import csv
line_list = []
with open('../data/ch04/PER_ROA.csv') as csv_file:
  csv_reader = csv.reader(csv_file, delimiter=',') # ',' 구분자로 파일을 읽는다
  for row in csv_reader:
    if '' in row:  # 한 줄씩 순회하는 중에 NaN이 포함된 행은 건너뛴다
      pass
    else :
      line_list.append(row) # 리스트에 추가
df = pd.DataFrame(data=line_list[1:],columns=line_list[0])
df.head()
```

	종목명	현재가	전일비	등락률	액면가	거래량	시가총액	영업이익	PER	ROA
1	SK하이닉스	74400	600	0.81%	5000	1673056	541634	208438	3.49	28.49
3	현대차	126000	2000	1.61%	5000	252713	269222	24222	23.54	0.92
4	NAVER	148500	500	0.34%	100	367244	244748	9425	37.72	7.02
5	LG화학	329500	9500	2.97%	5000	176590	232602	22461	17.52	5.63
4	NAVER	148500	500	0.34%	100	367244	244748	9425.0	37.72	7.02

파이썬의 대표적인 파일 읽고 쓰기 방법 중 하나인 **with open**을 이용해 데이터를 읽었다. 한 행씩 데이터를 읽으면서 빈 값을 가진 행은 제거하고 온전히 데이터가 있는 행만 리스트에 추가해 하나의 데이터프레임을 만든다.

다음은 데이터프레임에 **NOT** 연산자를 사용해 필요 없는 데이터를 제외한다.

```python
df = df[~df.isin([np.nan, np.inf, -np.inf]).any(1)]
df.head()
```

	종목명	현재가	전일비	등락률	액면가	거래량	시가총액	영업이익	PER	ROA
1	SK하이닉스	74400	600	0.81%	5000	1673056	541634	208438.0	3.49	28.49
3	현대차	126000	2000	1.61%	5000	252713	269222	24222.0	23.54	0.92
4	NAVER	148500	500	0.34%	100	367244	244748	9425.0	37.72	7.02
5	LG화학	329500	9500	2.97%	5000	176590	232602	22461.0	17.52	5.63
4	NAVER	148500	500	0.34%	100	367244	244748	9425.0	37.72	7.02

결측치 처리 방법에서 배운 코드로 np.nan, np.inf, ~np.inf 값이 하나라도 포함된(any(1)) 행 데이터에 NOT(~) 연산자를 붙여 우리가 원하는 데이터만 필터링한다. 이제 본격적인 순위를 정하는 데 필요한 데이터가 다 준비되었으니 PER과 ROA 지표를 가지고 마법공식을 구현한다. 먼저 공통으로 사용할 수 있는 순위 계산을 실행하는 함수를 만들어보자.

```python
def sort_value( s_value, asc = True, standard = 0):
    '''
    description
        특정 지푯값을 정렬한다.

    parameters
        s_value : pandas Series
            정렬할 데이터를 받는다.

        asc : bool
            True : 오름차순
            False : 내림차순

        standard : int
            조건에 맞는 값을 True로 대체하기 위한 기준값
    returns
        s_value_mask_rank : pandas Series
            정렬된 순위
    '''
    # 지표별 기준값 미만은 필터링한다.
    s_value_mask = s_value.mask(s_value < standard, np.nan)

    # 필터링된 종목에서 순위를 선정한다.
    s_value_mask_rank = s_value_mask.rank( ascending=asc, na_option="bottom")

    return s_value_mask_rank
per = pd.to_numeric(df['PER'])
```

```
roa = pd.to_numeric(df['ROA'])

# PER 지푯값을 기준으로 순위 정렬 및 0 미만 값 제거
per_rank = sort_value(per, asc=True, standard=0 )
# ROA 지푯값을 기준으로 순위 정렬 및 0 미만 값 제거
roa_rank = sort_value(roa, asc=False, standard=0 )
```

sort_value() 함수는 입력 매개변수를 각각 정렬할 데이터와 정렬 방식 및 조건 기준값을 받는다. 함수가 작동하는 로직은 아래의 순서와 같다.

1. 입력 매개변수로 전달받은 기준값 미만의 값은 제거한다. 마법공식은 음숫값을 갖는 지표는 사전에 제거한다. mask() 함수를 사용해 0 미만의 값을 제거한다.
2. rank() 함수를 사용해 순위를 정렬한다.
3. 정렬된 데이터를 반환한다.

이렇게 PER 값은 asc = True로 전달해 오름차순으로 정렬하고, ROA 값은 asc = False로 전달해 내림차순으로 전달한다. 이 코드를 실행하면 다음과 같은 결과를 확인할 수 있다.

```
per_rank.head()
```

```
0    139.0
1     22.0
3    424.0
4    487.0
5    367.0
Name: PER, dtype: float64
```

```
roa_rank.head()
```

```
0     18.0
1      5.0
3    478.5
4    103.0
5    149.0
Name: ROA, dtype: float64
```

per_rank 값과 roa_rank 값을 살펴보면 왼쪽에 인덱스 데이터, 오른쪽에는 순윗값이 있다.

이제 두 개의 순위를 합산해 종합 순위를 어떻게 계산하는지 살펴보자.

```
result_rank = per_rank + roa_rank                          # PER 순위 ROA 순위 합산
result_rank = sort_value(result_rank, asc=True)            # 합산 순위 정렬
result_rank = result_rank.where(result_rank <= 10, 0)      # 합산 순위 필터링
result_rank = result_rank.mask(result_rank > 0, 1)         # 순위 제거
```

두 지표의 순위를 합산한 최종 순위 데이터를 만들고 다시 한 번 최종 순위를 정렬한다. 이번에 는 상위 10개 종목만 보이도록 제한하기 위해 where() 함수에 10 이하의 조건을 걸고 나머지 는 0으로 대체했다. 순위를 체크하려면 넷째 행에 있는 mask 함수를 주석처리할 수 있고 순위 를 제거하려면 넷째 행 코드까지 실행하면 된다.

```
result_rank.head()
```

```
0    0.0
1    1.0
3    0.0
4    0.0
5    0.0
dtype: float64
```

```
result_rank.sum()
```

```
10.0
```

인덱스 오른쪽에 0과 1로 상위 10개 종목에 포함되는지 여부를 표시했다. 총 개수가 sum()을 통해 10개임을 확인한다.

이제 마법공식을 통해 선정된 종목을 확인해보자.

```
mf_df = df.loc[result_rank > 0,['종목명','시가총액']].copy()  # 선택된 종목 데이터프레임 복사
mf_stock_list = df.loc[result_rank > 0, '종목명'].values      # 선택된 종목명 추출
mf_df
```

	종목명	시가총액
1	SK하이닉스	541634
107	효성	18353
199	대한유화	7508
200	HDC	7468
371	한일홀딩스	2904
383	신대양제지	2756
450	세아제강지주	2044
474	SIMPAC	1835
494	케이씨	1694
938	에쓰씨엔지니어링	354

result_rank에 값이 있는 종목 인덱스를 받아 새로운 데이터프레임을 구성하고, 종목명 리스트는 따로 리스트에 저장한다.

마법공식에 맞게 10개의 종목이 잘 선정되었지만, 한 가지 아쉬운 점은 재무제표 데이터에는 종목명만 있고 종목 코드가 없다는 것이다. 더 정확한 데이터를 사용하기 위해 외부 데이터프레임에서 불러온 종목 코드를 결합한다.

다시 처음에 확인했던 종목 데이터를 확인해보자.

```
import FinanceDataReader as fdr
krx_df = fdr.StockListing('KRX')
krx_df.head()
```

	Symbol	Name	Sector	Industry
0	155660	DSR	1차 비철금속 제조업	합섬섬유로프
1	001250	GS글로벌	상품 종합 도매업	수출입업(시멘트,철강금속,전기전자,섬유,기계화학),상품중개,광업,채석업/하수처리 서 ...
2	082740	HSD엔진	일반 목적용 기계 제조업	대형선박용엔진,내연발전엔진
3	011070	LG이노텍	전자부품 제조업	기타 전자부품 제조업
4	010120	LS산전	전동기, 발전기 및 전기 변환 · 공급 · 제어 장치 제조업	고압기기,저압기기,변압기,배전반,PLC,인버터,빌딩설비,공조기,건축배관,자동화기기 ...

이곳에는 종목 코드와 종목 데이터가 같이 있는 것을 확인할 수 있다.

이제 두 개의 데이터프레임을 결합해 `mf_df`에 종목 코드를 추가하자.

```python
mf_df['종목 코드'] = ''
for stock in mf_stock_list :
    # 데이터프레임에서 조건에 맞는 데이터 불러오기
    mf_df.loc[mf_df['종목명'] == stock,'종목 코드'] = krx_df[krx_df['Name'] == stock]
['Symbol'].values
mf_df
```

	종목명	시가총액	종목 코드
1	SK하이닉스	541634	000660
107	효성	18353	004800
199	대한유화	7508	006650
200	HDC	7468	012630
371	한일홀딩스	2904	003300
383	신대양제지	2756	016590
450	세아제강지주	2044	003030
474	SIMPAC	1835	009160
494	케이씨	1694	029460
938	에쓰씨엔지니어링	354	023960

깔끔하게 추가된 것을 확인할 수 있다. 이번에도 불리언 인덱싱^{Boolean Indexing}을 활용해 데이터프레임에 접근해 데이터를 저장한다.

그러면 이제 2019년도 마법공식 종목들의 수익률을 확인해보자.

```python
mf_df['2019_수익률'] = ''
for x in mf_df['종목 코드'].values :
    # print(x ,', ' , mf_df.loc[mf_df['종목 코드'] == x, '종목명' ].values[0])
    df = fdr.DataReader(x, '2019-01-01','2019-12-31') # 개별 종목 가격 데이터 호출
    cum_ret = df.loc[df.index[-1], 'Close'] / df.loc[df.index[0],'Close'] -1
    # 2019년도 누적 수익률 계산
    mf_df.loc[mf_df['종목 코드'] == x, '2019_수익률' ] = cum_ret  # 누적 수익률 저장
    df = None
mf_df
```

	종목명	시가총액	종목 코드	2019_수익률
1	SK하이닉스	541634	000660	0.552805
100	효성	18353	004800	0.649635
175	대한유화	7508	006650	-0.20339
176	HDC	7468	012630	-0.332326
310	한일홀딩스	2904	003300	-0.197441
322	신대양제지	2756	016590	0.0347826
327	세아제강지주	2044	003030	-0.0083682
394	SIMPAC	1835	009160	0.206967
408	케이씨	1694	029460	0.594017
726	에쓰씨엔지니어링	354	023960	-0.0620915

데이터프레임에 수익률을 저장할 ['2019_수익률'] 컬럼을 만든다. 마법공식으로 선정된 종목 코드를 순회하면서 2019년도 기준 가격 데이터를 호출한다. 그런 다음 첫 영업일과 현재 영업일을 기준으로 현재까지 누적된 수익률을 계산한다. 마법공식으로 얻은 개별 종목의 누적 수익률이다. 효성은 약 64% 수익률을 얻었고, HDC는 약 -33% 수익률을 기록했다.

다음 방법으로도 누적 수익률을 확인할 수 있다.

```python
for ind,val in enumerate(mf_df['종목 코드'].values) :
  # 가독성을 위해 종목명 추출
  code_name = mf_df.loc[mf_df['종목 코드'] == val,'종목명'].values[0]
  print(val, code_name)
  df = fdr.DataReader(val, '2019-01-01','2019-12-31') # 개별 종목 가격 데이터 호출
  if ind == 0 :
    mf_df_rtn = pd.DataFrame(index=df.index)
     # 첫 번째 종목 코드 인덱스 활용한 데이터프레임 생성
  df['daily_rtn'] = df['Close'].pct_change(periods=1) # period 기간 차이만큼 변동률 계산
  df['cum_rtn'] = (1+df['daily_rtn']).cumprod() # 누적 곱 계산
  tmp = df.loc[:,['cum_rtn']].rename(columns={'cum_rtn':code_name})
  # 가독성을 위한 컬럼명 변경
  mf_df_rtn = mf_df_rtn.join(tmp,how='left') # 새로 계산된 누적 수익률 추가
  df = None # 데이터프레임 초기화

mf_df_rtn.tail()
```

	SK 하이닉스	효성	대한유화	HDC	한일 홀딩스	신대양 제지	세아제강 지주	SIMPAC	케이씨	에쓰씨 엔지니어링
2019-12-23	1.561056	1.722628	0.820339	0.655589	0.814442	1.041739	0.974895	1.192623	1.337607	0.947712
2019-12-24	1.547855	1.747654	0.820339	0.655589	0.804388	1.026087	0.990586	1.178279	1.354701	0.908497
2019-12-26	1.564356	1.758081	0.823729	0.667674	0.820841	1.045217	1.003138	1.192623	1.410256	0.928105
2019-12-27	1.584158	1.660063	0.803390	0.664653	0.800731	1.041739	0.991632	1.200820	1.534188	0.911765
2019-12-30	1.552805	1.649635	0.796610	0.667674	0.802559	1.034783	0.991632	1.206967	1.594017	0.937908

수익률을 구현하는 방법은 사용자의 관점에 따라 다양할 수 있다. 그중 판다스의 `pct_change()`와 `cumprod()` 함수를 사용하면 매우 간단하게 수익률을 계산할 수 있다. 또 종목별로 일별 수익률 변화를 확인할 수 있어 누적 수익률의 추이가 어떻게 변하는지 알 수 있고 추후 최대 낙폭MDD을 계산하는 데 사용할 수도 있다. 이렇게 재무제표를 활용한 가치 투자 전략을 파이썬으로 구현하는 방법을 살펴보았다.

마법공식의 한계

원래 마법공식 계산법에서는 EBIT를 활용해 계산된 지표를 사용한다. 반면에 수정된 마법공식은 좀 더 간단한 지표를 사용하므로 원래 마법공식과 같은 경이로운 수익률을 보여주지 못할 수 있다. 이에 마법공식을 구성하는 두 가지 지표 중 하나만 사용했을 때 더 높은 수익률을 보인다는 결과도 나와 있다.[7] 이러한 공식은 출발점일 뿐이다. 이를 발판 삼아 자신만의 전략을 만들어보자.

4.5 마치며

이 장에서 살펴본 내용은 데이터 기반data-driven 투자의 기초라고 할 수 있다. 이는 감이나 불확실한 정보에 기대지 않고 데이터에 근거해 투자 의사결정을 내리는 과정이라고도 할 수 있다. 하지만 우리가 살펴본 평균 회귀나 절대 모멘텀 전략 등을 비롯해 많은 전통 퀀트 전략에서는 전략을 내리는 기준(특정 패턴)을 (통계 방법을 통해 파악했다 하더라도) 사람이 정한다.

---

7 『할 수 있다! 퀀트 투자』(에프엔미디어, 2017)

그러나 다음 장에서 살펴볼 머신러닝에서는 데이터 속에 숨겨진 패턴을 '기계machine'가 찾는다는 차이점이 있다. 물론 머신러닝 역시 인간 투자자가 기계에 어떤 데이터를 입력하느냐에 따라 성능 차이가 크게 벌어지지만, 유의미한 정보가 담긴 데이터라면 사람의 직관으로 찾기 힘든 패턴을 쉽게 찾아줄 것이다. 자세한 내용은 다음 장에서 살펴볼 것이다.

## CHAPTER 5

금융에서의 머신러닝

이 장에서는 머신러닝을 구현할 때 알아야 하는 기본적인 내용에 대해 설명한다. 먼저 머신러 닝의 개념과 자주 사용하는 알고리즘을 소개하는데, 여기서 말하는 머신러닝 알고리즘이란 전 통적인 머신러닝 알고리즘이다. '전통적인 머신러닝'이란 표현은 학술적이지도 엄격하지도 못 하지만, 상대적으로 근래에 등장한 '딥러닝'과 구분하기 위해 사용한 것이다.

역사적으로 머신러닝이 통계학을 기반으로 발달한 반면 딥러닝은 첨단기술의 영역이라고 보는 이들이 적지 않다. 하지만 여기서는 이러한 견해 차이를 논외로 하고 학습에 있어서 딥러닝이 머신러닝과 다른 프레임워크를 사용하기 때문에 이를 실용적으로 구분하고자 한다.

이 장에서 설명하는 머신러닝에는 강화 학습이 포함되지 않는다. 강화 학습은 보상을 최대화하 기 위해 노력할 뿐 숨겨진 구조나 패턴을 찾으려고 하지는 않는다. 강화 학습은 지도 학습과 비 지도 학습에 이은 제3의 학습 또는 이들과 전혀 다른 머신러닝 패러다임이므로 강화 학습 내용 을 다루면 책의 분량이 방대해질 것이라 판단해 제외했다.[1] 하지만 강화 학습은 금융, 특히 투 자 영역에서 활용도가 높다고 알려졌으며 관련 연구도 다양하게 진행되고 있어 관심 있는 독자 들을 위해 관련 논문을 필자의 깃허브에 올려놓았다. 전통적인 머신러닝과 딥러닝의 이론적 차 이점은 7장에서 설명한다.

다음으로 금융 데이터 분석 관점에서 데이터 전처리, 평가, 백테스팅에 대해 간략히 짚고 넘어 간다. 데이터 전처리 부분에서는 노이즈가 유달리 많은 금융 데이터를 좀 더 효과적으로 활용

---

1 『단단한 강화학습』(제이펍, 2020)

하기 위한 노이즈 제거 방법을 소개하고, 평가 부분에서는 평가 방법인 교차 검증cross validation에 대한 내용과 좀 더 정확한 지표 활용을 위한 팁을 작성한다. 마지막으로, 아직 해결되지 못한 영역이면서 많은 논란이 많은 백테스팅 방법을 설명한다.

본격적으로 모델을 구현하기 위해, 알고리즘과 앞에서 말한 특성 공학, 평가 방법 등의 구현을 도와주는 파이썬 패키지 사이킷런scikit-learn의 핵심부터 짚고 넘어간다. 사이킷런은 파이썬 머신 러닝 라이브러리로 분류, 회귀, 클러스터링 등 머신러닝에서 많이 사용되는 알고리즘과 예제 데이터를 지원한다.

그리고 2장에서 배운 내용과 사이킷런 라이브러리를 활용해 다음과 같은 머신러닝 기반의 투자 전략을 구현해볼 것이다.

1. ETFs 지수와 거시경제 지표를 바탕으로 트리 기반의 알고리즘을 활용해 시장의 트렌드를 예측하는 전략
2. 여러 종목의 주가 데이터를 기반으로 클러스터링 알고리즘을 활용해 종목을 분류하는 전략
3. K-최근접 이웃 방법을 활용한 투자 방향성 예측 전략

세 가지 전략을 이용해 기초적인 알고리즘을 투자 전략 개발에 활용하는 방법을 배워본다.

5.1 왜 머신러닝을 활용해야 하는가?

그리니치 어소시에이츠Greenwich Associates에서 발표한 「투자 연구의 미래」 보고서[2]에 따르면, 현업 금융 종사자들은 향후 금융권에서 수요가 가장 크게 증가할 것으로 예측되는 기술군skill sets으로 '데이터 과학data science'을 뽑았다(그림 5-1). 이는 전통적으로 오랫동안 인정받아온 CFA(국제재무분석사)[3]를 제치고 심지어 금융 공학 박사학위보다도 더 높은 순위를 차지했다.

왜 이러한 현상이 발생했을까?

---

2 「Future of Investment Research Study」(2018)
3 CFA는 FRM(국제FRM), CMA, AICPA 등과 함께 국가공인 민간자격증으로 규정한다.

그림 5-1 금융 전문가가 선정한 '향후 금융권에서 성장이 예측되는 기술군' 순위

첫째 이유는 우리가 아는 금융에 대한 종래의 관념이 무너진 것이다. 인터넷 은행의 도래와 함께 IT와의 경계가 허물어진 지 오래이며 급기야 카카오나 네이버가 IT 회사가 아닌 금융 회사라는 말까지 나온다. 기존 금융이 IT를 중심으로 재편되는 시류에서 투자 영역이라고 제외될 수는 없다. 무엇보다 분석하고자 하는 대상(시장)이 매우 복잡해지는 동시에 고효율을 추구한다. 따라서 기존 방법에만 의존해서는 알파를 창출하기가 어려워졌다.

둘째 이유는 모니터링해야 하는 정보(데이터)가 기하급수적으로 늘어난 것이다. 이제 뉴스 데이터, 위성 데이터 등 데이터의 방대한 양을 처리하기 위해서는 기계(컴퓨터)의 도움을 받아야 한다.

셋째 이유로는 투자 의사결정을 내리는 데 '속도'가 중요해진 변화를 꼽을 수 있다. 특히 고빈도 매매를 하거나 시장 미시구조를 분석하는 투자자에겐 컴퓨터 공학 기술이 필수가 되었다.

마지막으로, 투자자들의 요구가 다양해진 것이다. 이들의 다양한 요구를 충족하기 위해서는 개인화·맞춤화 기능을 갖춘 독자적 상품을 내놓아야 한다.

이러한 시대의 요청과 사회의 변화에 대응하기 위해서는 인공지능 기술이 필요하다. 금융에서 활용 가능한 데이터는 그 어느 분야보다 더 많다. (분, 초 단위로 보면) 자체적으로 많은 금융 데이터가 생성되고 타 영역의 데이터도 결국 돈과 결부되기 때문에, 금융에서 머신러닝은 핵심 기술로 자리매김할 것이 분명하다. 벌써부터 다양한 머신러닝 방법을 도입해 기존의 계량 경제학이나 금융 공학 기법으로 풀지 못한 시장 예측 문제를 앞다퉈 해결하려고 시도하고 있다. 그

러나 그 소스가 제한적인 만큼 어떤 시도들이 진행되고 있는지를 알아보기 위해 공개된 학술 논문을 살펴보자.

5.1.1 머신러닝을 활용한 금융 데이터 분석

그동안 금융 데이터로 진행되어온 연구들은 주로 전통적인 통계나 계량 경제학 방법론을 적용했다. 사실 '시장의 움직임이 과연 예측 가능한가'에 대한 논쟁이 여전히 뜨거워서 시장 데이터를 활용한 연구들은 대개 이런 논쟁을 뒷받침하기 위한 실증적 연구들로 수행되었다.

최근 들어 이미지와 텍스트 분석 영역에서 뛰어난 성과를 보여준 딥러닝을 시장 데이터에 적용해 이러한 논쟁을 종식하려는 많은 연구가 한창 진행 중이다. 하지만 계속 언급한 딜레마 때문에 그 수와 종류는 여전히 제한적이다. 그럼에도 사전 지식 없이도 데이터로부터 추상적인 정보를 추출할 수 있다는 점과 계량 경제학적 가정에 의존하지 않고서도 은닉된 비선형 관계를 찾아낼 수 있다는 점 때문에, 많은 현업 연구자나 학생들은 딥러닝을 활용해 기존 모델을 개선하거나 새 모델을 개발하려는 시도를 하고 있다.

딥러닝의 장점 덕분에 시장 데이터 연구는 어떤 진전을 이뤘을까? 학계가 아닌 현업의 현황을 살펴보자. 투자 의사결정에 사용하는 알고리즘이나 방법론 자체에 대한 정보가 제한적이긴 하지만, 바클레이헷지BarclayHedge에서 실시한 설문조사[4]에 의하면 과반의(56%) 응답자들이 투자 의사결정에 인공지능 기술을 활용한다고 답했다.

앞서 언급한 것처럼 현재 머신러닝은 과도기를 지나고 있다고 생각되는데[5], 그렇다면 학계의 상황은 어떨까? (사실 학계와 현업을 구분하는 것은 큰 의미가 없다. 다만 공개된 자료인지 아닌지를 가를 뿐이다.) 2019년 캠브리지 대학 대체 금융 센터의 루카스 륄Lukas Ryll은 머신러닝 알고리즘을 적용해 금융 시장을 예측한 150여 편의 논문을 연구하고 다음의 결론을 내렸다. 종합적으로 머신러닝 모델이 전통적인 스토캐스틱 방법을 사용한 모델보다 성능이 더 뛰어났고 RNN이 일반 피드포워드 신경망보다 성능이 더 좋았다.

물론 이 논문 한 편으로 머신러닝, 딥러닝 알고리즘이 금융 시계열 데이터 분석에 더 적합하다

---

4 https://www.barclayhedge.com/insider/majority-of-hedge-fund-pros-use-ai-machine-learning-in-investment-strategies

5 투 시그마(Two Sigma)의 창시자인 데이비드 시겔(David Siegel)은 투자 영역에서 AI 적용은 아직 초기 단계이자 실험 단계에 있다고 주장한다(https://www.twosigma.com/insights/article/david-siegel-on-the-future-of-ai-data-science-and-more/).

고 단정하는 것은 아니다. 하지만 수십 년째 변함없이 기존 계량 경제 방법론을 사용해온 금융 시장 분석에 새롭게 시도할 만한 잠재력을 가진 방법이 등장했음은 부인할 수 없을 것이다. 따라서 좋은 결과가 나오더라도 공유하기가 쉽지 않은 특수한 분야임에도 학술적으로나마 머신러닝, 딥러닝 모델이 기존 방법론보다 더 뛰어나다는 계량적 증명은 계속될 것이라고 생각한다. 따라서 우리는 신중한 태도를 견지해야 한다.

이외에 앞서 살펴본 생성 모델을 활용한 금융 시장 시뮬레이션 데이터 생성이나 금융 시장 예측 작업도 활발히 진행되고 있다. 하지만 금융 시장 시뮬레이션 데이터의 경우 평가할 수 있는 지표가 부족해 학술 연구로도 미진한 실정이다.

한 가지 아쉬운 점은 딥러닝을 활용한 투자 전략을 학술적으로 엄밀하게 검증할 만한 환경이 조성되지 않았다는 어제의 현실이 미래에도 한동안 지속되리라는 점이다. 정상급 콘퍼런스와 저널이 있는 컴퓨터 비전이나 NLP 영역과 달리, 투자(혹은 대체 투자) 영역에는 이들이 존재하지 않는다(머신러닝을 금융 시장 데이터에 적용한 사례를 모아놓은 전문 저널이 많지 않다는 뜻이다. 기존 논문들을 보면 대개 IEEE 같은 학회에서 발표된 것들이다). 따라서 논문의 퀄리티를 판단하기 위해 직접 읽거나 반복해서 구현하다 보면 퀄리티가 낮거나 잘못된 방법론을 사용한 연구를 쉽게 구별해내게 될 것이다.

쉽지 않은 길이지만, 우리는 앞으로 일어날 변화에 대비해 머신러닝 기본지식과 활용능력을 갖춰야 한다.[6] 이 장에서 살펴볼 내용은 기초적인 내용을 바탕으로 금융 데이터 분석의 시각에서 어떤 점을 주의해야 하고 어떤 부분에 포커스를 맞춰야 하는지에 대한 것이다.

5.2 머신러닝 알고리즘 소개

이번 절에서는 금융 데이터 분석에서 자주 사용하는 알고리즘에 대해 살펴본다. 머신러닝 알고리즘 분류에 대해서는 다양한 견해가 있다. 『마스터 알고리즘』[7]에서는 머신러닝 알고리즘을 기호주의, 연결주의, 베이지안 통계, 유전 알고리즘, 유추주의 등으로 분류했는데, 여기서는 학술적인 분류보다는 데이터에 기반해 '어떤 알고리즘을 사용할지' 판단하는 것이 중요하므로 금융

---

6 머신러닝 기초는 추천 도서 목록을 참고하기 바란다.
7 『마스터 알고리즘』(비즈니스 북스, 2016)

데이터 분석에 자주 활용되는 알고리즘을 위주로 정리한다.

먼저 크게는 지도 학습supervised learning과 비지도 학습unsupervised learning으로 분류할 수 있다. JP모간에서 발행한 「금융에서 사용하는 머신러닝과 빅데이터 가이드」[8]에 의하면 금융에서 지도 학습은 샘플 데이터를 활용해 트렌드 기반의 예측을 하는 데 사용되고, 비지도 학습은 많은 변수들 간의 관계를 파악하는 데 사용될 것이다 (그리고 딥러닝은 사람들이 쉽게 정의할 수는 없지만 쉽게 처리할 수 있던 업무를 대체할 것이라고 전망한다).

이 책의 집필 목적상 알고리즘에 대한 자세한 설명은 하지 않지만, 많이 헷갈리거나 보충 설명이 필요한 부분에 대해서는 이론이나 작동 메커니즘에 대해서도 설명하겠다. 하지만 중점으로 살펴볼 내용은 금융 데이터 분석, 특히 시장 데이터 분석과 예측에 활용되는 알고리즘이다. 따라서 기초가 필요한 독자들은 필자의 깃허브에 있는 각 알고리즘에 대한 설명 레파지토리를 참조하거나, 추천 도서를 참고하기 바란다. 그럼 자주 사용하는 지도 학습법 알고리즘과 비지도 학습법 알고리즘을 살펴보자.

5.2.1 지도 학습법 – 서포트 벡터 머신

서포트 벡터 머신support vector machine (SVM)은 머신러닝의 한 시대를 풍미한 알고리즘이다. 딥러닝의 두 번째 겨울[9]이 바로 SVM과 랜덤 포레스트Random Forest에 의해 도래했다고 해도 과언이 아니다. 왜냐하면 당시 컴퓨팅 성능의 한계에도 불구하고 SVM과 랜덤 포레스트가 딥러닝보다 더 우수한 성능을 냈기 때문이다.

현재는 강력한 컴퓨팅 파워와 증가한 데이터 양에 힘입어 딥러닝의 성능이 나날이 향상되고 부스팅 계열의 알고리즘이 발전을 거듭하는 반면, SVM은 상대적으로 뚜렷한 장점이 없는 고전적 알고리즘으로 인식되는 경향이 있지만 여전히 데이터 분석 영역에서 노장의 역할을 톡톡히 하고 있다. 오래전에 탄생한 알고리즘인 만큼 금융 데이터를 활용한 연구도 비교적 많은 편이다. 또 단순히 방법론에 적용된 횟수만 놓고 봐도 주가 데이터 예측 논문에서 가장 많이 다룬 알고리즘이다.

머신러닝 관점에서 SVM의 장점은 데이터의 특성이 많지 않더라도 (상대적으로) 좋은 성능을

---

8 https://news.efinancialcareers.com/uk-en/285249/machine-learning-and-big-data-j-p-morgan
9 AI의 두 번째 겨울(1987~1993): AI 붐을 주도하던 전문가 체제의 몰락으로 인공지능 관련 연구는 다시 침체기를 맞았다.

낼 수 있다는 점이다. 하지만 샘플이 많을 때는 속도와 메모리 관점에서 도전적인 과제가 될 수 있다. 또 하나의 단점은 데이터 전처리와 매개변수 설정에 신경을 많이 써야 한다는 점이다. 그리고 실무적 관점에서 치명적일 수도 있는 단점이 하나 있는데, 바로 해석 가능성이 약하다는 점이다. 그럼에도 불구하고 예전부터 매우 강력한 전통적인 머신러닝 알고리즘으로 자리매김 했기 때문에 최근 딥러닝 연구와 비교하는 데 많이 사용되고 있다.[10]

그림 5-2 앙상블 방법론 – 배깅과 부스팅(랜덤 포레스트와 부스팅 계열 알고리즘)

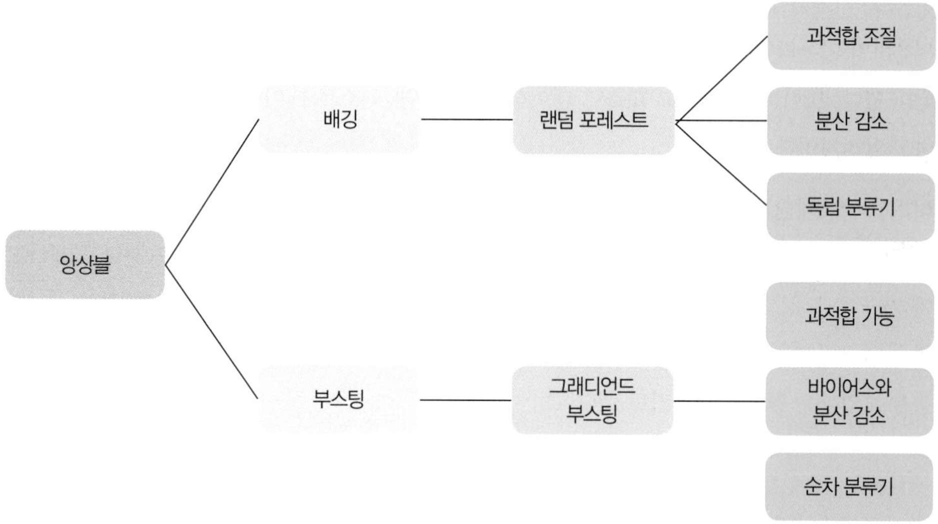

5.2.2 트리 기반 모델

랜덤 포레스트

랜덤 포레스트는 각 트리가 좋은 예측력을 가졌음에도 과적합 성향이 있는 단점을 보완한다. 즉 트리가 깊어질수록 편향bias이 작아지지만 분산variance이 커진다. 하지만 분산이 큰 각 트리의 평균을 취해주면 편향을 유지하면서 분산을 줄이는 효과를 얻을 수 있다. 한 개의 의사결정 트리는 노이즈에 민감하지만 이런 트리들의 평균이 노이즈에 대해 견고해지기robust 때문이다. 이

---

10 Kou, Gang, et al. 「Machine learning methods for systemic risk analysis in financial sectors」 Technological and Economic Development of Economy 25.5 (2019): 716–742.

때 중요한 것은 트리들의 상관관계를 줄여야 모델의 정확도가 높아진다는 점이다. 따라서 전처리 작업에서 상관계수가 높은 변수들을 걸러주는 것이 좋다.

랜덤 포레스트는 일반적인 성능이 매우 뛰어나고 매개변수 튜닝을 많이 하지 않아도 잘 작동하며 데이터의 스케일 조정이 필요 없다. 그리고 CPU 코어가 많다면 병렬 처리를 손쉽게 할 수 있고 특성 중요도를 계산할 수 있기 때문에 전략에 대한 해석 가능성을 높여줄 수 있다. 일반 머신러닝 응용 영역에서는 OOB$^{out-of-bags}$ 데이터를 검증에 사용할 수 있다는 점도 큰 장점이지만 금융 시계열 예측 문제에서는 시계열 특성상 OOB를 사용하기 힘들기 때문에 이런 장점이 작용하지 않는다. 랜덤 포레스트는 주기성이나 경향성이 있는 데이터에서 성능이 떨어지는 경향이 있다. 또한 차원이 높고 희소한 데이터(예를 들면, 텍스트 데이터)에는 잘 작동하지 않는다고 알려져있다.

이러한 단점에도 불구하고 랜덤 포레스트가 가진 많은 장점으로 인해 시장 데이터 예측이나 주가 종목 선택 문제에 많이 활용된다. 다양한 분류 알고리즘을 비교한 논문에도 랜덤 포레스트가 가장 좋은 성능을 냈다고 언급되었다.[11] 그리고 주식 시장 예측 문제를 다룬 머신러닝 지도학습 알고리즘을 분석한 논문에서는 랜덤 포레스트가 규모가 큰 데이터셋에서 가장 뛰어난 성능을 보인다는 결과를 내놓기도 했다.[12]

> **NOTE_** 로페즈 교수는 PCA를 사용해 차원을 축소한 후 랜덤 포레스트에 적합하는 방법을 권장한다.[13] 그가 고안해낸 방법의 자세한 내용은 추천 도서에 있는 그의 저서에서 확인하기 바란다.

부스팅

부스팅^{boosting}이란 약한 분류기를 결합해 강한 분류기를 만드는 과정을 일컫는다. 정확도가 40%인 세 가지 분류기 A, B, C가 있다고 가정할 때, A 분류기 정보에 기반해 B 분류기를 만들고 다시 해당 정보를 활용해 C 분류기를 만들어 모두 결합하는 방식이다.

---

11 Ballings, Michel, et al. 「Evaluating multiple classifiers for stock price direction prediction.」 Expert Systems with Applications 42.20 (2015): 7046–7056.

12 Kumar, Indu, et al. 「A comparative study of supervised machine learning algorithms for stock market trend prediction.」 2018 Second International Conference on Inventive Communication and Computational Technologies (ICICCT). IEEE, 2018.

13 「Advances in financial machine learning」(John Wiley & Sons, 2018).

AdaBoost의 예를 들어 랜덤 포레스트와 비교해보자. 퀴즈 프로그램에 참가한다고 할 때, 랜덤 포레스트 방식은 영어, 수학, 사회, 과학 각 과목에서 성적이 비교적 우수한 학생들이 모인 팀이라고 생각할 수 있다. 이들은 다양한 교과 지식을 가지고 있기 때문에 국어와 영어 과목에서 1등인 학생들이 모인 팀을 이길 수 있는 것이다. 이와 달리 AdaBoost는 서로를 잘 아는 친한 친구들이 모인 팀이라고 생각하면 된다. 이들은 서로의 장단점을 잘 알기 때문에 자신의 장점을 극대화하고 단점은 다른 친구를 통해 보완한다.

부스팅은 약한 분류기를 결합할 때 틀린 것에 가중치를 부여하며 강한 학습기를 만들어가는데, 가중치를 부여하는 방식에 따라 분류되는 알고리즘이 달라진다. AdaBoost는 이전 분류기가 틀린 부분을 적당하게 바꿔가며 잘못 분류된 데이터에 집중할 수 있도록 하지만, 그래디언트 부스팅 알고리즘GBDT은 경사 하강법gradient descent을 사용한다. 최근에 캐글Kaggle 같은 머신러닝 경진대회와 실무에서도 자주 사용되는 XGBoost와 LightGBM이 GBDT 알고리즘에 속한다. 그래디언트 부스팅의 단점은 파라미터 설정을 잘 해야 한다는 점과 훈련 시간이 랜덤 포레스트보다 더 길다는 점이다.

사실 배깅 계열의 랜덤 포레스트와 부스팅 계열의 알고리즘은 매우 강력해 많은 응용 영역에서 자주 사용된다. 금융 시계열 분석에서도 예외는 아니나, 편향과 분산 관점에서 설명하는 다음의 차이점을 고려해보고 신중하게 사용하길 바란다.

XGBoost, LightGBM 그리고 CatBoost

부스팅 계열의 알고리즘은 테이블 형식의 데이터tabular format data에서 매우 뛰어난 성능을 보여주고 있다. 특히 XGBoost, LightGBM, CatBoost 같은 알고리즘이 현재까지도 학계와 산업계 모두에서 애용되고 있다. 이들 모두 그래디언트 부스팅 알고리즘에 기반한 방법이지만, 트리를 생성하는 방법, 특이값을 처리하는 방법, 범주화 변수categorical variable를 처리하는 방법 등 각각의 차이가 존재한다. 따라서 가지고 있는 데이터에 따라 알맞은 알고리즘을 선택해야 한다. 지면의 제약으로 인해 각각의 알고리즘에 대한 소개는 할 수 없지만, 각 알고리즘의 장점이나 특이사항을 정리해놓았으니 자신이 가지고 있는 데이터에 기반해 알고리즘을 선택하길 바란다.

알고리즘	장점 및 특이사항
CatBoost	1) 범주형 데이터를 처리하는 방법이 기존 부스팅 방법과 다르기 때문에 범주형 데이터가 많은 경우 효율이 좋다(물론 항상 그런 것은 아니다).
	2) 결측치 처리 메커니즘이 존재하기 때문에 결측치 처리를 별도로 하지 않아도 된다.
	3) 기본적으로 설정된 파라미터로도 괜찮은 성능을 낼 수 있다.

LightGBM	1) 기타 부스팅 방법에 비해 속도가 빠르다.
	2) 많은 경우 기타 부스팅 알고리즘 대비 좋은 성능을 보여준다.
	3) leaf-wise 형식으로 트리를 생성하기 때문에 데이터 수가 적을 경우 과적합 위험이 있다. 하지만 GOSS 등의 샘플링 방법을 사용하기 때문에 개인의 재량에 따라 과적합을 줄일 수 있는 기제는 충분하다.
	4) 범주형 변수의 자동 변환과 최적 분할이 가능하다(원-핫 인코딩을 반드시 사용하지 않아도 된다).
XGBoost	1) 기존 그래디언트 부스팅 알고리즘보다 빠르다(하지만 LightGBM보다는 느리다).
	2) 그리디 알고리즘을 사용한 자동 가지치기가 가능하다(과적합을 줄일 수 있다).
	3) 다양한 최적화 옵션을 제공하기 때문에 유연성이 뛰어난 편이다.

금융에서의 부스팅과 배깅

부스팅은 오답에 높은 가중치를 부여하고 정답에 낮은 가중치를 부여해 오답에 더욱 집중하도록 하기 때문에 편향^{bias}, 과소적합^{under-fitting} 문제를 훌륭하게 처리할 수 있다는 장점이 있다. 그러나 편향을 교정하면 과적합을 일으킬 위험성이 커진다. 반면에 배깅의 장점은 분산을 감소시킨다는 것이다. 금융 데이터는 낮은 신호-노이즈 비율로 인해 모델을 과적합하는 일이 자주 일어나기 때문에 금융에서 과적합은 과소적합보다 더 큰 문제가 될 수 있다. 따라서 금융에서는 부스팅보다는 배깅을 더 선호한다는 주장이 있다. 추가로, 부스팅은 이상치에 취약하고 계산 속도가 배깅보다 더 느리다는 단점이 있다.

5.2.3 비지도 학습법 – 차원 축소와 클러스터링

금융 데이터 분석에 자주 사용되는 비지도 학습법으로는 차원 축소^{dimensionality reduction}와 클러스터링^{clustering}이 있다. 금융 데이터는 대부분 서로 긴밀하게 연관된 고차원의 데이터이기 때문에 이들의 차원을 줄여 모델을 더 효율적으로 만들려는 시도들이 있으며, 요인 분석^{factor analysis}에도 자주 사용된다. 특히 차원 축소를 통해 금융 데이터에 존재하는 많은 노이즈를 제거하려는 시도가 계속되고 있다. 하지만 차원을 축소하게 되면 해석력에 문제가 생기기 때문에, '해석력'을 가진 모델을 만들어야 하는 경우에는 그 효과에도 불구하고 사용하기 어렵다는 단점이 있다.

클러스터링은 비슷하거나 공통의 특성을 가진 자산이나 종목을 찾아서 포트폴리오를 더 안정적으로 만들려는 목적으로 자주 이용된다. 예전에는 섹터^{sector}나 자산군^{asset class} 사이의 수익률 편차가 큰 편이었으나, 이제는 사람이 판단 가능한 방식으로 투자해서 알파^{alpha}를 창출하기가 힘들어졌다. 따라서 클러스터링을 통해 더 고차원적인 패턴을 찾아내 시장 알파를 창출하려는 노력도 이어지고 있다. 뿐만 아니라, 마켓 레짐market regime을 찾아주므로 리스크 관리 툴risk management tool로 사용하기도 한다.

5.3 금융 시계열 데이터에 대한 교차 검증 방법

그림 5-3 훈련셋과 테스트셋 분할

머신러닝 모델을 만들 때 교차 검증은 반드시 거쳐야 할 절차다. 이유는 간단한데, 우리가 원하는 머신러닝 모델은 일반화 능력이 뛰어나기 때문이다. 머신러닝을 공부하다 보면 과적합over-fitting이라는 단어를 많이 듣게 될 것이다. 만약 테스트셋test set를 검증셋validation set으로 사용하면 우리가 사용한 테스트셋에 최적화된 모델이 나오게 될 것이다.

위 테스트셋이 2019년도의 수능 국어 시험문제라고 한다면, 우리는 이 시험문제를 위주로 피드백을 받고 훈련하기 때문에 갈수록 이 문제를 잘 풀 수밖에 없을 것이다. 하지만 2020년에 다른 문제가 출제된다면 2017년 기출문제, 2018년 기출문제 등을 두루두루 공부하지 않았기 때문에 '일반화' 능력이 떨어지고 2019년 기출문제에 '과적합'되어 2020년 수능 국어 문제를 잘 풀지 못할 공산이 크다. 따라서 머신러닝 모델을 훈련할 때는 검정셋을 따로 분리해놓고 테스트셋은 마지막 단계에서 단 한 번만 사용한다.

절대로 테스트 데이터의 정보를 훈련에 사용하면 안 된다. 이렇게 검증셋을 분리하고 검증을 진행하는 방법을 교차 검증이라 부르며, 더 효과적인 검증을 위해 이외에도 다양한 데이터 분할 방법이 개발되었다. 홀드아웃holdout 방법, 원리브아웃One Leave Out 방법, k-fold 교차 검증 방법 등 다양한 방법이 있는데, 일반적으로 이러한 방법들은 시간적 요소가 포함된 시계열 데이터에 적합하지 않다는 의견이 많다.

구글 맵Google Map 서비스는 목적지까지 가는 여러 경로 중 정보를 요청한 시점의 교통상황에서 가장 적합한 경로를 추천해줄 것이다. 하지만 최적의 경로는 실시간 바뀔 확률이 크다. 시계열 데이터는 시간 축과 강한 상관관계를 가지는데 시간 축에는 명확한 순서가 있다. 따라서 2020년 데이터를 사용해 훈련한 다음, 이를 2018년 주가를 예측하는 데 사용한다면 안 될 것이다. 이는 투자자가 특정 일자에 접할 수 없는 데이터를 사용하는 사전 관찰 편향look ahead bias을 일으킬 수 있다. 따라서 이러한 문제를 해결하기 위해 다양한 방법을 제시하는데, 일반적인 시계열 교차 검증에 사용되는 방법은 walk-forward 교차 검증 방법이다.

그림 5-4 일반적인 k-fold 교차 검증

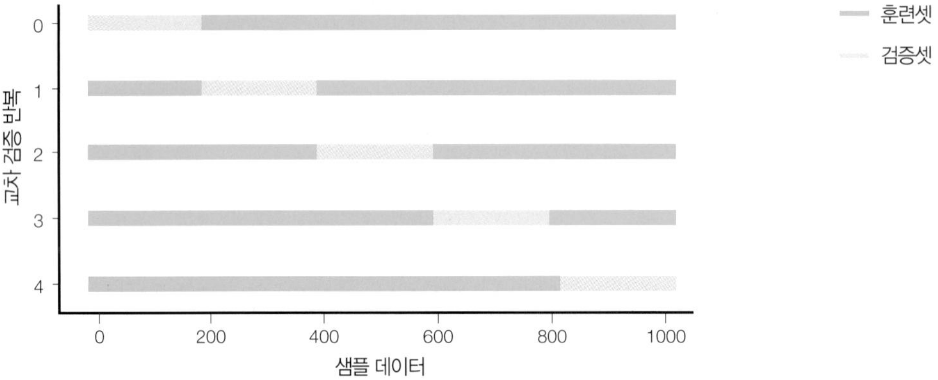

5.3.1 walk-forward 교차 검증과 blocking walk forward 교차 검증

walk-forward 교차 검증은 사이킷런의 `timesplit()` 함수로 쉽게 구현할 수 있다. 시계열을 고정해놓고 셔플을 하지 않는다. 만약 첫 번째 검증 단계에서 1월부터 3월까지의 데이터를 사용해 훈련하고 4월 데이터를 검증셋으로 사용한다면, 그다음 차례에서는 1월부터 4월까지의 데이터를 사용해 훈련하고 5월 데이터로 검증하는 방식이다. 하지만 walk-forward 교차 방법을 사용해도 데이터 누설leakage을 피할 수 없기 때문에 blocking walk-forward 교차 검증 (그림 5-6) 방법을 사용하기도 한다.

blocking walk-forward 그림을 보면 훈련 데이터셋 사이에 마진margin을 설정해 서로 겹치지 않도록 해놓았다. 이렇게 하면 데이터 누설로 인해 '미래의 패턴'을 학습하고 기억하지 못할 것이다.

그림 5-5 walk-forward 교차 검증

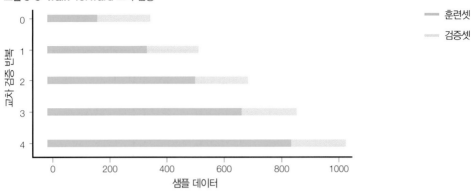

그림 5-6 blocking walk-forward 교차 검증

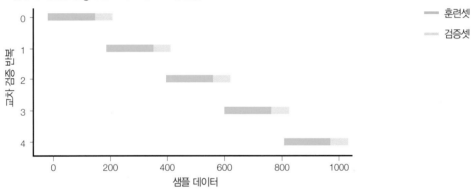

5.3.2 엠바고와 퍼징

이 방법에서는 훈련셋과 검증셋 사이에 마진을 두고, 각 검증 단계에서 사용하는 훈련셋이 겹치지 않도록 설정한다. 하지만 시계열이 짧은 경우 좋은 성능을 내지 못할 확률이 크다. 많은 기술 블로그에서 로페즈 교수가 자신의 책에서 소개한 퍼징purging(그림 5-7)과 엠바고embargo(그림 5-8)를 접목한 교차 검증 방법이 많이 언급되었으나, 실증적으로 더 좋은 효과가 증명된 것은 아니다. 이론적으로는 사전 관찰 편향을 피할 수 있는 방법이지만, 아직 이 방법이 통용되지는 않는 것 같다.

그림 5-7 퍼징 방법

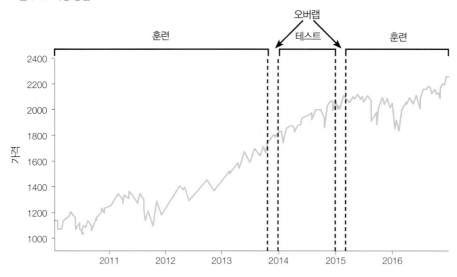

그림 5-8 엠바고 방법

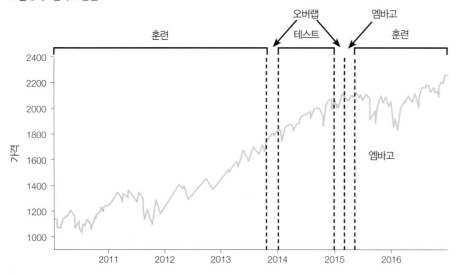

[그림 5-8]은 하나의 k-fold 교차 검증을 나타내는데, 테스트셋이 두 개의 훈련셋에 둘러싸여 있고 테스트셋과 훈련셋 사이에 마진을 만들어 데이터 누설을 방지한다. 그리고 테스트셋 뒤에는 더 넓은 마진을 추가해 누설을 한층 더 방지한다. 이를 엠바고 작업이라 한다. 해당 교차 검증 방법은 직접 구현해도 되지만, `mlfinlab`이라는 라이브러리를 이용하면 쉽게 구현할 수 있다.

그림 5-9 퍼징과 엠바고를 사용한 교차 검증 결과

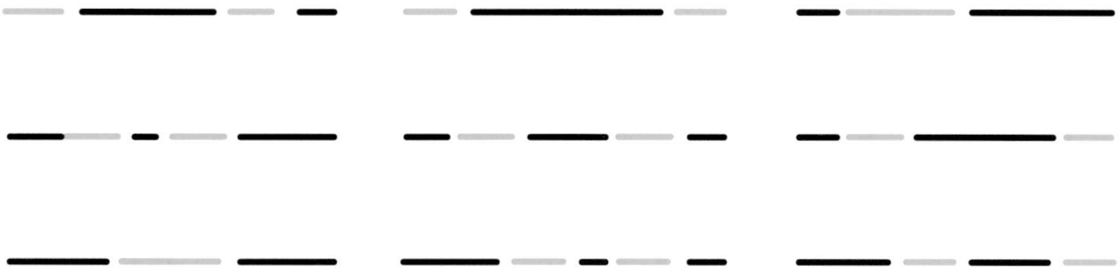

시계열 데이터, 특히 금융 시계열에서 좋은 성능을 낼 수 있는 교차 검증 방법은 휴리스틱 heuristic하게 여러 가지를 시도하는 수밖에 없다. 교차 검증의 목적은 우리가 훈련시킨 모델이 일반화 능력을 가질 수 있게 만드는 것이다. 하지만 데이터 자체에 노이즈가 많거나 입력으로 사용한 변수가 유용하지 못하다면, 아무리 좋은 교차 검증 방법을 사용해도 신뢰할 만한 결과를 얻기 힘들 것이다.

5.4 금융에서의 데이터 전처리

데이터 전처리 작업으로 금융 데이터의 노이즈를 (최대한) 제거할 수 있는지 알아보자. 보통 머신러닝에서 데이터 전처리는 원본 데이터를 모델이 학습하기 좋게 만들어주는 작업을 뜻하며, 이 작업에는 벡터화vectorization, 정규화normalization, 결측치 다루기, 특성 추출 등이 있다. 하지만 금융 데이터 전처리에서는 이런 기본적인 작업 외에 주의해야 할 점이 있다.

금융 데이터는 노이즈가 심하고 특성feature 수에 비해 상대적으로 시계열time-series 데이터 길이가 짧다. 더 자세히 설명하면, 일반적으로 주가 모델링은 기하 브라운 모형geometric Brownian motion(GBM)을 가정하는데, 이는 자기 회귀 모형AutoreRressive models(AR)(1)과 거의 동일하다.

$$y_{t+1} = y_t + x_t + \epsilon_t \qquad (1)$$

즉, 내일(t+1)의 주가에 영향을 주는 요소는 오늘의 주가(y_t), 정보(x_t), 노이즈(ϵ_t)라고 할 수 있다. 하지만 여기서 정보의 영향이 너무 작기 때문에 결과적으로 예측 모델을 활용하면 현재 값이 다음 값에 대한 최선의 예측 값이 된다. 많은 머신러닝, 딥러닝 책에서 다루는 LSTM 모델을 사용한 주가 예측 예제를 살펴보자(그림 5-10). 예측을 매우 잘 한 것처럼 보이지만, 실질적으로 오른쪽으로 래깅lagging한 것과 마찬가지인 것을 확인할 수 있다.

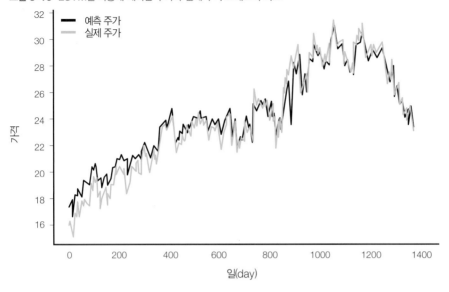

그림 5-10 LSTM을 사용해 예측한 주가와 실제 주가 그래프의 비교

시계열 길이만 보더라도 일간 데이터^{daily data}를 사용할 경우 1년에 252개의 데이터 포인트가 존재할 뿐이다. 10년이라고 해봤자 2520개인데, 이는 빅데이터라 부르기가 무색할 정도다. 더 큰 문제는 많은 거시경제 지표들이 주간^{weekly}이나 월간^{monthly} 단위로 발표되고, 발표 시기도 제각각이어서 많은 지표를 동시에 사용하기가 어렵다는 것이다. 따라서 노이즈를 제거하는 전처리와, 많은 변수의 타임 프레임^{time frame}을 맞추는 전처리 작업이 중요하다. 이 절에서는 노이즈를 줄이기 위한 일명 '노이즈 제거^{de-noising}' 방법을 살펴볼 것이다(타임 프레임을 맞추는 전처리 작업은 2장에서 다뤘다).

5.4.1 노이즈를 줄이는 방법

노이즈 제거가 무엇을 의미하는지부터 알아보자. 노이즈 제거란 불필요한 디테일을 없앰으로써 더 중요한 정보에 주목하게 하는 것인데, 흔히 정보 압축이나 차원 축소 방법을 사용한다. [그림 5-11]은 노이즈 제거(혹은 차원 축소) 방법 중 하나인 특이값 분해^{singular value} ^{decomposition}(SVD)를 수행한 이미지인데, 각 사진 위에 있는 숫자는 선택한 요소(Rank)의 수를 나타낸다. 요소의 수가 줄면 동시에 화질이 떨어지는데, 20개의 요소만 사용해도 사진 속 동물이 호랑이임을 식별할 수 있다.

사실 노이즈 제거는 신호 처리나 이미지 처리에서 많이 사용된다. 문제는 신호 처리나 이미지 처리에서 효과적인 노이즈 제거 방법이 금융 시계열에서는 큰 효과를 내지 못하는 경우가 많다는 것이다. 그럼에도 노이즈를 제거하기 위한 많은 방법이 시도되고 양호한 효과를 발표한 논문도 여러 편 있다. 하지만 널리 사용될 만큼 효과가 입증된 기법이 없기 때문에 분석하고자 하는 시장과 데이터에 맞는 기법을 선택해 실험해봐야 할 것이다. 이 절에서는 자주 언급되는 몇 가지 노이즈 제거 기법을 살펴본다.

그림 5-11 SVD로 노이즈를 제거한 호랑이 이미지

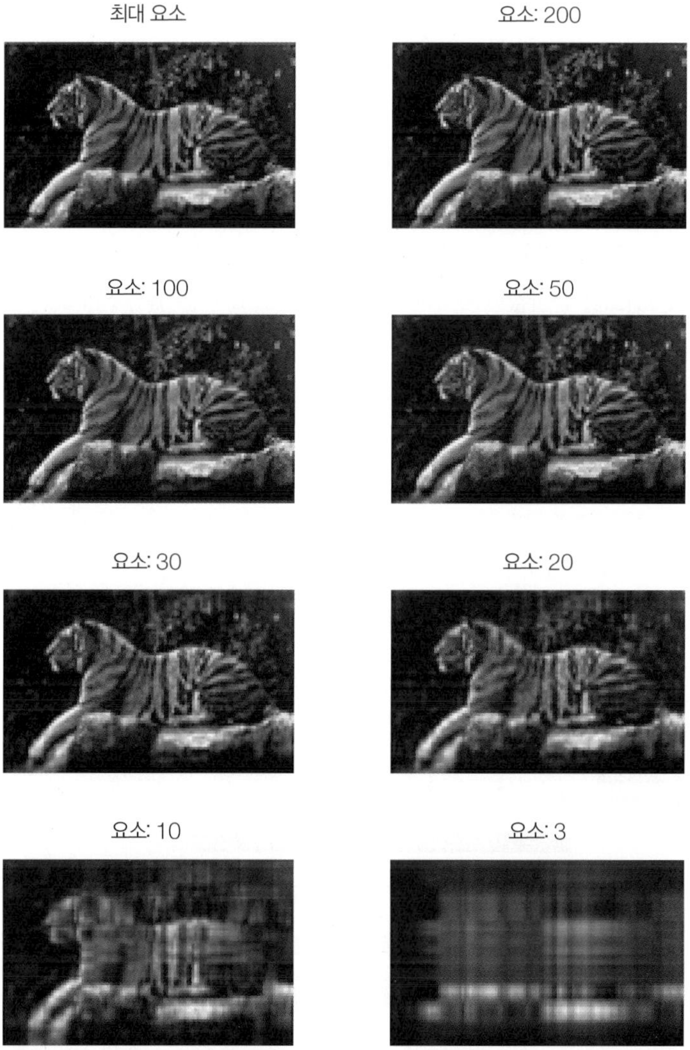

이동 평균과 지수 이동 평균

주가는 상대적으로 변동성이 높은 편이어서 추세를 파악하기가 다소 힘들 수 있다. 따라서 불규칙하게 보이는 변동 부분을 제거하면 추세를 보기가 쉬워지는데, 며칠간의 주가를 평균 낸 이동 평균moving average은 이러한 변동성 부분, 즉 노이즈를 제거하고 추세를 파악할 수 있게 해준다. 지수 이동 평균exponential moving average은 특정 기간의 주가 중 최근 가격에 더 큰 가중치weight를 두어 계산한다. 가장 최근의 일자에 가장 큰 가중치를 두기 때문에 단순 이동 평균에 비해 최근의 시장 분위기를 잘 반영한다는 장점이 있다. 또한 과거의 주가를 계산에서 일시에 제외하지 않고 서서히 사라지게 하는 것이 단순 이동 평균과 가장 크게 다른 점이다.

웨이블릿 변환

웨이블릿 변환wavelet transform이란 웨이블릿 기저함수를 이용해 데이터를 변환하는 것을 말한다. 여기서 웨이블릿 기저함수는 적분하면 0이 되고 진동하면서 진폭이 0으로 수렴하는 함수를 말한다. 즉, 웨이블릿이란 0을 중심으로 증가와 감소를 반복하는 파동과 같은 진동을 말한다. [그림 5-12]처럼 웨이블릿 변환은 신호를 근삿값approximation과 세붓값detail으로 구분한다. 근삿값은 신호의 저주파 성분(전반적 내용)을 담고, 세붓값은 신호의 고주파 성분(세부 사항)을 담는다. 그리고 찾은 근삿값들을 다시 반으로 나눠 근삿값과 세붓값으로 구분한다. 이런 특징으로 웨이블릿은 데이터 압축에도 사용할 수 있다.

그림 5-12 웨이블릿 변환[14]

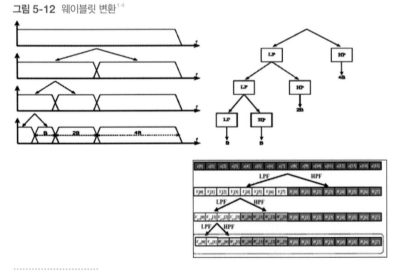

---

14 https://slideplayer.com/slide/7537671/

웨이블릿은 신호가 가지고 있는 비정상적non-stationary 성질을 나타내는 데 유용하다. 예를 들어, 푸리에 해석에서는 신호의 불연속성, 단절rupture 등을 잘 식별할 수 없지만 웨이블릿 해석을 사용하면 식별이 가능하다. 이는 단순히 웨이블릿이 신호의 세세한 부분까지 반영하기 때문이 아니라 신호가 변화하는 부분을 잘 나타내기 때문이다.[15] 이러한 장점 덕분에 오래전부터 다양한 웨이블릿 변환을 사용해 금융 시계열 데이터를 분석하려는 시도가 계속되어 왔다. 많은 논문들에서 웨이블릿 변환을 사용하는 것이 단일 모델을 사용하는 것보다 더 효과적이라고 말한다.[16][17]

PCA를 이용한 노이즈 제거

차원 축소에서 좋은 성능을 보여주는 머신러닝 알고리즘인 주성분 분석principal component analysis(PCA)을 사용해 노이즈를 제거하는 동시에 더 좋은 특성을 추출해 시장 예측에 사용하는 것도 자주 시도되는 방법이다.[18][19] PCA는 여러 데이터가 모여 하나의 분포를 이룰 때 이 분포의 주성분을 분석해주는 방법이다. 여기서 주성분이란 그 방향으로 데이터들의 분산이 가장 큰 방향 벡터를 의미한다. 즉 주성분만으로도 충분한 표현이 가능하기 때문에 복잡한 특성이나 부차적 요소를 제거할 수 있다는 장점이 있다. 하지만 PCA 알고리즘은 PCA를 통해 반환된 각각의 주성분을 해석하기가 어렵다는 단점이 있어 모델의 해석력이 필요한 금융 데이터 분석에서는 권장하지 않는다.

딥러닝 기반의 노이즈 제거 – 오토인코더

앞서 살펴본 PCA는 원래의 모형대로 학습하는 과정 없이 선형적인 성질만을 이용해 데이터의 분산을 최대화하는 차원으로 투영시킨다. PCA는 성능이 월등하지 않다는 명확한 단점이 있고, 앞선 예제에서 언급한 SVD는 데이터가 선형인 상황에서만 잘 동작한다는 단점이 있다.

15 『Functional Analysis for Physics and Engineering: An Introduction』(CRC Press, 2016).

16 Al Wadia, M. T. I. S., and M. Tahir Ismail. 『Selecting wavelet transforms model in forecasting financial time series data based on ARIMA model』Applied Mathematical Sciences 5.7 (2011): 315-326.

17 S. Yousefi, I. Weinreich, and D. Reinarz. 『Wavelet-based prediction of oil prices』Chaos, Solitons and Fractals, vol. 25, no. 2, pp. 265-275, 2005.

18 Wang, Jie, and Jun Wang. 『Forecasting stock market indexes using principle component analysis and stochastic time effective neural networks』Neurocomputing 156 (2015): 68-78.

19 Waqar, Muhammad, et al. 『Prediction of Stock Market by Principal Component Analysis』2017 13th International Conference on Computational Intelligence and Security (CIS). IEEE, 2017.

딥러닝의 발전과 함께 딥러닝을 사용한 차원 축소(노이즈 제거) 기법도 발달했는데, 그중 가장 기본이 되는 방법이 오토인코더autoencoder다. 사실 오토인코더에서 활성화 함수로 시그모이드sigmoid, ReLU 같은 비선형non-linear 함수 대신 선형 함수를 사용하고, 손실 함수로 평균 제곱 오차mean squared error(MSE)를 사용할 경우 PCA와 동일하다고 볼 수 있다.

오토인코더는 히든 레이어를 추가하는 것만으로도 더 복잡한 구조를 만들 수 있으며, 이렇게 만들어진 것을 적층 오토인코더stacked autoencoder(SAE)라고 부른다. 많은 논문과 기술 블로그에서 다양한 SAE를 활용해 데이터의 노이즈를 제거하고 입력으로 사용해 좋은 성과를 냈다는 내용을 확인할 수 있다. 실례로 얼마 전 미국에 인공지능 기반의 ETF 상품을 상장시킨 국내 핀테크 기업 크래프트테크놀로지스의 기술 블로그에서도 전통적인 이동 평균 필터나 쌍방bilater 필터 대신 CNN 기반의 SAE를 사용해 노이즈 제거 효과가 뛰어남을 검증했다.[20] 오토인코더 모델을 만들기 위해서는 기본적인 딥러닝 모델을 구축할 수 있어야 한다. 이에 대해서는 다음 장에서 자세히 설명하겠다.

5.5 머신러닝을 활용한 전략의 평가 지표

이 절에서는 우리가 만든 머신러닝 모델을 평가할 때 주의해야 할 점을 알아본다. 일반적으로 머신러닝 모델을 평가하는 지표는 금융 시계열 데이터를 사용했더라도 동일하다. 분류에서는 정확도, 정밀도, F_1 점수, AUC-ROC 등이 있고, 회귀에서는 평균 제곱 오차, 결정계수 등을 활용할 수 있다. 하지만 투자 전략을 고민할 때는 다양한 지표를 함께 봐야 한다. 예를 들어, 주가 트렌드를 예측해 70% 이상 적중하는 모델이 있다 하더라도 그에 따라 투자했을 때 손실이 발생할 수 있다. 그 밖에 학습한 모델을 활용해 예측한 결과를 살펴볼 때 주의해야 할 부분을 살펴보자.

5.5.1 트렌드에 대한 가중치

머신러닝을 활용해 전략을 만들 때 많은 경우 트렌드를 예측하는 분류 문제로 진행한다. 레이

---

20 https://www.qraftec.com/blog/2019/3/6/deep-time-series-denosier

블 데이터가 있어야 하니 다음날 주가가 전날 주가보다 더 올랐다면 1, 내렸다면 −1로 레이블링하는 문제가 있다고 가정해보자. 오늘 가격이 어제보다 0.01% 올랐다면 이는 오른 것일까? 절대적인 수치만 보면 분명 오른 것이다. 하지만 0.01% 오른 것과 10% 오른 것에 대한 가중치가 같다면 우리가 만든 모델은 학습할 때 서로 다른 상승률을 동일하게 취급할 것이다. 이는 상식적으로도 비합리적인 판단이다.

좋은 데이터가 있어야 기계가 제대로 배울 수 있다. 정답 데이터(레이블 데이터)는 머신러닝 모델이 학습할 수 있도록 '지도'하는 역할을 하기 때문에 신중하게 선정하거나 만들어야 한다. 이에 대한 해결 방법은 상승률에 따라 가중치를 달리 부여하거나, 단순 이진 분류 문제를 다중 분류 문제로 변환하는 것이다. 어떻게 보면 이는 데이터 전처리에 속하는 작업이라고 할 수 있다.

5.5.2 레이블 데이터 불균형 문제

분류 문제로 주식시장의 방향성을 예측할 때 마켓 레짐market regime에 따라 레이블 데이터 불균형이 발생할 수 있다. 예를 들어, 2019년 동안 많은 미국 주식 종목이 지속적인 상승세를 보였다. 만약 일 단위로 전날보다 올랐다면 1, 내렸다면 0으로 레이블링하고 이 값의 통계를 내보면 65% 정도는 1이고 나머지는 0이 될 것이다. 만약 이 구간에 대해 모델링한다면, 모델은 단순하게 오른다고만 예측할 공산이 크다. 왜냐하면 오른다고만 찍어도 정확도는 65%가 될 것이기 때문이다.

이 문제를 해결하기 위해서는 앞서 언급한 방법을 사용해 등락 횟수가 최대한 비슷하게 레이블링해야 하고, 그렇지 않으면 정확도가 아닌 다른 지표를 살펴봐야 한다. 정확도는 데이터의 균형이 맞을 경우 뛰어난 성능을 보이지만, 불균형 데이터에서는 그렇지 않다. 따라서 AUC-ROC 점수 같은 측정 지표를 잘 활용하는 것이 중요하다.

5.5.3 다양한 지표 함께 보기

머신러닝 모델은 특정 문제를 풀기 위해 사용되며, 이는 금융 데이터를 활용해 투자 전략을 개발할 때도 마찬가지일 것이다. 투자 전략을 개발하는 이유는 대부분 '돈을 벌기' 위해서일 것이다. 따라서 일반 퀀트 전략에서 중시하는 요소를 머신러닝을 활용한 전략에서도 동일하게 우선

시해야겠다. 그러나 일반적인 머신러닝 모델 성능 지표만으로는 실제 퀀트 전략을 구현하거나 상품화하는 데 한계가 있다. 따라서 백테스팅 결과에 대해 다각도로 고민한 내용을 보여주어야 한다. 아직 머신러닝이 블랙박스라고 생각하는 사람이 많기 때문에 해석력이 부족한 모델일수록 이와 같은 전략의 지표들은 중요하다.

가장 중요한 지표를 선정해야 모델링 방향도 결정할 수 있다. 보통 투자에서 관심의 초미가 되는 것은 수익률일 것이다. 수익률을 산출할 때 장기적 전략이라면 산술평균 수익률보다 기하평균 수익률을 활용하는 것이 더 바람직하다. 안정적인 전략을 추구한다면 전략의 변동성이 중요하기 때문에 이를 함께 계산할 필요가 있다. 다양한 전략 구사가 가능한 헤지펀드에서는 샤프 비율을 중시하기 때문에 높은 샤프 비율을 목표로 모델의 학습 방향을 설정할 수도 있겠다.

앞서 언급했듯이 일반 머신러닝 모델로 분류 문제를 해결할 때는 높은 정확도, 높은 AUC-ROC 등을 목표로 설정하게 된다. 하지만 높은 정확도를 가진 모델이 낮은 정확도를 가진 모델보다 수익률이 더 저조하거나 수익률은 비슷하지만 변동성이 더 크다면, 아마도 낮은 정확도를 가진 모델이 채택될 확률이 많을 것이다. 따라서 프로젝트를 관리하는 관리자는 단순히 '좋은' 모델의 개발을 주문하기보다 구체적인 지표에 대한 가이드라인을 제시해야 할 것이다.

5.6 백테스팅

백테스팅back-testing은 금융계에 종사하는 사람들, 특히 퀀트나 트레이더에겐 너무나도 익숙한 단어다. 백테스팅이란 특정 전략을 과거에 적용했을 때 어떠한 결과가 나오는지 시뮬레이션해보는 작업이다. 예를 들어, 전날 미국 주식이 오르면 코스피 지수 주식을 매수하는 아주 단순한 전략이 있다고 가정할 때, 이 전략으로 과거 데이터(예, 2000~2010년)를 사용해 어느 정도의 성과가 나오는지 계산해보는 것이다.

문제는 백테스팅 성과가 미래의 수익률을 보장해주지 않는다는 점이다. 백테스팅 결과를 맹신하는 것은 마치 근 10년 동안 미국 주식이 꾸준히 상승했으니 향후 10년 동안에도 상승세가 유지될 것이라 믿는 것과 같다. 예로 든 단순한 전략도, 만약 미국 주식이 오른 다음날 한국 주식이 오르는 패턴이 확실하다면 충분히 시도해볼 가치가 있겠으나, 이러한 패턴이 뚜렷하게 반복된다면 입소문이 날 것이고 결국 시장에는 이 패턴이 사라지고 새로운 패턴이 등장할 것이다.

'백테스팅을 신뢰할 수 있는가' 이 주제는 금융계의 NP-hard 문제다. 로페즈 교수는 백테스트로 만들어진 모든 전략이 '선택 편향'으로 인해 어느 정도 과적합되어 있으며 만의 하나 이 문제를 해결한다면 노벨상도 받으리라고 단언했다. 하지만 지금으로선 전략의 유효성을 테스트할 방법이 과거 데이터에 의지하는 방법뿐이므로 최대한 백테스팅의 함정을 피해갈 테크닉을 사용해 신뢰성 있는 결과를 만들어내는 것이 중요하다.

5.6.1 최대한 많은 경제적 시나리오를 포함하는 백테스팅 기간 설정하기

백테스팅 기간 설정은 마켓 사이클 이론을 바탕으로 한다. 이 이론의 골자는 시장에는 주기와 레짐이 존재하므로 다양한 주기와 레짐을 포함하는 구간을 설정하는 것이 중요하다는 것이다. 예를 들어 2008년 금융 위기 데이터를 포함한 백테스팅 결과와 이 구간을 포함하지 않는 같은 길이의 시계열이 있다면, 금융 위기 기간을 포함한 백테스팅 결과를 살펴보는 것이 신뢰성을 높일 수 있다. 이 방법이 과학적인지는 증명할 수 없지만, 다른 실무자들을 설득하기 쉽고 실제로 비슷한 패턴의 상황에 맞닥뜨렸을 경우 해당 패턴을 찾아낼 수도 있을 것이다.[21]

전략은 다양한 시나리오에서 수익을 낼 수 있어야 하므로 모델링하고 훈련을 진행할 때 최대한 다양한 시나리오를 포함하도록 한다. 퀀트 콘퍼런스에서 유명 헤지펀드 매니저들이 자주 받는 질문도 "백테스팅 기간을 어느 정도 가져가야 해요?"인데, 개인의 철학에 따라 답이 다르지만 보통 10년에서 길게는 30년까지 테스팅한다고 한다.

5.6.2 수수료와 슬리피지 고려하기

많은 논문에서 이 부분을 간과한다. 그래서 논문을 따라 구현해보면 성능이 양호해 어느 정도 수익이 나는데, 막상 수수료를 지불하고 나면 트레이딩 횟수가 많아 오히려 마이너스인 경우가 종종 있다. 그리고 많은 논문이나 예제에서는 당일 종가까지 사용해 다음날 종가의 등락을 예측하곤 하는데, 그렇게 해서 투자 의사결정을 내린다 해도 주식을 살 수 있는 가장 빠른 시간은 다음날이며 그때 시가로 사게 될 것이다. 또한 주식을 매매할 때는 주문량이나 체결 강도 등에 의해 슬리피지가 발생하므로 이 부분까지 고려해야 한다.

---

21 물론 엄밀하게 말하면, 다시 찾아올 금융 위기의 패턴은 2008년 패턴과 다를 수 있기 때문에 이러한 기간을 포함한다 해도 금융 위기 상황을 충분히 시뮬레이션했다고 장담할 수는 없다.

5.6.3 편향 고려하기

백테스팅을 할 때 자주 발생하는 편향으로는 생존 편향survivorship bias과 사전 관찰 편향look-ahead bias이 있다. 생존 편향은 중간에 상장 폐지된 종목들을 제외하고 백테스팅을 진행하는 경우 발생한다. 우리는 미래에 어떤 종목이 상장 폐지될지 모르므로, 과거에 상장 폐지된 종목들을 제거하게 되면 해당 종목들에 대한 패턴을 읽지 못하거나 과장된 수익률을 낼 수 있다.

사전 관찰 편향도 많이 발생하는 현상이다. 예를 들어 3월의 GDP 지수를 4월 말에 발표하는데 백테스팅에서는 이미 이를 알고 있다는 가정하에 사용하는 것이다. 혹은 많은 기술 지표들이 당일 종가가 나와야 계산됨에도 불구하고 모델을 만들 때 당일 종가까지 넣어 기술 지표를 만들고 사용하는 경우 이런 현상이 나타날 수 있다. 이러한 전략은 현실적이지 못하기 때문에 실전에서 사용되기 힘들다. 따라서 이 두 가지 편향을 항상 경계해야 한다.

또 한 가지 고려해야 할 편향은 심리적 인내 편향psychological tolerance bias이다. 백테스팅 결과가 좋더라도 중간에 3~4개월 정도의 긴 기간 동안 지속적인 하락을 경험해야 한다면, 투자자는 견딜 수 없을지도 모른다. 만약 대고객 상품이라면 중간에 환불 요구가 빗발칠 수도 있다. 따라서 대고객 서비스에 이 전략을 적용한다면 결과를 다각도로 살펴보는 세밀함이 필요하다.

5.6.4 특정 주가가 아닌 전체 자산 종류나 투자 영역에 대한 모델 개발하기

논란의 여지가 있는 의견이지만, 특정 종목만을 예측하는 것보다 자산 부류(예, 섹터별, 인덱스별)를 예측하는 것이 과적합을 조금이나마 줄일 수 있는 방법이다. 이는 범용성이 뛰어난 모델을 개발하라는 의미가 아니다. 범용성이 높다면 당연히 좋겠지만, 이는 매우 힘든일이다. 다양한 섹터나 인덱스 별로 예측 모델을 개발하라는 것은, 모델 자체를 분산시켜 리스크를 줄여주는 효과를 가져올 수 있다. 즉, 한 전략에서 과적합 되더라도 다른 전략을 통해 상쇄하는 것이다. 이 부분은 전략을 만들고 결합하는 부분에서 다시 최적화해야 한다. 전략 포트폴리오의 최적화 부분은 매우 큰 주제이기 때문에 여기서는 다루지 않는다.

5.6.5 여러 가지 지표 활용하기

전략의 장단점을 파악하는 지표는 많다. 수익률 외에 변동성, 샤프 비율, 최대 낙폭MDD, 소르티노 지수Sortino ratio, 트레이너 지수Treynor ratio, 젠센의 알파Jensen's alpha 등 다양한 위험 및 성과 지표를 살펴봐야 한다. 실제로 실무자에 따라 중점으로 보는 지표가 다르므로, 이 부분에 대한 커뮤니케이션을 진행하고 모델링하는 것을 권장한다.

5.6.6 시계열 분석에 맞는 교차 검증 방법 활용하기

앞서 설명한 교차 검증 기법을 사용해 다양한 검증을 진행해야 한다. 검증을 많이 한다고 성과가 반드시 좋은 것은 아니지만, 신뢰도를 높이는 차선의 선택이 될 것이다. 특히 머신러닝을 활용한 모델링을 할 때 앞서 설명한 사전 관찰 편향에 맞닥뜨릴 확률이 높기 때문에 항상 주의를 기울이도록 한다(예, 레이블된 데이터 생성 시 코딩 실수, 시차를 고려하지 못한 전략 개발 등).

5.7 머신러닝 알고리즘 구현을 위한 사이킷런

사이킷런$^{Scikit-learn}$은 머신러닝 관련 내용(데이터 나누기, 훈련시키기, 적합시키기, 평가 지표 만들기 등)을 미리 짜놓은 것이라고 이해하면 간단하다. 머신러닝 알고리즘을 구현하려면 사이킷런만 잘 해도 된다. 사이킷런은 머신러닝 구현에 필요한 대부분의 기능을 제공하기 때문에 그 내용이 판다스 못지않게 방대하다. 하지만 자주 사용하는 주요 모듈만 익혀도 기본적인 프로세스와 알고리즘은 구현 가능하므로, 여기서는 금융 데이터 분석에서 자주 사용하는 모듈 위주로 간단하게 정리한다.

먼저 해당 모듈에 대해 개괄적으로 이해한 후 실습 과정을 거치며 조금 더 자세히 알아보자. 사이킷런에 익숙해지기 위해서는 다른 머신러닝 프로젝트 코드를 참고하는 것이 좋다. 캐글^{Kaggle} 랭커들의 코드를 '필사'하면서 익히는 방법을 권한다(더 많은 예제가 필요한 독자들은 필자의 깃허브^{github}에 탑재된 연습용 코드를 이용하기 바란다).

5.7.1 사이킷런 치트-시트

치트-시트$^{cheat\ sheet}$는 한마디로 커닝 페이퍼다. 말 그대로 중요한 내용만 A4용지 한 장에 요약해 놓은 것인데, 자주 사용하는 파이썬 패키지들은 [그림 5-13]과 같은 치트-시트를 공유한다.

코딩은 무작정 외워서 하는 것이 때문에 모르는 것을 '질문'할 수 있는 능력만 있으면 된다. (여기서 질문이란 단순한 구글링을 의미한다.) 예를 들어 데이터셋을 훈련 데이터와 테스트 데이터로 나누고 싶은데 데이터셋에 문제가 있거나 일반적이지 않은 경우에 기본적인 데이터 분할 방법(어떤 메서드를 사용해야 하는지)을 알고 있다면 검색을 통해 원하는 내용을 쉽게 찾을 수 있을 것이다.

그림 5-13 사이킷런 치트-시트

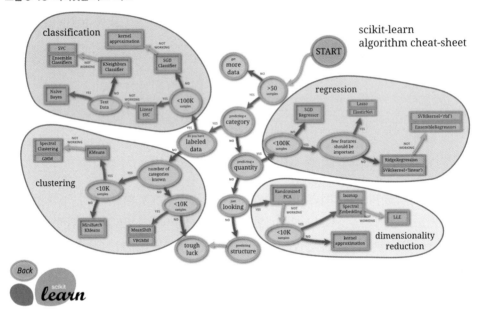

여기서는 기본적인 치트-시트를 참조해서 사이킷런에서 제공하는 보스턴 부동산 데이터를 활용하는 간단한 예제를 살펴보고, 그 외 세부적 메서드는 별도 테이블에 정리하겠다.

5.7.2 주요 모듈

사이킷런에서는 다양한 모듈이 사용된다. 그중 [표 5-1]에 간략히 설명한 주요 모듈은 예제를 살펴보며 자세히 알아보자. 사이킷런을 접해본 적이 없다면, 예제를 따라하기 전에 기초적인 내용의 예제를 해보고 시작하는 것도 좋을 것이다.

표 5-1 사이킷런 모듈[22]

분류	모듈명	설명
예제 데이터	sklearn.datasets	사이킷런에 내장되어 예제로 제공되는 데이터셋
특성 처리	sklearn.preprocessing	데이터 전처리에 필요한 다양한 가공 기능 제공(문자열을 숫자형 코드 값으로 인코딩, 정규화, 스케일링 등)
	sklearn.feature_selection	알고리즘에 큰 영향을 미치는 특성을 우선순위대로 셀렉션 작업을 수행하는 다양한 기능 제공
	sklearn.feature_extraction	텍스트 데이터나 이미지 데이터의 벡터화된 특성을 추출하는 데 사용
		예를 들어 텍스트 데이터에서 Count Vectorizer나 Tf-Idf Vectorizer 등을 생성하는 기능 제공
		텍스트 데이터의 특성 추출은 sklearn.feature_extraction.text 모듈에, 이미지 데이터의 특성 추출은 sklearn.feature_extraction.image 모듈에 지원 API가 있음
특성 처리와 차원 축소	sklearn.decomposition	차원 축소와 관련한 알고리즘을 지원하는 모듈
		PCA, NMF, Truncated SVD 등을 통해 차원 축소 기능을 수행
데이터 분리, 검증,	sklearn.model_selection	교차 검증을 위한 학습용/테스트용 분리, 파라미터 튜닝 그리드 서치(grid search)로 최적 파라미터 추출 등의 API 제공
평가	sklearn.metrics	분류, 회귀, 클러스터링, 페어와이즈(pairwise)에 대한 다양한 성능 측정 방법 제공
		Accuracy, Precision, Recall, ROC-AUC, RMSE 등 제공
ML 알고리즘	sklearn.ensemble	앙상블 알고리즘 제공
		랜덤 포레스트, 에이다 부스트, 그래디언트 부스팅 등 제공
	sklearn.linear_model	주로 선형 회귀, 리지(ridge), 라쏘(lasso) 및 로지스틱 회귀 등 회귀 관련 알고리즘 지원
		또한 SGD(stochastic gradient descent) 관련 알고리즘도 제공
	sklearn.naïve_bayes	나이브 베이즈 알고리즘 제공 (가우시안 NB, 다항 분포 NB 등)
	sklearn.neighbors	최근접 이웃 알고리즘 제공 (K-NN(K-nearest neighborhood) 등)

---

22 《파이썬 머신러닝 완벽가이드》 참조)

	sklearn.svm	서포트 벡터 머신 알고리즘 제공
	sklearn.tree	의사결정 트리 알고리즘 제공
	sklearn.cluster	비지도 클러스터링 알고리즘 제공 (K–평균, 계층형, DBSCAN 등)
유틸리티	sklearn.pipeline	특성 처리 등의 변환과 ML 알고리즘 학습, 예측 등을 함께 묶어서 실행할 수 있는 유틸리티 제공

5.7.3 예제로 살펴보는 사이킷런 활용

사이킷런 라이브러리를 사용해 간단한 선형회귀 모델을 만들어보자. 선형회귀란 독립변수 x와 이에 대응하는 종속변수 y의 관계를 찾아내는 작업이다. 그래서 x와 y 관계를 가장 잘 설명하는 모형을 찾고 독립변수 x에 대해 종속변수 y와 오차가 가장 적은 $\hat{y}$을 출력하는 함수다.

먼저 선형회귀 모형은 어떻게 만드는지 코드로 살펴보자. 아래 예제는 너무나도 유명한 보스턴 집값 예측 문제다. 파이썬 라이브러리에 데이터가 포함되어 쉽게 데이터를 받아올 수 있다.

```python
import pandas as pd
import matplotlib.pyplot as plt
from sklearn.linear_model import LinearRegression    ①
from sklearn.datasets import load_boston

# 보스턴 집값 데이터를 불러온다.
boston_data = load_boston()    ②
x_values = boston_data['data']
y_values = boston_data['target']

# 선형회귀 모델을 만들고 모델을 학습시킨다.
model = LinearRegression()    ③
model.fit(x_values, y_values)

# 샘플 데이터로 예측한다.
sample_house = [[2.29690000e-01, 0.00000000e+00, 1.05900000e+01, 0.00000000e+00,
4.89000000e-01,
                6.32600000e+00, 5.25000000e+01, 4.35490000e+00, 4.00000000e+00,
2.77000000e+02,
                1.86000000e+01, 3.94870000e+02, 1.09700000e+01]]

print(model.predict(sample_house))    ④
```

코드 동작을 부분별로 살펴보자.

① 프로그램에서 사용할 패키지를 임포트한다. 선형회귀는 클래스를 임포트하면서 사용할 수 있다.

② 패키지를 이용해 데이터를 받아온다. 그런 다음 독립변수와 종속변수를 나눠준다. 'data' 부분이 입력값으로 전달되는 독립변수이고 'target' 부분이 집값에 해당하는 종속변수이다.

③ LinearRegression 객체를 선언해 모델을 받아오고 fit() 메서드를 통해 학습 데이터를 전달함과 동시에 모델을 학습시킨다. 이 과정에서 'data'의 차원에 맞게 가중치를 조절하게 된다. 임의의 샘플 데이터를 주었지만 이는 집값을 예측하는 데 다양한 특성(feature) 값을 사용할 수 있음을 시사한다.

④ 학습 후 결정된 가중치 변수를 이용해 샘플 데이터를 모델에 전달하면서 새로운 집값을 예측하게 된다.

5.8 마치며

이 장에서는 머신러닝이 금융에서 어떻게 활용되고, 어떤 성과를 내며, 현업 실무자는 머신러닝에 대해 어떻게 생각하는지를 각종 설문조사와 논문을 통해 살펴보았다. 그리고 대표적으로 사용되는 지도 학습법 및 비지도 학습법과 이를 적용할 때 주의해야 하는 교차 검증 방법, 데이터 전처리, 측정 지표, 백테스팅 방법에 대해 알아보았다. 그리고 이러한 기능을 쉽게 구현해주는 머신러닝 라이브러리 사이킷런의 주요 모듈과 간단한 예제를 살펴보면서 다음 장에서 진행할 실습에 대한 준비를 마쳤다.

이번 장에서 배운 내용을 통해 머신러닝 알고리즘을 적용해 전략을 개발하는 방법을 배울 것이다. 또한 ETFs를 활용한 주가 방향 예측, k-최근접 이웃 알고리즘을 이용한 투자 전략, 클러스터링 알고리즘을 활용한 종목 분류라는 세 개의 실전 예제를 살펴볼 것이다. 더불어 매우 간단하지만 자신만의 인사이트를 발휘해 가미해보는 색다른 경험도 하게 될 것이다.

## CHAPTER 6

머신러닝을 이용한 투자 전략

금융 데이터를 활용한 시장 예측 문제는 다음과 같이 분류한다.

표 6-1 시장 예측 문제의 분류

상품	토픽	데이터
주식(stock)	가격 예측	가격 데이터
외환 시장(Forex)	방향성 예측	가공한 기술 지표
원자재(commodity)	종목 선택	거시경제 지표
부동산(real estates)	변동성 예측	텍스트
인덱스(index)	…	이미지
암호화폐(crytocurrency)		기타 대안 정보
…		…

먼저 분석하고자 하는 자산을 선택하고 어떤 방법으로 분석할지 결정한다. 주가 트렌드를 예측하고자 한다면, 트렌드에 대한 정의부터 시작해야 한다. 전일 종가 대비 당일 종가가 높다면 상승세인가? 아니면 한 달 전의 가격보다 높아야 상승세인가? 그것도 아니라면 최근 3일간 특정 수익률을 내야 상승세라 판단할 것인지에 대한 세밀한 정의가 필요하다. 이러한 정의를 내릴 때는 실제 트레이딩 가능 여부를 고려해야 한다. 그리고 구할 수 있는 대로 많은 데이터를 수집한다. 마지막으로, 수집된 데이터와 정의된 문제에 따라 알맞은 분석 방법론과 머신러닝 모델을 선택한다.

머신러닝을 활용한 투자 전략도 기존에 해오던 퀀트 전략과 동일하다. 퀀트 투자는 정량적 분석에 기반한 투자 방법이긴 하지만, 아무런 아이디어 없이 숫자(데이터)만 넣으면 뚝딱 나오는 전략이 아니다. 퀀트 전략이라 하더라도 주관적인 판단이 개입한다. 예를 들어 이동 평균선을 기준으로 투자를 하는 전략이 있다고 하자. 이 전략은 이동 평균선이라는 정량적 지표를 바탕으로 만들어졌기 때문에 퀀트 전략이라 볼 수 있다. 하지만 이동 평균선이 유의미한 지표라는 것은 어떻게 판단할 수 있을까? 이 지표도 결국 주관적인 인사이트insight를 바탕으로 만들어진 것 아닌가.

시장에 대한 인사이트 없이, 데이터를 투입한다고 해서 자동으로 좋은 아웃풋이 나오는 것이 아니다. 투자도 마찬가지고 머신러닝을 활용한 투자 전략이라면 더욱 그렇다. 물론 타이타닉 생존자나 채무 불이행 여부를 예측하는 문제라면 별다른 도메인 지식 없이 보유한 데이터만 넣고 여러 가지 모델링을 하다 보면 좋은 결과를 내는 모델을 만들 수도 있다. 하지만 투자 영역에서 사용할 수 있는 데이터의 일반적인 종류는 극히 제한적이고, 관련 데이터를 모두 찾는 것은 불가능에 가깝다. 따라서 그 어느 영역보다 모델러의 인사이트가 중요하겠다.

그림 6-1 이미지넷 경진대회 알고리즘 성능 발전사

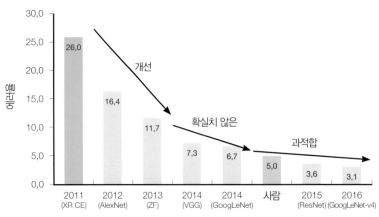

[그림 6-1]은 이미지넷ImageNet 경진대회에서 이미지 인식 머신러닝 알고리즘이 발전해온 역사를 보여주는데 해가 바뀔 때마다 성능이 개선된 것을 확인할 수 있다. 현재는 알고리즘의 정확도가 사람의 수준을 뛰어넘기 때문에 더이상 대회를 개최하지 않는다. 이러한 발 빠른 발전은 기존 연구를 바탕으로 부족한 부분을 개선하면서 거듭 태어난 덕분에 가능했던 것이다. 하지만 안타깝게도, 금융 특히 투자 영역에서는 이런 빠른 발전을 기대하기가 어렵다. 산업계에서 예측력이 좋은 알고리즘을 만든다면 공개하지 않을 것이고, 학계에서는 실제 트레이딩 실적보다

는 모델의 성능(예측 정확도)에 초점을 맞추려 하기 때문이다.

그렇다면 머신러닝을 활용한 전략은 어떻게 개발할 수 있을까? 당사자가 직접 머신러닝 테크닉을 배우고 그 지식과 경험을 토대로 인사이트를 발휘해 시장을 이기는 전략을 만드는 것이다. 해외 투자 은행이나 운용사에 주니어 퀀트가 입사하면 가장 먼저 하는 일이 투자 관련 논문을 구현하는 일이라고 한다. 사실 논문에 나온 내용을 적용해서 즉각 성과를 내리라고 기대하지는 않는다. 하지만 논문에 나온 대로 구현하다 보면 프로그래밍 스킬이나 머신러닝 테크닉이 좋아진다. 그리고 이런 테크닉을 익힌 후에는 시장에 대한 독자적 인사이트를 발굴하거나 인사이트를 전략에 녹여내는 데 사용할 수 있는 것이다.

앞선 장에서도 언급한 것처럼, 이제는 사용할 수 있는 데이터의 양이 많아졌고 그 종류도 매우 다양해졌다. 이러한 데이터를 통해 인사이트를 얻기 위해서는 반드시 데이터를 다룰 줄 알아야 하고 스스로 인사이트를 발굴할 줄도 알아야 한다. 예전에 엑셀로 했던 작업이 이제는 파이썬, R 등 머신러닝에 친화적인 프로그래밍 언어로 대체되는 전환의 시기에 있는 것이다.

또 하나 강조하고 싶은 것이 있다. 개인이 실무에서 사용할 전략을 혼자 만들 수도 있지만, 머신러닝을 활용한 전략이라면 팀플레이를 하여 개발하는 것이 훨씬 유리하다. NLP 전문가, 수많은 데이터의 효과적 가공과 지속적 개발을 이끄는 데이터 엔지니어, 수집된 데이터를 과학적으로 분석하는 데이터 과학자, 제품을 포장하고 실무진에 전달할 현업 경험이 풍부한 프로젝트 매니저 등 일군의 관련자들이 모여 온전한 작품 하나를 탄생시키는 것이다. 이 책에서 살펴볼 예제들은 사용하는 데이터 양이 많지 않고 모델링 과정도 복잡하지 않으므로 많은 팀원이 필요하지 않지만, 실제로 현업에서 상품화하려면 분업이 필수다.

시작이 반이라 했다. 먼저 머신러닝 기반의 전략을 파이썬을 통해 구현하는 과정부터 살펴보자.

6.1 ETFs를 활용한 주가 방향 예측

이 절에서는 ETFs 데이터와 거시경제 지표 데이터에 트리 기반 머신러닝 알고리즘을 적용한 투자 전략을 구현해본다. 계속 강조하는 것처럼, 머신러닝은 마법의 지팡이가 아니다. 별다른 아이디어나 시장에 대한 이해 없이 머신러닝 알고리즘을 사용한다고 해서 좋은 결과를 얻는 것이 아니다. 이번 예제에 적용할 아이디어를 설명하기 위해 다음과 같은 가정을 하겠다. 먼저 A, B, C라는 세 명의 트레이더가 있다고 하자.

- **A 트레이더**: 주가의 움직임을 중요하게 본다. 이동 평균, RSI 등 주가 데이터로 생성된 기술 지표를 사용해 트레이딩을 한다.
- **B 트레이더**: 소비자 물가, 금리 등 거시경제 지표에 기반해 투자 의사결정을 내린다.
- **C 트레이더**: 금, 달러 등 다양한 자산 간의 관계에 초점을 맞춰 트레이딩을 한다.

만약 이들 트레이더가 데이터를 학습하고 각자의 투자 철학에 기반한 의견을 서로 조합해 매매 시그널을 준다면 어떨까? 바로 머신러닝을 활용해 이러한 작업을 할 수 있다.

사실 이는 실제 (퀀트) 트레이더들의 투자 의사결정 과정을 매우 단순화한 것이다. 투사 의사결정이 '데이터', 즉 숫자에 기반한다면 이는 퀀트 투자라고 할 수 있다. 머신러닝도 마찬가지로 데이터에 기반하지만, 데이터를 통해 사람이 직관적으로 발견하기 힘든 패턴을 찾아 시그널로 사용한다. 즉, '금 가격이 오르기 시작하면 주가가 떨어진다'는 개념을 기준으로 금 가격이 일정 수준 상승하면 매수하고, 일정 수준 하락하면 매도하는 룰 기반$^{rule-base}$ 전략이 아니라, 금 가격과 예측하고자 하는 시장 지수 혹은 주가의 관계를 머신러닝을 통해 학습하여 해당 모델이 주는 시그널을 이용하는 것이다. (즉, 차이는 데이터를 통해 금 가격과 주가 사이의 관계를 정량적으로 찾아내고 검증했는가에 있다.)

이번 예제에서 사용할 머신러닝 알고리즘은 비교적 직관적이고 해석이 용이한 트리 기반의 모델이다. 사용할 데이터는 일반 투자자들의 직관에서 나온 기술 지표와 경제 분석이나 주가 분석에 자주 활용되는 거시경제 지표다. 우리는 각 변수를 트레이더 한 사람의 의견으로 간주할 수 있다. 예를 들어, 금 가격을 변수로 넣고 예측하고자 하는 종목의 트렌드$^{up/down}$를 레이블 변수로 설정한다면, 금 가격에 기반해 투자 의사결정을 할 수 있는 모델을 만드는 셈이다. 여러 변수를 사용해 고차원 공간에서 변수 간의 관계를 찾는다면, 여러 사람의 의견을 종합해 트렌드를 예측하는 것이 되고, 이들의 의견을 종합하는 방법은 사용하는 알고리즘에 따라 결정된다. 이전 절에서 간단하게 설명했지만, 이해를 돕기 위해 예시를 보면서 트리 기반 모델을 자세히 설명하겠다.

만약 단일 의사결정 트리 모델을 사용한다면, (이동 평균 지수를 중점으로 보는 트레이더의 경우) 이동 평균 지수가 특정 값을 넘으면 다음날 주식이 오를 가능성이 높다 생각하고, 다른 변수인 금 가격, 장단기 금리 차이 등을 살펴보며 다음날 주식의 등락을 판단할 것이다(그림

6-2). 그러나 이렇게 만들어진 하나의 트리는 과적합$^{over-fitting}$ 위험이 너무 크다.

그림 6-2 의사결정 트리 프로세스

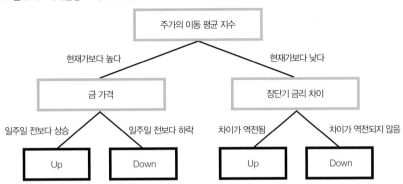

반면 **랜덤 포레스트**$^{random\ forest}$는 여러 개의 트리를 만든다. 즉, 금 가격, 60일 이동 평균 지수, 달러 가격, 변동성 등을 고려하는 트레이더와 은 가격, 국채 가격, 석유 가격 등을 보는 트레이더 등 여러 '트레이더'를 만들고 이들의 의견을 조합한다. 그리고 이렇게 만들어진 트리가 '숲^{forest}'이 되는 것이다. 의견을 통합하는 방법에는 여러 가지가 있는데, 가장 많이 사용하는 방법은 투표다. 투표를 어떻게 할 것인지도 알고리즘 모델링에서 결정해야 하는 요소이며, 그중 의견을 종합하거나 결과를 합치는 방식을 **앙상블 메서드**$^{ensemble\ method}$라고 부른다.

랜덤 포레스트에서 '랜덤'이란 의사결정 트리를 만드는 데 쓰이는 요소를 랜덤으로 선택하는 것을 의미한다. 이렇게 랜덤으로 선택하는 이유는 최대한 많은 의견을 고려하기 위해서다. 예를 들어 한국 주가가 전날 미국 주가의 영향을 많이 받는다는 가정하에 전일 미국 주가를 하나의 변수로 삼아 모델을 만든다면, 영향력이 큰 미국 주가를 계속 포함하는 트리를 만들게 될 것이다. 물론 한국 증시가 전날 미국 증시의 영향을 많이 받는다는 가정하에 만들어진 것이기 때문에 이것이 정답이 될 수 있으나, 갑자기 국면^{regime}이 바뀌어 더이상 미국 증시의 영향을 받지 않거나 조금만 받게 된다면 기존 모델의 효율이 떨어지게 된다. 이것이 바로 기존 모델에 '과적합'되어 약간에 변화에서 모델 성능이 많이 흔들리는 현상이라 할 수 있다. 따라서 최대한 '여러가지 의견'을 듣기 위해 무작위 방법을 사용한다고 이해하면 쉬울 것이다.

랜덤 포레스트와 달리 **부스팅**^{boosting}은 이전 트리의 오차를 보완하는 방식으로 순차적으로 트리를 만든다. 따라서 각 트리가 랜덤 포레스트에서 만들어지 트리에 비해 덜 독립적이다(랜덤 포레스트도 완벽하게 독립된 트리는 아니다). 예를 들어 금 가격, 국채 가격, 변동성 지수를 사용해 만든 트리 모델을 먼저 훈련하고, 해당 모델에 기반해 다른 트리를 만드는 것이다. 이러한 과정을 순차적으로 계속하게 되면 편향이 적은 모델이 만들어진다.

만약 투자에 영향을 가장 많이 미치는 것이 신문이나 방송 등 뉴스 정보라고 생각한다면 NLP 기술을 활용해 데이터를 정제할 수도 있다. 핵심은 예측하고자 하는 시장의 움직임에 영향을 주거나 관련이 있다고 생각되는 자료를 수집, 가공하고 '이해를 바탕으로 한' 머신러닝 알고리즘을 적용해야 한다는 것이다. (물론 해당 지식이 없이 모든 가용한 데이터를 넣고 모델을 만들 수도 있지만, 도메인 지식 없이 변수 선택을 진행하는 것은 쉬운 일이 아니다.)

이번 예제에서는 비교적 구하거나 가공하기 쉬운 거시경제 지표, 주가 데이터, 기술 지표 등을 활용해 트레이딩하는 기본적인 퀀트 투자 방법을 바탕으로, 앞에서 설명한 트리 기반의 머신러닝 알고리즘을 적용한 투자 전략을 만들어보자.

6.1.1 데이터

예제에서 사용한 변수는 편의상 필자가 자주 사용하는 기술 지표와 거시경제 지표 일부를 선정한 것이다. 절대적 기준이 아니므로 디테일한 부분에 에너지를 낭비하지 않길 바란다.

```python
import warnings
warnings.filterwarnings('ignore')
import glob
import os
import datetime
import matplotlib.pyplot as plt
import pandas as pd
import numpy as np
from sklearn import preprocessing
from sklearn.preprocessing import StandardScaler
from sklearn.model_selection import train_test_split
from sklearn.model_selection import cross_validate
from sklearn.model_selection import TimeSeriesSplit
from sklearn.model_selection import GridSearchCV
from sklearn.linear_model import LinearRegression
from sklearn.ensemble import RandomForestClassifier
from xgboost import XGBClassifier
from xgboost import plot_importance
from sklearn.metrics import f1_score
```

```
from sklearn.metrics import mean_squared_error, r2_score
from sklearn.metrics import accuracy_score
from sklearn import svm
import seaborn as sns; sns.set()
```

먼저 사용할 모듈을 모두 불러온다. 사용하기 전에 하나씩 불러와도 상관없지만, 평소 자주 사용하게 되는 모듈은 미리 한번에 불러오는 것이 편하다. 만약 패키지가 설치되지 않았다면 오류가 발생할 것이다. 특히 **XGBoost** 패키지는 별도의 방법으로 설치해야 한다.[1]

```
df = pd.read_csv('./ETFs_main.csv')
```

이번에 사용할 예제 파일은 편의상 미리 csv 파일로 저장해두었다. 깃허브에서 **ETFs_main. csv** 파일을 내려받아 사용하도록 한다. 각자의 로컬 컴퓨터에 저장되었다면, 위와는 다른 경로에 저장되었을 것이다. 현재 작업 중인 디렉터리를 파악하기 위해서는 print(os.getcwd())를 사용하면 된다.

```
# 기술 지표 만들기
def moving_average(df, n):
    MA = pd.Series(df['CLOSE_SPY'].rolling(n, min_periods=n).mean(), name='MA_' +
        str(n))
    df = df.join(MA)
    return df

def volume_moving_average(df, n):
    VMA = pd.Series(df['VOLUME'].rolling(n, min_periods=n).mean(), name='VMA_' +
        str(n))
    df = df.join(VMA)
    return df

def relative_strength_index(df, n):
    """Calculate Relative Strength Index(RSI) for given data.

    :param df: pandas.DataFrame
    :param n:
    :return: pandas.DataFrame
    """
    i = 0
```

---

1 설치되지 않았다면 '부록'을 참고한다.

```
        UpI = [0]
        DoI = [0]
        while i + 1 <= df.index[-1]:
            UpMove = df.loc[i + 1, 'HIGH'] - df.loc[i, 'HIGH']
            DoMove = df.loc[i, 'LOW'] - df.loc[i + 1, 'LOW']
            if UpMove > DoMove and UpMove > 0:
                UpD = UpMove
            else:
                UpD = 0
            UpI.append(UpD)
            if DoMove > UpMove and DoMove > 0:
                DoD = DoMove
            else:
                DoD = 0
            DoI.append(DoD)
            i = i + 1
        UpI = pd.Series(UpI)
        DoI = pd.Series(DoI)
        PosDI = pd.Series(UpI.ewm(span=n, min_periods=n).mean())
        NegDI = pd.Series(DoI.ewm(span=n, min_periods=n).mean())
        RSI = pd.Series(PosDI / (PosDI + NegDI), name='RSI_' + str(n))
        df = df.join(RSI)
        return df
```

다음에는 기술 지표를 만들기 위한 함수를 작성한다. 만약 사용할 함수가 많다면 별도의 모듈로 저장해둘 수도 있다. 자주 사용하는 기술 지표를 만드는 함수는 이 책의 깃허브를 참고한다. 주의해야 할 점은 사용할 변수명을 통일해야 한다는 것이다. 예를 들어 함수에서 **df['VOLUME']** 이라고 작성되고 실제 데이터에 'volume'처럼 소문자로 된다면 오류가 발생한다. 우리는 이동 평균, 거래량 이동 평균, 시장 강도 지수라는 세 가지 지표를 사용할 것이므로 세 개의 함수를 만든다.

```
    df = moving_average(df, 45)
    df = volume_moving_average(df, 45)
    df = relative_strength_index(df, 14)
```

작성한 함수를 데이터프레임에 적용한다. 실제 경과 일수는 60일이지만 영업일 기준인 45일로 작성한다. 시장 강도 지수로는 보통 14일이나 21일을 많이 사용한다. 여기서 '14'를 입력하면 정확히 14일을 계산할 수는 없지만 편의상 14를 사용했다.

```
df = df.set_index('Dates')
df = df.dropna()
len(df)
```

다음에는 날짜를 의미하는 'Dates' 열을 인덱스로 설정한다. 그리고 이동 평균 지수를 만들면 보통 사용한 일수만큼 NA가 생긴다. 왜냐하면 오늘 날짜의 10일 이동 평균을 계산하려면 오늘 일자를 기준으로 10일 전부터 저장된 데이터를 사용해야 하기 때문이다. 따라서 기술 지표를 만든 후에는 반드시 결측치 처리를 해야 한다.

결측치는 흔히 발생하는 현상으로, 실제 훈련에 사용될 데이터의 손실을 방지하기 위해 쿠션 데이터cushion data를 추가해줄 수 있다. 예를 들어 2017년 1월부터 2018년 1월까지의 데이터를 훈련에 사용하려고 할 때, 변수에 30일 이동 평균 지표가 포함된다면 2016년 12월 데이터까지 확보해두는 것이 좋다. 30일 이동 평균 지수를 계산하고 나면 이동 평균 지수의 2016년 12월 데이터가 결측치가 되므로 2016년 12월의 다른 데이터(예를 들면 거시경제 지표, 가격 정보 등)도 사용할 수 없기 때문이다.

```
df['target'] = df['CLOSE_SPY'].pct_change()
```

다음에는 pct_change() 함수를 사용해 일별 수익률을 계산한다.

```
# df['target'] = np.where(df['target'] > 0.0005 , 1, -1)
df['target'] = np.where(df['target'] > 0 , 1, -1)
df['target'].value_counts()
```

```
 1    1471
-1    1256
Name: target, dtype: int64
```

주가의 상승과 하락을 판단하기 위해 수익률이 0보다 크면 1^{up}, 0보다 작으면 -1^{down}로 만들어준다. 계산 방법으로 lambda를 사용해도 되고 np.where() 함수를 사용해도 된다. 다음은 value_counts() 함수를 사용해 우리가 훈련하고 예측하려는 기간의 전반적인 트렌드를 살펴보자. 일별 기준으로 오른 날이 1471일, 내린 날이 1256일이다.

일반적인 분석에서 이는 불균형 데이터라고 말하기 힘들다. 예를 들어, 신용카드 연체율을 예측할 때 연체한 사람을 1, 연체하지 않은 사람을 -1로 레이블링한다면, 이 비율은 많아봤자 9:1 정도가 될 것이다. 불균형 데이터라 하더라도 다양한 처리 방법이 있으며, 대개 데이터만 충분하다면 정확도가 70%를 넘는다. [2]

하지만 주가 트렌드 예측은 다르다. 주변의 많은 사람들이 "머신러닝 기반의 주가 트렌드 분류 모델은 어느 정도의 예측력을 가져야 쓸 수 있는가?" 하고 묻곤 한다. 정답은 없겠지만, 주위에서 오랫동안 해당 분야를 연구하고 시도한 관계자들에 따르면, 54~56% 정도의 정확도를 가진다면 매우 훌륭한 모델이다. 물론 정확도만이 아니라 AUC-ROC 등 종합적인 지표를 봐야 하고 MDD, 변동성 등 다양한 투자 성과 관련 지표와 지속가능 여부도 함께 살펴봐야 한다.

다시 본론으로 돌아가자. 보통의 주가 트렌드 예측 모델은 54~56% 정도의 정확도를 달성하기도 힘들 수 있기 때문에 트렌드가 불균형하면 잘못된 모델이 나올 수 있다. 위의 경우에는 기간 내 데이터에 54% 정도가 상승하는 트렌드였다. 만약 모델이 훈련 중 특별한 패턴을 포착하지 못할 경우 정확도를 지표로 훈련하게 되면, 테스트셋을 통해 모델 테스트를 할 때 그냥 오른다고만 찍어도 54% 정확도를 달성하게 될 것이다. 따라서 최대한 균일한 트렌드를 갖도록 만들거나, 정확도가 아닌 학습 평가 지표를 사용해야 한다. 이 부분은 많은 사람들이 처음 머신러닝 기반의 주가 트렌드 예측 모델을 만들 때 고려하지 못하기 때문에 각별히 주의해야 한다. 일단은 이 부분을 머릿속에 잘 새겨두고 계속 진행해보자.

```python
df['target'] = df['target'].shift(-1)
```

당일까지의 데이터를 사용해 다음날을 예측하는 것이기 때문에 shift() 함수로 다음날 트렌드(1 또는 -1)를 한 행 앞으로 당겨준다.

```python
df = df.dropna()
len(df)
```

```
2726
```

---

[2] 기준을 일반화할 수는 없지만, 여타 머신러닝 교재에서 사용한 예제의 정확도를 기준으로 한다. 대부분의 교재에서 다룬 예제에서는 80~90%의 AUC-ROC도 어렵지 않게 달성한다.

shift(−1)하면 결측치가 하나 생기기 때문에 다시 dropna() 함수로 제거한다.

```
df['target'] = df['target'].astype(np.int64)
y_var = df['target']
x_var = df.drop(['target', 'OPEN','HIGH','LOW', 'VOLUME','CLOSE_SPY'], axis=1)
```

'target' 변수에 소수점이 나타나 astype(np.int64)로 정수 처리한다. 그리고 레이블 변수를 y_var라는 이름으로 지정하고, 설명 변수인 x_var에서 예측에 사용하지 않을 변수들을 제외했다. 데이터프레임의 drop() 함수 사용해 삭제할 컬럼명을 리스트로 지정하고, axis = 1을 추가한다.

```
x_var.head()
```

Dates	CLOSE_GLD	CLOSE_FXY	CLOSE_T10Y2Y	CLOSE_TED	CLOSE_USO	CLOSE_UUP	CLOSE_VIX	CLOSE_VWO	MA_45
2007-04-27	67.56	83.7300	2.4474	0.55	51.84	24.54	12.45	41.750	143.551556
2007-04-30	67.09	83.7166	2.4361	0.57	51.24	24.49	14.22	40.935	143.601556
2007-05-02	66.66	83.3800	2.4366	0.59	49.59	24.66	13.08	42.020	143.680667
2007-05-03	67.49	83.1100	2.4346	0.60	49.28	24.69	13.09	42.435	143.780222
2007-05-04	68.19	83.2300	2.4006	0.60	48.30	24.60	12.91	42.595	143.905111

준비된 설명 변수(x_var) 데이터프레임은 다음과 같다.

```
up=df[df['target']==1].target.count()
total=df.target.count()
print('up/down ratio: {0:.2f}'.format((up/total)))
```

```
up/down ratio: 0.54
```

6.1.2 모델 학습

이제 훈련셋과 테스트셋을 나눈다. 이 공정은 거의 모든 데이터 분석 작업에 반드시 필요한 작업이다. 훈련셋과 테스트셋으로 분할할 때 주의해야 할 점은 기간이 섞이면 안 되기 때문에

shuffle 매개변수를 False로 지정해줘야 한다는 점이다. 기간을 정확히 설정하려면 4장에서 사용한 방법과 동일하게 기간별로 데이터 슬라이스 기법을 사용해 분할하도록 한다.

```python
# 훈련셋과 테스트셋을 나눈다.
# shuffle=False를 설정해 기간이 섞이지 않도록 만든다.
X_train, X_test, y_train, y_test = train_test_split(x_var,
                                                    y_var,
                                                    test_size=0.3,
                                                    shuffle=False,
                                                    random_state=3)

# 훈련셋과 테스트셋에 포함된 양성 샘플(up) 비율을 확인한다.
train_count = y_train.count()
test_count = y_test.count()

print('train set label ratio')
print(y_train.value_counts()/train_count)
print('test set label ratio')
print(y_test.value_counts()/test_count)
```

```
train set label ratio
 1    0.543501
-1    0.456499
Name: target, dtype: float64
test set label ratio
 1    0.530562
-1    0.469438
Name: target, dtype: float64
```

훈련셋과 테스트셋의 주가 트렌드가 다를 수도 있으니, 코드처럼 count()나 혹은 value_counts() 함수를 사용해 확인한다. 기간이 충분히 길다면 비율에 큰 차이가 나지는 않지만, 종목에 따라 다르니 주의해야 한다. 이번 예제에서는 훈련셋과 테스트셋의 양성/음성 비율이 비슷하다는 것을 확인할 수 있다.

다음에는 정확도, ROC-AUC 점수 등 혼동 행렬을 계산하는 함수를 만든다.

```python
def get_confusion_matrix(y_test, pred):
    confusion = confusion_matrix(y_test, pred)
```

```
accuracy = accuracy_score(y_test, pred)
precision = precision_score(y_test, pred)
recall = recall_score(y_test, pred)
f1 = f1_score(y_test, pred)
roc_score = roc_auc_score(y_test, pred)
print('confusion matrix')
print('accuracy:{0:.4f},precision:{1:.4f},recall:{2:.4f},F1:{3:.4f},ROC AUC
score:{4:.4f}'.format(accuracy, precision, recall, f1,roc_score))
```

테스트를 위해 XGBoost 분류기를 뜻하는 XGBClassifier()를 사용해 모델을 만들어보았다
(매개변수로는 임의로 자주 사용하는 값을 넣어주었다).

```
xgb_dis = XGBClassifier(n_estimators=400, learning_rate=0.1, max_depth=3)
xgb_dis.fit(X_train, y_train)
xgb_pred = xgb_dis.predict(X_test)
print(xgb_dis.score(X_train, y_train))
get_confusion_matrix(y_test, xgb_pred)
```

모델을 정의하고 fit() 함수에 훈련 데이터(X_train)와 훈련 레이블(y_train)을 넣어준다.
훈련 데이터는 문제집이고 훈련 레이블은 답안지인 셈이다. 먼저 문제를 풀고 답을 보면서, 계
속해서 문제를 잘 풀도록 모델이 진화해가는 것이다. 즉, 설명 변수에 어떤 패턴이 보일 때 모
델은 정답이 1인지에 대해 학습한다. 예를 들어 전날 금값이 높으면 다음날 주가가 떨어진다는
패턴이 뚜렷하게 나타난다면, 모델은 이런 패턴을 잡아낼 수 있을 것이다. 하지만 이런 패턴이
앞으로도 지속해서 일어날지에 대해서는 알 수 없기 때문에 테스트셋을 활용해 테스트해봐야
한다.

6.1.3 머신러닝 모델을 활용한 결과 예측

훈련된 모델이 새로운 데이터(새로운 문제집)에 대해 얼마나 잘 예측하는지 알아보자.[3]
Predict() 함수를 사용해 X_test에 테스트 데이터를 넣어주고, xgb_pred에 예상값을 저장
한다.(만약 예측 확률값을 확인하고 싶다면 predict_proba() 함수를 사용하면 된다)

----

3 randomness에 따라 결괏값이 다소 다르게 나올 수 있다. 하지만 학습내용에 지장을 주지 않기 때문에 크게 신경 쓰지 않아도 된다.

```
0.8763102725366876

confusion matrix
accuracy:0.4914,precision:0.5242,recall:0.4493,F1:0.4839,ROC AUC score:0.4942
```

먼저 훈련에서 얼마나 좋은 성능을 냈는지 살펴보니, 87.6%의 정확도를 보여주었다. 즉 이 모델은 훈련 데이터로 내일 주식의 등락을 87.6% 확률로 맞힌다는 것이다! 하지만 안타깝게도, 훈련 데이터는 그닥 쓸모가 없다. 우리는 내일 주가의 등락을 점치지 못한다. 곰곰이 생각해보니, 이 모델은 학습 과정을 반복하면서 익일 주가의 상승에 대해 설명 변수들을 조합한 패턴을 학습하지 않고, 단순히 답을 모조리 외워버렸을 수도 있다.

만들어놓은 get_confusion_matrix() 함수를 사용해 테스트셋에서의 성능 지표를 계산해보자. 실망스럽게도 정확도가 49%로 떨어졌다. 차라리 예측하지 말고 매일 오른다고만 찍었어도 54%를 맞혔을 텐데 무척 안타까운 결과다. 이것이 바로 머신러닝 기반의 투자 전략을 만들 때 우리가 가장 신경 써야 할 과적합over-fitting 문제다. 만약 max_depth 매개변수를 더 크게 만들면 더 큰 과적합이 생겨 훈련 정확도를 100%도 달성할 수 있게 된다. 하지만 그렇게 된다 해도, 테스트 정확도는 여전히 48~52% 정도에 머문다.

과적합이 무엇이고 왜 위험한지 알아보았으니, 이제 다양한 실험을 하며 모델링할 수 있는 툴에 대해 알아보자.

```
n_estimators = range(10,200,10)
params = {
    'bootstrap': [True],
    'n_estimators':n_estimators,
    'max_depth':[4,6,8,10,12],
    'min_samples_leaf': [2, 3, 4, 5],
    'min_samples_split': [2, 4, 6, 8, 10],
    'max_features':[4]
}
```

이번에는 랜덤 포레스트 알고리즘을 사용하는데, 임의의 매개변수를 지정하는 것이 아니라 GridSearchCV() 함수를 사용한다. 이 함수는 여러 가지 값을 돌아가면서 테스트해보도록 해준다.

먼저 파라미터와 n_estimators를 설정한다. [4]

```
my_cv = TimeSeriesSplit(n_splits=5).split(X_train)
```

교차 검증 방법으로는 5장에서 설명한 TimeSeriesSplit( )을 사용한다.

```
clf = GridSearchCV(RandomForestClassifier(), params, cv=my_cv, n_jobs=-1)
clf.fit(X_train, y_train)
```

```
GridSearchCV(cv=<generator object TimeSeriesSplit.split at 0x0000025E37635A40>,
             error_score=nan,
             estimator=RandomForestClassifier(bootstrap=True, ccp_alpha=0.0,
                                              class_weight=None,
                                              criterion='gini', max_depth=None,
                                              max_features='auto',
                                              max_leaf_nodes=None,
                                              max_samples=None,
                                              min_impurity_decrease=0.0,
                                              min_impurity_split=None,
                                              min_samples_leaf=1,
                                              min_samples_split=2,
                                              m...
                                              n_estimators=100, n_jobs=None,
                                              oob_score=False,
                                              random_state=None, verbose=0,
                                              warm_start=False),
             iid='deprecated', n_jobs=-1,
             param_grid={'bootstrap': [True], 'max_depth': [4, 6, 8, 10, 12],
                         'max_features': [4], 'min_samples_leaf': [2, 3, 4, 5],
                         'min_samples_split': [2, 4, 6, 8, 10],
                         'n_estimators': range(10, 200, 10)},
             pre_dispatch='2*n_jobs', refit=True, return_train_score=False,
             scoring=None, verbose=0)
```

앞서 xgboost를 훈련한 방법과 동일하다. RandomForestClassifier( )에 설정한 파라미터와 교차 검증 방법을 넣어준다. 그리고 fit( )으로 훈련시킨다.

---

4 각 파라미터에 대한 설명은 부록에 정리했다.

```
print('best parameter:\n', clf.best_params_)
print('best prediction:{0:.4f}'.format(clf.best_score_))
```

```
best parameter:
 {'bootstrap': True, 'max_depth': 8, 'max_features': 4, 'min_samples_leaf': 2,
'min_samples_split': 6, 'n_estimators': 10}
best prediction:0.5321
```

결과를 살펴보자. best_params_ 메서드는 최적의 파라미터를 나열하고, best_score_ 메서드는 가장 높았던 정확도를 보여준다. 훈련 정확도는 53.21%로 나타났다. 훈련이 잘 되었다면 과적합된 모델은 아닐 것 같지만, 오히려 과소적합의 가능성도 있다. 과소적합이란 훈련이 충분히 진행되지 않았거나 변수에 예측력이 부족한 변수를 사용했기 때문에 모델 전체의 예측력이 낮아졌다는 뜻이다. '과적합'과 '과소적합'은 모두 피해야 하는 문제지만, 사실 과소적합은 과적합에 비해 해결할 수 있는 방안이 많이 존재하기 때문에 크게 신경 쓰지 않아도 좋다.

테스트셋에서의 결과를 살펴보자.

```
pred_con = clf.predict(X_test)
accuracy_con = accuracy_score(y_test, pred_con)
print('accuracy:{0:.4f}'.format(accuracy_con))
get_confusion_matrix(y_test, pred_con)
```

마찬가지로 predict() 함수를 사용해 X_test상에서의 정확도를 측정한다. 마지막으로 get_confusion_matrix() 함수를 사용해 성과 지표를 출력한다.

```
accuracy: 0.4890
confusion matrix
accuracy: 0.4890, precision: 0.6739, recall:0.0714,F1:0. 1292, ROC AUC score:
0.5162
```

안타깝게도 48.90% 정도의 정확도를 보여준다. 마구잡이로 찍는 것보다도 못한 수치다. 역시나 계속 오른다고만 찍었어도 54%는 달성했을 지표다. 이런 경우 사용한 변수에 설명력이 없거나 데이터 자체에 노이즈가 너무 많은 탓일 수 있다. 하지만 일단 다른 문제를 생각해보자.

등락을 판단하기가 모호하다면 어떨까? 예를 들어 0.01% 상승과 10% 상승이 같은 것을 의미하는지 생각해야 한다. 차라리 0.001%처럼 미세한 움직임은 버리고 큰 폭으로 오르는 트렌드만 잡도록 훈련하는 것은 어떨까?

```
df['target'].describe()
```

```
count    2726.000000
mean        0.000270
std         0.013026
min        -0.098448
25%        -0.004320
50%         0.000545
75%         0.005791
max         0.128249
Name: target, dtype: float64
```

통계를 보면 평균적으로 0.02% 올랐고, 표준 편차는 1.3%다. S&P 500 지수는 매우 안정적이고 종합적인 지수다. 따라서 머신러닝 알고리즘으로 패턴을 잡아내기가 매우 힘들 수도 있다. 하지만 한번 target 변수의 정의를 바꾸고 새롭게 시작해보자(데이터를 다시 불러오는 과정은 생략한다).

```
df['target'] = np.where(df['target'] > 0.0005 , 1, -1)
# df['target'] = np.where(df['target'] > 0 , 1, -1)
df['target'].value_counts()
```

```
 1    1375
-1    1352
Name: target, dtype: int64
```

```
df['target'] = df['target'].shift(-1)
df = df.dropna()
len(df)
```

```
2726
```

처음부터 같은 코드를 실행하고, 레이블 변수를 생성하는 시점부터 다시 시작해보자. 0.05% 이상의 수익률을 얻었을 때만 상승 트렌드(1로 표기)라고 정의한다. 이렇게 하니 기간 내 등락하는 비율이 거의 동일해졌다.

```
clf.fit(X_train, y_train)
```

```
GridSearchCV(cv=<generator object TimeSeriesSplit.split at 0x0000025E37635A40>,
             error_score=nan,
             estimator=RandomForestClassifier(bootstrap=True, ccp_alpha=0.0,
                                              class_weight=None,
                                              criterion='gini', max_depth=None,
                                              max_features='auto',
                                              max_leaf_nodes=None,
                                              max_samples=None,
                                              min_impurity_decrease=0.0,
                                              min_impurity_split=None,
                                              min_samples_leaf=1,
                                              min_samples_split=2,
                                              m...
                                              n_estimators=100, n_jobs=None,
                                              oob_score=False,
                                              random_state=None, verbose=0,
                                              warm_start=False),
             iid='deprecated', n_jobs=-1,
             param_grid={'bootstrap': [True], 'max_depth': [4, 6, 8, 10, 12],
                         'max_features': [4], 'min_samples_leaf': [2, 3, 4, 5],
                         'min_samples_split': [2, 4, 6, 8, 10],
                         'n_estimators': range(10, 200, 10)},
             pre_dispatch='2*n_jobs', refit=True, return_train_score=False,
             scoring=None, verbose=0)
```

동일한 코드로 모델 훈련까지 진행한다. 바로 그리드 서치^{grid search}를 활용한 랜덤 포레스트 분류기를 사용해보자.

```
print('best parameter:\n', clf.best_params_)
```

```
{'bootstrap': True, 'max_depth': 4, 'max_features': 4, 'min_samples_leaf': 3,
 'min_samples_split': 4, 'n_estimators': 130}
```

```
print('best prediction:{0:.4f}'.format(clf.best_score_))
```

```
best parameter:
 {'bootstrap': True, 'max_depth': 4, 'max_features': 4, 'min_samples_leaf': 3,
'min_samples_split': 4, 'n_estimators': 130}
best prediction:0.5327
```

그리드 서치를 통해 최적의 하이퍼파라미터를 찾았다. 최상의 교차 검증 정확도는 53.27%다. 그렇다면 테스트셋에서 모델의 일반화 능력을 테스트해보자.

```
pred_con = clf.predict(X_test)
accuracy_con = accuracy_score(y_test, pred_con)
print('accuracy:{0:.4f}'.format(accuracy_con))
get_confusion_matrix(y_test, pred_con)
```

```
accuracy:0.5134
confusion matrix
accuracy:0.5134,precision:0.5099,recall:0.2562,F1:0.3411,ROC AUC score:0.5091

accuracy:0.5355
confusion matrix
accuracy:0.5355,precision:0.5404,recall:0.3657,F1:0.4362,ROC AUC score:0.5326
```

테스트 정확도는 53.55%이고, ROC-AUC 점수는 53.26%다. 훈련셋과 테스트셋에서 주가 트렌드가 균일하기 때문에 마냥 오른다고 찍는다 해서 높은 정확도를 얻는 것도 아닌 상황임을 고려하면, 정확도가 매우 높지는 않지만 이전 모델과 비교했을 때 더 안정적이며 과적합 문제도 보이지 않는다.

물론 이 모델을 실무에 사용하려면 여러 번의 검증을 거쳐야 한다. 예측값을 바탕으로 백테스트 수익률을 계산해보고, 해당 수익률을 기반으로 MDD나 수익률의 변동성도 살펴봐야 한다. 무엇보다 더 오랜 기간 테스트해보며 안정적인 정확도를 유지하거나 수익률을 가져올 수 있는지도 검토해야 한다. 보수적이라면 56% 이상의 정확도나 AUC-ROC 점수를 확보하는 것이 좋다. (경험상 이는 쉽지 않은 일이다. 만약 56% 이상의 정확도를 보인다면 과적합을 의심해봐야 한다.)

머신러닝 영역에서 가장 많이 회자되는 말은 "쓰레기가 들어가면 쓰레기가 나온다garbage in garbage out"일 것이다. 예제에 사용된 변수는 간략화되었기 때문에 성능을 많이 끌어올리진 못했다. 우수한 성능을 내기 위해서는 더 많은 인사이트가 반영되어야 하며, 더 많은 실험이 뒷받침되어야 한다. 사실 많은 작업이 데이터 전처리 부분에서 이루어진다. 흩어져있는 데이터를 수집하고, 기술 지표를 만들거나 노이즈를 제거해 모델링하고, 그 결과에 따라 다시 데이터를 바꿔보거나 전처리 방법을 달리하는 프로세스가 순환되어야 한다. 이는 지면의 제약으로 이번 예제에서 다루지 못한 부분이기도 하다.

이들 나머지에 대해서는 숙제로 남겨두고, 차후 트리 계열 머신러닝 알고리즘 모델링에 도움될 하이퍼파라미터 설정법을 정리했으니 살펴보길 바란다. (모든 파라미터를 다룬 것은 아니다. 비교적 자주 사용하는 하이퍼파라미터를 선별해 설명했다.)

그중에서도 자주 사용하는 부스팅 계열인 LightGBM, Xgboost와 배깅 계열인 Random Forest의 하이퍼파라미터를 위주로 소개한다. 대체로 비슷하지만, 주의해야 할 점은 LightGBM은 Xgboost와 달리 리프 노드가 계속 분할되면서 트리의 깊이가 깊어지기 때문에 이 부분을 신경써야 한다는 점이다. 부스팅 계열에서 기본적인 하이퍼파라미터 튜닝 방법은 학습률(learning_rate)을 작게 하면서 트리 수(n_estimators)를 크게 하는 것이다. 하지만 과적합 문제가 일반적인 분석 과제보다 더 큰 편이기 때문에 너무 작은 값이나 큰 값은 지양하도록 한다.

학습률 - learning_rate(LightGBM) / eta(Xgboost)

0에서 1 사이의 값을 지정해 부스팅 스텝을 반복적으로 수행할 때 업데이트되는 학습률 값을 뜻한다. 이전 트리의 오차를 얼마나 강하게 보정할 것인지를 제어한다. 일반적인 경우에 0.01~0.2의 값을 사용한다.

트리 수 - num_iterations (파이썬 래퍼 LightGBM) /
n_estimators (Xgboost, Random Forest)

반복 수행하려는 트리의 개수를 지정한다. 트리를 많이 만들수록 성능이 좋아질 수는 있지만 과적합의 위험도 커진다. LightGBM에서 디폴트로 설정된 값이 100이므로 큰 값으로 재설정하는 것이 좋다.

* 랜덤 포레스트에서의 디폴트값은 10이다.

트리 깊이 - max_depth(LightGBM, Xgboost, Random Frest)

트리의 최대 깊이를 설정한다. 디폴트는 Xgboost에서 6이고 LightGBM에서는 −1로 깊이에

제한이 없다. 이 값이 너무 크면 과적합될 확률이 매우 크므로 보통 3~10의 값을 사용한다. 변수가 많은 경우 높게 설정하도록 한다.

* 얕은 트리는 분산은 작지만 편향이 많다. 반면에 깊은 트리는 편향은 적지만 분산이 크다.

조기 종료 - early_stopping_rounds
(파이썬 래퍼 LgithGBM에서는 early_stopping_round)

검증 정확도^{validation accuracy}가 더이상 올라가지 않을 때 지정된 학습 횟수 이전에 종료시키는 방법이다. 검증셋이 없다면 지정하지 않아도 된다.

서브 샘플링 - bagging_fraction(파이썬 래퍼 LightGBM) / subsample(Xgboost)

일부 데이터만을 사용하는 bagging의 비율을 뜻하며, 과적합을 제어하기 위한 수단이다. 0.5로 지정하면 전체 데이터의 절반을 트리를 생성하는 데 사용한다. 일반적으로 0.5~1의 값을 사용한다.

변수 샘플링 - feature_fraction(파이썬 래퍼 LightGBM) / colsample_bytree(Xgboost)

트리 생성에 필요한 변수(컬럼)를 샘플링하는 데 사용된다. 변수가 너무 많을 경우 과적합을 줄이는 방법으로 사용된다. 디폴트값인 1로 설정하면 변수 샘플링은 하지 않게 되며, 설정한다면 보통 0.7~0.9의 값을 많이 사용한다.

가중치 조절 - min_sum_hessian_in_leaf(파이썬 래퍼 LightGBM) / min_child_weight

과적합을 조절하는 데 사용된다. 높은 값은 특정 샘플에 높은 의존도를 가지는 모델이 되는 것을 방지한다. 높은 값을 설정할수록 모델이 보수적이 된다. 그러나 너무 높은 값을 설정하면 과소적합될 수 있으므로 교차 검증을 통해 최적의 값을 찾아야 한다.

최대 리프 수 - num_leaves(LightGBM)

개별 트리가 가질 수 있는 최대 리프 수를 뜻한다. LightGBM 모델의 복잡도를 제어하는 주요 파라미터다. 트리가 매우 깊을 경우 num_leaves를 조정하면 효과를 볼 수 있다.

감마 - gamma(Xgboost)

분할을 수행하는 데 필요한 최소 손실 감소를 지정한다. 값이 클수록 과적합 감소 효과가 있다.

6.1.4 확장 가능한 방법

이 절에서 구현한 머신러닝 투자 전략에서는 ETFs 데이터, 거시경제 지표 데이터, 트리 기반 알고리즘을 적용했다. 이들 외에 다른 요소나 방법을 추가, 변경해 예제를 확장할 수 있다. 예를 들면 다음과 같은 식이다.

- 다중 분류 문제로 바꿔본다. 상승과 하락뿐만 아니라 보합, 3% 이상 상승, 3% 이상 하락 등 다양한 시나리오를 레이블 데이터에 녹여낸다.

- 사용하는 머신러닝 알고리즘을 바꿔본다. 예제에서는 트리 기반의 모델만 사용했지만 SVM, 로지스틱 등 여러 알고리즘을 시도해보길 바란다. 트리 모델에서는 데이터 정규화 과정이 필요하지 않기 때문에 진행하지 않았는데, 스케일에 민감한 알고리즘을 사용한다면 스케일 조정이 반드시 필요하다.

- 변수를 바꿔본다. 이는 가장 중요한 것으로, 사용하는 변수에 따라 성공적인 모델 개발의 승패가 판가름날 것이다.

- 예측하려는 종목/자산을 바꿔본다. 같은 모델, 같은 파라미터로 실험하더라도, 다른 데이터를 사용하면 다른 결과가 나오는 것이 당연하다. 새로 만든 모델이 상승 구간이 많은 S&P 같은 지수에는 맞지 않지만 변동성이 심한 USO 지수에 대한 예측력은 좋을 수도 있다. 모든 종목/자산에 공통으로 적용할 수 있는 예측 모델을 만들기란 매우 힘들다는 것을 명심해야 한다.

- 노이즈 제거 방법을 적용해본다. 앞서 몇 가지 기법을 소개했는데, 기회가 된다면 깃허브를 통해 더 많은 기법을 소개하겠다.

6.2 k-최근접 이웃 알고리즘을 활용한 투자 전략

k-최근접 이웃$^{k-nearest\ neighbor}$(KNN) 개념은 매우 간단하다. '유한한 특성을 가진 데이터 사이의 거리는 가깝다'는 가정에서 출발한다. [그림 6-3] 그래프에서 X_1은 주가의 수익률, X_2는 주가의 변동성을 나타낸다고 가정하자.

새로운 주가 데이터인 ★이 2차원 공간에서 위와 같은 위치에 있을 때, 주변에 위치한 데이터 포인트 중 거리가 가장 가까운 k개의 데이터 포인트가 속한 클래스에 따라 어떤 클래스에 속할지 결정된다. 즉 k값이 3이라면 가장 가까운 위치에 있는 3개의 데이터 포인트 중 2개의 데이터 포인트가 B 그룹(주가 하락)이고 1개의 데이터 포인트가 A 그룹(주가 상승)이므로 ★은 B그룹에 속하게 된다. 만약 k가 6이라면 반대로 A 그룹에 속하게 되는 것이다.

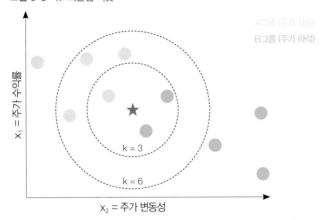

그림 6-3 k-최근접 이웃

이런 분류를 함에 있어서 어떤 분포도 가정하지 않기 때문에 KNN은 비모수적 방법non-parametric method에 속한다. 비모수적 방법에서는 데이터 개수가 많아야 분산이 작아지기 때문에, KNN 방법을 효율적으로 사용하려면 데이터를 대량 확보해야 한다. 이는 매우 직관적이며 간단한 알고리즘이고 비교적 일관성 있는 결과를 도출하기 때문에[5] 현업에서도 자주 사용된다. 하지만 사용하는 설명 변수가 많을 경우(차원이 높아질 경우) 연산 비용이 높아진다는 점[6]과 k 값과 사용할 거리 척도 방법을 적절하게 설정해야 한다는 단점이 있다. 추가로, 만약 사용하려는 변수의 스케일 차이가 크다면 반드시 정규화 작업을 해야 한다.

6.2.1 데이터

KNN 알고리즘을 활용한 간단한 투자 전략을 하나 살펴보며 간단한 데이터 분석 프로세스에 대해 알아보자.

---

5 이 알고리즘은 데이터 양이 무한대로 증가할수록 오차율이 항상 베이즈 오차율(주어진 데이터의 분포에서 달성할 수 있는 최소 오차율) 의 두 배보다 더 나쁘지 않음을 보장한다. – Cover, Thomas, and Peter Hart, 「Nearest neighbor pattern classification」 IEEE transactions on information theory 13.1 (1967): 21–27.

6 고차원 데이터는 차원의 저주를 피하기 위해 보통 KNN 알고리즘을 사용하기 전에 차원 축소를 수행한다. – Beyer, Kevin, et al. 「When is 'nearest neighbor' meaningful?」 International conference on database theory. Springer, Berlin, Heidelberg, 1999.

```
# Data Manipulation
import numpy as np
import pandas as pd

import matplotlib.pyplot as plt
from sklearn.neighbors import KNeighborsClassifier
from sklearn.metrics import accuracy_score

from pandas_datareader import data as pdr
# import fix_yahoo_finance as yf
```

항상 분석을 시작하기 전에 필요한 모듈을 불러와야 한다. 물론 사용하기 전에 불러와도 상관없지만 자주 사용하는 모듈은 미리 불러오는 것이 좋다.

```
df = pdr.get_data_yahoo('SPY','2012-01-01','2017-01-01')
df = df.dropna()
df.head()
```

Date	High	Low	Open	Close	Volume	Adj Close
2012-01-03	128.380005	127.430000	127.760002	127.500000	193697900.0	108.037117
2012-01-04	127.809998	126.709999	127.199997	127.699997	127186500.0	108.206604
2012-01-05	128.229996	126.430000	127.010002	128.039993	173895000.0	108.494698
2012-01-06	128.220001	127.290001	128.199997	127.709999	148050000.0	108.215065
2012-01-09	128.179993	127.410004	128.000000	128.020004	99530200.0	108.477776

다음은 가장 중요한 데이터를 불러오는 과정이다. 미리 로컬 컴퓨터나 데이터베이스에 저장해둔 데이터를 사용해도 되고, 이렇게 API로 호출해도 된다. 이번 예제에서는 야후 파이낸스 API를 통해 필요한 데이터를 가져오겠다. 주가 데이터는 S&P 500 지수를 추종하는 ETFs인 SPY를 사용했고 기간은 2012년 1월 1일부터 2017년 1월 1일까지로 설정했다. 만약 다른 데이터로 실험해보고 싶다면 'SPY' 대신 GLD(금)나 TLT(미국 국채 20년물) 등 다른 티커명을 입력하면 된다.

```
tmp_df = df[['Open','High','Low','Close']].copy()
tmp_df.head()
```

Date	Open	High	Low	Close
2012-01-03	127.760002	128.380005	127.430000	127.500000
2012-01-04	127.199997	127.809998	126.709999	127.699997
2012-01-05	127.010002	128.229996	126.430000	128.039993
2012-01-06	128.199997	128.220001	127.290001	127.709999
2012-01-09	128.000000	128.179993	127.410004	128.020004

필요한 컬럼만 골라 tmp_df에 저장한다. tmp는 temporary의 약자로, 관례적으로 copy()
함수를 통해 생성된 데이터프레임 앞에 붙인다.

```
tmp_df['Open-Close'] = tmp_df['Open'] - tmp_df['Close']
tmp_df['High-Low'] = tmp_df['High'] - tmp_df['Low']
tmp_df = tmp_df.dropna()
X = tmp_df[['Open-Close','High-Low']]
Y = np.where(tmp_df['Close'].shift(-1) > tmp_df['Open'].shift(-1)
X.head()
```

Date	Open-Close	High-Low
2012-01-03	0.260002	0.950005
2012-01-04	-0.500000	1.099998
2012-01-05	-1.029991	1.799995
2012-01-06	0.489998	0.930000
2012-01-09	-0.020004	0.769989

이제 필요한 데이터를 가공하는 작업을 해보자. 연산 기호로 데이터프레임 컬럼 사이의 연산을
쉽게 할 수 있다. 분석에 필요한 시가open와 종가close의 차이를 나타내는 'Open-Close' 데이터
와 고가high와 저가ow의 차이를 나타내는 'High-Low' 데이터를 만든다.

그리고 주가의 오름up과 내림down을 정의하는 레이블label인 Y를 만드는데, 단순하게 다음날의
종가(tmp_df['Close'].shift(-1))가 다음날의 시가(tmp_df['Open'].shift(-1))보다 크
다면 1, 그 반대라면 −1로 지정한다. 즉, 예측해야 하는 것은 다음날의 시가 대비 다음날의 종
가이므로, 현재의 시가 대비 다음날 종가가 높다면 1, 낮다면 −1로 설정해주는 것이다. 많은

경우, 일별 예측에서 오늘의 종가 대비 내일의 종가가 높다면 오른다고 정의한다. 하지만 오늘의 종가가 이미 나온 시점에서 매수 전략을 실행하기가 매우 어렵기 때문에 다음날 시가에 살 수 있도록(이 또한 슬리피지가 존재하지만) 다음날의 종가가 다음날의 시가보다 높다면 '오른다'고 정의한 것이다.

바로 이렇게 만들어진 레이블 변수가 전체적인 학습을 '지도'하게 된다. 우리는 다음날 주가의 종가를 미리 알 수 없지만, 일정한 패턴이 존재한다면 (혹은 과거 패턴이 미래에도 유지된다는 정상성 가정이 맞는다면) 이런 훈련을 통해 패턴을 찾아낼 수 있을 것이다.

```python
split_percentage = 0.7
split = int(split_percentage* len(tmp_df))
X_train = X[:split]
Y_train = Y[:split]

X_test = X[split:]
Y_test = Y[split:]
```

6.2.2 모델 학습

다음에는 학습 데이터와 테스트 데이터를 분할한다. 이는 모든 데이터 분석에서 필수 작업이다. 시계열 분석에서는 순서가 섞이면 안 된다는 점을 항상 기억해야 한다. 이번 예제에서는 데이터를 7:3 비율로 훈련셋과 테스트셋으로 나눈다.

```python
# 반복문을 통해 1에서 15까지 k값을 가진 모델을 만든다.
train_acc = []
test_acc = []

for n in range (1,15):
    clf = KNeighborsClassifier (n_jobs=-1, n_neighborsan)
    clf.fit(X_train, Y_train)
    prediction = clf.predict(X_test)
    train_acc.append(clf.score (X_train, Y_train))
    test_acc.append((prediction==Y_test).mean())
```

이후 그래프를 그리기 위해 빈 리스트를 만든다. 그리고 반복문과 사이킷런의 KNeighbors Classifier ( ) 함수를 사용해 모델을 훈련시킨다. 여기서 n은 k의 개수를 뜻한다. 이렇게 훈련 점수와 예측 점수를 계속해서 빈 리스트에 추가^{append}한다.

```python
# 위에서 만든 결과를 그래프로 만든다.
plt.figure(figsize=(12, 9))
plt.plot(range(1, 15), train_acc, label='TRAIN set')
plt.plot(range(1, 15), test_acc, label='TEST set')
plt.xlabel("n_neighbors")
plt.ylabel("accuracy")
plt.xticks(np.arange(0, 16, step-1)) plt. legend)
```

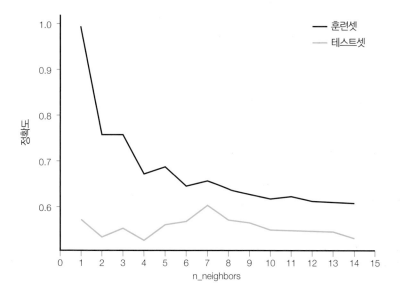

훈련/테스트 결과를 그래프로 시각화했다. K가 1일 때는 훈련 데이터가 모든 패턴을 외워버려 100%의 정확도가 나오는 것을 확인할 수 있다. 하지만 당연하게도 테스트 데이터에서의 성능은 매우 저조하다. 이것이 명백한 과적합 현상이다. 테스트셋에서는 k값이 7일 때 정확도가 가장 높음을 쉽게 알 수 있다. 머신러닝에서 얻고자 하는 모델은 테스트셋에서 좋은 성능을 발휘하는 모델이므로 7을 선택한다.

```python
knn = KNeighborsClassifier(n_neighbors = 15)
knn.fit(X_train,Y_train)

accuracy_train = accuracy_score(Y_train, knn.predict(X_train))
accuracy_test = accuracy_score(Y_test, knn.predict(X_test))
```

```
print('훈련 정확도 : %.2f' % accuracy_train)
print('테스트 정확도 : %.2f' % accuracy_test)
```

훈련 정확도 : 0.65
테스트 정확도 : 0.60

모델의 임의성에 따라 결괏값이 다소 달라질 수 있지만, 이번에 k값이 11일 때 훈련 정확도
는 65%, 테스트 정확도는 60%가 나왔다. k가 11일 때 훈련 정확도는 65%, 테스트 정확도는
60%가 나왔다. 일반적인 머신러닝 예제에서 80%, 90%가 넘는 높은 정확도와 예측력을 가진
모델을 많이 보았겠지만, 주가 트렌드 예측 문제에서는 50% 초반대의 테스트 정확도가 나오는
경우가 많다.

```
tmp_df['Predicted_Signal'] = knn.predict(X)

tmp_df['SPY_ret'] = np.log(tmp_df['Close'] / tmp_df['Close'].shift(1))
cum_spy_ret = tmp_df[split:]['SPY_ret'].cumsum() * 100

tmp_df['st_ret'] = tmp_df['SPY_ret'] * tmp_df['Predicted_Signal'].shift(1)
cum_st_ret = tmp_df[split:]['st_ret'].cumsum() * 100

plt.figure(figsize=(10,5))
plt.plot(cum_spy_ret, color='r',label='spy ret')
plt.plot(cum_st_ret , color='g', label='st ret')
plt.legend()
plt.show()
```

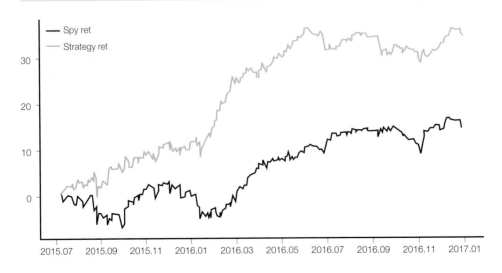

마지막으로 간단하게 수익률을 계산해보았다. 다음은 테스트 기간 동안 단순한 바이앤홀드buy and hold 전략을 구사했을 경우와 시그널에 따라 매매했을 경우의 수익률 그래프다.

```
std = cum_st_ret.std()
sharpe = (cum_st_ret - cum_spy_ret) / std
sharpe = sharpe.mean()
print('Sharpe ratio : %.2f' % sharpe)
```

```
Sharpe ratio : 1.30
```

샤프 지수도 1.3으로 높은 편이다. 매우 좋은 전략 같아 보이지만, 단일 전략으로 사용하기엔 위험하다. 특히 훈련 기간과 테스트 기간이 짧은 것이 문제가 될 소지가 높다. 그리고 만약 데이터에 추세trend나 계절성seasonality이 있다면 KNN은 잘 포착하지 못할 것이다. 따라서 사전에 데이터 검증을 통해 추세나 계절성을 분해decompose한다면 더 좋은 결과를 낼 것이다. 하지만 머신러닝 전략이 아무리 좋은 성과를 내더라도, 단일 전략으로 사용하기보다는 다양한 전략과 함께 사용할 것을 권장한다.

6.3 클러스터링 알고리즘을 활용한 종목 분류

이번 절에서는 클러스터링 기법을 활용해 투자 의사결정 과정을 돕는 방법에 대해 알아보자. 아마존에서 고객 정보를 가지고 고객을 군집화할 때 아마도 연령, 성, 결혼 유무 등이 기준이 될 것이다. 그렇다면 금융 데이터를 활용할 때는 어떤 것을 기준으로 군집화할 수 있을까?

주식 투자에서 종목을 선정할 때는 누구나 수익률이 높은 종목을 원할 것이다. 하지만 어떤 종목(혹은 자산)이 상승하고 어떤 종목(혹은 자산)이 하락할 것인지 확신하기가 어렵다. 따라서 포트폴리오를 최대한 다각화해 위험을 분산하는 작업이 필요하다. 전문 투자자들은 예측의 장인이라기보다는 포트폴리오 조정의 명인인 것이다. 이러한 분산에는 기준이 필요한데, 섹터별로 할 것인지, 변동성에 기반할 것인지, 아니면 가격의 움직임을 중심으로 할 것인지 선택해야 한다. 즉, 일정한 기준(변수)에 따라 자산 종목을 군집화하는 것이다.

현재 주식시장에서는 섹터 간 수익률 편차가 크지 않기 때문에 유의미할 정도로 비슷한 속성을 가진 자산 종목군을 찾아내는 작업이 최적화된 분산 포트폴리오를 만드는 데 매우 유용하다. 아마도 머신러닝 기반의 클러스터링 알고리즘은 사람이 직관적으로 찾을 수 없는 고차원 공간의 분포를 군집화해줄 것이라 기대할 수 있다. 하지만 무작정 모든 데이터를 사용하기보다는 자신만의 독자적 인사이트를 가미해 판단하는 것이 좋다. 예를 들면 [그림 6-4]처럼 주가의 움직임(패턴)을 기반으로 분류할 것인지, 종목의 재무제표를 활용할 것인지, 아니면 단순 수익률의 변화 패턴을 활용할 것인지 등이다.

이렇게 분류된 군집은 매매 추천 서비스에 활용될 수도 있다. 예를 들어 A군의 패턴과 B군의 패턴이 상이하다면 (수익률 측면에서) 상호 보완해줄 자산으로 고객에게 추천할 수도 있다. 하지만 실제 상품이 나오려면 '상품' 정의, 알고리즘 등에 대한 많은 검증 과정을 거쳐야 할 것이다. 앞서 언급한 것처럼, 주가 데이터만 금융 데이터인 것은 아니다. 주가 데이터를 기반으로 한 변동성 데이터도 클러스터링을 활용해 투자 의사결정에 도움되는 전략으로 만들 수 있다. 아니면 거래량이나 기업 재무제표 데이터를 활용할 수도 있으므로, 시장에 대한 지식을 동원해 여러 가지 방법을 시도해보길 바란다.

그림 6-4 다양한 주가 패턴[7]

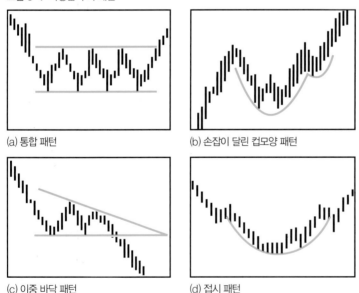

(a) 통합 패턴 (b) 손잡이 달린 컵모양 패턴

(c) 이중 바닥 패턴 (d) 접시 패턴

7 Bulkowski, Thomas N. Encyclopedia of chart patterns. Vol. 225. John Wiley & Sons, 2011.

6.3.1 데이터

이 예제에서는 많은 데이터를 사용하지 않는 모델을 이용해 클러스터링을 활용하는 전략에 대해 '감'을 잡아본다. 이 예제는 토이^{toy} 모델에 가깝기 때문에 쉽게 따라하고 이해할 수 있을 것이다.

```python
# 필요한 라이브러리를 모두 불러온다.
## 데이터 가공을 위한 판다스와 데이터 수집을 위한 읽어온다.
import pandas as pd
import pandas_datareader as dr
## 사이킷런의 전처리 모듈인 normalizer와 minmaxscaler
from sklearn.preprocessing import Normalizer
from sklearn.preprocessing import MinMaxScaler
from sklearn.cluster import KMeans
## 시각화에 필요한 맷플롭립(matplotlib)과 시본(seaborn)
import matplotlib.pyplot as plt
%matplotlib inline
import seaborn as sns

# 위키백과에서 S&P 500에 등재된 회사의 리스트를 가져온다.
sp500_url = 'https://en.wikipedia.org/wiki/List_of_S&P_500_companies'
data_table = pd.read_html(sp500_url)    ①
tickers = data_table[0]['Symbol'].tolist()    ②

tickers = tickers[0:60] # 이해를 돕기 위해 적은 양의 데이터만 사용한다.    ③
```

① Read_html( ) 함수를 사용해 S&P 500 리스트가 담긴 URL을 읽어온다.

② 티커명이 담긴 ['Symbol'] 열만 선택해 리스트로 만든다.

③ 임의로 60개의 회사만 선택한다. 500개 회사를 모두 선택하고 싶다면 값을 tickers[0:500]으로 설정하면 된다. 하지만 해당 URL 리스트 회사 중에는 데이터를 제공하지 않는 곳도 있어 진행 도중에 에러가 날 수 있다. 그럴 때는 조금 번거롭지만 야후 파이낸스에서 제공하지 않는 회사명을 찾아 제거한다.

```python
# 티커명에 해당하는 회사 전체 이름을 리스트로 가져온다.
# 이해를 돕기 위한 작업이므로 건너뛰어도 무방하다.
sp500_url = 'https://en.wikipedia.org/wiki/List_of_S%26P_500_companies'
data_table_security = pd.read_html(sp500_url)
security = data_table[0]['Security'].tolist()
security = security[0:60]
```

티커명을 가져오는 과정과 동일하다. 여기서는 이해를 돕기 위해 회사의 전체 이름을 가져와 똑같은 길이의 리스트로 만들었다.

```python
sp500_url = 'https://en.wikipedia.org/wiki/List_of_S%26P_500_companies'
data_table_security = pd.read_html(sp500_url)
sector = data_table[0]['GICS Sector'].tolist()
sector = sector[0:60]
```

마찬가지로 해당 회사가 속한 섹터에 대한 정보를 가져와 리스트로 만든다. GICS(글로벌산업 분류기준)는 Global Industry Classification Standard의 약자로 1999년에 MSCI 및 S&P 가 개발한 산업 분류 체계다.

```python
# 리스트 길이가 같은지 확인한다.
# equal 함수를 사용할 수 있지만, 데이터가 복잡하지 않기 때문에 가장 간단한 방법을 사용한다.
print(len(tickers))
print(len(security))
print(len(secotr))
```

리스트 길이가 같은지 확인한다. 데이터가 복잡하면 **equal()** 함수를 사용해 리스트 길이가 같은지 확인한다.

```python
# 데이터 불러오기 / 2017년 1월 1일부터 2020년 2월 28일까지의 데이터를 가져온다.
for ticker in tickers:
    try:
        prices = dr.DataReader(ticker,'yahoo','01/01/2017')['Adj Close']   ④
        prices = pd.DataFrame(prices)   ⑤
        prices.columns = [ticker]
        prices_list.append(prices)
    except:
        pass
    prices_df = pd.concat(prices_list,axis=1)   ⑥

prices_df.sort_index(inplace=True)

prices_df.head()
```

반복적인 작업이므로 **for loop**를 사용한다. 루프 내의 내용에 대한 설명은 다음과 같다.

④ 야후 파이낸스를 통해 수정 종가를 가져온다. DataReader() 함수를 사용했다.

⑤ 가져온 데이터를 데이터프레임 형식으로 만든다.

⑥ price_list를 concate() 함수로 합친다.

Date	MMM	ABT	ABBV	ABMD	ACN	ATVI	ADBE	AMD	AAP	AES	...
2017-01-03	162.473648	36.710361	54.121937	112.360001	110.311638	35.941536	103.480003	11.43	169.691284	10.194633	...
2017-01-04	162.720047	37.001789	54.885078	115.739998	110.576851	36.647812	104.139999	11.43	171.083817	10.107202	...
2017-01-05	162.163406	37.321415	55.301334	114.809998	108.919258	37.216755	105.910004	11.24	170.964462	9.976050	...
2017-01-06	162.637924	38.336704	55.318676	115.419998	110.160088	37.187328	108.300003	11.32	168.726456	10.334524	...
2017-01-09	161.761902	38.299114	55.682903	117.110001	108.928719	36.981331	108.570000	11.49	168.626968	10.080970	...

5 rows × 60 columns

```
# 수익률 변화의 정도를 계산하고, 전치를 사용해 티커명을 Index로 사용한다.
df = prices_df.pct_change().iloc[1:].T   ⑦
df.head()
```

⑦ pct_change() 함수를 사용해 수익률을 계산하고, 전치를 사용해 티커명을 인덱스로 전환한다.

인덱스가 티커명으로 바뀐 것을 확인할 수 있다.

```
# 회사명 리스트와 값의 리스트를 저장한다.
companies = list(df.index)
companies
movements = df.values
movements
```

```
# 데이터 정규화
normalize = Normalizer()
array_norm = normalize.fit_transform(df)   ⑧
df_norm = pd.DataFrame(array_norm, columns=df.columns)
final_df = df_norm.set_index(df.index)
final_df.head(10)
```

⑧ fit_transform() 함수를 사용해 데이터를 정규화해준다.

```
# 누락된 데이터가 없는지 확인한다.
col_mask = df.isnull().any(axis=0)
row_mask = df.isnull().any(axis=1)
df.loc[row_mask, col_mask]
```

여기에는 누락된 데이터가 없다. 하지만 더 많은 종목을 포함하면 데이터가 누락되게 된다. 따라서 위 코드를 통해 누락 값을 가진 종목을 찾아낸 다음 리스트에서 제거해준다.

6.3.2 클러스터링

이제 다음 코드를 통해 본격적으로 클러스터링을 진행해보자. 무작위성^{randomness} 때문에 실행한 결괏값에 다소 차이가 있을 수 있다.

```
# 본격적인 클러스터링

num_of_clusters = range(2,12)   ⑨
error = []   ⑩

for num_clusters in num_of_clusters:   ⑪
    clusters = KMeans(num_clusters)
    clusters.fit(final_df)
    error.append(clusters.inertia_/100)

table=pd.DataFrame({"Cluster_Numbers":num_of_clusters, "Error_Term":error})   ⑫
table
```

⑨ 시도해볼 클러스터 수를 지정한다. 2부터 12까지 차례로 진행한다.

⑩ 에러를 계산하기 위한 빈 리스트를 만들어준다.

⑪ num_of_clusters에서 지정한 클러스터 개수를 차례대로 시도해보기 위해 for 문을 사용한다. 사이킷런의 KMeans() 함수를 사용한다. 가장 중요한 파라미터는 클러스터 개수다. 클러스터링 후 fit() 함수를 활용해 데이터에 적합시킨다. 그리고 에러를 계산한다.

⑫ 계산된 값을 데이터프레임으로 만들어준다.

Cluster	Numbers Error	Term
0	2	0.374024
1	3	0.350758
2	4	0.339736
3	5	0.329434
4	6	0.316359
5	7	0.311311
6	8	0.297777
7	9	0.290046
8	10	0.279265
9	11	0.271786

클러스터 개수가 늘어날 때마다 에러가 줄어드는 것을 확인할 수 있다. 이는 당연한 결과다. K-means 알고리즘에서 최적의 클러스터를 선택하기 위해서는 엘보elbow 방법과 실루엣 silhouette 방법을 사용할 수 있는데, 우리의 목적은 최적의 K 값을 찾는 것이므로 엘보 방법을 사용한다. 이는 클러스터 개수를 늘려가면서 계산한 SSE를 그래프로 나타낼 때 SSE 값이 점차 줄다가 어느 순간 감소 비율이 급격하게 작아지는 부분이 생기는데, 이 부분이 팔꿈치 모양을 닮았다고 해서 '엘보' 기법이라고 불린다. 최적의 클러스터링 개수를 알기 위해서는 바로 이 부분을 찾아야 한다.

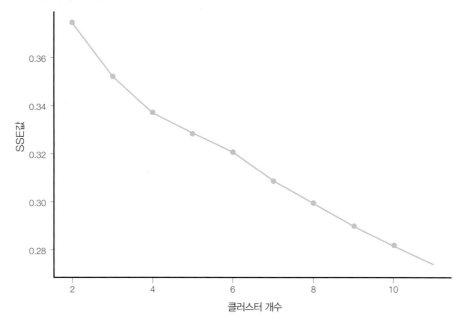

```
# 엘보 방법으로 최적의 클러스터링 개수를 찾아보자.
plt.figure(figsize=(15,10))
plt.plot(table.Cluster_Numbers, table.Error_Term, marker = "D", color='red')
plt.xlabel('Number of Clusters')
plt.ylabel('SSE')
plt.show()
```

안타깝게도 엘보가 보이지 않는다. 이런 현상은 클러스터가 잘 정의되지 않은 데이터에서 매우 일반적이다. 이는 엘보 기법의 단점이라고도 할 수 있지만, 데이터의 특성을 밝혀준다는 점에서 가치가 있다.[8]

```
# 7개의 클러스터를 선택해본다.
clusters = KMeans(7)
clusters.fit(final_df)
clusters.labels_

labels = clusters.predict(movements)
labels
```

여기서는 종목 수를 고려해 클러스터를 7개로 나누었다.

```
clustered_result = pd.DataFrame({'labels': labels, 'tickers': companies,
'full-name':security, 'sector':sector})  ⑬
clustered_result.sort_values('labels')
```

⑬ 위에서 저장한 리스트들을 하나의 데이터프레임으로 합친다.

	labels	tickers	full-name	sector
14	0	ALK	Alaska Air Group Inc	Industrials
30	0	AAL	American Airlines Group	Industrials
51	0	APTV	Aptiv PLC	Consumer Discretionary
37	0	AMP	Ameriprise Financial	Financials
21	0	ADS	Alliance Data Systems	Information Technology
8	0	AAP	Advance Auto Parts	Consumer Discretionary
39	0	AME	AMETEK Inc.	Industrials
46	0	AOS	A.O.Smith Corp	Industrials

8 『데이터 과학을 위한 통계』(한빛미디어, 2018)

	labels	tickers	full-name	sector
15	0	ALB	Albemarle Corp	Materials
42	0	ADI	Analog Devices, Inc.	Information Technology
28	0	AMCR	Amcor plc	Materials
27	1	AMZN	Amazon.com Inc.	Consumer Discretionary
25	1	GOOG	Alphabet Inc Class C	Communication Services
24	1	GOOGL	Alphabet Inc Class A	Communication Services
18	1	ALGN	Align Technology	Health Care
58	1	ADSK	Autodesk Inc.	Information Technology
49	1	AAPL	Apple Inc.	Information Technology
7	1	AMD	Advanced Micro Devices Inc	Information Technology
6	1	ADBE	Adobe Inc.	Information Technology
5	1	ATVI	Activision Blizzard	Communication Services
50	1	AMAT	Applied Materials Inc.	Information Technology
53	1	ARNC	Arconic Inc.	Industrials
54	1	ANET	Arista Networks	Information Technology
43	1	ANSS	ANSYS	Information Technology
41	2	APH	Amphenol Corp	Information Technology
40	2	AMGN	Amgen Inc.	Health Care
44	2	ANTM	Anthem	Health Care
38	2	ABC	AmerisourceBergen Corp	Health Care
32	2	AXP	American Express Co	Financials
	0	2 MMM	3M Company	Industrials
59	2	ADP	Automatic Data Processing	Information Technology
	1	2 ABT	Abbott Laboratories	Health Care
	2	2 ABBV	AbbVie Inc.	Health Care
3	2	ABMD	ABIOMED Inc	Health Care
4	2	ACN	Accenture plc	Information Technology
20	2	AGN	Allergan, plc	Health Care
19	2	ALLE	Allegion	Industrials
17	2	ALXN	Alexion Pharmaceuticals	Health Care
13	2	AKAM	Akamai Technologies Inc	Information Technology
12	2	APD	Air Products & Chemicals Inc	Materials
11	2	A	Agilent Technologies Inc	Health Care
31	3	AEP	American Electric Power	Utilities

	labels	tickers	full-name	sector
57	3	ATO	Atmos Energy Corp	Utilities
9	3	AES	AES Corp	

0부터 6까지 각 숫자는 하나의 클러스터(군집이나 그룹)를 나타낸다. 만약 변동성이나 회사의 재무제표 데이터 등을 사용해 클러스터링하면 다른 결과가 나올 것이다. 앞에서 언급한 아마존의 고객 분석 클러스터링 예제를 가지고 설명하면, 고객의 체류 시간, 일평균 구매 금액, 성, 나이 따위의 여러 변수 중 '일평균 구매 금액' 정도의 데이터만 사용한 것과 비슷하다. 즉, 매우 유의미한 클러스터링을 하기에는 미진한 면이 있다. 하지만 자세히 살펴보면 비슷한 섹터끼리 묶인 것을 확인할 수 있다. 1 그룹에는 IT 회사들이 대거 포진했고, 2 그룹에는 헬스케어 회사가 많다. 3 그룹에는 주로 유틸리티와 부동산 회사들이 있고, 4 그룹에는 금융 회사들이 있다.

```
final_df['Cluster'] = clusters.labels_
```

데이터프레임에 클러스터 레이블을 추가한다.

```
plt.figure(figsize=(12,6))
sns.countplot(x = 'Cluster', data = final_df, palette = 'magma')
plt.title('Cluster_count')
plt.show()
plt.savefig('cluster_count.png', dpi=300)
```

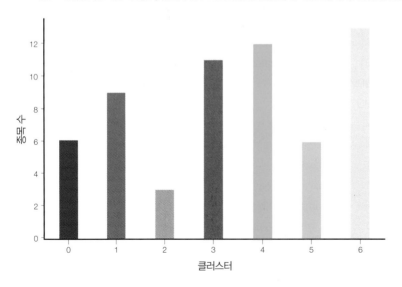

추가로, 그래프를 그려보면 클러스터별로 몇 개의 종목이 포함되었는지 알 수 있다.

사실 클러스터링은 엑셀로도 구현할 수 있다. 하지만 파이썬으로 작업하면, 특히 사이킷런을 사용하면 매우 빠르고 쉽게 구현할 수 있다. 간단한 방법이지만 비지도 학습법을 처음 접한 독자에게는 클러스터링을 활용하는 다양한 응용 방법을 떠올릴 수 있는 시간이 되었기를 바란다. 머신러닝 기법을 활용한 종목 추천 서비스는 국내에 아직까지 (기존의 규제 등으로 인해) 많지 않기 때문에 향후 발전 가능성이 무궁하다. 이 서비스를 고도화하면 종목이나 자산 추천 서비스에도 응용할 수 있으므로 다양한 데이터를 활용해 과감하게 시도해보길 권한다.

6.4 마치며

이 장에서는 머신러닝 지도 학습 알고리즘인 트리 모델에 기반한 전략 개발 방법과 k-최근접 이웃 알고리즘을 활용한 전략, 비지도 학습 알고리즘인 클러스터링을 활용한 종목 분류 방법에 대해 살펴보았다. 매우 간단한 전략이지만, 자신만의 철학을 반영해 전략을 짜보는 첫 단계 예제로는 적합하다고 생각한다. 예제에서 보여준 전략 자체의 유효성보다는 머신러닝 알고리즘의 작동 과정과 금융 데이터 응용 원리에 초점을 맞추고 나름의 인사이트도 가미해 좋은 전략을 개발할 수 있기를 바란다.

실력을 한 단계 올리고 싶은 독자는 이 장의 내용을 바탕으로 최신 논문을 따라 직접 구현해보며 인사이트를 얻도록 한다. 대부분의 논문에서 데이터나 소스코드를 제공하지 않지만 이 장에서 다룬 과정과 동일한 과정이 전개되기 때문에, 즉 사용하는 데이터, 데이터 전처리, 사용하는 알고리즘, 평가 지표 등이 동일하기 때문에 각 과정에 맞는 방법을 사용하다 보면 어렵지 않게 구현할 수 있을 것이다.

다음 장에서는 넓게는 머신러닝 범주에 포함되지만, 이미지 인식, 음성 인식, NLP 등 각 영역에서 매우 월등한 성능을 보여주어 많은 학자들과 금융 종사자들의 주목을 받고 있는 딥러닝을 소개할 것이다.

## CHAPTER 7

금융에서의 딥러닝

딥러닝은 머신러닝과 비교해볼 때 방법론뿐만 아니라 모델 구현에 사용하는 프레임워크가 달라 추가 설명이 필요하다. 예제를 다루기에 앞서, 이전 장에서 살펴본 머신러닝과 이번 장에서 살펴볼 딥러닝의 차이를 살펴보고, 금융 데이터 분석에 딥러닝을 활용하는 이유를 알아본다. 그리고 딥러닝 발전 역사를 훑어본 후, 투자를 중심으로 한 금융 데이터 활용에 유용한 딥러닝 알고리즘을 소개하고, 금융(투자) 영역에서의 연구 현황을 짚어볼 것이다. 다음으로 딥러닝 전략 개발에 필요한 도구인 케라스 사용법을 설명한 후, 논문 구현을 통해 딥러닝 알고리즘을 활용한 전략의 개발 방법을 알아보도록 한다.

7.1 딥러닝

한마디로 딥러닝은 머신러닝의 특화된 한 종류다. 많은 머신러닝 관련 서적에서 소개하고 있는 것처럼(그림 5-1 참조), 딥러닝은 머신러닝 범주에 포함된다. 더 엄밀한 정의에 따르면, 딥러닝은 머신러닝 내 표현학습representation learning 범주에 속한다고 할 수 있다. 딥러닝은 기본적으로 인간의 뇌에서 일어나는 의사결정 과정을 모방해 작동하는 인공 신경망artificial neural network 구조를 바탕으로 데이터를 학습한다.

7.1.1 딥러닝과 머신러닝의 차이점

딥러닝의 데이터 학습 방법은 다음과 같은 두 가지 중요한 특징이 있다.

1. 각 층을 거치며 점진적으로 더 복잡한 표현이 만들어진다.

2. 이런 점진적인 중간 표현이 공동으로 학습된다.[1]

그림 7-1 딥러닝과 머신러닝[2]

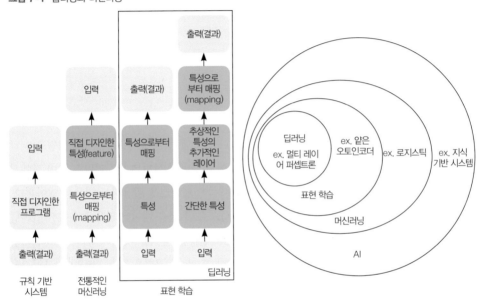

이 책에서는 머신러닝 방법론과 딥러닝 방법론을 구분하는 만큼 두 방법론의 차이점부터 살펴보자. 먼저 가장 큰 차이점은 특성 공학과 관련된 부분이다. 특성 공학은 데이터의 복잡성을 줄이고 학습 알고리즘에서 패턴을 뚜렷하게 나타내는 과정으로, 전통적인 머신러닝 방법에서는 입력 데이터를 고차원 비선형 투영이나 변환을 통해 한두 개의 연속된 표현 공간으로만 변환한다. 하지만 딥러닝은 복잡한 태스크task를 덜 추상적인 태스크로 만들 수 있다.

[그림 7-2]처럼 도형을 인식하는 문제가 있을 때, 우리는 먼저 도형에 선이 있는지 없는지를 살펴보고, 선이 있다면 선들이 어떻게 연결되어 있는지, 개수는 몇 개인지 살펴볼 것이다. 이렇게 사람이 도형을 구분하는 과정과 비슷하게, 딥러닝도 복잡한 일(도형을 구분하는 일)을 더

---

1 Chollet, Francois. Deep Learning mit Python und Keras: Das Praxis-Handbuch vom Entwickler der Keras-Bibliothek. MITP-Verlags GmbH & Co. KG, 2018.

2 Goodfellow, Bengio, Courville. Deep Learning. 2016.

구체적인 표현(선의 연결 여부, 개수 등)으로 나타낸다.

그림 7-2 도형을 인식하는 문제

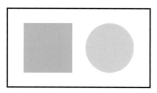

쉽게 말해, 딥러닝은 사람이 찾아야 할 목적에 적합한 특성을 사람 대신 자동으로 찾아준다. 예를 들면 컴퓨터에 개와 고양이의 사진을 학습시킨 후 특정 동물의 사진을 제시하여 컴퓨터가 그 사진 속의 동물이 개인지 고양이인지 분류하게 한다고 하자. 일반적인 머신러닝은 개와 고양이의 구별되는 큰 특징들만 컴퓨터에 전달(그림 7-3)하는 반면, 딥러닝은 개와 고양이의 사진 자체를 컴퓨터가 학습하도록 하는 것이다(그림 7-4).

그림 7-3 머신러닝을 이용한 개와 고양이 분류

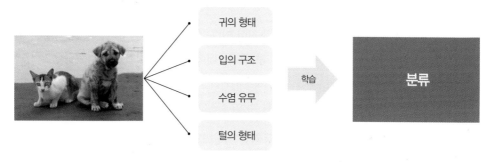

그림 7-4 딥러닝을 이용한 개와 고양이 분류

둘째 차이점은 단순함이다. 앞서 언급한 이유로, 딥러닝은 고도의 다단계 작업 과정을 엔드-투-엔드end-to-end 모델로 만들 수 있다. 전통적인 머신러닝 알고리즘은 문제 해결 시 주로 문제를 여러 조각으로 쪼개고, 각각에 대한 해답을 구해 병합하는 방법을 사용하는 데 반해, 딥

러닝은 데이터만 넣으면 한 번에 문제를 해결한다. 예를 들어 [그림 7-5]와 같은 사물 인지object recognition 작업(사물이 무엇인지 판단하고 어디에 위치하는지 구별하는 과제)을 진행한다고 하자. 머신러닝 방법에서는 문제를 '사물 탐지'와 '사물 인지' 두 단계로 나누어 진행하지만, 딥러닝은 엔드-투-엔드 방법으로 접근해(예를 들어 YOLO 같은 알고리즘을 사용할 경우) 이미지를 전달해 객체의 이름과 함께 위치를 표시할 것이다.

그림 7-5 딥러닝을 활용한 사물 인지

셋째, 딥러닝은 '다용도와 재사용성'이라는 특징이 있다. 이전의 많은 머신러닝 방법과 달리, 딥러닝 모델은 처음부터 다시 시작하지 않고 추가되는 데이터로도 훈련할 수 있다. 그리고 사전에 학습된 모델의 가중치를 새로운 모델에 적용하거나, 사전 학습된 ConvNet의 마지막 완전연결층fully connected layer만 변경해 분류를 실행할 수 있는 전이 학습transfer learning이 가능하다.

이상 세 가지 차이점을 보면, 딥러닝이 전통적인 머신러닝보다 훨씬 더 뛰어나다는 인상을 준다. 하지만 딥러닝에도 다음과 같은 단점이 있다.

그림 7-6 데이터 의존도 – 데이터 과학 기술은 데이터 양에 따라 확장된다.

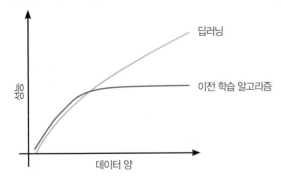

1. 하드웨어 의존도가 높다.

2. 데이터 의존도^{data dependencies}가 높다(그림 7-6).

2. 데이터 의존도$^{\text{data dependencies}}$가 높다(그림 7-6).

3. 실행 시간이 길다.

4. 해석력^{interpretability}이 약하다.

그렇다면 금융 데이터를 활용해 투자 전략을 개발할 때는 어떤 방법론을 사용해야 할까? 방법론은 보유할 데이터, 도메인 지식의 깊이, 사용 가능한 컴퓨터의 성능, 전략의 실전 사용 시 제도적 문제(예, 해석력이 없다면 도입할 수 없는 현업에서 발생할 수 있는 문제)를 종합적으로 고려해 선택해야 한다. 만약 비정형 데이터를 많이 보유한다면, 데이터 양이 많고 유의미한 특성을 추출해야 하므로 딥러닝을 사용하는 것이 좋을 것이다.

하지만 아무리 성능이 좋더라도 아직까지 현업에서는 해석력이 없는 모델을 인정하지 않는 경우가 많기 때문에, 이런 경우에는 성능이 조금 떨어지더라도 해석력이 좋은 전통적인 머신러닝 방법론을 사용해야 할 것이다. 이와 같은 이유 외에, 딥러닝 알고리즘을 구현하는 프레임워크가 다르기 때문에 이 책에서는 딥러닝을 별도의 장으로 구성해 금융 데이터 분석에 사용할 수 있는 딥러닝 알고리즘을 살펴보고, 간단한 예제를 통해 딥러닝 알고리즘 구현을 위한 프레임워크 사용법을 알아볼 것이다.

7.1.2 딥러닝 발전 과정

딥러닝의 발전 과정을 잠깐 살펴보자. 많은 AI 관련 도서에서 상세하게 다룰 텐데 굳이 이 책에서 발전 과정을 살펴보는 이유는 대략적이라도 역사적인 발전 과정을 알고 나면 딥러닝을 이해하고 향후 발전 방향을 예측하는 데 큰 보탬이 되기 때문이다.

[그림 7-7]은 딥러닝의 발전 역사를 보여준다. 역사를 살펴보면, 딥러닝이 최근에 생겨난 것이 아님을 알 수 있다. 딥러닝 기술의 핵심인 신경망 기술은 20세기 1950년대에 탄생했는데, 당시에는 딥러닝이 아닌 퍼셉트론^{perceptron}이라는 이름으로 불렸다. 퍼셉트론은 단층 인공 신경망으로, 구조는 매우 단순했지만 상당히 복잡한 문제도 학습하고 해결할 수 있었다. 하지만 1969년에 마빈 민스키$^{\text{Marvin Minsky}}$가 저서 『퍼셉트론스^{Perceptrons}』에서 단층 퍼셉트론은 비선형 함수를 표현할 수 있고 다층 퍼셉트론이라 해도 좋은 성능을 내기가 어렵다는 주장을 펼치면서 불행히도 딥러닝은 첫 번째 겨울을 맞이했다.

그 후 20세기 1980년대에 제프리 힌튼Geoffrey Hinton의 연구실에서 박사후과정 중이던 얀 르쿤Yann LeCun이 오차역전파 알고리즘 프로토타입prototype을 만들고, 1986년 「Learning Representations by Back-propagating Errors」 논문이 발표되면서 오차역전파를 활용해 다층 신경망을 훈련시킬 수 있다는 가능성이 제시되었다. 그러나 1990년대 중반 통계 학습 이론과 서포트 벡터 머신의 발전, 신경망 학습에 대한 이론의 부족, 알고리즘이 과도한 계산량을 요구한다는 등의 단점으로 신경망 연구는 다시 침체기에 접어들었다. 심지어 NIPS 등 많은 국제학회에서 수년 동안 신경망 관련 주제의 논문은 심사 자체를 하지도 않았다고 한다.

10년간의 겨울 끝에, 컴퓨터 계산 능력의 비약적 발전과 빅데이터의 출현으로 신경망 연구는 '딥러닝'이란 이름 아래 세 번째 부흥기를 맞게 된다. 특히 이미지넷ImageNet 등 여러 경진대회에서 우수한 성적을 거두고, 구글, 바이두, 페이스북 등 IT 기업들이 거액을 투자해 연구를 진행한 덕분에 신경망 연구는 눈부신 발전을 거듭하고 있다.

그림 7-7 딥러닝 발전 과정[3]

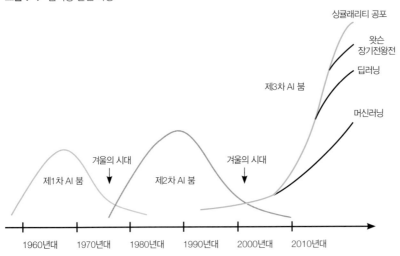

이러한 붐의 지속 여부에 대해서는 의견이 분분하지만, 신경망을 사용하지 않더라도 딥러닝과 딥러닝의 핵심 개념에서 파생된 무엇인가는 지속적으로 사용될 것이다.

3 「인공지능과 딥러닝」(동아엠엔비, 2015)

7.1.3 금융 데이터 분석에 딥러닝을 활용하는 이유

이전 장에서 살펴본 것처럼 머신러닝이나 인공지능이 모든 일을 처리하는 펀드는 거의 없다. 영주 닐슨Youngju Nielsen 교수가 언급했듯이, 세계적인 퀀트 구루guru들은 하나같이 인공지능이 인간이 하던 기존 퀀트 투자를 완전히 대체하지는 않을 것이라고 전망한다. 하지만 머신러닝, 그중에서도 딥러닝 기술에 투자하는 투자기관이 갈수록 늘고 있다. 사실 이 부분은 1장에서 설명했기 때문에, 여기에서는 현 상황에서 다름 아닌 '딥러닝'을 활용해야 하는 이론적인 이유를 다시 한 번 짚고 넘어가자.

마이크로소프트의 데이터 과학자 프란체스카 라제리Francesca Lazzeri는 딥러닝을 시계열 분석에 사용해야 하는 이유로 다음 세 가지를 들었다. [4]

첫째, 딥러닝은 정제되지 않거나 불완전한 데이터로부터 자동으로 특성features을 학습하고 추출할 수 있다. 금융 시계열 분석에서는 '시간'에 따른 변화를 고려하기 위해 많은 노력을 기울인다. 따라서 특성을 선택하고 '시간'이 주는 영향을 고려하기 위해서는 사람의 개입이 필수였는데, 딥러닝을 이용하면 이 프로세스를 최소화할 수 있다. 대규모의 특성 공학 프로세스나 데이터 스케일링 작업, 또 미분을 통해 데이터의 정상성stationary을 확보하는 작업을 생략할 수 있다. 기존의 방법에서는 데이터셋의 변수들 사이에 선형 관계와 고정된 임시 의존 관계fixed temporal dependency가 있다고 가정하는 경우가 많은데, 이런 가정하에서는 변수들 사이에 존재하는 더 복잡한 관계나 패턴을 찾아내기가 어렵다. 많은 경우에 딥러닝 모델은 노이즈가 섞인 입력에 견고한robust 경향을 보이기 때문에 좋은 선택지가 될 수 있다.

추가적으로, 오토인코더나 GAN 같은 생성 모델은 입력 데이터를 '표현 벡터representation vector' 같은 압축 데이터로 만들어 새로운 특성으로 사용할 수 있다. 그리고 NLP에서 자주 사용되는 임베딩embedding 방법도 대표적인 특성 추출의 예라고 볼 수 있다. 한마디로 딥러닝은 사람이 뽑아내기 힘들거나 애매한 특성을 추출하는 데 능하기 때문에 '시간'이라는 요소가 포함되어 예측하기 어려운 시계열 데이터에서도 좋은 성능을 낼 것이라고 믿는 연구자들에 의해 연구가 진행되고 있다. 금융 데이터는 페이스북에서 유저 활동량을 예측하거나 우버Uber에서 유저 사용량을 예측하는 문제보다 훨씬 더 어려운 시계열 예측 문제로 이어지기 때문에, 확실한 성과를 확보하기 위해서는 더 엄밀한 가정과 신중한 검증 방법, 고도의 도메인 지식이 필요하다.

---

4 『Time Series Forecasting: An Applied Machine Learning Approach』(O'Reilly Media, 2019).

둘째, 딥러닝은 다중 입력과 출력을 지원한다. 시계열 데이터 분석에서 다양한 방식의 입력/출력을 지원한다는 점은 매우 중요하다. 일단 입력으로 사용되는 데이터의 수가 많고, 원하는 출력의 형식도 t+1(예: 1일 후) 시점의 주가 방향, t+2 시점의 주가 방향 등 여러 개가 될 수 있기 때문이다. 물론 기존 머신러닝 방법 중에도 이런 기능을 제공하는 알고리즘이 있고 코딩을 통해서도 구현할 수 있지만, 딥러닝은 이러한 프로세스를 더 쉽게 만들어준다.

셋째, 딥러닝 네트워크는 비교적 길이가 긴 시퀀스에 걸쳐있는 패턴을 추출하는 데 탁월하다. 딥러닝 알고리즘의 하나인 RNN 모델은 시퀀스 데이터를 다루는 성능이 좋다고 알려졌다. RNN은 학습을 할 때 현재 입력값뿐만 아니라 이전에 들어온 입력값을 함께 고려하기 때문에 시계열 데이터를 학습하기에 적합하다. 신경망 중간에 있는 히든 레이어의 결괏값들이 다시 입력값으로 들어가기 때문에 순환 신경망recurrent neural network (RNN)이라는 이름이 붙었다. 특히 LSTM, GRU 등 기존 RNN의 단점이 보완된 모델에서 레이어는 셀 내부에서 이전 시점의 데이터에 대한 학습을 따로 한다. 즉 이전 시점의 데이터를 순차적으로 학습하면서 긴 시점에 분포한 패턴도 학습할 수 있다.

이와 같이 많은 장점이 있지만, 금융 시계열 데이터는 일반적인 시계열 데이터보다 특성 수가 더 적고 시계열 길이가 더 짧으므로 이를 보완할 방법이 필요하다는 점을 명심하기 바란다. 일단은 위에서 언급한 장점을 새겨두고, 다음 절에서는 딥러닝 알고리즘이 어떻게 금융 데이터 분석에 활용될 수 있는지 살펴보자.

7.1.4 딥러닝 알고리즘 소개

합성곱 신경망

사실 딥러닝 알고리즘을 상세하게 소개하려면 책 한 권으로도 부족하다. 따라서 이 절에서는 알고리즘에 대한 구체적인 구조나 계산 방법은 차치하고, 각 알고리즘의 특징과 금융 데이터 분석 활용 가능성만 금융 데이터 분석 관점에서 논할 것이다.[5] 딥러닝 기초를 공부할 때 일반적으로 가장 먼저 배우는 것은 퍼셉트론perceptron 개념이다. 그리고 퍼셉트론 개념을 익히고 나면 배우는 것이 바로 합성곱 신경망convolution neural network (CNN)이다. 이는 유명한 알파고AlphaGo에

---

5 딥러닝 알고리즘 구조나 계산 방법을 쉽게 설명한 책이 많으니 추천 도서를 먼저 읽은 후 이 장을 읽어나가길 바란다.

도 적용된 딥러닝 알고리즘(그림 7-8)으로 사람의 시각 피질 구조에서 영감을 받아 탄생했다. CNN의 특징에 대해 좀 더 자세히 알아보자.

CNN은 이미지의 인식이나 분류 문제에서 탁월한 성능을 보이는데, 그 이유가 무엇일까? CNN에서 C는 합성곱을 의미하는데, 합성곱층의 목적이 바로 입력 이미지에서 특성을 추출하는 것이다. 딥러닝(머신러닝) 모델은 저마다 어떤 가정에서 만들어지는데, 이는 모델마다 '나는 이런 특성을 가진 데이터를 주로 다루겠다'고 선을 긋는 것과 다름없다. 그래서 각 모델의 가정을 파악하고 데이터 특성에 맞는 모델을 선택하는 것이 중요하다.

그림 7-8 알파고에 적용된 CNN 알고리즘

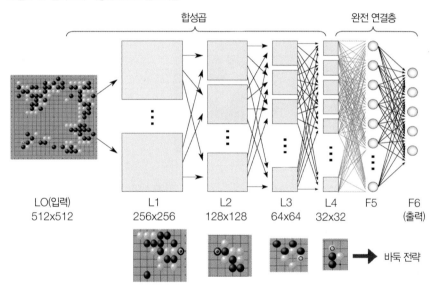

AlexNet 논문을 살펴보면 이미지의 특성에 대한 CNN의 가정이 짧게 언급된다. 바로 정상성과 픽셀의 종속성이다. 정상성stationarity of statistics은 시계열 데이터의 통계적 특성이 시간이 지나도 변하지 않는다는 뜻이고, **픽셀의 종속성**locality of pixel dependencies은 이미지에서 한 점과 의미 있게 연결된 점들은 주변에 있는 점들로만 국한된다는 뜻이다. 여기서 말하는 정상성은 시간에 대한 정상성이 아니라 위치에 대한 정상성인데, 쉽게 말해 위치에 관계없이 동일한 패턴들이 반복되는 특성을 잡아낼 수 있다. 즉 이미지의 특정 위치에서 학습한 파라미터를 이용해 다른 위치에 있는 동일한 특성을 추출할 수 있다는 뜻이다.

이미지 인식 문제에서 [그림 7-9]의 강아지를 식별하려고 할 때 강아지 하나의 특성을 잘 추출해서(귀, 눈, 코, 입 등 저차원 특징부터 전체적인 고차원 특징에 이르기까지) 다른 위치에 있는 강아지도 구별할 수 있게 된다. 이러한 작업을 하기 위해 필요한 것이 파라미터 공유parameter sharing 방법이다. 파라미터 공유는 특성 지도feature map 하나를 출력하기 위해 필터를 단 한 장만 유지하기 때문에 완전 연결층full-connected layer보다 훨씬 더 적은 파라미터 개수를 사용해 메모리를 아낄 수 있어 연산량이 적고 통계적 효율statistical efficiency 또한 향상된다.

그림 7-9 CNN을 활용한 이미지 인식

또한 합성곱 연산은 이동 불변성translation invariant 특징을 가진다. 완전 연결 네트워크에서는 새로운 위치에 나타난 것은 새로운 패턴으로 학습해야 하지만, 이동 불변성 덕분에 입력의 위치가 변해도 출력이 변하지 않는다. 즉 강아지가 어느 위치에 있든 상관없이 강아지라는 출력을 한다는 의미다. 뿐만 아니라 로컬리티locality 가정(작은 지역 안에 픽셀 종속성이 있다는 가정)은 수용 영역과 유사하게 로컬local 정보를 활용할 수 있게 해준다. 공간적으로 인접한 신호들에 대한 상호연관관계correlation를 비선형 필터를 적용해 추출하는데 이러한 필터를 여러 개 적용하면 다양한 로컬 특징을 추출해낼 수 있게 된다. 이렇게 CNN은 이미지 데이터로부터 문제 해결을 위한 복잡하고 추상적인 시각적 개념을 효과적으로 추출하는데, 이를 '표현 학습representation learning' 이라고도 부른다.

CNN이 원천 입력 데이터raw input data로부터 복잡하고 추상적인 시각적 개념을 효과적으로 추출하는 특징은 시계열 예측 문제에도 적용될 수 있다. 관측치 시퀀스를 CNN 모델이 읽고 정제할 수 있는 1차원 이미지처럼 만들면 된다(신호처리 영역에서는 이미 오래전부터 1D-합성곱을 사용했다). 이러한 방법은 무선 센서 강도 데이터를 활용해 사물의 위치와 모션을 예측하는 문제에도 적용되어 좋은 효과를 거두었다.

금융 시계열 예측을 하기 위해서는 1D-합성곱 방법을 써도 되고, 그 외 특성을 추가해 2D-합성곱을 사용해도 된다. 최근에 많이 시도되는 방법으로는 수치 데이터를 이미지 데이터로 변환한 후 분석하는 방법이 있다. CNN을 주가 데이터 예측에 사용하는 이유는 부분적 특성을 잡아내기 위함이다. 하지만 아래와 같은 2D-합성곱 방법을 사용한다고 할 때, A, B, C 각각의 특성은 잘 잡아낼지 모르지만 A, B, C 사이의 관계를 제대로 포착하기 어렵다는 단점이 있다. 그리고 CNN에 풀링pooling을 적용하면 데이터 유실이 생겨 중요한 특성 데이터가 버려질 수도 있다. 이는 기존 CNN 모델에서 대두되었던 문제로, 이를 보완하기 위한 다양한 알고리즘들이 나오고 있다(예, 힌튼 교수가 발표한 CapsNet 등).

그림 7-10 2D-Convolution 주가 데이터를 활용한 예측 문제

	t_1	t_2	t_3	t_4	t_5	t_6	t_7	t_8	t_9
f_1									
f_2		A							
f_3									
f_4				B					
f_5								C	
f_6									
f_7									

순환 신경망

순환 신경망recurrent neural network(RNN)과 앞서 소개한 CNN이나 완전 연결 네트워크의 가장 큰 차이점은 '기억 시스템'이다. CNN이나 완전 연결 네트워크같이 메모리가 없는memoryless system 피드 포워드 네트워크는 입력 시퀀스를 하나의 데이터 포인트로 변환해야 하고 개별적으로 처리되어 이전 입력의 영향을 받지 않는다. 하지만 RNN은 학습을 할 때 현재 입력값뿐만 아니라 이전에 들어온 입력값도 고려하기 때문에 시계열 데이터를 학습하기에 적합하다.

사실 이 부분은 앞에서 CNN이 이미지 데이터 처리를 잘 하는 원리를 이해하는 것보다 훨씬 더 직관적이어서 이해하기가 더 쉽다. 왜냐하면 어제 온 손님 A가 부도날 확률은 오늘 온 손님 B가 부도날 확률에 영향을 주지 않지만, 어제의 종가close price는 오늘의 주가에 영향을 주기 때문

이다(어제 날씨가 오늘 날씨에 영향을 준다는 예가 더 와닿을 수도 있겠다). 신경망 중간에 있는 히든 레이어의 결괏값들이 다시 입력값으로 들어가기 때문에 '순환' 신경망이라는 이름이 붙었다.

그러나 RNN은 데이터가 너무 길어져 이를 표현하는 신경망이 깊어져야만 할 경우 문제가 된다. RNN은 역전파^{backpropagation}라는 방법을 통해 학습하는데, 위와 같은 경우 그래디언트가 너무 작아져 학습이 잘 안 되는 문제^{vanishing gradient problem}가 발생하는 것이다. 이 문제를 해결하기 위해 LSTM^{long short term memory network}이 만들어졌다. LSTM은 셀 스테이트^{cell state}라는 개념을 도입해서 그 내부에 있는 게이트^{gate}들을 통해 어떤 정보를 기억하고 어떤 정보를 버릴지 추가적인 학습을 가능하게 한다.

이를 통해 RNN이 가진 문제(즉 vanishing gradient problem)를 해결할 수 있다. 이런 RNN 계열 신경망의 특성 때문에 RNN, 특히 LSTM을 사용해 주가 예측 문제를 해결하려는 시도가 계속 이어지고 있다. 단일 LSTM만 사용했을 때 ARIMA 등보다 더 좋은 성능을 보이지만[6], 단일 LSTM보다 앙상블 LSTM 네트워크를 사용해야 한다는 주장도 있다.[7]

LSTM을 간소화한 버전인 GRU^{gated recurrent unit network}도 간결함과 LSTM 못지않은 성능으로 많은 사랑을 받고 있지만, 금융 데이터를 활용해 실험한 사례가 LSTM처럼 많지 않다. GRU와 LSTM의 성능 차이도 아직 정확히 밝혀지지 않았다. 이론적으로 LSTM이 GRU보다 더 긴 시퀀스를 기억하기 때문일 수도 있고, GRU에 학습할 가중치가 적다는 이점의 활용도가 크지 않기 때문일 수도 있다(데이터가 많다면 LSTM이 더 좋은 성능을 보여줄 가능성이 있다는 뜻이므로). GRU를 활용해 금융 시계열 데이터의 예측 성능을 측정한 논문도 있으나[8] 기존 방법론(통계 기반의 계량 경제 방법론)과 비교한 것이기 때문에 아직까지는 LSTM과 큰 차이를 보이지 않는다고 볼 수 있다.

RNN 계열의 딥러닝 알고리즘을 활용한 연구나 실험은 계속될 것 같다. 예를 들면, 주가 스프레드 데이터를 LSTM에 응용할 수도 있다. 주기성을 갖는 시계열 분석^{SARIMA} 모형에서는 데이터 과학자가 주기를 직접 입력해줘야 하지만, RNN 모델은 과거 패턴을 스스로 검출한다. 하지만 임

6 Siami-Namini, Sima, Neda Tavakoli, and Akbar Siami Namin. 「A comparison of ARIMA and LSTM in forecasting time series」 2018 17th IEEE International Conference on Machine Learning and Applications(ICMLA). IEEE, 2018.

7 Sun, Shaolong, Yunjie Wei, and Shouyang Wang. 「Adaboost-lstm ensemble learning for financial time series forecasting」 International Conference on Computational Science. Springer, Cham, 2018.

8 Shen, Guizhu, et al. 「Deep learning with gated recurrent unit networks for financial sequence predictions」Procedia computer science 131(2018): 895-903.

의로 만든 직선이나 사인sine 곡선은 과거에 명백한 패턴이 있고 과거와 미래가 종속 관계에 있으므로 RNN이 학습할 수 있지만, 주가의 경우는 랜덤워크 성향으로 확실한 패턴이 없고 과거와 미래가 독립적이므로 RNN이 학습하기 어려울 수 있다.

이 말은 과거와 현재가 종속적이고 패턴을 보이는 데이터를 활용한다면 예측이 가능하다는 뜻으로 해석될 수도 있는데, 이런 가정하에 많이 사용하는 방법이 페어 스프레드pair spread를 활용하는 방법이다. 이는 두 주가의 차이를 이용하는 퀀트 방법인 페어 트레이딩을 차용한 것인데, 예를 들면 비슷한 성격이라 판단되는 두 종목인 하나금융지주와 신한금융지주의 주가 차이를 입력으로 사용하는 것이다. 스프레드는 정상성을 갖는 시계열이고 과거와 현재의 종속성이 존재한다. 추가적으로 평균 회귀mean reverting 특징까지 포함되어 퀀트에서 많이 활용되는 전략이다. 이외에도 많은 노이즈 제거 방법을 도입해 LSTM을 활용하려는 시도가 늘고 있다.

비지도 학습

비지도 학습 딥러닝 알고리즘으로는 4장에서 설명한 오토인코더가 대표적이다. 오토인코더는 특징 벡터 X를 입력받아 동일하거나 유사한 벡터 X를 출력하는 신경망이다. 출력이 입력과 같아야 하므로 출력층 노드 개수와 입력층 노드 개수가 같다. 단순한 단위 행렬 곱으로도 구현이 가능하지만, 단순 복사되기 때문에 무용지물이 된다. 이러한 단순 복사의 한계를 뛰어넘는 데 효과적인 여러 규제 기법이 있다. 스파스 오토인코더sparse autoencoder, 잡음 제거 오코인코더denoising autoencoder, 축약 오토인코더contractive autoencoder 등이 있으며, 은닉층이 여러 개인 적층 오토인코더도 있다. [9]

오토인코더는 비지도 학습 알고리즘을 사용해 선형 관계와 비선형 관계를 표현할 수 있고, 이를 통해 잡음 제거에 탁월할 뿐 아니라 자료 분포 패턴 등을 추정할 수 있다는 장점이 있다. 오토인코더는 학습하는 과정에서 적은 수의 은닉 노드에 핵심 특성을 압축한 표현을 저장한다. 어떤 실험에서는 오토인코더의 이러한 특성을 이용해 기술적 분석 지표에 따른 주가 트렌드를 학습하고 예측에 반영한다. 물론 입력 데이터의 차원을 축소한다는 점에서 전통적인 머신러닝 차원 축소 방법인 PCA와 동일하지만, 오토인코더를 사용하면 인코더와 같은 일부 구성요소를 몇 개의 독립된 주식시장 수익률에 대해 각각 학습시킨 후 다른 네트워크에서 재사용할 수 있다는 장점이 있다.

---

[9] 오토인코더에 대한 자세한 설명은 추천 도서를 참고한다.

생성 모델

생성 모델generative model이란 훈련 데이터가 주어졌을 때 해당 데이터가 가지는 실제 분포와 같은 분포에서 샘플링된 값으로 새로운 데이터를 생성하는 모델을 말한다. 간단하게 말해, 눈을 감고 맑고 깨끗한 몰디브의 바다가 머릿속에 그려진다면 머릿속에 있는 '생성 모델'이 작용한 것이다. 사람의 생성 모델은 세상에 나타나는 현상을 오랫동안 지켜보면서 학습한 결과다. 생성 모델로는 최근 가장 활발히 연구되고 있는 GANGenerative Adversarial Networks, VAEVariational Autoencoder, RNN, 제한된 볼츠만 머신restricted Boltzman machine 등이 있다.

전통적인 머신러닝 방법에서는 은닉 마르코프 모델Hidden Markov Model(HMM)을 생성 모델로 사용했다. HMM은 많은 퀀트들에게 사랑받는 알고리즘으로, 르네상스 테크놀로지에서도 HMM을 활용해 초단기 시장에서 괄목할 성과를 올린 사실은 널리 알려졌다. 퀀트뿐만 아니라 연구자들도 HMM을 활용한 시장 예측 문제에 대해 학술 논문을 발표했다. [10] [11]

최근에는 이미지 생성 등 영역에서 뛰어난 성과를 보이는 GAN을 활용한 연구가 한창 진행되고 있다. [12] [13] GAN은 데이터 확장data augmentation에도 많이 사용되는데, 데이터 확장이란 비슷한 데이터를 만들어 다시 입력으로 활용하는 것이다. 사실 딥러닝을 활용해 주가 데이터를 예측할 때 가장 문제가 되는 것이 데이터 부족인데, GAN이 이 문제를 해결해주리라 기대하는 이들도 있다. 하지만 실증적인 성과가 뚜렷이 있는 것이 아니므로 아직은 연구 주제 정도로 시도해보는 것이 좋겠다.

그리고 주가 데이터 시뮬레이션 프로그램을 만들 때 예전에는 주로 기하 브라운 운동을 활용한 몬테카를로 시뮬레이션Monte Carlo simulation을 사용하곤 했는데, 이러한 작업에서도 이론상으로는 GAN의 활용이 가능해졌다. GAN뿐만 아니라 VAE를 사용한 모의 금융 시장 데이터 생성 작업이 활발하게 이루어지고 코드도 자유롭게 공유되고 있다. [14]

10 Hassan, Md Rafiul, and Baikunth Nath. 「Stock market forecasting using hidden Markov model: a new approach」 5th International Conference on Intelligent Systems Design and Applications(ISDA'05). IEEE, 2005.

11 Gupta, Aditya, and Bhuwan Dhingra. 「Stock market prediction using hidden markov models」2012 Students Conference on Engineering and Systems. IEEE, 2012.

12 Zhou, Xingyu, et al. 「Stock market prediction on high-frequency data using generative adversarial nets」 Mathematical Problems in Engineering 2018(2018).

13 Zhang, Kang, et al. 「Stock market prediction based on generative adversarial network」Procedia computer science 147(2019): 400-406.

14 https://mc.ai/generating-simulated-stock-price-data-using-a-variational-autoencoder/

자연어 처리

자연어 처리[natural language processing](NLP)를 활용한 투자 전략은 이미 오래전부터 개발되었다. 2011년 초 영국 더웬트 캐피털[Derwent Capital]이 트윗 분석을 통해 남다른 펀드 투자 성과를 이룩한 일이 대표적인데, 수백만 건의 트윗 중 주식시장과 관련된 약 10%를 분석해 투자 심리를 파악하고 S&P 500 지수가 2.2% 하락한 2011년 7월 오히려 1.86%의 수익을 거뒀다는 이례적인 사례가 국내에도 소개되었다. 하지만 NLP 기술 자체를 딥러닝과 동일시해서는 안 된다. 지난 십수 년간 NLP 문제를 해결하기 위해 사용해온 방법은 전통적인 통계에 기반한 방법론들이고, 최근 들어 NLP 역시 딥러닝에 힘입어 비약적으로 발전했다. 물론 컴퓨터 비전만큼은 아니지만 말이다.

NLP에서도 RNN[15], CNN, 강화 학습 등의 알고리즘이 사용되므로, NLP 기술을 활용한 투자 전략을 개발하기 위해서는 NLP 전문가의 도움을 받아 유의미한 변수를 얻어 모델링에 활용하거나 직접 딥러닝 지식을 바탕으로 NLP 영역에 도전해야 한다. 구글 트렌드나 트윗 데이터를 활용한 감성 분석[sentiment analysis]을 투자 전략 개발에 적용한 예제는 인터넷에서도 쉽게 찾아볼 수 있으니 참고하기 바란다.

하지만 직접 유의미한 전략을 개발하기 위해서는 텍스트 데이터의 수집부터 분석, 활용이라는 모든 프로세스를 거쳐야 하므로, NLP 기술을 활용해 금융 분석에 유의미한 데이터를 제공하는 데이터 플랫폼이나 벤더를 활용할 것을 권한다. 블룸버그[Bloomberg]와 로이터[Reuters] 등 전통적인 금융 미디어, 데이터 플랫폼에서 지속적으로 관련 연구를 하며 매년 다양한 상품을 제공할 뿐만 아니라, 데이터마이너[DataMiner] 같은 스타트업에서도 NLP 기술을 활용한 금융 데이터를 제공하고 있다.

7.1.5 딥러닝을 금융 시장 데이터에 적용한 연구

딥러닝을 활용해 금융 시장을 예측하려는 시도가 늘면서 딥러닝의 활용도가 높아졌다. 2005년부터 2019년까지 딥러닝을 활용해 시장 예측을 시도한 논문과 책을 종합적으로 고찰한 연구 논문 「Financial Time Series Forecasting with Deep Learning: A Systematic

---

15 RNN은 많은 NLP 문제를 노련하게 성공적으로 풀어왔다. 예를 들어 2013년에 소처(Socher)가 발표한 「Adaboost-lstm ensemble learning for financial time series forecasting」을 보면 RNN을 이용해 문장의 감정을 예측하기도 했다.

Literature Review: 2005-2019」를 통해 그 현황을 살펴보자. [16]

먼저 연도별로 관련 출판물(학술 논문, 책, 박사 논문 등) 히스토그램을 보면(그림 7-11) 2012년부터 꾸준히 늘어나 2017년에 폭발적으로 증가한 것을 볼 수 있다. 사실 이는 상대적 증가일 뿐 절대적 양은 여전히 부족한 실정이다. 이는 계속해서 언급한 금융 영역의 특성 때문이다. 하지만 학계와 금융 현업 간의 한계에도 불구하고 실증적인 연구 결과는 지속적으로 증가할 것이라 예상된다.

그림 7-11 출판된 논문과 책의 히스토그램

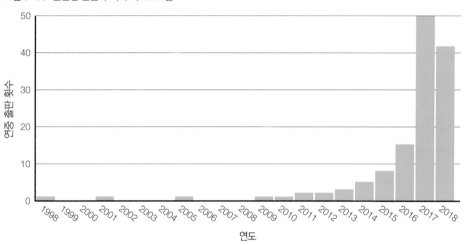

출판물에서 다룬 딥러닝 모델을 유형별로 살펴보면(그림 7-12), 시계열 분석에 강점을 보이는 RNN이 절반을 차지한다는 것을 알 수 있다. 학계에서 RNN을 사용한 모델이 많다고 해서 현업에서도 RNN을 사용한 전략이 많을 것이라 단언할 수는 없지만, 이 비율을 통해 어느 정도 추론할 수는 있을 것이다. 그래프를 보면 조금은 고전적 모델이라 할 수 있는 심층 신뢰망deep belief networks (DBN)과 다층 퍼셉트론deep multi-layer perceptron을 사용한 연구의 비율을 확인할 수 있는데, 최근에는 많이 사용하지 않는다.

16 Sun, Shaolong, Yunjie Wei, and Shouyang Wang. 「Adaboost-lstm ensemble learning for financial time series forecasting」 International Conference on Computational Science. Springer, Cham, 2018.

그림 7-12 딥러닝을 활용한 금융 데이터 분석에서 선택한 모델 유형별 비율(단위: %)

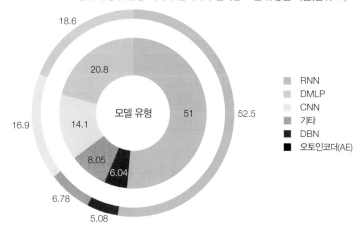

가장 많은 비율을 차지한 RNN을 자세히 살펴보면 [그림 7-13]에 나타난 것처럼 LSTM이 절반을 넘는 것을 확인할 수 있다. 얼마 전인 2014년에 발표된 논문이므로 LSTM과 비슷한 성능을 내는 GRU는 절대적인 횟수가 많지 않다.

그림 7-13 논문에서 사용한 **RNN** 계열 모델 비율(단위: %)

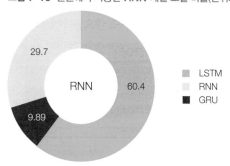

이렇게 딥러닝을 중심으로 문헌 리뷰literature review를 한 결과, 많은 경우 딥러닝 모델이 (전통적인) 머신러닝 모델을 활용한 것보다 성능이 더 좋지만, 반대로 머신러닝 모델이 딥러닝 모델보다 성능이 더 좋은 경우도 있으며, 향후에는 NLP 기술 등을 접목한 연구가 활발히 진행될 것이라고 내다봤다. 사실 이미지 인식 영역처럼 특정 데이터셋을 활용해 성능 평가를 하는 것이 아니기 때문에 이들의 성능을 직접적으로 비교하기는 어렵다. 심지어 동일한 국가의 동일한 종목을 가지고 실험하더라도 기간이나 전처리 방법에 따라 결과가 달라질 수 있기 때문이다.

사실 우리의 목적은 이러한 내용을 현업에 적용하는 것인데, 많은 연구에서 현업에서 발생하는 문제(예, 거래 수수료, 실제 트레이딩 가능 여부)를 신중하게 고려하지 않는다. 논문을 살펴본 목적은 전체 트렌드를 간접적으로 확인하기 위한 것으로, 딥러닝 이론을 바탕으로 자신만의 인사이트가 있다면 무엇이든지 시도해보는 용기를 내기 바란다.

퀀트피디아

퀀트피디아(QuantPedia, www.quantpedia.com)는 퀀트 트레이딩 전략 논문을 제공하는 플랫폼으로, 이런 논문을 쉽게 검색하고 활용할 수 있는 서비스를 제공한다.

그림 7-14 퀀트피디아 소개

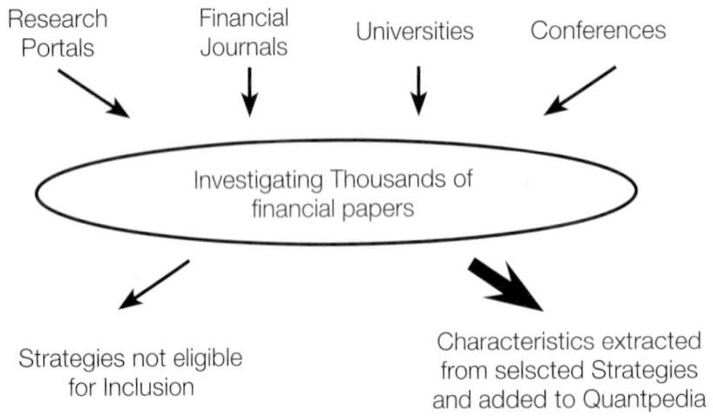

그림 7-15 퀀트피디아에서 제공하는 논문 분석 예시

Title of Strategy	Period of Rebalancing	Markets Traded	Indicative Performance	Volatility	Keywords
Asset Class Trend-Following	Monthly	bonds, commodities, equities, REITs	11.27%	6.87%	asset class picking, momentum, trend-following
Time Series Momentum Effect	Monthly	bonds, commodities, currencies, equities	16.21%	11.73%	factor investing, momentum, smart beta
Payday Anomaly	Daily	equities	2.57%	4.31%	market timing, seasonality
Skewness Effect In Commodities	Monthly	commodities	8.01%	10.2%	factor investing, smart beta, votatility effect

논문에서 사용하는 자산의 종류와 리밸런싱 주기, 모델의 성능과 변동성 등을 보기 쉽게 요약했음을 알 수 있다. 그리고 Quantconnect 플랫폼과 제휴해 코드, 백테스트 등을 조회할 수도 있다. 현재는 400편이 넘는 트레이딩 전략이 탑재되었다고 한다. 일 년 구독료는 500유로 (약 65만원) 정도다.

7.2 딥러닝 알고리즘 구현을 위한 케라스

이전 장에서 머신러닝 알고리즘 및 평가, 전처리 등의 기능을 구현하기 위해 사이킷런을 사용한 것처럼, 딥러닝 알고리즘을 구현하기 위해서도 사용하는 도구가 있다. 이 책에서는 딥러닝 라이브러리 중 사용자 편의성이 가장 좋다고 알려진 케라스Keras를 소개하고 케라스의 주요 모듈과 함수를 살펴본다.

7.2.1 케라스 소개

[그림 7-16]에 보이는 것처럼 딥러닝 알고리즘을 구현하는 다양한 도구 중 가장 많이 사용하는 것은 구글에서 개발한 텐서플로TensorFlow다. 그다음으로 많이 사용하는 딥러닝 도구는 페이스북에서 개발한 파이토치PyTorch다. 한 데이터 과학자의 2019년 딥러닝 프레임워크 시장 점유 분석 보고서에 따르면, 온라인 취업, 데이터 분석 전문 매체 서베이, 구글 검색량, 블로그 글, 아마존 도서량, 논문 수, 깃허브 활동량을 종합적으로 봤을 때 텐서플로, 파이토치, 케라스로 순위가 매겨졌다.

그림 7-16 2019년 딥러닝 프레임워크별 점수

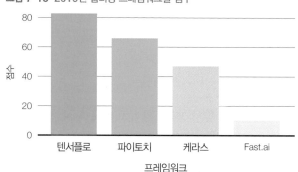

사실 라이브러리 사용 순위는 크게 신경 쓰지 않아도 된다. 만약 코딩 능력이 뛰어나다면 텐서플로를 사용해도 된다(더 뛰어나다면 직접 파이썬으로 구현해도 되고, 이보다 더 높은 경지에 이르면 C++로 직접 만들 수도 있다). 파이토치와 케라스는 텐서플로의 사용을 좀 더 쉽게 만들어주므로 처음 딥러닝을 시작할 때는 이 두 프레임워크를 비교해 선택하는 것이 좋다.

케라스는 사용자 친화적인 API로 딥러닝에 입문하는 사람에게 추천하는 프레임워크다. 하지만 배우기 쉽다는 것은 그만큼 자율성이 떨어진다는 것을 뜻한다. 많은 틀이 이미 만들어졌기 때문에 사용하기는 쉽지만 코드의 자율성이 부족하다는 단점이 있다. 그래서 딥러닝 과학자들은 (케라스와 파이토치 중에) 파이토치를 선호하는 경향이 있다. 현업에서 일하게 된다면 텐서플로와 파이토치, 케라스를 모두 사용하게 될 확률이 높다. 그러니 입문은 케라스로 하되, 계속해서 딥러닝을 배울 생각이라면 모두 섭렵하겠다는 유연한 자세를 갖자.

케라스는 텐서플로나 씨아노Theano, CNTK 등 저수준Low-level 라이브러리를 감싸는 고수준High-level API다. 그래서 내부적으로 텐서플로나 씨아노 같은 다른 라이브러리를 선택할 수 있으며 케라스 또한 CPU, GPU 연산을 동일한 코드로 사용할 수 있게끔 지원하는 특징이 있다.

그림 7-17 케라스 구조

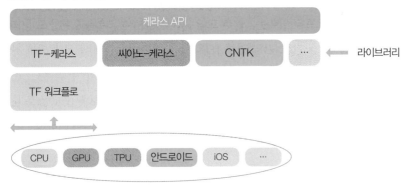

7.2.2 주요 모듈과 함수

본격적으로 케라스를 활용한 딥러닝을 구현하기에 앞서 케라스의 주요 모듈을 살펴보자. [표 7-1]은 최대한 실제 모델링 순서와 사용 빈도 등을 고려해 작성했다.

표 7-1 케라스의 주요 모듈

단계	모듈명	설명
데이터셋 생성	from keras.datasets	케라스에서 제공하는 샘플 데이터를 사용할 수 있다. 딥러닝 설명 예제에서 많이 사용되는 CIFAR10 데이터셋, 숫자 손글씨 분류 데이터인 MNIST, 로이터 뉴스 서비스 주제 분류 데이터, IMDB 영화 평가 정서 분류 데이터, 보스턴 집값(Boston housing) 예측 문제에 적용 가능한 데이터 등 다양한 샘플 데이터를 제공한다.
모델 생성	from keras.models import Sequential	케라스에는 모델을 정의하는 두 가지 방법이 있다. Sequential 클래스를 사용하는 방법과 함수형(functional) API를 사용하는 방법이다. 먼저 Sequential 방법은 Sequential 클래스를 사용해 모델을 생성한 뒤 층을 선형으로 쌓는다. add() 함수를 통해 층(layer)을 순차적으로 추가하면서 모델을 구성한다.
	from keras.models import Model	함수형 API를 사용하는 방법은 Model 클래스를 사용해 모델을 생성한 뒤 입력층과 출력층을 매개변수로 전달해 모델을 구성한다. 이 방법은 층이 호출가능(callable)하다는 성질을 이용한 것으로, 상위 Layer 클래스의 call() 함수를 호출하면서 연쇄적으로 층을 연결한다.
모델층 추가	from keras.layers	케라스에서 제공하는 모든 층을 정의한다. 전체 층 정보는 __init__.py에서 확인할 수 있으며 모든 하위 층은 상위 Layer 클래스를 상속받아 구현한다. 해당 URL에 들어가면 모든 층을 확인할 수 있다. https://github.com/keras-team/keras/blob/master/keras/layers/__init__.py
	from keras.layers import Dense	밀집층은 완전 연결층(fully connected layer)을 의미한다.
	from keras.layers import Conv2D	합성곱층을 의미한다
	from keras.layers import MaxPooling2D	풀링층을 의미한다.
	from keras.layers import RNN	순환 신경망층을 의미한다.
	from keras.layers import LSTM	장단기 기억층을 의미한다.

모델 학습 방법 설정	Model.compile	컴파일 단계에서는 학습 과정을 설정한다. Compile 함수에는 세 개의 중요한 매개변수가 있다. 옵티마이저(optimizer)와 손실 함수(loss), 측정값(metrics)이다.
		이들은 기본적으로 아래와 같이 구현 가능하다.
		`model.compile(optimizer='rmsprop',`
		`              loss='binary_crossentropy',`
		`              metrics=['accuracy'])`

단계	모듈명	설명
		예제의 옵티마이저 방식으로는 모멘텀 성격을 첨가한 rmsprop 옵티마이저를 사용했으며, 손실 함수는 이진 분류 문제에서 많이 사용하는 이진 크로스엔트로피 함수를 사용했고, 학습 과정 중 성능을 관찰할 수 있도록 정확도(accuracy)를 측정 지표로 설정했다.
모델 학습	Model.fit	fit() 함수를 호출하면 모델의 학습 과정을 진행할 수 있다. fit() 함수에는 세 개의 중요한 매개변수가 있다. 전체 데이터 순회 횟수(epochs), 작은 단위로 훈련하는 배치 사이즈(batch_size), 학습 성능을 검증하는 검증 데이터(validation data)다. 이들은 기본적으로 아래와 같이 구현 가능하다. `model.fit(data, labels, epochs=10, batch_size=32)` 학습용 특성 데이터와 레이블 데이터를 각각 전달한다. 모델은 32개씩 미니배치 방식(batch_size)으로 학습하고 가중치를 업데이트하며 전체 데이터에 대해 10번 반복(epochs) 학습하게 된다.
모델 평가	Model.evaluate	테스트 데이터셋으로 학습한 모델이 잘 작동하는지 평가한다. 아래와 같은 코드로 평가한다. `score = model.evaluate(x_test, y_test, batch_size=128)` 학습 과정과 마찬가지로 테스트 데이터셋에서 특성 데이터와 레이블 데이터를 사용하고 미니배치 방식으로 배치 크기만큼 점수를 계산한다.
예측	Model.predict	임의의 데이터를 입력해 새로운 값을 예측한다. 입력 데이터와 같은 형태(shape)로 전달하면 된다. `predictions = model.predict(data)`

케라스에서 제공하는 모듈은 이외에도 많지만, 해당 개념만 알고 있어도 다양한 응용이 가능하다. 케라스를 처음 접해서 낯설고 어렵게 느껴지더라도, 예제를 살펴보고 따라하다 보면 금방 익숙해질 것이다. 만약 앞에서 설명한 '모듈', '함수' 같은 단어가 생소하다면 파이썬 기초로 돌아가 '클래스', '모듈' 등의 개념을 살펴볼 것을 권한다. 이러한 기초 프로그래밍 개념만 잘 숙지해도 케라스 사용법을 이해하는 것이 어렵지 않을 것이다.

7.2.3 예제로 살펴보는 케라스 활용법

데이터캠프DataCamp에서 제공하는 케라스 치트-시트에 있는 예제 코드를 통해 케라스 활용 방법을 살펴보자.

단층 퍼셉트론single layer perceptron은 인공 신경망의 가장 간단한 형태의 구조다. 단층 퍼셉트론은 입력층과 출력층만 존재하는 신경망이며 그 구조는 [그림 7-18]과 같이 표현할 수 있다.

그림 7-18 단층 퍼셉트론

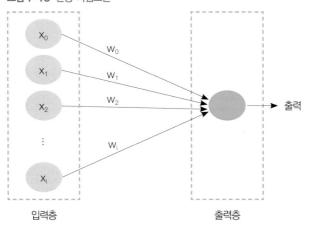

```
import numpy as np
from keras.models import Sequential
from keras.layers import Dense

data = np.random.random((1000,100))  ①
labels = np.random.randint(2,size=(1000,1))  ②

model = Sequential()  ③
model.add(Dense(32, activation = 'relu',input_dim=100)) model.  ④
add(Dense(1,activation= 'sigmoid'))  ⑤

model.compile(optimizer ='rmsprop',loss ='binary_crossentropy',metrics=['accuracy'])  ⑥

history = model.fit(data,labels,epochs=10,batch_size=32)  ⑦

predictions = model.predict(data)  ⑧
```

그럼 위 그림과 같은 단층 퍼셉트론을 어떻게 코드로 구성했는지 한 줄 한 줄 살펴보자.

① 전체 데이터셋을 생성한다. 데이터셋 중에서도 특성 데이터를 만드는 것이다. 입력 데이터의 형태는
   (1000,100)인데, 이는 1000개의 샘플과 100개의 특성 데이터를 뜻한다.

특성1	특성2	...	특성99	특성100
0.2938	0.3052	...	0.0527	0.6453
0.8311	0.1956	...	0.9364	0.6924
...	1000개 샘플	100개 특성		
0.9102	0.8585	...	0.9652	0.9704
0.9102	0.5777	...	0.588	0.9957

② 레이블 데이터를 생성한다. 레이블 데이터 역시 랜덤한데 이진 분류를 위해 0과 1로 나뉘도록 랜덤하지만 제약을 두고 생성한다.

③ Sequential() 객체를 받아 모델을 만든다. 케라스에서 모델을 만드는 두 가지 방식 중 층을 선형으로 쌓는 모델이다.

④ model 인스턴스의 add() 함수를 호출해 순차적으로 층을 추가한다. Dense() 객체는 완전 연결층^{fully} connected layer을 의미한다. 그리고 모델의 첫 번째 층에만 해당하는 입력 데이터의 정보를 제공한다. 모델에 어떤 입력 형태를 전달할지 알려줘야 하기 때문이다. 여기서는 특성 개수가 100개이므로 input_dim 매개변수에 100을 전달한다. 케라스에서는 활성화 함수를 층에 추가할 때 매개변수로도 추가할 수 있고 따로 호출해 추가할 수도 있다. 여기서는 Relu 함수를 추가한다.

⑤ 최종 출력층을 정의한다. 분류 모델인 경우 softmax() 함수와 sigmoid() 함수를 활성화 함수로 많이 사용하는데, 이진 분류에서는 sigmoid() 함수를 사용하고 다중 분류에서는 softmax() 함수를 선호한다. 해당 모델은 이진 분류 모델이므로 sigmoid() 함수를 사용한다.

⑥ 컴파일 단계에서는 학습하기 전에 필요한 몇 가지 학습 방식을 설정하게 된다. 이 단계에서는 손실 함수, 최적화 방식, 성능 측정 지표를 설정할 수 있다. 이 예제에서는 손실 함수로 'binary_crossentropy'를, 최적화 방식으로는 'rmsprop'를, 성능 측정 지표로는 'accuracy'를 전달한다.

⑦ 모델 훈련을 진행한다. 훈련 데이터를 모델에 전달하고 훈련 횟수 등을 설정할 수 있다. 이번 훈련에서는 32개 단위로 미니배치 방식으로 학습하고 전체 훈련 데이터를 5회 반복한다.

⑧ 마지막으로 데이터를 모델에 전달해 예측값을 만들어본다.

학습이 진행되면 아래와 같은 로그를 확인할 수 있다.

```
Epoch 1/10
1000/1000 [==============================] - 0s 447us/step - loss: 0.7181 - acc: 0.4790
Epoch 2/10
1000/1000 [==============================] - 0s 65us/step - loss: 0.7019 - acc: 0.5170
Epoch 3/10
1000/1000 [==============================] - 0s 53us/step - loss: 0.6969 - acc: 0.5210
Epoch 4/10
1000/1000 [==============================] - 0s 56us/step - loss: 0.6912 - acc: 0.5270
Epoch 5/10
```

```
1000/1000 [==============================] - 0s 62us/step - loss: 0.6851 - acc: 0.5400
Epoch 6/10
1000/1000 [==============================] - 0s 55us/step - loss: 0.6819 - acc: 0.5560
Epoch 7/10
1000/1000 [==============================] - 0s 54us/step - loss: 0.6787 - acc: 0.5680
Epoch 8/10
1000/1000 [==============================] - 0s 54us/step - loss: 0.6759 - acc: 0.5730
Epoch 9/10
1000/1000 [==============================] - 0s 51us/step - loss: 0.6738 - acc: 0.5750
Epoch 10/10
1000/1000 [==============================] - 0s 79us/step - loss: 0.6689 - acc: 0.5870
```

위 로그는 전체 데이터에 대해 10회 반복epoch 훈련하는 동안의 손실 함수로 지정한 함수의 손실값loss과 성능 측정 지표로 설정한 정확도 값을 보여준다. 학습이 종료되었을 때 최종 정확도가 58%인 것을 확인할 수 있다. 훈련이 진행될 때마다 손실값은 낮아지고 정확도는 올라가는 것을 확인할 수 있다. 학습의 목적은 훈련 데이터를 학습하면서 손실 함수를 최소화하는 모델의 가중치 조합을 찾는 것이다.

그림 7-19 다층 신경망

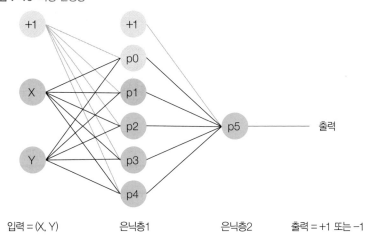

그렇다면 [그림 7-19]와 같은 다층 신경망은 어떻게 구현할 수 있을까? 같은 데이터를 사용한다고 할 때 코드는 아래와 같다.

```
from keras.models import Sequential
from keras.layers import Dense
model = Sequential()  ①
model.add(Dense(12, input_dim = 8, kernel_initializer = 'uniform', activation =
'relu'))  ②
model.add(Dense(8, kernel_initializer = 'uniform', activation = 'relu'))  ③
model.add(Dense(1, kernel_initializer = 'uniform', activation = 'sigmoid'))  ④

model.compile(optimizer='adam', loss='binary_crossentropy', metrics=['accuracy'])  ⑤
```

앞서 살펴본 단층 퍼셉트론에서 입력층과 출력층만 존재했다면, 은닉층이 한 개 이상 추가된 신경망은 다층 퍼셉트론이라 한다. 앞선 예제와의 차이점은 ③처럼 입력층과 출력층 사이에 또 하나의 층이 존재한다는 것이다. 이를 은닉층이라고 부른다.

정말 간단한 코드 몇 줄만으로 신경망 모델을 구현했다. 만약 케라스가 없었다면, 훈련에 사용되는 손실 함수, 측정 지표, 최적화 함수 등을 직접 코딩해야 했을 것이다. 하지만 다행히도 딥러닝 모델링에 필요한 많은 요소들이 이미 구축되었으므로 원하는 모델과 훈련 방법을 결정하기만 하면 된다. CNN이나 RNN을 구성하는 절차도 이와 크게 다르지 않다.

7.3 마치며

최근 딥러닝 기술은 이미지 인식, 음성 인식, NLP 등 각종 분야에서 매우 뛰어난 성능을 자랑하며 많은 사람을 흥분시켰다. 이로 인해 금융 영역에서도 딥러닝 기술을 알차게 활용하려는 시도가 경주되고 있다. 전략 개발뿐만 아니라 자동매매, NLP, 포트폴리오 배분 전략 등 거의 모든 분야에서 딥러닝 기술을 적용하려는 노력이 앞다퉈 이뤄지고 있다. 전략 관점에서는 이미지나 뉴스 텍스트 등을 주가 데이터 예측에 사용할 수 있도록 변환해주는 딥러닝 알고리즘이 가장 크게 각광받고 있다. 따라서 금융 분야에 종사하면서 딥러닝 기술에서 파생되는 서비스를 외면하지는 못할 것이다.

딥러닝 기술의 더 깊은 이해를 위해, 다음 장에서는 딥러닝 기술을 사용해 이미지 데이터를 활용하는 방법과 새로운 데이터를 생성하는 방법 등을 직접 구현해볼 것이다.

## CHAPTER 8

딥러닝을 이용한 투자 전략

기존 퀀트 전략은 새로운 전략을 가져올 만한 소스가 곳곳에 존재한다. 퀀트 경력자들이 쓴 책만 보더라도 다양하게 응용 가능한 퀀트 전략이 소개되어 있다. 하지만 실증을 거친, 머신러닝이나 딥러닝을 활용한 전략 소스를 찾기란 쉽지 않다. 그나마 소스가 가장 많은 곳이 연구 논문research paper일 것이다. 해외 투자 은행이나 헤지펀드에서 신입 퀀트에게 가장 먼저 맡기는 업무가 논문을 직접 구현해보는 일이라고 한다. 당연히 논문을 모방해 바로 사용할 수 있는 전략을 구현하는 것이 목표는 아닐 것이다. 정확도가 80%를 웃도는 논문 결과도 많다. 하지만 시장 데이터의 특성상 논문의 내용이 사실이라 해도 막상 실전에 적용하려면 '전략'으로서의 의미를 상실할 것이다. 애초에 수익을 독식하기 위해 자료를 공개하지 않았을 테니 말이다. 하지만 좋은 논문에서는 구현하는 과정을 통해 데이터를 가공하는 방법, 모델링하는 테크닉 등을 배울 수 있으며, 유익한 것들만 취합해 자신이 분석하고자 하는 시장에 알맞은 전략을 개발할 수도 있을 것이다.

본격적으로 시작하기에 앞서 다시 한 번 강조하지만, 여기서 소개하는 논문 예제는 테스트 성과가 좋았기 때문에 선정한 것이 아니다. 최대한 다양한 알고리즘과 아이디어, 데이터 전처리 방법 등을 보여주기 위해 선정한 것이다. 구현한 논문 코드를 실전 투자 의사결정에 활용하기 위해서는 마켓 슬리피지, 실제 시그널이 나오는 시간과 트레이딩이 가능한 시간, 데이터의 지속적인 획득 여부 등을 세심하게 고려해야 한다.

이번 절에서 구현할 전략은 다음과 같다.

첫째, 주가 데이터를 캔들차트candle chart 이미지로 변환해 이미지 데이터 분석에 뛰어난 성능을 보이는 합성곱 신경망CNN으로 학습하여 주가 방향을 예측하는 문제를 구현해본다.

둘째, 시계열 데이터를 주식에서 사용하는 기술 지표로 가공해 시계열 분석에 뛰어난 성능을 보이는 LSTM 모델로 주가 데이터를 학습하여 다음날 주가를 예측하는 문제를 다룬다.

셋째, 비지도 학습 방법 중 가장 널리 쓰이는 신경망인 오토인코더를 활용해 주가 수익률 데이터와 패턴이 비슷한 데이터를 만드는 방법과 압축된 정보를 새로운 특성으로 활용하는 방법을 간단히 살펴본다.

이 세 가지 방법을 차례로 살펴보면서 각각의 문제에서 사용한 방법론, 해당 방법론을 선택한 이유와 모델링 방법에 대해 알아본다. 모델의 성능을 최대화하는 것에 초점이 있지 않으므로 결과를 보지 말고, 구현하는 과정을 따라해보며 논문에서 소개하는 특정 방법들을 구현할 수 있는 감각을 키우길 바란다.

8.1 CNN을 활용한 캔들차트 예측 분석

첫째 예제에서는 주가 데이터를 캔들차트 이미지로 변환해 이미지 데이터 분석에 뛰어난 성능을 보이는 합성곱 신경망CNN으로 학습하여 주가 방향을 예측하는 문제를 구현한다. 이 예제는 2019년 발표된 논문 「Using Deep Learning Neural Networks and Candlestick Chart Representation to Predict Stock Market」을 참고한다.

그림 8-1 캔들차트 이미지 예시

논문에 의하면, 캔들차트 이미지를 CNN에 전달해 학습하면 특정 종목에서는 92%에 달하는 정확도가 나온다. 사실 이 정도의 정확도는 비현실적이기 때문에 과적합될 확률이 매우 크지만 아이디어만큼은 매우 직관적이기 때문에 구현해볼 가치가 있다. 왜냐하면 많은 트레이더들이 캔들차트의 애호가이기 때문이다. 많은 투자자가 자신만의 감각이나 경험에 비추어 "캔들차트가 '많은 것'을 말해준다"라고 이야기하는데, 바로 지금 이미지 인식에서 뛰어난 성능을 보이는 딥러닝 모델을 활용해 과연 '그것'이 무엇인지를 파헤쳐보자는 것이다. 해당 논문의 코드는 홈페이지와 깃허브에서 찾을 수 있다. 여기서는 이 코드를 원하는 분석에 맞게 수정할 것이다.

논문에서는 과거 특정 기간(5일, 10일, 20일) 캔들차트를 학습해 다음날 주가 흐름이 올라갈지, 내려갈지를 분류하는 이진 분류 문제를 다룬다. 전체 과정은 야후 파이낸스$^{Yahoo!\ Finance}$에서 데이터를 불러와 캔들 이미지 데이터로 변환하고 기간별 이미지 데이터를 다양한 모델로 학습해 예측 성과를 얻는 것이다. 전체적인 흐름은 [그림 8-2]와 같다.

그림 8-2 캔들차트 딥러닝 모델 플로차트

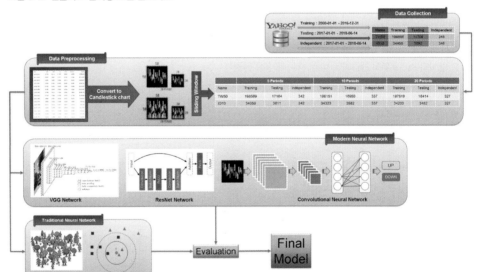

코드가 길어서 실제 데이터를 처리하는 부분만 설명하고 전체 코드는 표시하지 않았지만, 원문 코드와 데이터는 아래 링크[1]에서 확인할 수 있다.

----

1 https://github.com/rosdyana/Going-Deeper-with-Convolutional-Neural-Network-for-Stock-Market-Prediction

8.1.1 데이터

이번에 사용할 데이터는 캔들차트다. 왜 캔들차트를 사용했을까? 그 이유는 캔들차트에는 몇 가지 정보가 포함되기 때문이다. 캔들차트를 보게 되면 상방 그림자와 하방 그림자, 실제 캔들의 몸통body이 있다. 보통 주식거래를 하는 사람들끼리는 캔들차트만 봐도 어떻게 움직였는지 단번에 이해할 수 있다. 사람이 개와 고양이 사진을 보고 단숨에 알아보듯이 캔들차트 이미지에도 이해할 수 있는 특징이 있다고 가정하는 것이다. 따라서 우리는 사용할 주가 데이터를 불러와 1분 단위 캔들 이미지를 만드는 작업을 해야 한다. 즉, 텍스트 데이터를 이미지 데이터로 변환하는, 조금은 생소할 수 있는 작업을 해볼 것이다.

본격적으로 데이터를 가져오는 부분을 살펴보자. 사용한 데이터는 대만 주식시장과 인도네시아 주식 종목이다. 최초 소스와 유사한 결과를 얻는지 확인하기 위해, 논문 깃허브에 공개된 데이터를 그대로 접목해본다. 만약 다른 데이터를 사용하고 싶다면 2장에서 배운 데이터 수집 방법을 활용할 수 있다.

이번 모델의 데이터 전처리 과정은 다음과 같은 네 단계로 이루어진다.

1. 데이터 소스로부터 레이블 데이터 만들기
2. 데이터 소스로부터 캔들차트(설명 변수 데이터) 만들기
3. 레이블에 따라 캔들차트 분리하기
4. 학습을 위해 캔들차트 복사하기

먼저 레이블 데이터를 만들어보자. 레이블 데이터는 모델이 학습할 수 있게 도와주는 '정답 데이터'다. 입력인풋 데이터를 넣어줬을 때 그에 상응하는 정답 데이터가 있어야 해당 입력인풋 데이터를 통해 학습할 수 있으므로 반드시 필요한 작업이니 실수하지 않도록 주의한다. 시장 방향성 예측 예제에서 레이블 데이터는 주가의 트렌드를 의미한다. 즉, 올라갔는지up 내려갔는지down 여부인데 6장에 설명한 내용과 동일하다. 바른 답을 줘야 제대로 학습하기 때문에 레이블 데이터를 정의할 때는 신중해야 한다.

그럼 저장된 데이터를 불러와 처리하는 과정을 살펴보자.

```
# 데이터셋 준비하기
def createLabel(fname, seq_len):
    print("Creating label . . .")
```

```
    filename = fname.split('/')
    removeOutput("{}_label_{}.txt".format(filename[1][:-4], seq_len))    ①

    df = pd.read_csv(fname, parse_dates=True, index_col=0)    ②
    df.fillna(0)

    df.reset_index(inplace=True)
    df['Date'] = df['Date'].map(mdates.date2num)
    for i in range(0, len(df)):
        c = df.ix[i:i + int(seq_len), :]    ③

        starting = 0
        endvalue = 0
        label = ""

        if len(c) == int(seq_len)+1:    ④
            starting = c["Open"].iloc[-1]
            endvalue = c["Close"].iloc[-1]
            tmp_rtn = endvalue / starting -1

            if tmp_rtn > 0:    ⑤
                label = 1
            else:
                label = 0
            with open("{}_label_{}.txt".format(filename[1][:-4], seq_len), 'a') as the_file:
                the_file.write("{}-{},{}".format(filename[1][:-4], i, label))    ⑥
                the_file.write("\n")
    print("Create label finished.")
```

① 데이터가 업데이트될 경우를 대비해 기존에 만든 레이블 데이터는 삭제한다.

② 개별 종목 데이터를 읽어온다. 판다스로 csv 파일을 읽어오는 내용은 2장에서도 설명했다.

③ 데이터프레임에서 제공하는 인덱스 접근자(ix)로 정수형 데이터로 인덱싱해 데이터를 불러온다. ix 인덱싱은 2장에서 살펴본 iloc 인덱서와 유사하다. seq_len 단위로 데이터프레임을 슬라이싱해 기간별 레이블링 작업을 준비한다.

④ 레이블링 작업을 위해 +1일을 한다. 그리고 레이블을 만들기 위한 tmp_rtn를 계산한다.

⑤ 다음날 시가 대비 종가로 레이블을 만든다. 올라갔으면 1로, 내려갔으면 0으로 표기한다. 많은 경우에 전날 종가 대비 당일 종가로 레이블을 만드는데, 실제 트레이딩에 어려움이 있기 때문에 다음날 시가를 사용한다. 하지만 이 역시 슬리피지slippage가 있기 마련이다.

⑥ 데이터 구간별 레이블을 저장하기 위해 텍스트 파일에 덮어쓴다.

레이블 데이터는 아래와 같이 텍스트 파일에 기록되며 (파일명, 레이블) 순서로 저장된다.

```
2880.TW_training-0,1
2880.TW_training-1,0
2880.TW_training-2,1
2880.TW_training-3,0
2880.TW_training-4,0
2880.TW_training-5,1
2880.TW_training-6,1
2880.TW_training-7,0
2880.TW_training-8,0
..........
2880.TW_training-3740,0
2880.TW_training-3741,0
2880.TW_training-3742,0
2880.TW_training-3743,0
2880.TW_training-3744,0
2880.TW_training-3745,1
2880.TW_training-3746,0
2880.TW_training-3747,1
2880.TW_training-3748,0
2880.TW_training-3749,1
```

두 번째로 학습할 때 사용할 캔들차트를 만들어보자. 과정이 복잡해 보이지만 차트를 그리는 과정이 대부분을 차지한다. 캔들차트를 어떻게 만드는지 살펴보자.

```python
# 데이터셋 준비하기
def ohlc2cs(fname, seq_len, dataset_type, dimension, use_volume):
    print("Converting ohlc to candlestick")
    symbol = fname.split('_')[0]
    symbol = symbol.split('/')[1]
    print(symbol)
    path = "{}".format(os.getcwd())
    if not os.path.exists("{}/dataset/{}_{}/{}/{}".format(path, seq_len, dimension,
                    symbol, dataset_type)):   ①
            os.makedirs("{}/dataset/{}_{}/{}/{}".format(path,seq_len, dimension, symbol,
                    dataset_type))

    df = pd.read_csv(fname, parse_dates=True, index_col=0)
    df.fillna(0)
```

```
plt.style.use('dark_background')
df.reset_index(inplace=True)
df['Date'] = df['Date'].map(mdates.date2num)
for i in range(0, len(df)-int(seq_len)):   ②
    # ohlc+volume
    c = df.ix[i:i + int(seq_len) - 1, :]   ③
    if len(c) == int(seq_len):
        my_dpi = 96
        fig = plt.figure(figsize=(dimension / my_dpi,
                                  dimension / my_dpi), dpi=my_dpi)
        ax1 = fig.add_subplot(1, 1, 1)
        candlestick2_ochl(ax1, c['Open'], c['Close'], c['High'],c['Low'],
                    width=1,colorup='#77d879', colordown='#db3f3f')   ④
        ax1.grid(False)   ⑤
        ax1.set_xticklabels([])   ⑥
        ax1.set_yticklabels([])   ⑦
        ax1.xaxis.set_visible(False)   ⑧
        ax1.yaxis.set_visible(False)   ⑨
        ax1.axis('off')   ⑩

        # 두 번째 축 생성
        if use_volume:   ⑪
            ax2 = ax1.twinx()
            bc = volume_overlay(ax2, c['Open'], c['Close'], c['Volume'],
                                colorup='#77d879', colordown='#db3f3f',
                                alpha=0.5, width=1)
            ax2.add_collection(bc)
            ax2.grid(False)
            ax2.set_xticklabels([])
            ax2.set_yticklabels([])
            ax2.xaxis.set_visible(False)
            ax2.yaxis.set_visible(False)
            ax2.axis('off')
        pngfile = 'dataset/{}_{}/{}/{}/{}-{}.png'.format(
            seq_len, dimension, symbol, dataset_type, fname[11:-4], i)
        fig.savefig(pngfile, pad_inches=0, transparent=False)   ⑫
        plt.close(fig)

print("Converting olhc to candlestik finished.")
```

① 캔들차트 데이터를 저장할 디렉터리 경로를 만들어둔다.

② 데이터프레임 전체 날짜에 맞게 for 루프를 반복하지만 마지막 일수 미만인 경우를 제외하기 위해 캔들차트
입력 일자 간격만큼 뒤에서 빼준다.

③ 캔들차트를 그리는 소스 데이터를 불러온다.

④~⑩ candlestick2_ochl() 함수를 호출해 캔들차트를 그린다. 그리는 과정에서 시가, 고가, 저가, 종가 데이터를 사용하는데 거래량 데이터 사용 여부에 따른 차트는 추가하게 되어있다.

⑪ 거래량 데이터도 캔들차트에 추가하도록 조건이 되어있다. 거래량 사용 여부(True/False)에 따라 다음 로직이 동작한다.

⑫ 완성된 캔들차트를 이미지로 저장한다.

다음과 같이 저장 디렉터리에 캔들차트 이미지가 저장된다.

그림 8-3 변환된 이미지 데이터

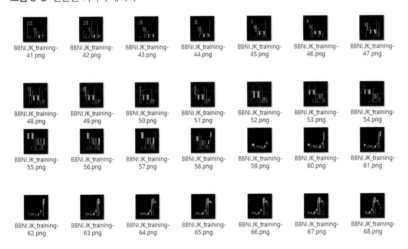

[그림 8-4]는 앞에서 만든 캔들차트 이미지의 샘플이다.

그림 8-4 변환을 통해 생성한 캔들차트 이미지 샘플

<matplotlib.image.AxesImage at 0x215a4a26a58>

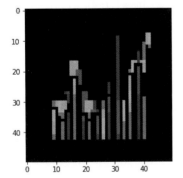

이미지의 형태를 살펴보면 (50, 50, 3)이고 순서대로 너비width, 높이height, 채널channel 수를 뜻한다. 특히 색상 채널은 세 개이며 R, G, B 값으로 구성된다. 원 코드를 그대로 실행하면 해당 채널이 4로 나올 수 있는데, 이는 투명도를 조절하는 알파alpha 채널이 포함되었기 때문이다.

```
img.shape
```

```
(50, 50, 3)
```

세 번째 단계에서 살펴볼 것은 학습 데이터를 종목 코드별로 폴더로 옮기는 작업이다. 종목 코드별로 폴더를 나눠놓으면 다음에 학습 데이터를 참고할 때 편하다. 아래 데이터를 이동하는 코드를 살펴보자. 조금 복잡해 보이지만, 원시적인 방법으로 폴더를 찾아 옮기는 것이 아니라 파이썬을 통해 자동화하는 방법을 배우는 과정이므로 잘 숙지하기 바란다.

```python
# 데이터 불러오기
def image2dataset(input, label_file):
    label_dict = {}
    with open(label_file) as f:  ①
        for line in f:
            (key, val) = line.split(',')
            label_dict[key] = val.rstrip()
    path = "{}/{}".format(os.getcwd(), input)
    for filename in os.listdir(path):
        if filename is not '':
            for k, v in label_dict.items():
                splitname = filename.split("_")
                f, e = os.path.splitext(filename)
                newname = "{}_{}".format(splitname[0], splitname[1])
                if newname == k:
                    new_name = "{}{}.png".format(v, f)
                    os.rename("{}/{}".format(path, filename),
                              "{}/{}".format(path, new_name))
                    break
    folders = ['1', '0']
    for folder in folders:  ②
        if not os.path.exists("{}/classes/{}".format(path, folder)):
            os.makedirs("{}/classes/{}".format(path, folder))

    for filename in os.listdir(path):  ③
        if filename is not '' and filename is not 'classes':
```

```
        f, e = os.path.splitext(filename)
        if label_dict[f] == "1":  ④
            move("{}/{}".format(path, filename),
                "{}/classes/1/{}".format(path, filename))
        elif label_dict[f] == "0":  ⑤
            move("{}/{}".format(path, filename),
                "{}/classes/0/{}".format(path, filename))
    print('Done')
```

① 1 단계에서 만든 레이블 데이터를 읽어온다.

② 캔들차트 이미지 분류를 위해 디렉터리를 생성한다.

③ path 경로에 있는 파일을 찾는다. 파일을 찾아 특정 디렉터리를 제외한 모든 캔들차트 파일은 레이블 폴더로 옮긴다.

④ 레이블이 1인 경우에 해당하는 디렉터리로 옮긴다.

⑤ 레이블이 0인 경우에 해당하는 디렉터리로 옮긴다.

마지막 네 번째 단계에서는 위에서 별도로 분리한 파일을 학습하는 곳으로 복사해놓는다. 이는 원본 데이터의 훼손을 방지하는 추가적인 작업이다.

```
# 데이터 불러오기
counttest = 0
counttrain = 0
for root, dirs, files in os.walk("{}/{}".format(pathdir, origindir)):  ①

    for file in files:
        tmp = root.replace('\\','/')
        tmp_label = tmp.split('/')[-1]

        if tmp_label == '0':  ②
            if 'test' in file:
                origin = "{}/{}".format(root, file)
                destination = "{}/{}/test/0/{}".format(
                    pathdir, targetdir, file)
                copyfile(origin, destination)
                counttest += 1
            elif 'train' in file:
                origin = "{}/{}".format(root, file)
                destination = "{}/{}/train/0/{}".format(
                    pathdir, targetdir, file)
                copyfile(origin, destination)
```

```
                counttrain += 1
        elif tmp_label == '1':  ③
            if 'test' in file:
                origin = "{}/{}".format(root, file)
                destination = "{}/{}/test/1/{}".format(
                    pathdir, targetdir, file)
                copyfile(origin, destination)
                counttest += 1
            elif 'train' in file:
                origin = "{}/{}".format(root, file)
                destination = "{}/{}/train/1/{}".format(
                    pathdir, targetdir, file)
                copyfile(origin, destination)
                counttrain += 1
```

① os.walk( ) 함수를 이용해 현재 디렉터리의 파일과 하위 디렉터리를 순차적으로 순회하도록 한다.

②~③ 직전 단계에서 레이블 폴더별로 특성 데이터를 옮겨놨었다. 옮겨놓은 파일은 원본 데이터로 보관하고, 원본 데이터의 복사본을 다른 경로로 이동시켜 추후 학습에 사용할 수 있도록 한다.

대개 데이터 과학 작업의 70% 이상은 데이터 전처리 작업이라고 한다. 실제로도 데이터를 가공하는 작업이 매우 중요하고 시간도 많이 소모한다. 데이터 전처리 작업에는 특별한 노하우가 필요하지 않으며, 계속해서 많은 데이터를 다뤄보며 경험을 쌓는 것이야말로 비법이다. 다소 어렵게 느껴진다고 뒤로 물러서지 말고 모델링 단계로 넘어가기 바란다. 이번에는 우리가 분류한 데이터의 학습 모델을 만들어보자.

8.1.2 모델 구조

논문에서 구현한 모델 구조를 살펴보자. 이번에는 케라스의 함수형 API를 이용해 신경망 모델을 구축한다. 함수형 API를 통해 모델을 만드는 방법은 Model 클래스를 호출해 모델을 생성하고 입력층과 출력층을 매개변수로 전달하여 모델을 완성하는 것이다. 입력층에서 출력층까지 이어지는 흐름은 네트워크 모델에 하나씩 층을 더해가면서 만드는 것과 유사하므로 직관적으로 이해할 수 있다.

함수형 API를 호출한다는 것이 무슨 의미인지 아래 설명을 통해 알아보자. 일반적으로 함수를 호출한다는 것은 아래와 같은 구조로 이해할 수 있다.

1. 함수를 정의한다.

```
def add(a,b):
return a+b
```

2. 1에서 정의한 함수를 호출한다.

```
result = add(1,2)
```

3. 2에서 호출한 함수 반환값을 출력한다.

```
print(result)
```

그렇다면 함수형 API를 호출한다는 것은 무슨 뜻일까? 앞서 설명한 함수 호출 과정에 비교해 보자.

1. Layer 클래스에 _call_함수가 정의한다.

```
def _call_(self, inputs, **kwargs):
return a+b
```

2. 1번에서 정의한 함수를 호출한다.

```
Conv2D(32, 3, 3 init='glorot uniform', border mode='same=, activation='relu')
(input layer)
```

3. 2번에서 호출한 함수 반환값을 출력한다. Output은 Layer를 의미한다.

```
return output
```

즉 __call__이라는 함수를 호출하면서 층을 이어간다는 것인데, __call__ 함수는 Layer 클래스에 정의된 내장 함수다. 클래스 객체에서 바로 호출하는 기능을 제공한다. 그래서 층을 이어가는 방법은 input_layer를 넘겨주는 것처럼 매개변수로 층을 전달하는 것이고, 전달된 층 다음으로 앞부분에 정의된 층이 연결된다. 이는 임의의 함수를 정의하고 호출하는 구조와 방식이 같기 때문에 함수형 API라고 불린다. 함수형 API 구조는 매개변수가 많아서 복잡할 뿐이지 우리가 알고 있는 일반 함수를 호출하는 방식과 다르지 않다. 이렇게 함수를 호출하면서 다시 레이어^{layer}를 반환받으면 각각의 층^{layer}이 이어지게 된다.

논문에서 제시한 전체 구조는 [그림 8-5]와 같이 설계되었다.

그림 8-5 논문에서 제시한 CNN 구조

함수형 API 구조도 보았으니 이제 신경망 부분을 살펴보자.

```python
def build_model(SHAPE, nb_classes, bn_axis, seed=None):
    if seed:
        np.random.seed(seed)   ①
    input_layer = Input(shape=SHAPE)   ②
    # Step 1
    x = Conv2D(32, 3, 3, init='glorot_uniform',
               border_mode='same', activation='relu')(input_layer)   ③
    # Step 2 - Pooling
    x = MaxPooling2D(pool_size=(2, 2))(x)   ④

    # Step 1
    x = Conv2D(48, 3, 3, init='glorot_uniform', border_mode='same',
               activation='relu')(x)   ⑤
    # Step 2 - Pooling
    x = MaxPooling2D(pool_size=(2, 2))(x)   ⑥
    x = Dropout(0.25)(x)   ⑦

    # Step 1
    x = Conv2D(64, 3, 3, init='glorot_uniform', border_mode='same',
               activation='relu')(x)
    # Step 2 - Pooling
    x = MaxPooling2D(pool_size=(2, 2))(x)
    # Step 1
    x = Conv2D(96, 3, 3, init='glorot_uniform', border_mode='same',
               activation='relu')(x)
    # Step 2 - Pooling
    x = MaxPooling2D(pool_size=(2, 2))(x)
    x = Dropout(0.25)(x)

    # Step 3 - Flattening
    x = Flatten()(x)

    # Step 4 - Full connection
    x = Dense(output_dim=256, activation='relu')(x)

    # Dropout
    x = Dropout(0.5)(x)

    x = Dense(output_dim=2, activation='softmax')(x)

    model = Model(input_layer, x)   ⑧

    return model
```

① 예측 결괏값을 재현하기 위해 특정 시드^{seed} 값을 설정해놓는다.

② 입력값을 전달받는 층을 정의한다. 첫 번째 입력값을 받을 때는 항상 입력 데이터의 형태를 정의해야 한다.

③ 2차원 합성곱층을 정의한다. 주목해야 할 것은 앞에서 선언한 input_layer를 함수형으로 연결한다는 점이다.

④ 맥스 풀링층을 정의한다. 풀링층$^{pooling\ layer}$은 특징값 추출을 위해 존재하는 층이고 CNN을 구성하는 층이다.

⑤~⑥ 두 번째 합성곱층과 풀링층을 추가한다.

⑦ 신경망 학습 시 과적합$^{over-fitting}$을 방지하기 위해 일부 연결층을 제거하는 드롭아웃$^{drop\ out}$층을 추가한다.

⑧ 최종 연결된 출력층(x)과 최초 입력층$^{input\_layer}$을 전달해 모델을 구축한다.

이렇게 모델을 구축했으니, 다음 단계로 넘어가 모델 학습 방식을 설정하고 학습을 진행해보자.

8.1.3 모델 학습

이제 완성된 모델을 학습시켜보자.

```
model.compile(optimizer=Adam(lr=1.0e-4),
                    loss='categorical_crossentropy', metrics=['accuracy'])   ①
    # Fit the model
    model.fit(X_train, Y_train, batch_size=batch_size, epochs=epochs)   ②

    # Save Model or creates a HDF5 file
    model.save('{}epochs_{}batch_cnn_model_{}.h5'.format(
        epochs, batch_size, data_directory.replace("/", "_")), overwrite=True)   ③
```

① Adam 옵티마이저를 선언했으며 분류 문제를 풀기 위해 범주형 엔트로피 손실 함수를 설정한다. 학습 과정에서 정확도를 관찰하도록 한다.

② 검증 데이터 없이 오로지 학습 데이터로만 학습을 수행한다.

③ 학습이 완료된 모델은 나중에 재사용하기 위해 저장한다.

8.1.4 모델을 활용한 결과 예측

학습한 모델을 활용해 결과를 예측해보자. 분류 문제이기 때문에 예측 성과를 분석하기 위해 혼동 행렬$^{confusion\ matrix}$을 사용한다.

```
predicted = model.predict(X_test)   ①
```

```
y_pred = np.argmax(predicted, axis=1)   ②
Y_test = np.argmax(Y_test, axis=1)   ③
cm = confusion_matrix(Y_test, y_pred)   ④
report = classification_report(Y_test, y_pred)   ⑤
tn = cm[0][0]
fn = cm[1][0]
tp = cm[1][1]
fp = cm[0][1]
if tp == 0:
    tp = 1
if tn == 0:
    tn = 1
if fp == 0:
    fp = 1
if fn == 0:
    fn = 1
TPR = float(tp)/(float(tp)+float(fn))
FPR = float(fp)/(float(fp)+float(tn))
accuracy = round((float(tp) + float(tn))/(float(tp) + float(fp) + float(fn) + float(tn)), 3)
pecitivity = round(float(tn)/(float(tn) + float(fp)), 3)
sensitivity = round(float(tp)/(float(tp) + float(fn)), 3)
mcc = round((float(tp)*float(tn) - float(fp)*float(fn))/math.sqrt(
        (float(tp)+float(fp))
        * (float(tp)+float(fn))
        * (float(tn)+float(fp))
        * (float(tn)+float(fn))
    ), 3)
```

① 테스트 데이터와 학습한 모델을 사용해 예측값을 출력한다.

②~③ 원-핫 인코딩one-hot encoding으로 되어 있는 예측값과 실제 레이블 데이터를 다른 범주로 변환한다.

④ 사이킷런에서 제공하는 혼동 행렬 분석 함수를 호출한다.

⑤ 혼동 행렬에서 계산된 수치를 바탕으로 더 많은 수치를 계산하는 리포트 함수를 호출한다.

```
=======
50epochs_8batch_cnn
TN: 125
FN: 83
TP: 92
FP: 116
TPR: 0.5257142857142857
FPR: 0.48132780082987553
```

```
accuracy: 0.522
specitivity: 0.519
sensitivity : 0.526
mcc : 0.044
              precision    recall  f1-score   support
         0        0.60      0.52      0.56       241
         1        0.44      0.53      0.48       175

  accuracy                            0.52       416
 macro avg        0.52      0.52      0.52       416
weighted avg      0.53      0.52      0.52       416
=======
```

20일치 데이터를 바탕으로 만든 캔들차트를 CNN으로 학습해 다음날 주가 방향을 예측하도록 실험한다. 우리가 살펴본 종목은 태국의 한 개별 종목인데 예측 정확도는 52% 수준으로 나타난다. 그리고 **ROC**receiver operating characteristic 커브와 **AUC**area under the curve 점수는 [그림 8-6]처럼 나타난다.

그림 8-6 ROC 커브와 AUC 점수

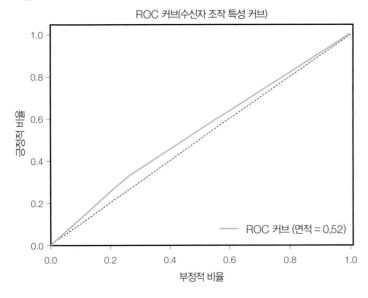

	Negative	Positive
Negative	TN(125)	FP(116)
Negative	FN(83)	TP(92)

run_all_process.py 코드를 실행하면 전체 코드를 실행할 수 있다.

```python
import subprocess

try:
    print(f'python run_binary_preprocessing.py "BBNI.JK" "20" "50"')
    subprocess.call(f'python run_binary_preprocessing.py   "BBNI.JK" "20" "50" ',
                    shell=True)

    print(f'python generatedata.py "dataset" "20_50/BBNI.JK" "dataset_BBNIJK_20_50" ')
    subprocess.call(f'python generatedata.py "dataset" "20_50/BBNI.JK" "dataset_
                    BBNIJK_20_50" ', shell=True)

    print(f'python myDeepCNN.py "-i" "dataset/dataset_BBNIJK_20_50" "-e" "50" "-d" "50"
          "-b" "8" "-o" "outputresult.txt"')
    subprocess.call(f'python myDeepCNN.py "-i" "dataset/dataset_BBNIJK_20_50" "-e"
                    "50" "-d" "50" "-b" "8" "-o" "outputresult.txt"', shell=True)
except Exception as identifier:
    print(identifier)
```

이렇게 실행하면 전체 코드를 실행할 수 있다. 샘플 데이터로 인도네시아 거래소에 상장된
BBNI 종목을 실행한다.

첫 번째 줄 명령어는 주가 데이터를 이미지 데이터로 변환하기 위한 작업이다. 옵션값 순서는
아래와 같다.

```
python run_binary_preprocessing.py <ticker> <tradingdays> <windows>
```

옵션을 살펴보면 〈ticker〉는 종목명, 〈tradingdays〉는 이미지를 생성하는 학습기간,
〈windows〉는 이미지 크기를 만드는 값이다.

예를 들어 python run_binary_preprocessing.py "BBNI.JK" "20" "50"과 같이 실행되
면, BBNI.JK 종목을 학습 데이터 기간 20일로 설정하고 예측값은 시가 대비 종가가 올랐는지
여부이며, 이미지 크기 50×50으로 데이터를 준비하도록 한다.

두 번째 줄 명령어는 이미지 생성 명령어다.

```
python generatedata.py <pathdir> <origindir> <destinationdir>
```

첫 번째 명령어에서 생성된 이미지를 목적지 경로로 분류한다. 분류할 때는 레이블링된 폴더에 분류해준다.

두 번째 명령어까지 훈련을 위한 데이터 준비 작업이었다면, 세 번째 명령어는 훈련 명령어다.

```
python myDeepCNN.py -i <datasetdir> -e <numberofepoch> -d <dimensionsize> -b <batchsize> -o <outputresultreport>
```

해당 신경망 알고리즘을 이용하여 저장된 이미지 데이터 경로를 전달하고, 전체 데이터를 학습하는 횟수(epoch)를 지정해 이미지 크기(dimension size), 1 epoch을 몇 번에 걸쳐 나눠 실행할지 결정하는 batchsize 값을 지정한다.

마지막으로 결과 리포트를 텍스트 파일에 저장하도록 지정한다.

```
50epochs_8batch_cnn
TN: 178
FN: 118
IP: 57
FP: 63
TPR: 0.32571428571428573
FPR: 0.26141078838174275
accuracy: 0.565
specitivity: 0.739
sensitivity: 0.326
mcc : 0.07
              precision    recall   fl-score    support
         0       0.60       0.74       0.66        241
         1       0.47       0.33       0.39        175

  accuracy                             0.56        416
 macro avg       0.54       0.53       0.52        416
weighted avg     0.55       0.56       0.55        416
```

8.1.5 요약

논문에서는 특정 종목에 대해 92%에 가까운 예측 정확도가 나왔다고 하지만, 직접 구현한 결과 학습 과정에서는 52%~56% 정도의 정확도가 관찰되었다. 테스트 데이터와는 정확도 오차가 꽤 큰 것을 확인할 수 있다. 앞서 강조한 것처럼, 결과보다는 데이터를 사용하기 위해 전처리하고 모델링하는 과정에 초점을 맞추길 바란다.

이번 예제를 통해 일반적인 수치 데이터를 이미지 데이터로 변환해 CNN 모델에 적용하는 작업을 함께 해봤는데, 아이디어는 상당히 직관적이나 데이터 전처리 과정이 다소 복잡함을 알수 있다. 하지만 CNN 모델이나 이러한 데이터 분석 방법에 익숙하지 않은 독자에게는 좋은 경험이 되었으리라 생각한다. 생각만큼 우수한 성과를 보이진 못했지만, 논문에 묘사된 거의 모든 과정을 구현해보았다. 같은 논문을 구현해도 사람마다 얻는 영감이 다를 것이다.

다음에는 많은 사람들에게 익숙한 데이터프레임 형태의 데이터를 순환 신경망^{RNN}을 활용해 분석하는 예제를 살펴보자.

8.2 RNN을 활용한 주가 방향성 분류 예측

이번에 살펴볼 예제는 스탠퍼드 대학교 'CS229: Machine Learning' 수업 프로젝트에서 나온 「Application of Deep Learning to Algorithmic Trading」(2017) 논문을 참고했다. 앞서 우리는 CNN을 이용해 분류 문제를 풀었는데, 이번에 살펴볼 논문에서는 RNN을 사용한다. 원논문에서는 회귀 문제로 문제를 정의하고 풀었지만, 우리 예제에서는 이를 분류 문제로 수정하고 그에 따라 데이터 전처리와 모델링을 진행한다.

논문의 목적은 미국 주식시장에 상장된 인텔^{Intel} 종목의 주가 데이터, 기술 지표 데이터, 시장 데이터를 활용하고 RNN의 한 종류인 LSTM 알고리즘을 사용해 다음날 수정 종가를 예측하는 것이다. LSTM 신경망은 시퀀스 데이터(순서가 있는 데이터)를 분석하는 데 좋은 성능을 보이는 RNN 알고리즘의 하나로, 기존 RNN 학습 시 발생하는 가중치 감쇠$^{weight\ decaying}$ 문제를 해결해 우수한 성능을 내고 있는 알고리즘이다.

그림 8-7 LSTM 모형도

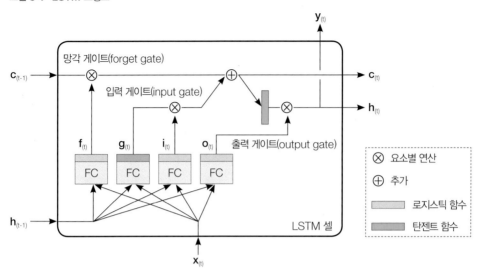

논문의 분석 프로세스는 [그림 8-8]과 같다. 하지만 원 논문에서는 회귀 문제로 풀었기 때문에 방향성이 아닌 실제 다음날 종가^{close price}를 예측하고자 했다. 실제 트레이딩에서는 예측한 값을 기반으로 투자 의사결정을 해야 하기 때문에 이를 분류 문제로 바꾼다.

그림 8-8 데이터 분석 프로세스

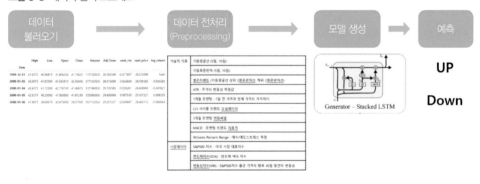

8.2.1 데이터

이번 전략에 사용한 데이터는 크게 세 가지 카테고리로 나눌 수 있다. 첫째는 주가의 기본적인 시고저종^{OHLC} 및 거래량 데이터이고, 둘째는 시고저종 데이터를 활용해 가공한 기술 지표 데이터, 셋째는 시장 상황을 파악할 수 있는 시장 인덱스 데이터다. 시장 인덱스로는 S&P 500 지수, 변동성 지수VIX, 반도체 지수SOX를 사용한다. 이 세 가지 지수가 인텔의 움직임을 결정할까? 아마도 논문의 저자는 어느 정도 영향이 있다고 판단한 것 같다. 하지만 이는 모델러가 답해야 할 질문이다. 이런 인사이트가 없다면 최대한 많은 변수를 구해 가공하고 사용해야 한다. 물론 변수가 많아짐에 따라 생기는 모델링 문제에도 세심하게 신경 써야 할 것이다.

전략 구현에 필요한 데이터는 야후 파이낸스에서 손쉽게 구할 수 있다. [표 8-1]에 사용한 변수 리스트를 정리했다.

표 8-1 모델링에서 사용한 변수 리스트

구분	내용
가격 데이터	시가, 고가, 저가, 수정 종가, 거래량, 로그수익률
기술 지표 데이터	이동 평균선(5일, 10일)
	이동 표준 편차(5일, 10일)
	볼린저 밴드(이동 평균선 상위 2표준 편차선, 하위 2표준 편차선)
	ATR(average true range): 주가의 변동성 측정값
	1개월 모멘텀: 한 달 전 가격과 현재 가격의 차이
	CCI(commodity channel index) 사이클 트렌드 오실레이터
	3개월 모멘텀 변동 비율
	MACD(moving average convergence divergence): 모멘텀 트렌드 지표
	Williams percent range: 매수/매도 스트레스 측정
시장 데이터	S&P 500 지수: 미국 시장 대표 지수
	반도체 지수(SOX): 반도체 섹터 지수
	변동성 지수(VIX): S&P 500 지수 옵션 가격의 향후 30일 동안의 변동성

이 예제에서도 데이터 처리 과정은 가장 많은 시간과 수고를 요한다. 이번에도 여러 단계에 걸쳐 데이터 전처리를 하게 되는데, 먼저 전체 과정을 살펴보자. 데이터 가공은 크게 다섯 단계로 이뤄진다.

1. Raw 데이터 불러오기
2. 데이터 가공 및 결합하기
3. 훈련, 검증, 테스트 데이터셋 분리하기
4. 학습에 용이하도록 데이터 정규화하기
5. 특성 데이터, 레이블 데이터 나누기

데이터를 불러오는 과정은 이전에 설명한 내용과 같다. 이번 실습에서 사용한 예제도 야후 파이낸스에서 쉽게 얻을 수 있다. 야후 파이낸스를 통해 데이터를 얻는 방법은 2장에 자세히 설명했다. 아래 코드처럼 종목 코드만 알고 있다면 쉽게 조회할 수 있다.

```python
import pandas as pd
import pandas_datareader as pdr

intc_df = pdr.get_data_yahoo('INTC',start='2000-01-01')   ①
sox_df = pdr.get_data_yahoo('^SOX',start='2000-01-01')
vix_df = pdr.get_data_yahoo('^VIX',start='2000-01-01')
snp500_df = pdr.get_data_yahoo('^GSPC',start='2000-01-01')

intc_df.to_csv('intc.csv')
sox_df.to_csv('sox_df.csv')
vix_df.to_csv('vix_df.csv')
snp500_df.to_csv('s&p500.csv')
```

① pandas_datareader를 통해 필요한 데이터를 받아올 수 있다. 해당 종목 코드는 야후 파이낸스 페이지에서 조회하면 확인할 수 있다.

아래와 같이 미리 받아놓은 데이터를 불러온다(TA-Lib 설치 방법은 부록D를 참고한다. 미리 설치되어 있지 않다면, 에러가 발생한다).

```python
import pandas as pd
import pandas_datareader as pdr
import talib
import matplotlib.pyplot as plt
import numpy as np
import scipy.stats as stats
import math
from sklearn.preprocessing import MinMaxScaler

# 데이터 불러오기
df = pd.read_csv('../../data/ch08/intc.csv',
                 index_col='Date',
                 parse_dates=True)
sox_df = pd.read_csv('../../data/ch08/sox_df.csv',
                     index_col='Date',
                     parse_dates=True)
vix_df = pd.read_csv('../../data/ch08/vix_df.csv',
                     index_col='Date',
```

```
                           parse_dates=True)
    snp500_df = pd.read_csv('../../data/ch08/s&p500.csv',
                             index_col='Date',
                             parse_dates=True)
```

다음은 데이터 가공 및 결합하기 단계다. 시고저종 데이터를 바탕으로 기술 지표 데이터를 만들어보자. 기술 지표는 3장에 소개한 바 있다. 아래와 같은 코드를 사용하면 기술 지표 데이터를 만들 수 있다.

```
# 데이터 불러오기
df['next_rtn'] = df['Close'] / df['Open'] -1    ①
df['log_return'] = np.log(1 + df['Adj Close'].pct_change())    ②

# 이동 평균(Moving Average)
df['MA5'] = talib.SMA(df['Close'],timeperiod=5)    ③
df['MA10'] = talib.SMA(df['Close'],timeperiod=10)
df['RASD5'] = talib.SMA(talib.STDDEV(df['Close'], timeperiod=5, nbdev=1),timeperiod=5)    ④
df['RASD10'] = talib.SMA(talib.STDDEV(df['Close'], timeperiod=5, nbdev=1),timeperiod=10)

# MACD(Moving Average Convergence & Divergence) 지표
macd, macdsignal, macdhist = talib.MACD(df['Close'], fastperiod=12, slowperiod=26,
signalperiod=9)
df['MACD'] = macd    ⑤

# 모멘텀 지표
# CCI : Commodity Channel Index
df['CCI'] = talib.CCI(df['High'], df['Low'], df['Close'], timeperiod=14)    ⑥

# 변동성 지표
# ATR : Average True Range
df['ATR'] = talib.ATR(df['High'], df['Low'], df['Close'], timeperiod=14)    ⑦

# 볼린저 밴드
upper, middle, lower = talib.BBANDS(df['Close'],timeperiod=20,nbdevup=2,nbdevdn=2,ma
type=0)
df['ub'] = upper    ⑧
df['middle'] = middle
df['lb'] = lower    ⑨

# MTM1 MTM3
df['MTM1'] = talib.MOM(df['Close'], timeperiod=1)    ⑩
df['MTM3'] = talib.MOM(df['Close'], timeperiod=3)
```

```
# Rate of Change 지표
df['ROC'] = talib.ROC(df['Close'], timeperiod=60)   ⑪

# Williams' %R
df['WPR'] = talib.WILLR(df['High'], df['Low'], df['Close'], timeperiod=14)   ⑫
```

① 다음날 수익률을 예측하도록 문제를 정의한다. 다음날 시가와 종가 간의 수정 종가를 하루 미뤄줌으로써 레이블링 데이터를 만든다.

②~⑫: 나머지 방법은 기술 지표를 만드는 방법이다. talib[2]을 사용하면 기술 분석을 위한 지표를 쉽게 만들 수 있다.

이렇게 가공된 데이터프레임 옆에 시장 지수 데이터를 추가한다. 시장 지수 데이터 또한 인텔이라는 반도체 주식에 대해 모델러의 인사이트를 반영한 데이터라고 해석할 수 있다. 아래 코드를 통해 학습에 필요한 모든 변수가 포함된 데이터프레임을 만든다.

```
snp500_df = snp500_df.loc[:,['Close']].copy()
snp500_df.rename(columns={'Close':'S&P500'},inplace=True)   ①
sox_df = sox_df.loc[:,['Close']].copy()
sox_df.rename(columns={'Close':'SOX'},inplace=True)
vix_df = vix_df.loc[:,['Close']].copy()
vix_df.rename(columns={'Close':'VIX'},inplace=True)

df = df.join(snp500_df,how='left')   ②
df = df.join(sox_df,how='left')
df = df.join(vix_df,how='left')
```

① Close 컬럼에 저장된 값을 종목명으로 변경한다. 중복 컬럼 간 구분을 하기 위해서다.

② 미리 가공한 데이터프레임에 left join하여 같이 사용할 수 있도록 한다. 동시에 특성으로 사용하려고 df 변수에 조인하는 것이다.

그럼 지금까지 가공한 데이터를 살펴보자.

```
df.head()
df.columns
```

---

2 talib는 주가 차트를 기술적으로 분석하는 데 필요한 지표와 공식 계산 툴을 제공하는 라이브러리다. 전통적 퀀트 전략에 자주 사용하는 기술 지표 대부분이 구현되었으므로 전략 구현에 자주 사용된다. talib는 C 언어로 작성되었고 파이썬으로 래핑(wrapping)된 형태다.

Date	High	Low	Open	Close	Volume	Adj Close	next_price	log_return
1999-12-31	41.9375	40.96875	41.906250	41.15625	11572000.0	26.504349	28.013699	NaN
2000-01-03	43.6875	41.62500	41.632812	43.50000	57710200.0	28.013699	26.705585	0.055385
2000-01-04	43.9375	41.12500	42.718750	41.46875	51019600.0	26.705585	26.926966	-0.047821
2000-01-05	42.9375	40.25000	41.500000	41.81250	52389000.0	26.926966	25.357227	0.008255
2000-01-06	41.6875	39.09375	40.875000	39.37500	55171200.0	25.357227	26.403713	-0.060064

분석을 위한 변수가 모두 포함된 데이터프레임이 준비되었다. 이제 위 데이터의 학습, 검증, 테스트 데이터셋을 구간별로 나눠보자.

```python
# 특성 목록
feature1_list = ['Open','High','Low','Adj Close','Volume','log_return']
feature2_list = ['RASD5','RASD10','ub','lb','CCI','ATR','MACD','MA5','MA10','MTM1','MTM3',
'ROC','WPR']
feature3_list = ['S&P500', 'SOX', 'VIX']
feature4_list = ['next_rtn']

all_features = feature1_list + feature2_list + feature3_list + feature4_list

phase_flag = '3'

if phase_flag == '1' :
    train_from = '2010-01-04'
    train_to = '2012-01-01'

    val_from = '2012-01-01'
    val_to = '2012-04-01'

    test_from = '2012-04-01'
    test_to = '2012-07-01'

elif phase_flag == '2' :
    train_from = '2012-07-01'
    train_to = '2014-07-01'

    val_from = '2014-07-01'
    val_to = '2014-10-01'

    test_from = '2014-10-01'
    test_to = '2015-01-01'
```

```
else :
    train_from = '2015-01-01'
    train_to = '2017-01-01'

    val_from = '2017-01-01'
    val_to = '2017-04-01'

    test_from = '2017-04-01'
    test_to = '2017-07-01'

# 학습 / 검증 / 테스트
train_df   = df.loc[train_from:train_to,all_features].copy()   ①
val_df = df.loc[val_from:val_to,all_features].copy()   ②
test_df    = df.loc[test_from:test_to,all_features].copy()   ③
```

①~③ 해당 논문에서는 학습 데이터셋 기간, 검증 데이터셋 기간, 테스트 데이터셋 기간을 각각 학습 2년, 검증 3개월, 테스트 3개월로 구분해놨다.

또한 전체 데이터 범위를 세 구간으로 나눠 세 번의 모델 학습을 진행한다. 해당 과정은 주가가 상승하는 시기, 하락하는 시기, 변동이 미미한 시기에 대해 어떤 성과를 보이는지 관찰하는 데 주안점을 두었다.

그림 8-9 학습 기간, 검증 기간, 테스트 기간

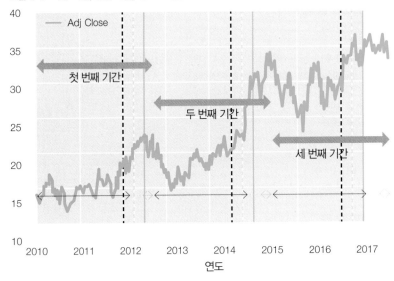

모델 학습의 유효성을 판단하기 위해 [그림 8-9]와 같이 세 개의 구간으로 나눠 학습 검증과 테스트를 진행한다. 우리는 각 기간에 따라 예측 구간에서 그래프가 어떻게 나오는지 살펴볼 예정이다. 실제로 전략을 구현할 때는 다른 방법으로 검증 및 테스트를 진행해도 된다. 시계열이 짧을수록 딥러닝 모델을 활용한 전략의 성능이 좋지 못할 확률이 크다. 이렇게 구간을 나눠 진행하면, 다양한 시기에 대해 백테스팅할 수 있는 장점은 있으나 시계열이 너무 짧다는 단점이 있다. 이 예제에서는 이에 대해 깊게 고민하지 않고 논문의 아이디어를 그대로 따르도록 한다.

다음은 데이터 전처리의 마지막 단계인 정규화다. 학습을 진행할 때 각각의 특성 데이터가 상이한 범주를 가진다면 학습 과정이 원활하지 않을 수 있다. 따라서 정규화를 해줄 필요가 있다. 정규화하는 여러 가지 방법 중 최소-최대 정규화min-max normalization 방법을 사용한다. 아래 코드를 살펴보며 정규화를 진행해보자.

```python
def min_max_normal(tmp_df):
    eng_list = []
    sample_df = tmp_df.copy()
    for x in all_features:
        if x in feature4_list :
            continue
        series = sample_df[x].copy()
        values = series.values
        values = values.reshape((len(values), 1))
        # 스케일러 생성 및 훈련
        scaler = MinMaxScaler(feature_range=(0, 1))   ①
        scaler = scaler.fit(values)   ②
        # 데이터셋 정규화 및 출력
        normalized = scaler.transform(values)   ③
        new_feature = '{}_normal'.format(x)
        eng_list.append(new_feature)
        sample_df[new_feature] = normalized   ④
    return sample_df, eng_list
```

```python
train_sample_df, eng_list =  min_max_normal(train_df)
val_sample_df, eng_list =  min_max_normal(val_df)
test_sample_df, eng_list = min_max_normal(test_df)
```

```
columns : Open , Min: 19.520000, Max: 30.990000
columns : High , Min: 19.549999, Max: 31.090000
columns : Low , Min: 19.230000, Max: 30.870001
columns : Adj Close , Min: 15.695363, Max: 26.593481
columns : Volume , Min: 12157900.000000, Max: 143760400.000000
columns : log_return , Min: -0.065127, Max: 0.066080
columns : RASD5 , Min: 0.067464, Max: 0.719846
columns : RASD10 , Min: 0.096371, Max: 0.474313
columns : ub , Min: 20.563962, Max: 32.009228
columns : lb , Min: 18.782765, Max: 27.062772
columns : CCI , Min: -267.007171, Max: 355.903375
columns : ATR , Min: 0.302434, Max: 0.634797
columns : MACD , Min: -0.690725, Max: 1.035048
columns : MA5 , Min: 19.682000, Max: 30.894000
columns : MA10 , Min: 19.711000, Max: 30.542000
columns : MTM1 , Min: -1.430000, Max: 1.910002
columns : MTM3 , Min: -1.760000, Max: 2.080000
columns : ROC , Min: -24.192939, Max: 19.643548
columns : WPR , Min: -100.000000, Max: -0.000000
columns : S&P500 , Min: 1334.760010, Max: 1973.319946
columns : SOX , Min: 351.450012, Max: 644.710022
columns : VIX , Min: 10.610000, Max: 22.719999
columns : next_price , Min: 15.695363, Max: 26.593481
```

① sklearn 라이브러리에서 정규화 객체를 받는다.

② 입력 데이터에 대해 정규화 범위를 먼저 탐색한다.

③ 입력 데이터를 최소-최대 정규화한다.

④ 정규화된 데이터를 새로운 컬럼명으로 저장한다.

다음 코드는 학습에 사용하는 데이터와 레이블 데이터를 나눈다.

```
def create_dateset_binary(data, feature_list, step, n):

    train_xdata = np.array(data[feature_list[0:n]])   ①
    m = np.arange(len(train_xdata) - step)   ②
    x, y = [], []
    for i in m:
        a = train_xdata[i:(i+step)]   ③
```

```
        x.append(a)
    x_batch = np.reshape(np.array(x), (len(m), step, n))   ④

    train_ydata = np.array(data[[feature_list[n]]])   ⑤
    # n_step 이상부터 답을 사용할 수 있다.
    for i in m + step :
        start_price = train_ydata[i-1][0]   ⑥
        end_price = train_ydata[i][0]   ⑦

        if end_price > start_price :   ⑧
            label = 1
        else :
            label = 0
        y.append(label)   ⑨
    y_batch = np.reshape(np.array(y), (-1,1))   ⑩
    return x_batch, y_batch
```

목표는 다음 영업일 종가 예측이다. 현재 데이터셋에는 레이블링된 데이터가 같이 있으므로 이를 구분하기 위해 레이블 데이터를 나눌 필요가 있다. 위 함수를 실행하면 특성 데이터와 레이블 데이터를 구분한다.

① 우리가 사용할 LSTM 모델에 넣어줄 변수 데이터를 선택한다.

② 마지막 단계를 설정한다.

③ 각 단계마다 사용할 학습 데이터 기간을 정의한다. 즉 얼마만큼의 과거 데이터 기간을 입력으로 전달할지를 정의한다.

④ 신경망 학습에 사용할 수 있게 데이터를 정리한다. 데이터는 3차원 형태로 구성된다. 데이터 차원 정리에 대한 내용은 [그림 8-10]에서 설명한다.

⑤ 레이블링 데이터를 만든다. 레이블 데이터를 만들 재료는 다음날 종가다.

⑥ 이진 분류를 하기 위한 시작 종가를 설정한다.

⑦ 이진 분류를 하기 위한 종료 종가를 설정한다.

⑧ 종료 종가가 크면 다음날 오를 것이라는 뜻이므로 해당 방향성을 레이블로 설정한다. 즉, 오르면 1이고 내리면 0인 이진 분류 레이블을 만든다.

⑨ 임시로 생성된 레이블을 순차적으로 저장한다.

⑩ 학습을 위한 1차원 열 벡터 형태로 바꾼다.

실제 데이터프레임은 많은 특성을 사용하므로 데이터 분리 과정의 이해를 돕기 위해 [그림 8-10]을 준비했다. 데이터 분리 함수 기능은 결국엔 LSTM 모델의 입력값으로 전달하고자 하는 데이터를 준비하는 것이다. (len(m), step, n)) ④번 데이터를 재구조화하는 코드가 그림에 보이는 사각형 범위를 지정하는 것이다. len(m)은 한 칸씩 미뤘을 때 최대한 만들 수 있는 사각형 개수를 나타내며 이는 batch_size라고 부른다. step은 사각형 범위에 들어가는 행row 수를 나타내며, n은 열column의 개수, 특성 개수를 의미한다.

[그림 8-10]처럼 특정 색상으로 표시된 영역 데이터를 읽으면 다음 칸에 나타나는 종가를 예측할 수 있게 변수 데이터와 레이블 데이터를 설정하는 과정이고, 이는 훈련, 검증, 테스트 데이터에도 적용된다.

그림 8-10 LSTM 특성 데이터, 레이블 데이터 분리 예시

	Open	High	Low	Close	Volume
0	0.6277	0.6362	0.6201	0.6201	2575579
1	0.6201	0.6201	0.6122	0.6201	1764749
2	0.6201	0.6201	0.6037	0.6122	2194010
3	0.6122	0.6122	0.5798	0.5957	3255244
4	0.5957	0.5957	0.5716	0.5957	3696430
5	0.5957	0.6037	0.5878	0.5957	2778285
6	0.5957	0.6037	0.5957	0.5957	2337096

위에서 정의한 함수를 사용해서 훈련 데이터와 검증 데이터, 테스트 데이터 각각에 대해 레이블링 데이터를 나눠보자. 아래 코드를 참조한다.

```
num_step = 5
num_unit = 200
n_feature = len(eng_list)-1

x_train, y_train = create_dateset_binary(train_sample_df[eng_list], eng_list,
                num_step, n_feature)  ①
x_val, y_val = create_dateset_binary(val_sample_df[eng_list], eng_list, num_step,
                n_feature)  ②
x_test, y_test = create_dateset_binary(test_sample_df[eng_list], eng_list,
                num_step, n_feature)  ③
```

① 훈련 데이터에 대한 변수 데이터와 레이블 데이터를 나눈다.

② 검증 데이터에 대한 변수 데이터와 레이블 데이터를 나눈다.

③ 테스트 데이터에 대한 변수 데이터와 레이블 데이터를 나눈다.

데이터 분리 함수를 실행하고 반환된 입력 데이터의 구조를 살펴보자

```
x_train.shape
```

```
(497, 5, 22)
```

그림 8-11 학습에 사용한 데이터 구조

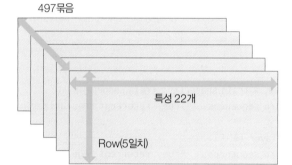

1개의 시점에 22개의 변수를 사용하고, 5일 데이터로 1 step을 학습한다. 즉, 5일이라는 타임라인에 걸친 22개의 변수를 사용해 다음날 종가를 예측하는 것이다. 더 쉽게 설명하면, (공휴일이나 주말이 없다는 가정하에) 2월 1일부터 2월 5일까지의 데이터(변수는 22개)를 사용해 다음날(6일) 종가를 예측하는 것이다. 총 497묶음이라고 표시되었는데, 이는 1일씩 윈도우를 슬라이딩해서 497번 이동했다는 뜻이다.

전처리가 끝났으니 이제 LSTM 모델을 구축하는 프로세스를 살펴보자.

8.2.2 모델 구조

이번에는 논문에서 구현한 LSTM 모델 구조를 살펴본다. 이 모델은 케라스에서 지원하는 함수로 모델링한다.

케라스를 활용해 모델을 구성하고 훈련해보자. 먼저 LSTM에 필요한 클래스를 임포트한다.

```
From tensorflow.keras.models import Model
from tensorflow.keras.models import load_model
from tensorflow.keras.layers import Input, Dense, LSTM
```

```
from tensorflow.keras.layers import Activation, BatchNormalization
from tensorflow.keras.layers import Dropout
from tensorflow.keras import backend as K
from tensorflow.keras import regularizers
```

이 논문에서는 5개의 LSTM 층과 200개의 뉴런을 사용해 모델링한다. 이에 각 LSTM 층에 200개의 뉴런을 사용할 수 있게 매개변수를 전달하고 5개의 LSTM 층을 겹겹이 쌓아올렸으며 L2 정규화 방법을 각 층에 적용한다. 또한 각 층에서 출력되는 값을 다음 층에 연결해 다음 층의 입력 인풋으로 사용할 수 있게 설정했다. 아래 코드로 모델링 과정을 자세히 살펴보자.

```
# LSTM 모델을 생성한다.
K.clear_session()
input_layer = Input(batch_shape=(None, x_train.shape[1], x_train.shape[2]))  ①
layer_lstm_1 = LSTM(num_unit, return_sequences = True, recurrent_regularizer =
regularizers.l2(0.01))(input_layer)  ②
layer_lstm_1 = BatchNormalization()(layer_lstm_1)  ③
layer_lstm_2 = LSTM(num_unit, return_sequences = True, recurrent_regularizer =
regularizers.l2(0.01))(layer_lstm_1)  ④
layer_lstm_2 = Dropout(0.25)(layer_lstm_2)  ⑤
layer_lstm_3 = LSTM(num_unit, return_sequences = True, recurrent_regularizer =
regularizers.l2(0.01))(layer_lstm_2)  ⑥
layer_lstm_3 = BatchNormalization()(layer_lstm_3)  ⑦
layer_lstm_4 = LSTM(num_unit, return_sequences = True, recurrent_regularizer =
regularizers.l2(0.01))(layer_lstm_3)  ⑧
layer_lstm_4 = Dropout(0.25)(layer_lstm_4)  ⑨
layer_lstm_5 = LSTM(num_unit , recurrent_regularizer = regularizers.l2(0.01))(layer_
lstm_4)  ⑩
layer_lstm_5 = BatchNormalization()(layer_lstm_5)  ⑪
output_layer = Dense(2, activation='sigmoid')(layer_lstm_5)  ⑫

model = Model(input_layer, output_layer)  ⑬
model.compile(loss='categorical_crossentropy',optimizer='adam', metrics=['accuracy'])  ⑭
```

① 입력 데이터셋 형태에 맞게 값을 지정한다. [None, x_train.shape[1], x_train.shape[2]]으로 값을 전달한 이유는 우리의 데이터 구조가 3차원으로 구성되었기 때문이다. 케라스에서 첫 번째 차원에는 데이터의 개수가 들어가는데, 모든 임의의 스칼라any scalar를 의미하는 None을 넣어준다. 즉 어떤 숫자가 와도 된다는 것이다. 긴 입력 데이터를 전달하는 경우 데이터 양이 많아지면 None으로 대체할 수 있다. 두 번째 차원은 입력 데이터의 시간 축을 의미하고, 세 번째 축은 LSTM 입력층에 한 번에 입력되는 데이터 개수를 나타낸다. 즉 특성feature 데이터(설명 변수 데이터)라고 보면 된다.

② 다층 구조로 구성된 LSTM이다. LSTM 층 위에 LSTM 층이 연결된 것이다. 주의해야 할 점은 return_sequences = True을 사용했다는 것이다. 이전 층에서 사용한 출력이 다음 층에 전달되어야 하기 때문이다. 마지막 층에서는 옵션을 제외한다. 또한 functional 방법에서는 각 클래스 내부에 callback( ) 함수가 정의되어 있어, LSTM(input) (input_layer)와 같이 이전 층을 매개변수로 전달하면서 층을 이어준다.

③ 배치정규화층을 이어준다.

④ LSTM 각 층에 L2 규제를 적용하면서 계속해서 층을 이어간다.

⑤ 드롭아웃층을 이어 임의의 확률로 가중치 선을 지운다.

⑥~⑪ LSTM 층 → BatchNormalize → LSTM → Dropout 을 반복하면서 층을 쌓아간다.

⑫ 완전 연결층으로 연결되면서 최종 예측값을 뽑도록 한다.

⑬ 입력층과 출력층을 연결해 모델 객체를 만들어낸다.

⑭ 모델 학습 방식을 설정해 모델을 결정한다.

모델 객체의 summary ( ) 함수를 호출하면 다음과 같은 모델 요약 정보를 확인할 수 있다.

```
Model: "model"

_____
Layer (type)                 Output Shape              Param #
=================================================================
input_1 (InputLayer)         [(None, 5, 22)]           0
_____
lstm (LSTM)                  (None, 5, 200)            178400
_____
batch_normalization (BatchNo (None, 5, 200)            800
_____
lstm_1 (LSTM)                (None, 5, 200)            320800
_____
dropout (Dropout)            (None, 5, 200)            0
_____
lstm_2 (LSTM)                (None, 5, 200)            320800
_____
batch_normalization_1 (Batch (None, 5, 200)            800
_____
lstm_3 (LSTM)                (None, 5, 200)            320800
_____
dropout_1 (Dropout)          (None, 5, 200)            0
_____
lstm_4 (LSTM)                (None, 200)               320800
_____
```

```
batch_normalization_2 (Batch (None, 200)                    800
_____
dense (Dense)                (None, 2)                      402
==============================================================
Total params: 1,464,402
Trainable params: 1,463,202
Non-trainable params: 1,200
_____
None
```

그림 8-12 LSTM층 예시

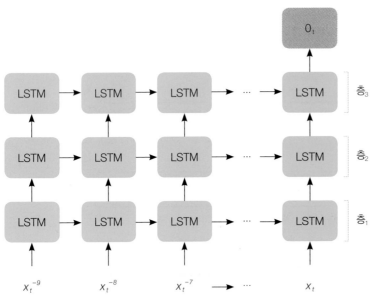

우리가 만든 LSTM 신경망은 [그림 8-12]처럼 펼쳐 그릴수 있다. 1개의 층마다 순환되는 LSTM 셀이 있고, 각 셀에 층을 쌓아올려 5개 층을 만들고 마지막으로 예측값을 출력한다. 또한 원활한 학습을 위해 드롭아웃층과 배치정규화층을 넣어주었다. 배치정규화는 신경망의 입력값을 평균 0, 분산 1로 정규화해 네트워크 학습이 잘 일어나도록 돕는 방식이다. 케라스에서 배치정규화층처럼 작동해 다른 층을 추가하듯 원하는 곳에 추가할 수 있다. 일반적으로 완전연결층^{fully connected layer}(Dense), 합성곱층과 활성화 함수층 사이에 삽입된다고 알려져있어 이번 예제에서는 LSTM 층 사이에 배치정규화층을 넣었다. 그리고 드롭아웃을 적용해 임의의 확률로 노드에서 출력하는 가중치 선을 지운다. 이는 네트워크 학습 시 과적합을 방지하는 방법으로 알려져있다.

우리의 LSTM 모델은 5개의 LSTM 층이 있고, 각 LSTM 셀에는 200개의 유닛셀이 있다. 가로로 펼쳐진 LSTM은 학습 시 (fit() 함수 호출) 사용하는 배치 사이즈와 관련 있는데, 배치 사이즈는 미니배치 방식으로 가중치를 업데이트하는 단위이고, LSTM에서는 1개 층에서 펼쳐놓는 unrolling 단위를 뜻한다.

LSTM을 겹겹이 쌓아 깊은 은닉층을 구성하는데, 이는 딥러닝의 장점을 최대한 활용해 데이터 간에 숨겨진 패턴이 있는지 찾아내기 위함이다.

8.2.3 모델 학습

모델을 구성했으니 이제 학습시켜보기로 하자. 우리는 이번 예제를 LSTM 모델을 활용한 분류 문제로 설정했기 때문에, 원 논문과 달리 compile() 단계에서 손실 함수로 크로스 엔트로피를 사용하고 옵티마이저로는 Adam 옵티마이저를 선택한다. 입력 데이터와 출력 데이터를 넘겨주고 전체 데이터 반복 횟수를 지정해 다음 모델을 학습시켜보자.

```
history = model.fit(x_train,  ①
            y_train,  ②
            epochs=20,  ③
            batch_size=10,  ④
            verbose=1,  ⑤
            validation_data=(x_val, y_val)  ⑥
            )
```

①, ② 훈련 데이터셋을 이용해 구성한 모델을 학습시킨다. x는 특성 데이터, y는 레이블 데이터다.

③ epochs에서 에폭 횟수(반복 훈련 횟수)를 설정한다. 시간이 많이 걸리므로 편의상 20번으로 설정하고 결과를 확인한다(실제 논문에서는 5000번을 학습).

④ batch_size를 설정하고 논문에서 설명한 펼쳐진 셀(unrolled cells)을 이곳에 지정한다.

'Unrolled cells'라는 개념이 조금 어색할 수 있다. 우리말로 하면 펼쳐진 셀이라고 해석할 수 있겠는데 아래 그림을 보면 직관적으로 이해할 수 있다.

그림 8-13 펼쳐진 셀(unrolled cells)의 의미

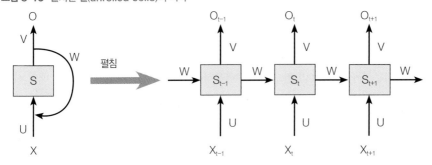

LSTM은 RNN의 문제점을 해결하기 위해 고안된 신경망 모델이다. RNN에서 재귀하는 과정을 펼쳐서 시각화한 것을 'Unrolled'라고 하며, Unrolled 되었을 때 펼쳐진 블록들을 cell이라고 해석한다. 결국 펼쳐진 셀(unrolled cells)이라는 것은 결국 몇 번 재귀순환을 할 것인지를 설명하게 된다.

펼침 과정을 LSTM에서 실행하기 위해 return_sequences=True 속성을 부여했다. LSTM 모델을 시각화하면 아래와 같은 그림으로 보여줄 수 있다.

그림 8-14 LSTM 펼침 시각화

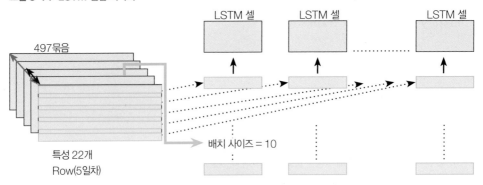

논문에서 펼쳐진 셀을 10으로 설명했지만, 5일치 데이터를 사용해 다음날 종가를 예측한다고 했기에, LSTM 셀을 5개로 두는 대신 Batch size를 10으로 두어 LSTM 모델을 구현했다.

⑤ verbose 값은 정수형 데이터로 받는다. verbose 옵션에 따라 학습 진행 중에 로그를 어떻게 볼지 설정할 수 있다. 설정값은 0, 1, 2이며, 각각 0 = silent, 1 = progress bar, 2 = one line per epoch을 의미한다.

⑥ validation_data를 통해 에폭이 끝날 때마다 학습 모델을 해당 데이터로 평가한다. 해당 데이터로는 학습하지 않는다.

```
Train on 499 samples, validate on 57 samples
Epoch 1/20
499/499 [==============================] - 15s 29ms/sample - loss: 5.6595 - acc:
0.4890 - val_loss: 2.4824 - val_acc: 0.5088
Epoch 2/20
499/499 [==============================] - 7s 13ms/sample - loss: 1.6522 - acc:
0.5611 - val_loss: 1.1089 - val_acc: 0.5088
Epoch 3/20
499/499 [==============================] - 6s 13ms/sample - loss: 0.9866 - acc:
0.5110 - val_loss: 0.8276 - val_acc: 0.5789
Epoch 4/20
499/499 [==============================] - 6s 12ms/sample - loss: 0.8043 - acc:
0.5030 - val_loss: 0.7386 - val_acc: 0.5789
Epoch 5/20
499/499 [==============================] - 6s 11ms/sample - loss: 0.7464 - acc:
0.5271 - val_loss: 0.7225 - val_acc: 0.4912
Epoch 6/20
499/499 [==============================] - 6s 13ms/sample - loss: 0.7403 - acc:
0.5391 - val_loss: 0.7113 - val_acc: 0.4912
Epoch 7/20
499/499 [==============================] - 6s 12ms/sample - loss: 0.7244 - acc:
0.5531 - val_loss: 0.7267 - val_acc: 0.4561
Epoch 8/20
499/499 [==============================] - 7s 13ms/sample - loss: 0.7124 - acc:
0.5772 - val_loss: 0.7789 - val_acc: 0.4035
Epoch 9/20
499/499 [==============================] - 8s 15ms/sample - loss: 0.6961 - acc:
0.5591 - val_loss: 0.7269 - val_acc: 0.4211
Epoch 10/20
499/499 [==============================] - 7s 15ms/sample - loss: 0.7089 - acc:
0.5611 - val_loss: 0.7119 - val_acc: 0.4737
Epoch 11/20
499/499 [==============================] - 8s 15ms/sample - loss: 0.6948 - acc:
0.5371 - val_loss: 0.6895 - val_acc: 0.5439
Epoch 12/20
499/499 [==============================] - 7s 13ms/sample - loss: 0.7086 - acc:
0.5030 - val_loss: 0.7228 - val_acc: 0.3860
Epoch 13/20
499/499 [==============================] - 7s 14ms/sample - loss: 0.6851 - acc:
0.5471 - val_loss: 0.7407 - val_acc: 0.5789
```

```
Epoch 14/20
499/499 [==============================] - 8s 15ms/sample - loss: 0.6984 - acc:
0.5611 - val_loss: 0.6777 - val_acc: 0.4912
Epoch 15/20
499/499 [==============================] - 7s 13ms/sample - loss: 0.6911 - acc:
0.5611 - val_loss: 0.7374 - val_acc: 0.4737
Epoch 16/20
499/499 [==============================] - 8s 16ms/sample - loss: 0.6882 - acc:
0.5752 - val_loss: 0.7287 - val_acc: 0.5088
Epoch 17/20
499/499 [==============================] - 7s 14ms/sample - loss: 0.7003 - acc:
0.5431 - val_loss: 0.7226 - val_acc: 0.5439
Epoch 18/20
499/499 [==============================] - 7s 13ms/sample - loss: 0.7094 - acc:
0.5331 - val_loss: 0.7020 - val_acc: 0.5088
Epoch 19/20
499/499 [==============================] - 7s 14ms/sample - loss: 0.6910 - acc:
0.5711 - val_loss: 0.7278 - val_acc: 0.4035
Epoch 20/20
499/499 [==============================] - 7s 15ms/sample - loss: 0.6910 - acc:
0.5611 - val_loss: 0.7366 - val_acc: 0.4737
```

20번의 에폭이 도는 동안 훈련 손실값은 떨어지다가 일정 선 기점으로 유지되는 것을 확인할 수 있고, 검증 데이터의 손실 또한 안정되는 것을 확인할 수 있다. 샘플 수가 많지 않아 검증 손실과 정확도도 유지되는 것으로 해석된다.

아래 함수로 학습 과정에서 손실값이 어떻게 감소하는지 확인해보자.

```python
def plot_history(history):
    plt.figure(figsize=(15, 5))
    ax = plt.subplot(1, 2, 1)
    plt.plot(history.history["loss"])
    plt.title("Train loss")
    ax = plt.subplot(1, 2, 2)
    plt.plot(history.history["val_loss"])
    plt.title("Test loss")
plot_history(history)
```

위 로그에서 살펴본 것처럼 훈련 손실값이 떨어지다가 일정 선 기점으로 유지되는 것과 검증 데이터의 손실 또한 제자리에 머무는 것을 확인할 수 있다.

8.2.4 모델을 활용한 결과 예측

학습된 모델로 예측값을 만들어보자. 그리고 예측을 잘 하는지 알아보기 위해 평가 지표를 사용해 평가한다. 분류 모델 평가이므로 혼동 행렬을 사용한다. `predict()` 함수를 호출해 예측값을 만들고 성능을 평가해보자.

```
# 예측
predicted = model.predict(x_test)   ①
y_pred = np.argmax(predicted, axis=1)   ②
Y_test = np.argmax(y_test, axis=1)   ③
cm = confusion_matrix(Y_test, y_pred)   ④
report = classification_report(Y_test, y_pred)   ⑤
```

① 테스트 데이터로 모델의 예측값을 출력한다.

②~③ 원-핫 인코딩으로 되어있는 예측값과 실제 레이블 데이터를 다른 범주로 바꾼다.

④ 사이킷런에서 제공하는 혼동 행렬 함수를 호출한다.

⑤ 혼동 행렬에서 계산된 수치를 바탕으로 더 많은 수치 계산을 연산하는 리포트 함수를 호출한다.

혼동 행렬에서 계산된 값과 `classification_report()` 함수를 통해 나온 값을 살펴보자.

```
tn = cm[0][0]
fn = cm[1][0]
tp = cm[1][1]
fp = cm[0][1]
if tp == 0:
    tp = 1
if tn == 0:
    tn = 1
if fp == 0:
    fp = 1
if fn == 0:
    fn = 1
TPR = float(tp)/(float(tp)+float(fn))
FPR = float(fp)/(float(fp)+float(tn))
```

```
accuracy = round((float(tp) + float(tn))/(float(tp) +
                                    float(fp) + float(fn) + float(tn)), 3)
specitivity = round(float(tn)/(float(tn) + float(fp)), 3)
sensitivity = round(float(tp)/(float(tp) + float(fn)), 3)
mcc = round((float(tp)*float(tn) - float(fp)*float(fn))/math.sqrt(
            (float(tp)+float(fp))
        * (float(tp)+float(fn))
        * (float(tn)+float(fp))
        * (float(tn)+float(fn))), 3)
```

```
=======
20epochs_10batch
TN: 11
FN: 5
TP: 22
FP: 20
TPR: 0.8148148148148148
FPR: 0.6451612903225806
accuracy: 0.569
specitivity: 0.355
sensitivity : 0.815
mcc : 0.189
              precision    recall  f1-score   support
           0       0.69      0.35      0.47        31
           1       0.52      0.81      0.64        27

    accuracy                           0.57        58
   macro avg       0.61      0.58      0.55        58
weighted avg       0.61      0.57      0.55        58
=======
```

세 번째 구간에 대한 테스트셋 결과다. 정확도는 57% 정도로 일반적으로 알려진 예측 성과보다 더 우수한 성과를 보였다.

전체적인 성과를 확인해보면, 각각의 기간에 아래와 같은 성과를 보였다.

	첫 번째 기간	두 번째 기간	세 번째 기간
훈련	51%	52%	58%
테스트	52%	52%	57%

각각의 혼동 행렬은 아래와 같이 표시된다.

| 첫 번째 구간 |

	Negative	Positive
Negative	TN(11)	FP(16)
Negative	FN(12)	TP(19)

| 두 번째 구간 |

	Negative	Positive
Negative	TN(11)	FP(15)
Negative	FN(13)	TP(20)

| 세 번째 구간 |

	Negative	Positive
Negative	TN(11)	FP(20)
Negative	FN(5)	TP(22)

마지막으로 ROC 커브와 AUC 점수를 확인해보자.

| 첫 번째 구간 |

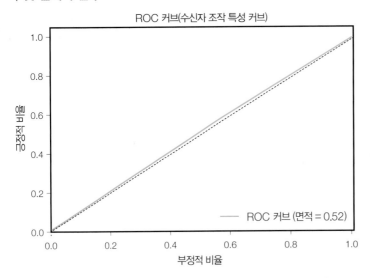

| 두 번째 구간 |

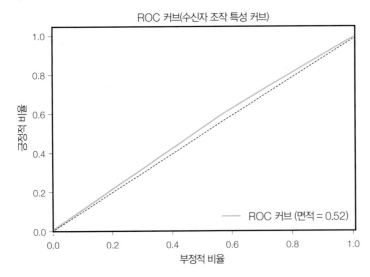

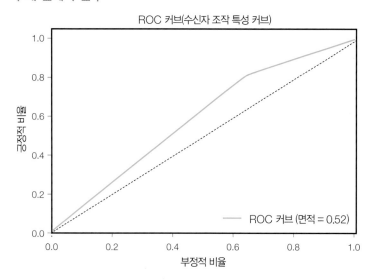

그럼 바이앤홀드 전략보다 얼마만큼 더 좋은 성과를 보이는지 확인해보자.

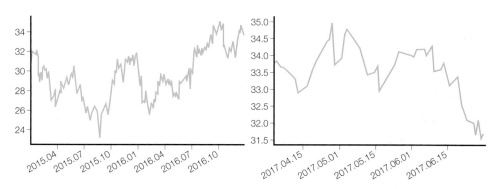

세 번째 구간 그림을 보면 왼쪽 구간을 학습하고 오른쪽 구간에 예측한 데이터로 포지션을 잡았다.

```python
# 3단계 가격 시점
lstm_book_df = test_sample_df[['Adj Close','next_rtn']].copy()
t1 = pd.DataFrame(data = y_pred,columns=['position'],index = lstm_book_
df.index[5:])
lstm_book_df = lstm_book_df.join(t1,how='left')
lstm_book_df.fillna(0,inplace=True)
```

```
lstm_book_df['ret'] = lstm_book_df['Adj Close'].pct_change()
lstm_book_df['lstm_ret'] = lstm_book_df['next_rtn'] * lstm_book_df['position'].
shift(1)
lstm_book_df['lstm_cumret'] = (lstm_book_df['lstm_ret'] + 1).cumprod()
lstm_book_df['bm_cumret'] = (lstm_book_df['ret'] + 1).cumprod()
lstm_book_df[['lstm_cumret','bm_cumret']].plot()
```

matplotlib.axes._subplots.AxesSubplot at 0x2556b3d5cc0

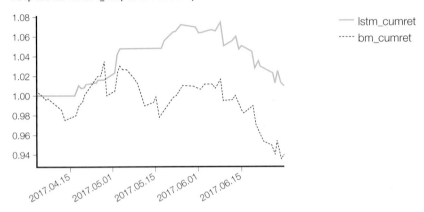

전체적으로 하락장에서 단순 보유했다면 손실을 봤겠지만, 이 전략에서 나타난 시그널을 적용했다면 손실을 면할 수 있었다.

그럼 백테스팅 결과를 살펴보자. MDD는 테스트 기간 주가에 대한 MDD를 계산했고, CAGR, 변동성VOL, 샤프 지수Sharpe ratio는 해당 기간의 성과에 연율화를 적용했으므로 다소 과장된 수치가 나올 수 있다.

```
historical_max = lstm_book_df['Adj Close'].cummax()
daily_drawdown = lstm_book_df['Adj Close'] / historical_max - 1.0
historical_dd = daily_drawdown.cummin()
CAGR = lstm_book_df.loc[lstm_book_df.index[-1],'bm_cumret'] ** (252./len(lstm_book_
df.index)) -1
Sharpe = np.mean(lstm_book_df['ret']) / np.std(lstm_book_df['ret']) * np.sqrt(252.)
VOL = np.std(lstm_book_df['ret']) * np.sqrt(252.)
MDD = historical_dd.min()
print('CAGR : ',round(CAGR*100,2),'%')
print('Sharpe : ',round(Sharpe,2))
print('VOL : ',round(VOL*100,2),'%')
print('MDD : ',round(-1*MDD*100,2),'%')
```

```
"LSTM st"
CAGR :  3.9 %
Sharpe :  0.46
VOL :  9.43 %
MDD :  9.73 %
```

```
historical_max = lstm_book_df['Adj Close'].cummax()
daily_drawdown = lstm_book_df['Adj Close'] / historical_max - 1.0
historical_dd = daily_drawdown.cummin()
CAGR = lstm_book_df.loc[lstm_book_df.index[-1],'lstm_cumret'] ** (252./len(lstm_book_
df.index)) -1
Sharpe = np.mean(lstm_book_df['lstm_ret']) / np.std(lstm_book_df['lstm_ret']) *
np.sqrt(252.)
VOL = np.std(lstm_book_df['lstm_ret']) * np.sqrt(252.)
MDD = historical_dd.min()
print('CAGR : ',round(CAGR*100,2),'%')
print('Sharpe : ',round(Sharpe,2))
print('VOL : ',round(VOL*100,2),'%')
print('MDD : ',round(-1*MDD*100,2),'%')
```

```
"Buy and Hold"
CAGR :  -21.92 %
Sharpe :  -1.62
VOL :  14.82 %
MDD :  9.73 %
```

기간이 너무 짧아서 연율화를 하게 되면 오히려 수익률을 부풀리는 효과가 있을 수 있지만 한 번 살펴보자. CAGR, 샤프 지수, 변동성은 모두 연율화했고 MDD는 종가에 대해 MDD를 구한다. LSTM 전략을 사용했을 때 연율화 시 3% 이상의 수익률이 계산된다. 전체적으로 단순 보유한 성과보다는 더 좋은 성과를 보인다.

8.2.5 요약

이번 예제를 통해 자체적인 주가 데이터 외에 다양한 변수를 활용해 LSTM을 사용한 전략을 만들고 실제 백테스팅까지 해보는 과정을 살펴봤다. 이때 논문에 구현된 모델을 자신의 필요에 맞게 수정하고 응용하는 방법을 살펴봤다는 점이 중요하다. 논문에서 구현된 내용은 사실 실제 전략으로 사용하기에 많이 부족하다. 사용한 변수의 수가 많지 않고, 무엇보다 인텔이라는 한 종목에 대한 예측 모델이기 때문에 범용성도 떨어진다. 5장에서 백테스팅을 설명할 때 조언한 것처럼, 다양한 자산군을 예측하는 모델이 과적합을 조금이나마 줄일 수 있을 것이다.

무엇보다 중요한 것은 변수의 선택이다. 실무에서 투자 모델링 프로젝트를 하면서 변수를 어떻게 가공하느냐에 따라 결과가 바뀌는 것을 자주 목격했다. 엄밀한 수학적, 통계적 방법을 통해 가공된 변수가 해석력이나 신뢰도가 높을 것이다. 지면이 부족해 이 내용은 다루지 못했지만, 추후 기회가 된다면 깃허브를 통해 다양한 특성 공학 방법에 대해 다루겠다.

8.3 오토인코더를 활용한 주가 데이터 생성

앞선 예제에서 이동 평균선, MACD[3], 볼린저 밴드 등 분석가가 가지고 있는 지식을 동원해 데이터를 가공하는 '특성 공학feature engineering' 작업을 진행했다. 개인적으로는 이런 작업이 매우 중요하다고 생각하지만, 반대의 입장에서는 인간의 주관적인 개입을 완전히 배제하기 위해 이 단계를 완전히 자동화해줄 수 있는 딥러닝 방법을 선호한다. 사실 딥러닝을 이용해 새로운 특성을 찾는 작업은 사람이 인식하기 힘든 패턴을 찾아낼 수 있기 때문에 매우 유용하다.

이번에는 케라스를 활용한 오토인코더 구현을 통해 주가 수익률 데이터와 비슷한 패턴을 가진 데이터를 만드는 방법과 압축된 정보를 새로운 특성으로 활용하는 방법을 살펴본다. 오토인코더의 목적은 [그림 8-15]와 같이 단순히 입력을 출력으로 복사하는 신경망에 여러 가지 제약을 추가해 입력 데이터의 특징을 효율적으로 찾는 것이다. 여기서 말하는 '여러 가지 제약'이란 은닉층의 뉴런 수를 입력층보다 더 적게 만들어 데이터를 압축하거나 입력 데이터에 노이즈를 추가한 뒤 원본 입력 데이터를 재현하도록 만드는 방법 등을 말한다. 주성분 분석으로 처리하는 일차원 데이터 처리 방식을 딥러닝 방식으로 확장한 것이라 간주할 수 있다.[4]

---

3 이동 평균 수렴 확산 지수(Moving Average Convergence & Divergence). 이동 평균선의 수렴과 확산의 차이를 보기 쉽게 나타낸 지표다.
4 『코딩쉐프의 3분 딥러닝, 케라스맛』(한빛미디어, 2018)

그림 8-15 오토인코더 네트워크

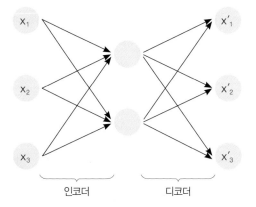

오토인코더는 입력값으로 전달받은 특성 데이터를 낮은 차원으로 변환(이 과정을 압축이라고도 부른다)하는 인코더encoder와 낮은 차원에서 원본 입력값(타깃값)을 예측하는 디코더decoder로 구성된다. 즉 입력값이 곧 타깃값이 된다. 이미지 인식 테스트에서 많이 사용되는 MNIST 데이터셋(손 글씨 이미지와 이미지가 가리킨 숫자를 기록해놓은 데이터셋)을 예로 들어 설명하면, [그림 8-16]의 원본 이미지와 비슷한 [그림 8-17] 이미지를 만드는 알고리즘이다.

그림 8-16 원본 손 글씨 이미지

그림 8-17 오토인코더를 활용해 재현한 이미지

다른 신경망 모델과 마찬가지로, 오토인코더 학습 방법 또한 손실 함수를 최소화하는 방향으로 이뤄지며 최소한의 정보 손실을 유지하면서 입력값과 유사한 타깃값을 만들어낸다.

이번에 설명할 내용은 위에서 예를 든 손 글씨 이미지 대신 주가 수익률 데이터를 사용해, 실제 주가 수익률 데이터와 비슷한 패턴을 가진 모의 주가 수익률 데이터를 만들어보는 것이다. 그리고 그 과정에서 압축된 정보를 새로운 특성으로 활용하는 방안을 제시한다.

8.3.1 데이터

이번 예제에서 사용한 데이터는 S&P 500 지수 데이터다. S&P 500 데이터 또한 야후 파이낸스 API를 사용해 받았으며, 2000년 01월부터 2019년 12월 말까지 약 20년 동안의 일별daily 데이터를 사용한다. 노이즈를 제거하고자 일차적으로 가격 데이터(수정 종가)를 수익률 데이터로 변환한다.[5]

그림 8-18 가격 데이터를 수익률 데이터로 변환

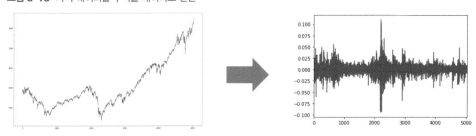

이 예제의 목적은 10일 수익률을 입력값으로 넣었을 때 비슷한 패턴을 구현할 수 있는 알고리즘을 만드는 것이다. 추가적으로 입력 데이터에 대해 최소-최대 정규화를 진행한다.

이번에도 데이터 가공은 크게 네 단계로 이뤄진다. 레이블 데이터를 따로 지정하지 않아도 되기 때문에 레이블 데이터 생성 과정은 생략한다.

1. Raw 데이터 불러오기
2. 로그 수익률 데이터 가공하기
3. 훈련, 테스트 데이터셋 분리하기
4. 학습에 용이하도록 데이터 정규화하기

먼저 데이터를 불러오자. 실습에서 사용하는 데이터는 간단하게 야후 파이낸스에서 얻을 수 있다. 우리는 미리 받아놓은 데이터를 사용한다.

```
import pandas as pd
path = '../../data/ch08/s&p500.csv'
snp500_df = pd.read_csv(path,usecols=['Adj Close'])   ①
```

---

5 주가 데이터를 로그 수익률 데이터로 만들면 정규분포에 가까워지지만 정규분포와 동일하진 않다.

① 수정 종가 컬럼만 불러온다.

다음에는 수정 종가를 이용해 로그 수익률 데이터를 만든다.

```
snp500_df['pct_change'] = snp500_df['Adj Close'].pct_change()   ②
snp500_df['log_ret'] = np.log(snp500_df['Adj Close']) - np.log(snp500_df['Adj Close'].
shift(1))   ③
```

② pct_change() 함수를 사용한다.

③ 로그 함수 성질을 이용해 종가 − 전일 종가로 로그 수익률을 계산할 수 있다. 기존 수익률에 로그를 취할 경우 원하는 연산이 제대로 안 될 수 있다.

가공된 데이터가 어떤 형태를 보이는지 plot() 함수로 확인한다(그림 8-19).

```
snp500_df['log_ret'].plot()
```

그림 8-19 로그 수익률 그래프

```
<matplotlib.axes._subplots.AxesSubplot at 0x25e5fed4a20>
```

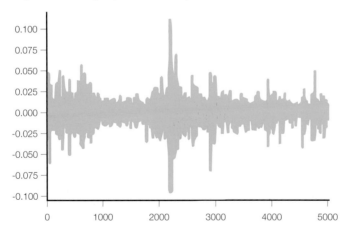

우리는 10개의 수익률 데이터를 입력값으로 전달할 예정이므로 윈도우 길이^{window length}를 10으로 설정한다. 10개 단위로 나눈 데이터에 정규화를 진행한다. 코드를 살펴보자.

```
scaler = MinMaxScaler()
x_train = np.array([scaler.fit_transform(snp500_df['log_ret'].values[i-window_length:i].
reshape(-1, 1)) for i in range(window_length+1,len(snp500_df['log_ret']))])   ①
```

① 이미 지정한 window 길이 간격으로 한 칸씩 이동하면서 데이터 구간을 나눠준다. 데이터 구간을 나누면서
데이터 형태를 수정해 열 벡터 형태로 바꾼다. 한 칸씩 이동하는 과정을 슬라이딩 윈도우^{sliding window}라고도 부른다. 그다음 MinMaxScaler() 함수로 최소−최대 정규화를 적용한다.

그림 8-20 슬라이딩 윈도우 예시

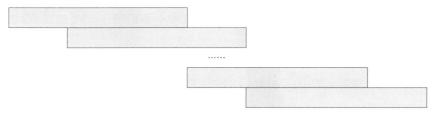

최종 데이터 형태는 다음과 같다.

```
x_train_nonscaled.shape
(5023, 10, 1)
```

그림 8-21 학습 데이터 형태

훈련 데이터셋과 테스트 데이터셋을 분할한다.

```
x_train = x_train[:-test_samples]   ①
x_test = x_train[-test_samples:]

x_train = x_train.astype('float32')   ②
x_test = x_test.astype('float32')
```

① 마이너스(-) 부호를 사용해 뒤에서부터 test_samples 개수만큼 구간을 나눈다.

② 실수형(float32) 데이터로 변환한다.

전체 데이터 중 테스트 데이터가 사용된 비중을 계산한다.

```
print("테스트 데이터 비중: {}%".format((test_samples/len(x_train))*100))
```

테스트 데이터 비중: 4.146796599626788%

이전에 살펴본 예제와 달리 데이터 전처리 과정이 길지 않았다. 다양한 신경망 모델링을 하면서 본격적으로 오토인코더를 모델링해보자.

8.3.2 모델 구조

여기서 살펴볼 오토인코더 모델은 두 가지다. 오토인코더의 핵심은 인코더와 디코더를 모델링하는 것인데, 인코더와 디코더를 만드는 방식에 따라 다양한 오토인코더를 생성할 수 있다. 그럼 첫 번째 예제인 다층 퍼셉트론MLP 모델부터 살펴보자. 가장 간단한 다층 퍼셉트론 오토인코더 모델은 [그림 8-22]과 같다.

입력층은 10개의 입력을 받고 중앙의 은닉층은 3개의 차원으로 데이터를 압축하며, 마지막 출력층에서 다시 10개의 출력층으로 구성된다.

그림 8-22 다층 퍼셉트론 오토인코더 예시

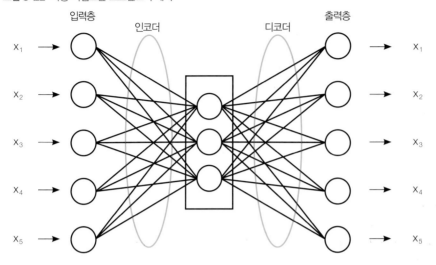

아래 코드로 다층 퍼셉트론 오토인코더를 구현할 수 있다.

```
x_train_simple = x_train.reshape((len(x_train), np.prod(x_train.shape[1:])))   ①
x_test_simple = x_test.reshape((len(x_test), np.prod(x_test.shape[1:])))   ②

input_window = Input(shape=(window_length,))   ③
encoded = Dense(encoding_dim, activation='relu')(input_window)   ④
decoded = Dense(window_length, activation='sigmoid')(encoded)   ⑤
autoencoder = Model(input_window, decoded)   ⑥
encoder = Model(input_window, encoded)   ⑦

autoencoder.summary()   ⑧
autoencoder.compile(optimizer='adam', loss='binary_crossentropy')   ⑨
history = autoencoder.fit(x_train_simple, x_train_simple,
                          epochs=epochs,
                          batch_size=1024,
                          shuffle=True,
                          validation_data=(x_test_simple, x_test_simple))   ⑩

decoded_stocks = autoencoder.predict(x_test_simple)   ⑪
```

모델의 요약 설명은 아래와 같다. 입력으로 받는 10개 데이터에 10개 출력이 3개의 압축층을
통과하고 출력층에 10개의 출력을 보내도록 한다.

```
---------------------------------------------------------------------
Layer (type)                 Output Shape              Param #
=====================================================================
input_3 (InputLayer)         (None, 10)                0

---------------------------------------------------------------------
dense_3 (Dense)              (None, 3)                 33

---------------------------------------------------------------------
dense_4 (Dense)              (None, 10)                40
=====================================================================
Total params: 73
Trainable params: 73
Non-trainable params: 0
```

①~② 신경망 입력으로 넣기 위해 3차원 데이터 형태를 2차원 데이터 형태로 변환한다. x_train.shape[1:] 값은 (10, 1)이고, np.prod() 함수를 통해 10*1 연산을 수행한다. 마지막으로 reshape 함수를 호출하면서 (전체길이, 10) 형태인 2차원 구조로 변한다.

③ 입력 데이터 형태를 정의한다. window_length 정보를 이용해 입력 데이터 구조를 정의한다.

④ 완전 연결층을 정의하면서 출력 유닛을 encoding 차원으로 축소 전달한다. encoding_dim 값은 3이다. 즉, 10차원 구조를 3차원 구조로 변환하는 것이다.

⑤ 축소된 차원인 3차원에서 원래 입력 차원인 10차원 구조로 변환한다. 이 과정을 디코딩이라고 부른다.

⑥ 인코딩층과 디코딩층이 정의되었으니 전체 모델을 학습하기 위한 오토인코더 모델을 정의한다. 입력값과 출력값을 비교하기 위해 출력층은 디코딩층으로 정의한다.

⑦ 지금은 사용하지 않지만 차원을 축소한 데이터를 출력할 때 인코딩층을 사용한다.

⑧ 모델의 요약 정보를 확인한다.

⑨ 학습 과정을 설정한다. 손실 함수로는 이진 분류에서 많이 사용하는 이진 분류 엔트로피 함수를 사용한다.

⑩ 학습을 진행한다. 주목할 점은 특성 데이터와 레이블링 데이터로 전달하는 변수가 같다는 것이다(x_train_simple, x_train_simple). 검증 데이터에도 동일하게 적용한다(x_test_simple, x_test_simple).

⑪ 예측값을 출력한다.

또 다른 구조를 가진 오토인코더 모델을 살펴보자. 다층 퍼셉트론 모델에 배치층을 추가한 구조다. 첫 번째 다층 퍼셉트론 모델과 기본적으로 동일하지만, 인코더에는 차원 축소층, 디코더에는 차원 확장층이 한 개씩 추가되며 공통적으로 배치정규화층을 추가 구성한다.

```
x_train_deep = x_train.reshape((len(x_train), np.prod(x_train.shape[1:])))
x_test_deep = x_test.reshape((len(x_test), np.prod(x_test.shape[1:])))
```

```
input_window = Input(shape=(window_length,))   ①

x = Dense(6, activation='relu')(input_window)   ②
x = BatchNormalization()(x)   ③
encoded = Dense(encoding_dim, activation='relu')(x)   ④

x = Dense(6, activation='relu')(encoded)   ⑤
x = BatchNormalization()(x)   ⑥
decoded = Dense(window_length, activation='sigmoid')(x)   ⑦

autoencoder = Model(input_window, decoded)

encoder = Model(input_window, encoded)

autoencoder.summary()

autoencoder.compile(optimizer='adam', loss='binary_crossentropy')
history = autoencoder.fit(x_train_deep, x_train_deep,
                          epochs=epochs,
                          batch_size=1024,
                          shuffle=True,
                          validation_data=(x_test_deep, x_test_deep))

decoded_stocks = autoencoder.predict(x_test_deep)
```

전체 코드는 동일하지만 모델링하는 부분이 달라졌다.

① 첫 번째 층에는 입력 데이터 형태를 정의한다. window_length 정보를 이용해 입력 데이터 구조를 정의한다.

② 완전 연결층을 정의하면서 출력 유닛을 6차원으로 한 차례 축소 전달한다.

③ 학습이 잘 이뤄지도록 입력값을 정규화해 값을 조정한다.

④ 완전 연결층을 정의하면서 encoding 차원으로 축소 전달한다.

⑤ 3차원에서 6차원 구조로 차원을 확장한다.

⑥ 학습이 잘 이뤄지도록 입력값을 정규화해 값을 조정한다.

⑦ 원래 입력 차원인 10차원 구조로 변환한다.

모델의 요약 설명은 아래와 같다. 이전에 살펴본 다층 퍼셉트론 모델과 다른 점은 은닉층에 배치정규화층을 추가 연결한 부분이다. $10 \rightarrow 6 \rightarrow 6$(정규화층) $\rightarrow 3 \rightarrow 6 \rightarrow 6$(정규화층) $\rightarrow$ 10 순으로 출력이 줄어들다 늘어나는 구조다.

```
-----------------------------------------------------------------
Layer (type)                    Output Shape            Param #
=================================================================
input_4 (InputLayer)            (None, 10)              0
-----------------------------------------------------------------
dense_5 (Dense)                 (None, 6)               66
-----------------------------------------------------------------
batch_normalization_1 (Batch    (None, 6)               24
-----------------------------------------------------------------
dense_6 (Dense)                 (None, 3)               21
-----------------------------------------------------------------
dense_7 (Dense)                 (None, 6)               24
-----------------------------------------------------------------
batch_normalization_2 (Batch    (None, 6)               24
-----------------------------------------------------------------
dense_8 (Dense)                 (None, 10)              70
=================================================================
Total params: 229
Trainable params: 205
Non-trainable params: 24
-----------------------------------------------------------------
```

두 가지 오토인코더 모형 설계에 대해 살펴봤다. 이어서 모형 학습 후 출력된 데이터가 어떻게 나타나는지 확인해보자.

8.3.3 모델 학습 및 예측

앞의 모델링에서는 모델을 구성하는 방법만 소개하고 학습된 결과를 소개하지 않았다. 이 절에서는 앞에서 모델링한 각 오토인코더 모델의 학습 과정과 학습 후 예측에 대해 살펴본다. 예측값은 10개의 로그 수익률을 입력으로 넣었을 때 얻는 10개의 로그 수익률이다.

각 모델의 손실값 변화에 대해, 테스트 데이터로 오토인코더 예측값을 출력해 비교해본다.

첫 번째 모델인 다층 퍼셉트론이다.

```
_____
Layer (type)                  Output Shape              Param #
===================================================================
input_1 (InputLayer)          (None, 10)                0
_____
dense_1 (Dense)               (None, 3)                 33
_____
dense_2 (Dense)               (None, 10)                40
===================================================================
Total params: 73
Trainable params: 73
Non-trainable params: 0

_____
Train on 4823 samples, validate on 200 samples
Epoch 1/100
4823/4823 [==================] - 1s 114us/step - loss: 0.7390 - val_loss: 0.7379
Epoch 2/100
4823/4823 [==================] - 0s 5us/step - loss: 0.7344 - val_loss: 0.7331
Epoch 3/100
4823/4823 [==================] - 0s 9us/step - loss: 0.7301 - val_loss: 0.7287
Epoch 4/100
4823/4823 [==================] - 0s 5us/step - loss: 0.7261 - val_loss: 0.7246
Epoch 5/100
….
Epoch 99/100
4823/4823 [==================] - 0s 5us/step - loss: 0.6686 - val_loss: 0.6657
Epoch 100/100
4823/4823 [==================] - 0s 2us/step - loss: 0.6681 - val_loss: 0.6652
```

그림 8-23 훈련(왼쪽), 테스트(오른쪽) 구간 다층 퍼셉트론 손실값 추이

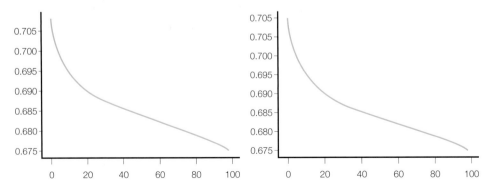

그림 8-24 입력값(위쪽), 예측값(아래쪽)

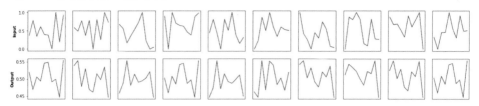

첫 번째 다층 퍼셉트론은 간단한 모델이지만 100번의 에폭 동안 손실값이 꾸준히 감소하는 것을 확인할 수 있고, 입력값과 예측값 그래프를 비교해보면 몇몇 그래프에서는 상승과 하락 구간을 재현한 것을 확인할 수 있다.

두 번째 모델로 다층 퍼셉트론에 배치정규화를 더한 모델을 살펴보자.

```
_____
Layer (type)                 Output Shape              Param #
================================================================
input_2 (InputLayer)         (None, 10)                0
_____
dense_3 (Dense)              (None, 6)                 66
_____
batch_normalization_1 (Batch (None, 6)                 24
_____
dense_4 (Dense)              (None, 3)                 21
_____
dense_5 (Dense)              (None, 6)                 24
_____
batch_normalization_2 (Batch (None, 6)                 24
_____
dense_6 (Dense)              (None, 10)                70
================================================================
Total params: 229
Trainable params: 205
Non-trainable params: 24
_____
Train on 4823 samples, validate on 200 samples
Epoch 1/100
4823/4823 [==================] - 2s 324us/step - loss: 0.7516 - val_loss: 0.7469
Epoch 2/100
4823/4823 [==================] - 0s 9us/step - loss: 0.7426 - val_loss: 0.7361
….
```

```
Epoch 99/100
4823/4823 [==================] - 0s 5us/step - loss: 0.6305 - val_loss: 0.6390
Epoch 100/100
4823/4823 [==================] - 0s 5us/step - loss: 0.6304 - val_loss: 0.6387
```

그림 8-25 훈련(왼쪽), 테스트(오른쪽) 구간 다층 퍼셉트론 + 배치정규화 손실값 추이

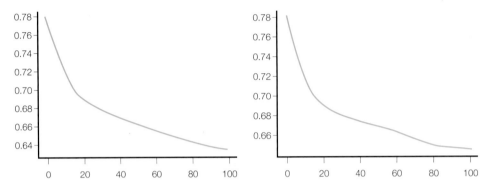

그림 8-26 입력값(위쪽), 예측값(아래쪽)

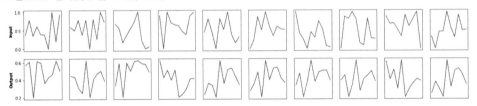

100번의 에폭 동안 손실값이 꾸준히 감소하는 것을 관찰할 수 있다. 이전에 살펴본 다층 퍼셉트론에 비교하면 상대적으로 안정적이지 못하다.

추가로 위 그래프를 그리는 함수는 아래와 같다.

```python
def plot_examples(stock_input, stock_decoded):
    n = 10
    plt.figure(figsize=(20, 4))
    for i, idx in enumerate(list(np.arange(0, test_samples, 20))):
        # display original
        ax = plt.subplot(2, n, i + 1)
        if i == 0:
            ax.set_ylabel("Input", fontweight=600)
        else:
```

```
            ax.get_yaxis().set_visible(False)
        plt.plot(stock_input[idx])
        ax.get_xaxis().set_visible(False)

        # display reconstruction
        ax = plt.subplot(2, n, i + 1 + n)
        if i == 0:
            ax.set_ylabel("Output", fontweight=600)
        else:
            ax.get_yaxis().set_visible(False)
        plt.plot(stock_decoded[idx])
        ax.get_xaxis().set_visible(False)

def plot_history(history):
    plt.figure(figsize=(15, 5))
    ax = plt.subplot(1, 2, 1)
    plt.plot(history.history["loss"])
    plt.title("Train loss")
    ax = plt.subplot(1, 2, 2)
    plt.plot(history.history["val_loss"])
    plt.title("Test loss")
```

손실값 그래프와 입력값, 예측값 그래프는 아래와 같이 호출하면 된다.

```
plot_history(history)
plot_examples(x_test_simple, decoded_stocks)
```

8.3.4 오토인코더 모델로 새로운 특성 생성하기

그럼 오토인코더에서 압축된 특성을 어떻게 뽑아낼 수 있는지를 다층 퍼셉트론 오토인코더 예제를 통해 살펴보자.

```
x_train_simple = x_train.reshape((len(x_train), np.prod(x_train.shape[1:])))   ①
x_test_simple = x_test.reshape((len(x_test), np.prod(x_test.shape[1:])))

input_window = Input(shape=(window_length,))
encoded = Dense(encoding_dim, activation='relu')(input_window)   ②
decoded = Dense(window_length, activation='sigmoid')(encoded)   ③
autoencoder = Model(input_window, decoded)   ④
```

```
encoder = Model(input_window, encoded)   ⑤


autoencoder.summary()
autoencoder.compile(optimizer='adam', loss='binary_crossentropy')   ⑥
history = autoencoder.fit(x_train_simple, x_train_simple,
                          epochs=epochs,
                          batch_size=1024,
                          shuffle=True,
                          validation_data=(x_test_simple, x_test_simple))   ⑦

decoded_stocks = autoencoder.predict(x_test_simple)   ⑧
############
compress_x_train = encoder.predict(x_train_simple)   ⑨
compress_x_test = encoder.predict(x_test_simple)   ⑩
```

①~⑦ 이 과정은 첫 번째 다층 퍼셉트론 예제를 통해 살펴본 구조와 동일하다.

⑧ 인코딩 모델을 하나 더 만들었던 것을 기억할 것이다. 입력 데이터층은 오토인코더와 동일하지만 출력층이 encoded 층인 것을 확인할 수 있다. 우리는 이 인코더 모델에서 predict() 함수를 호출해 출력된 값을 새로운 특성 데이터로 사용하는 것이다.

⑨ 학습 데이터를 인코더 모델에 전달해 압축된 출력값을 생성한다.

⑩ 테스트 데이터를 인코더 모델에 전달해 압축된 출력값을 생성한다.

원래 데이터와 압축된 데이터를 비교해보자.

```
>>> x_train_simple.shape   ①
(4823, 10)

>>> compress_x_train.shape   ②
(4823, 3)
```

① 압축되기 전 입력 데이터는 10차원 형태다.

② 압축된 새로운 특성 데이터는 3차원 형태다.

압축된 데이터를 활용하기 위해 우리에게 친숙한 데이터프레임 형태로 변경해보자.

```
new_feature = np.concatenate([compress_x_train,compress_x_test])
tmp_df = pd.DataFrame(new_feature,columns=['comp_fe1','comp_fe2','comp_fe3'])
```

concatenate( ) 함수로 두 개의 배열을 병합한 다음 데이터프레임 형태로 변경한다. 컬럼명은 임의로 부여한다. 아래와 같은 데이터프레임이 생성될 것이다.

	comp_fet	comp_fe2	comp_fe3
0	0.972157	-0.0	0.413707
1	0.937324	-0.0	0.846234
2	-0.000000	-0.0	0.899268
3	0.001353	-0.0	0.367686
4	1.067106	-0.0	-0.000000
...	...	...	...
5018	-0.000000	-0.0	0.279579
5019	0.859803	-0.0	0.214271
5020	1.798313	-0.0	0.719596
5021	-0.000000	-0.0	0.323553
5022	-0.000000	-0.0	0.279313

위에서 생성한 특성 데이터를 우리가 분석할 데이터프레임에 연결해보자.

```
import pandas as pd
path = '../../data/ch08/s&p500.csv'
snp500_df = pd.read_csv(path,usecols=['Adj Close'])
snp500_df['pct_change'] = snp500_df['Adj Close'].pct_change()   ①
snp500_df['log_ret'] = np.log(snp500_df['Adj Close']) - np.log(snp500_df['Adj Close'].
shift(1))   ②
snp500_df.loc[11:].reset_index(drop=True).join(tmp_df,how='left')   ③
```

일반적인 데이터 가공 방법에 새로운 변수(특성)를 덧붙이는 과정이다.

① pct_change( ) 함수를 호출해 수익률을 계산한다.

② 로그함수 성질을 이용해 로그 수익률을 계산한다.

③ 과거 10일치 로그 수익률 데이터를 3차원 특성으로 압축한 데이터를 연결한다. 과거 10일치를 사용하다 보니 인덱스 구조를 맞추고자 인덱스 번호 11부터 시작하며, 인덱스가 엉키지 않도록 초기화한 다음 결합한다.

새로운 특성 데이터를 결합하면 아래와 같은 결과를 확인할 수 있다.

	Adj Close	pct_change	log_ret	comp_fe1	comp_fe2	comp_fe3
0	1455.140015	-0.006832	-0.006856	0.972157	-0.0	0.413707
1	1455.900024	0.000522	0.000522	0.937324	-0.0	0.846234
2	1445.569946	-0.007095	-0.007121	-0.000000	-0.0	0.899268

3	1441.359985	-0.002912	-0.002917	0.001353	-0.0	0.367686
4	1401.530029	-0.027634	-0.028023	1.067106	-0.0	-0.000000
...	...	...	...	...	...	...
5018	3240.020020	0.000034	0.000034	-0.000000	-0.0	0.279579
5019	3221.290039	-0.005781	-0.005798	0.859803	-0.0	0.214271
5020	3230.780029	0.002946	0.002942	1.798313	-0.0	0.719596
5021	3257.850098	0.008379	0.008344	-0.000000	-0.0	0.323553
5022	3234.850098	-0.007060	-0.007085	-0.000000	-0.0	0.279313

```
5023 rows x 6 columns
```

8.3.5 요약

이번 예제에서는 케라스에서 제공하는 다중 출력 기능을 활용했다. 이 예제에서 살펴본 오토인 코더는 단순한 것이었지만, 이외에 변이형 오토인코더, 스파스 오토인코더 등 다양한 변형 방법이 있다. 혹은 최근 유행하는 GAN을 사용해 비슷한 작업을 할 수도 있다. 이 예제도 토이 모델toy model에 가깝기 때문에, 실전에서 사용하려면 추가 작업이나 색다른 아이디어가 필요할 것이다. 이들 작업에 대한 유효성은 그 외 연구나 참고 논문을 읽고 스스로 판단하길 바란다.

8.4 마치며

이 장을 통해 딥러닝을 활용한 실전 전략에 대해 살펴보았다. 생각했던 것보다 한계점이 많다고 느낄 수도 있지만, 투자 의사결정을 보조해주는 도구로서 그 잠재력을 확인하는 계기가 되었길 바란다. 경제 신문을 빠짐없이 읽고 애널리스트 보고서를 꼼꼼히 들여다보며 경제 동향을 파악하고 남보다 앞선 발 빠른 기업 정보로 좋은 투자 성과를 올리는 시기는 지났다. 오늘날 쏟아지는 정보는 감당하기 힘들 만큼 양이 많고 빠르게 변하며, 경제적 요소들의 관계 또한 너무 복잡해져서 직관적인 패턴을 찾아내 상관관계를 판단하기가 매우 어려워졌다. 물론 유능한 투자자가 되기 위해 열심히 경제를 공부하고 투자 경험을 쌓아야 하는 건 지금도 변함없다. 하지만 인공지능 기술을 능수능란하게 활용할 수 있다면 투자의 명인이 될 것이다. 직접 모든 데이터를 처리하거나 모델링하지 않더라도, 이 장에서 배운 내용 덕분에 현업 딥러닝 전문가와 원활하게 소통하게 되고 딥러닝 기반의 투자 전략 개발 프로젝트를 이끌거나 참여할 수 있기를 바란다.

파이썬 시간/날짜 라이브러리

A.1 time 객체

time 객체는 날짜와 관계없이 시간(시, 분, 초, 마이크로초)을 나타낸다. 뒤에서 datetime. datetime을 기반으로 다른 라이브러리도 사용하게 되는데 datetime.datetime에서 시간 부분을 구성하게 된다.

time 객체를 생성할 때 시, 분, 초, 마이크로초 매개변수에 각각 값을 전달할 수 있다. 매개변수를 직접 설정할 수 있고 순서대로 전달하면 자동으로 인식한다.

다음은 time 객체를 활용해 시간을 만드는 예다.

```
import datetime
datetime.time(hour=4,minute=3,second=10,microsecond=1000)
datetime.time(4,3,10)
```

```
datetime.time(4, 3, 10, 1000)
datetime.time(4, 3, 10)
```

매개변수는 아래와 같은 범위 내에서 설정한다.

매개변수	범위
hour	0 <= hour < 24
minute	0 <= minute < 60

| second | 0 <= second < 60 |
| microsecond | 0 <= microsecond < 1000000 |

A.2 date 객체

date 객체는 달력에서의 날짜(년, 월, 일)를 나타낸다. `datetime.datetime`에서 날짜 부분을 이루게 된다.

다음은 date 객체를 활용해 시간을 만드는 예다.

```
import datetime
datetime.date(year=2019,month=1,day=10)
datetime.date(2019,2,10)
```

```
datetime.date(2019, 1, 10)
datetime.date(2019, 2, 10)
```

date 객체를 생성할 때 년, 월, 일 매개변수에 각각 값을 전달할 수 있다. 매개변수를 직접 설정할 수 있고 순서대로 전달해도 자동으로 인식한다.

매개변수는 아래와 같은 범위 내에서 설정한다.

매개변수	범위
year	MINYEAR <= year <= MAXYEAR
month	1 <= month <= 12
day	1 <= day <= 주어진 month와 year에서의 일 수
MINYEAR	1
MAXYEAR	9999

A.3 datetime 객체

datetime 객체는 date 객체와 time 객체의 모든 정보를 포함하는 단일 객체다. datetime은 date 객체의 년, 월, 일 정보를 포함하고 time 객체의 시, 분, 초, 마이크로초 정보를 포함해 날짜+시간(년, 월, 일, 시, 분, 초, 마이크로초)을 나타낸다. datetime 객체는 하루를 정확히 3600*24초로 가정한다.

다음은 datetime 객체를 활용해 시간을 만드는 예다.

```
import datetime
datetime.datetime(year=2019,month=10,day=24,hour=4,minute=3,second=10,microseco
nd=1000)
```

```
datetime.datetime(2019, 10, 24, 4, 3, 10, 1000)
```

매개변수는 아래와 같은 범위 내에서 설정한다.

매개변수	범위
hour	0 <= hour < 24
minute	0 <= minute < 60
second	0 <= second < 60
microsecond	0 <= microsecond < 1000000
year	MINYEAR <= year <= MAXYEAR
month	1 <= month <= 12
day	1 <= day <= 주어진 month와 year에서의 날 수
MINYEAR	1
MAXYEAR	9999

A.4 timedelta 객체

timedelta 객체는 datetime 객체를 표현하는 두 객체 간의 간격을 계산한다. datetime 타입의 변수 차를 구해 timedelta 객체를 만들고 처음부터 timedelta 객체를 만들어 datetime

변수에 더하거나 빼면서 날짜를 계산할 수 있다.

그러면 timedelta 객체를 만들어 datetime 객체에 더해보자.

```python
import datetime
# 임의의 시간 간격을 정의한다.
td = datetime.timedelta(days=100) # 100일을 뜻한다.
datetime.datetime(2019,1,1) + td
# 2019년 1월 1일 후 100일 뒤 날짜가 출력된다.
```

```
datetime.datetime(2019, 4, 11, 0, 0)
```

다음에는 datetime 객체인 두 날짜 간 빼기를 계산해 간격이 얼마나 되는지, 출력 변수가 어떤
타입인지 확인해보자.

```python
dt1 = datetime.datetime(2019, 1, 1, 14)
dt2 = datetime.datetime(2019, 2, 1, 14)
td = dt2 - dt1
td  # 날짜 차이를 보여준다.
```

```
datetime.timedelta(31)
```

timedelta 객체를 만들 때 아래의 범위 내에서 만들 수 있다. [1]

매개변수	범위
day	-999999999 <= days <= 999999999
second	0 <= seconds < 3600*24 (하루 내의 초 수)
microsecond	0 <= microseconds < 1000000

---

[1] 앞에서 소개한 날짜와 시간 객체를 정리해보면, tzinfo, timezone은 이번에 다루지 않았지만 파이썬 공식 문서에 나오는 구조는 아래와
같이 도식화할 수 있다.
object   timedelta
tzinfo   timezone
time   date
         datetime

파이썬을 이용한 백테스팅 API

본문에서는 직접 백테스팅 코드를 만들어봤다. 하지만, 시중에는 백테스팅을 손쉽게 도와줄 수 있는 파이썬 API들이 존재한다. 이번 부록에서는 백테스팅과 관련된 API를 살펴보고 더불어 자동매매까지 연계되는지 살펴본다.

B.1 Zipline

퀀토피언의 Zipline[1]은 가장 널리 알려진 백테스팅 라이브러리다. 널리 알려진 만큼 퀀토피언 커뮤니티층이 탄탄하고 두터워 매우 활동적이라는 매력이 있다. 하지만 2017년 로컬 데스크톱에서 개발할 때 Zipline에서 자동매매 연계 기능이 사라짐과 동시에 한물 갔다고 여길 수 있다. 퀀토피언을 제대로 사용하려면 퀀토피언 클라우드 시스템을 사용해야 한다는 점이 다소 불편하다.

장점(Pros)

- 파이썬을 활용한 성숙한 플랫폼 중 하나다.
- 퀀토피언 플랫폼에서 제공하는 강력한 클라우드 컴퓨팅 자원을 사용한다.
- 다양한 데이터를 무료로 사용할 수 있으며 프리미엄 데이터는 구독료 일부를 지불하면 사용할 수 있다.
- 트레이딩 전략을 공개하고 다른 사용자들과 서로 경쟁할 수 있으며, 가장 좋은 성과를 내면 우승금을 받을 수 있다.
- 향후 관련 업계에서 일하고 싶은 전문 투자자 지망생은 트랙 레코드track record를 쌓을 수 있다.

---

1 https://github.com/quantopian/zipline

단점(Cons)

- 확장성이 뛰어나지 않다.
- 실시간 트레이딩을 지원하는 패키지(zipline-live)는 특정 브로커를 이용해야만 사용할 수 있다.
- 자신의 전략을 퀀토피언에게 제공해야 한다. 로컬에서 개발 시 특정 파이썬 버전(2.7, 3.5)만 지원한다.

B.2 QuantConnect

QuantConnect[2]는 퀀토피언에 버금가는 고도화된 파이썬 백테스팅 라이브러리 중 하나다. QuantConnect에서도 클라우드 컴퓨팅 자원을 제공하는데, 자신이 개발한 소스는 QuantConnect 클라우드 서버에 남게 된다. 클라우드 서비스를 이용하려면 일정 금액의 구독료를 지불해야 한다.

장점(Pros)

- 둘째로 유명한 클라우드 기반의 백테스팅 플랫폼이다.
- 클라우드 서비스를 이용하면 실시간 자동매매 기능을 사용할 수 있다.

단점(Cons)

- 확장성이 뛰어나지 않다.
- 일정 금액의 구독료를 지불해야 한다.

B.3 Quantiacs

Quantiacs[3]은 시스템 트레이딩과 포트폴리오 최적화optimizer 기능을 손쉽게 이용할 수 있도록 파이썬 라이브러리를 지원한다. 그리고 2019년도에 대규모 업데이트를 단행해 좀 더 파이썬다운 스타일로 전략을 구현할 수 있게 기능을 제공한다. 여기에서도 개인이 개발한 전략을 가지고 다른 사용자와 경쟁할 수 있도록 대회를 개최하는데, 과거 이력을 살펴보면 1년에 1회 정도 개최하며 우승자는 고액의 상금을 받는다. 홈페이지에서 백테스팅 성과를 쉽게 확인할 수 있으

---

2 https://www.quantconnect.com/docs/home/home
3 https://www.quantiacs.com/Algorithmic-Trading-Competition

며, 백테스팅 이후 시점에서는 라이브 트레이딩 성과까지 공유해주기 때문에 백테스팅 성과와 실제 투자 성과의 격차도 눈으로 직접 확인할 수 있다.

장점(Pros)
- 클라우드 시스템을 이용할 수 있다.
- 자신의 개발 전략 소유권을 보장한다.
- US Stock과 Commodities Futures 종목에 대해 데이터 이용이 가능하다.
- 문서화가 잘 되어있어 손쉽게 따라 할 수 있다.

단점(Cons)
- 실시간 트레이닝이 지원되는지 확실하지 않다.

B.4 Backtrader

Backtrader[4]는 개인 개발환경에서 백테스트를 하고 싶은 개발자에게 적합한 라이브러리다. 데이터셋을 제공하지 않아 개별적으로 분석하고자 하는 데이터셋을 구해야 하는 불편함이 있다. 하지만 공식 매뉴얼을 제공하며 서비스 이용료 부담 없이 라이브러리를 이용할 수 있는 장점이 있다. 또한 가장 최근까지 깃허브github에 소스코드 업데이트가 이루어지는 라이브러리 중 하나라서 지속적으로 유지보수된다는 것이 큰 장점이다.

장점(Pros)
- 외국의 일부 퀀트 회사들은 Backtrader를 백테스트 라이브러리로 사용하고 있다.
- 문서화가 잘 되어있다.
- 실시간 트레이닝도 지원한다.
- 추가 비용이 없다.
- 클라우드 서비스를 이용하지 않아도 된다. 즉, 개인 소스코드는 개인 소유물이다.

단점(Cons)
- 경쟁(competition)이 없어 우승 상금 기회가 없다.
- 개인적으로 데이터를 관리해야 한다.

---

4 https://www.backtrader.com/

여기에 소개된 API는 모두 해외시장을 기반으로 한다. 따라서 개인 자동매매 시스템을 구현하고 증권사에 연결한다면 다소 불편할 수 있다. 만약 백테스트 기능 사용에만 초점을 둔다면 QuantConnect와 Backtrader를 추천한다.

QuantConnect는 경쟁이 있기 때문에 만약 우승한다면 상금을 받을 수 있으며, 소정의 금액으로 QuantConnect 클라우드 자원을 활용해 실시간 트레이딩을 지원한다(미국 주식 위주).

Backtrader는 문서화도 잘 되어있으며 직관적으로 구성되었다. 커뮤니티도 조직되었기 때문에 다른 사람의 전략을 참고해서 나만의 전략을 만드는 데 도움을 받을 수 있다. 또한 개인 개발환경에서 사용할 수 있는 것이 가장 큰 장점이다.

B.4.1 Backtrader API를 활용한 전략 개발

Backtrader를 실제로 어떻게 사용하는지 한번 살펴보자. Backtrader는 외부 라이브러리와 의존관계가 거의 없는 독립적인 백테스팅 라이브러리다. 그래서 기본적인 파이썬 버전만 맞춰준다면 어느 환경에서든 사용할 수 있다. (단, 투자 결과에 대한 시각화가 필요하다면 Matplotlib >=1.4.1 설치가 필요하다.)

그림 B-1 Backtrader 버전 호환 정보[5]

그럼 Backtrader를 사용하기 위해 설치 방법을 살펴보자. 아래 명령어로 간단하게 설치할 수 있다.

```
$ pip install backtrader
```

라이브러리를 설치했으니 간단한 전략을 만들어보자. 이번에 만들 전략은 Backtrader 사용자

---

5 https://github.com/mementum/backtrader

가 공개한 전략6이며, RSI^{relative strength index}를 이용한다. Backtrader를 이용해 전략을 어떻게 구성하는지 가볍게 살펴보자.

먼저 필요한 패키지를 불러온다.

```
import backtrader as bt
import pandas as pd
import matplotlib.pyplot as plt
%matplotlib inline
```

실질적인 backtrader 라이브러리와 데이터 처리를 위한 판다스^{pandas}, 그리고 시각화를 위한 matplotlib을 호출한다.

Backtrader 문서에서 언급하고 있는 것처럼, 전략을 만들 때 실질적인 부분은 strategy 인터페이스를 상속받아 재구현하는 방식으로 흘러간다. 그래서 새로운 전략을 구현할 경우, 거래를 수행하는 부분에서 next() 함수를 잘 구현해야 한다. next() 함수가 바로 우리가 정한 규칙에서 매수(Buy)할지, 매도(Sell)할지, 아니면 아무것도 하지 않을 것인지(Do Nothing)를 정하게 된다.

아래 소개한 코드처럼 이동 평균선^{simple moving average}(SMA)을 이용해 조건에 따라 어떤 동작(action)을 취할지 구현할 수 있다.

```
import backtrader as bt
class MyStrategy(bt.Strategy):   ①

    def _init_(self):
        self.sma = bt.indicators.SimpleMovingAverage(period=15)   ②

    def next(self):
        if self.sma > self.data.close:   ③
            # Do something
            pass

        elif self.sma < self.data.close:   ④
            # Do something else
            pass
```

----

6 https://towardsdatascience.com/trading-strategy-back-testing-with-backtrader-6c173f29e37f

① 상위 클래스 Strategy를 상속받아 구현한다.

② 간단한 이동 평균선을 정의한다. period 변수를 통해 15일 이동 평균선을 정의한다.

③ 이동 평균선이 종가보다 더 높은 경우 '특정' 동작을 취한다.

④ 이동 평균선이 종가보다 더 낮은 경우 '특정' 동작(③과 다른)을 취한다.

그럼 RSI 지수를 이용해 만든 전략을 한번 살펴보자.

```python
class TestStrategy(bt.Strategy):
    def log(self, txt, dt=None):
        dt = dt or self.datas[0].datetime.date(0)
        print('%s, %s' % (dt.isoformat(), txt))

    def _init_(self):
        self.dataclose = self.datas[0].close
        self.order = None
        self.buyprice = None
        self.buycomm = None
        self.sma = bt.indicators.SimpleMovingAverage(self.datas[0], period = 15)  ①
        self.rsi = bt.indicators.RelativeStrengthIndex()  ②

    def notify_order(self, order):
        if order.status in [order.Submitted, order.Accepted]:
            return
        if order.status in [order.Completed]:
            if order.isbuy():
                self.log('BUY EXECUTED, Price: %.2f, Cost: %.2f, Comm %.2f' % (order.
                        executed.price, order.executed.value, order.executed.comm))
                self.buyprice = order.executed.price
                self.buycomm = order.executed.comm
            else :
                self.log('SELL EXECUTED, Price : %.2f, Cose: %.2f, Comm, %.2f' % (order.
                        executed.price, order.executed.value, order.executed.comm))
            self.bar_executed = len(self)
        elif order.status in [order.Canceled, order.Margin, order.Rejected]:
            self.log('Order Canceled/ Margin/Rejected')

        self.order = None
    def notify_trade(self, trade):

        if not trade.isclosed:
            return
```

```
        self.log('OPERATION PROFIT, GROSS %.2f, NET %.2f' % (trade.pnl, trade.pnlcomm))

    def next(self):

        if self.order:   ③
            return

        if not self.position:   ④
            if (self.rsi[0] < 30):   ⑤
                self.log('BUY CREATE, %.2f'%self.dataclose[0])
                self.order = self.buy(size=500)   ⑥

        else:
            if (self.rsi[0] > 70):   ⑦
                self.log('SELL CREATE, %.2f'%self.dataclose[0])
                self.order = self.sell(size=500)   ⑧
```

전략을 구현할 때 가장 중요한 부분은 next() 함수다. 어떤 규칙으로 매매하는지 살펴보자.

① 이동 평균선을 정의한다.

② RSI 지수를 정의한다.

③ self.order 변수로 현재 체결되지 않은 주문이 있는지 내역을 확인한다.

④ 주문상태가 아니고 현재 갖고 있는 포지션도 없다면 매수 가능한 조건인지 확인하는 단계로 넘어간다.

⑤ RSI 지수가 30 이하이면 매수한다.

⑥ 500주 매수 주문을 넣는다.

⑦ RSI 지수가 70 이상이면 매도한다.

⑧ 500주 매도 주문을 넣는다.

전략을 만들었으면 실제 데이터를 넣어서 전략을 수행해보자.

```
if __name__ == '__main__':

    df = pd.read_csv('./QQQ.csv',index_col = 'DATE',parse_dates=['DATE'])   ①
    data = bt.feeds.PandasData(dataname = df)   ②

    cerebro = bt.Cerebro()   ③
    cerebro.addstrategy(TestStrategy)   ④
    cerebro.broker.setcommission(commission=0.001)   ⑤
    cerebro.adddata(data,name=ticker)   ⑥
```

```
cerebro.broker.setcash(100000.0)    ⑦

print('Starting Portfolio Value: %.2f' % (cerebro.broker.getvalue()))
cerebro.run()    ⑧
print('Final Portfolio Value : %.2f' % (cerebro.broker.getvalue()))
cerebro.plot(volume=False, savefig=True, path='./backtrader-plot.png')    ⑨
```

① 전략을 활용할 자산은 미국 ETF 종목 중 하나인 QQQ(나스닥 100지수를 추종하는 ETF)다.

② 우리가 갖고 있는 데이터를 Backtrader에서 사용할 수 있는 규격에 맞춰야 한다. 사용할 데이터를 Backtrader에서 제공하는 PandasData 함수에 전달하고 추후 사용할 수 있는 형태로 반환한다.

③ Backtrader에서 실질적으로 전략을 움직이는 Cerebro() 객체를 할당받는다.

④ 전략을 추가해준다.

⑤ (실제 거래에서 발생하게 될) 수수료를 설정한다.

⑥ 변환된 데이터를 추가한다.

⑦ 보유 현금 액수를 설정한다.

⑧ 전략을 수행한다.

⑨ IPython Cell에서는 상호적인(interactive) 시각화가 가능하지만, 우리는 이미지를 저장하는 방식을 택했다. 그림을 저장하려면 backtrader 라이브러리 내부 코드를 일부 수정해야 한다.

그림을 확인해보면 아래처럼 저장되었다.

그림 B-2 RSI를 활용한 매매 전략

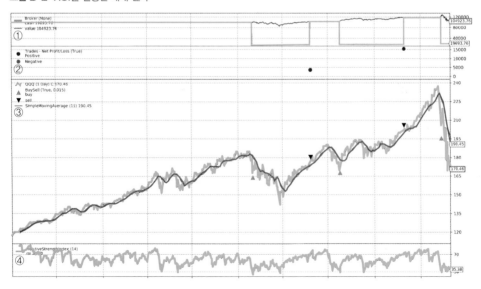

[그림 B-2]는 크게 네 부분으로 나눌 수 있다.

① 초록색 선은 포지션 보유 여부를 나타내는데, 선보다 높으면 미보유, 선 아래로 떨어지면 보유로 해석한다. 검은색 선은 평가 금액의 변동을 의미한다.

② 동그라미 위치(●)는 수익(profit) 발생 시점을 나타내고, 높이(hight)는 수익 금액을 의미한다.

③ 가격 차트와 매매 시점(point)을 설명한다. 매수 시점은 ▲(매수)으로 표시되며, 매도 시점은 ▼(매도)으로 표시된다.

④ RSI 시계열 데이터를 의미한다.

이렇게 간단하게 Backtrader를 이용해 전략을 만들어봤다. 지면의 제약으로 해당 내용을 깊게 다루진 못했지만, Backtest Rookies[7] 커뮤니티에서 Backtrader 활용 전략을 공유하므로 이를 살펴보고 잘 활용하기를 바란다.

B.5 퀀들 API 사용법

퀀들^{Quandl}에서는 세계 시장 및 경제 지표 데이터를 얻을 수 있었다. 하지만 한국 시장의 데이터는 많지 않다. 여기에서는 한국 시장 데이터를 얻을 수 있는 API를 살펴보자.

이번 절의 목적은 특정 API가 아니라 오픈 API를 사용해 작업하는 것에 익숙해지는 것이다. 언제든 더 좋은 오픈 API가 나올 수 있으므로 한 가지 API에만 의존해서는 안 된다.

퀀들은 해외 데이터를 공유하는 플랫폼으로 금융 관련 데이터를 중심으로 다양한 데이터를 제공한다. 코어 금융 데이터$^{Core Financial Data}$와 대체 데이터$^{Alternative Data}$ 두 개의 축이 있다. 한 가지 특이한 점은 다른 오픈마켓처럼 다른 데이터 회사에서도 자신의 데이터를 퀀들에 등록해 소비자에게 제공한다는 것이다. 퀀들에는 무료로 사용할 수 있는 데이터와 유료 데이터가 구분되니 목적에 맞는 데이터를 선별해 사용하면 된다. 무료로 제공되는 데이터를 중심으로 퀀들 API 사용법을 살펴보자.

퀀들 API를 사용하려면 먼저 API_KEY를 발급받아야 한다. API_KEY는 퀀들 무료 회원에 가입하면 쉽게 받을 수 있다.

---

7 https://backtest-rookies.com/

그림 B-3 퀀들 API 가입 화면

SIGN UP   LOG IN

Create your account

STEP **1** OF 3

FIRST NAME
Type here...

LAST NAME
Type here...

CHOOSE YOUR PURPOSE FOR USING QUANDL:

○ **Business**
For a business to access data for a specific, defined use.

○ **Academic**
Data to be used in an academic environment.

◉ **Personal**
Data for personal use only.

NEXT →

[그림 B-3]의 순서대로 개인 정보를 입력하고 회원가입을 하고 나면 API_KEY를 받을 수 있다.

그림 B-4 퀀들 API 가입 완료

Welcome to Quandl!

YOUR API KEY IS:

████████████████████████

and can be found in your account settings.

Any help you need to get started using our data can be found in the help section.

CONTINUE

퀀들 라이브러리는 아래 명령어를 입력해 설치한다.

```
pip install quandl
```

먼저 미국 FRED^Federal Reserve Economic Data에서 제공하는 미국 GDP 데이터 사용법을 살펴보자.

```
import quandl
import matplotlib.pyplot as plt
```

```
%matplotlib inline
APIKEY='' # 회원가입 때 받은 APIKEY를 넣어준다.
quandl.ApiConfig.api_key = APIKEY
data = quandl.get('FRED/GDP') # US GDP from FRED
data.plot()
```

그림 B-5 FRED에서 제공하는 데이터

<matplotlib.axes._subplots.AxesSubplot at 0x233c2b3bda0>

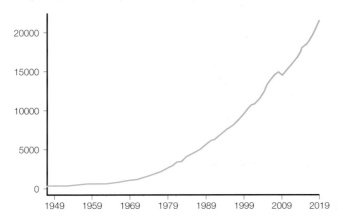

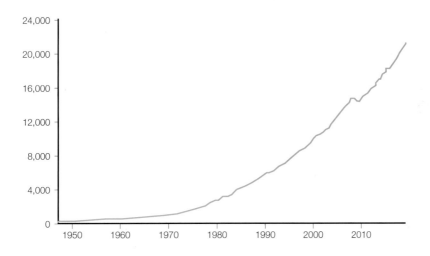

퀀들 데이터를 사용해 그래프로 그린 것과 실제 FRED 홈페이지에서 가져온 그래프를 비교해보면, 육안으로만 봐도 결과가 거의 유사하다는 것을 확인할 수 있다. 퀀들 코드를 사

용할 때는 API_KEY를 등록해야 하는데, 만약 API_KEY를 등록하지 않고 사용하면 'LimitExceededError'가 발생한다. 퀀들에서 KEY 없이 API를 호출하는 데 제한을 걸어놓았기 때문에 원활한 호출을 하려면 API_KEY가 필요하다.

그림 B-6 'LimitExceededError' 메시지

```
LimitExceededError                         Traceback (most recent call last)
<ipython-input-3-27b678862f30> in <module>
----> 1 mydata 2 = quandl.get("EIA/PET_RWTC_D") # WTI Crude Oil price from the US
      Department of Energy:

~\Anaconda3\envs\py36\lib\site-packages\quandl\get.py in get(dataset, **kwargs)
     46         if dataset_args['column_index'] is not None:
     47             kwargs update({ 'column_index': dataset_args['column_index']})
----> 48         data = Dataset dataset_args['code']).data (params=kwargs, handle_
      column_not_found=True)
     49      # Array
     50      elif isinstance dataset, list):
```

그럼 미국의 주식 데이터는 어떻게 가져올까? 아래 코드를 살펴보자.

```
data = quandl.get("WIKI/AAPL", rows=5)
print(type(data))
data
```

<class 'pandas.core.frame.DataFrame'>

Date	Open	High	Low	Close	Volume	Ex-Dividend	Split Ratio	Adj. Open	Adj. High	Adj. Low	Adj. Close	Adj. Volume
2018-03-21	175.04	175.09	171.26	171.270	35247358.0	0.0	1.0	175.04	175.09	171.26	171.270	35247358.0
2018-03-22	170.00	172.68	168.60	168.845	41051076.0	0.0	1.0	170.00	172.68	168.60	168.845	41051076.0
2018-03-23	168.39	169.92	164.94	164.940	40248954.0	0.0	1.0	168.39	169.92	164.94	164.940	40248954.0
2018-03-26	168.07	173.10	166.44	172.770	36272617.0	0.0	1.0	168.07	173.10	166.44	172.770	36272617.0
2018-03-27	173.68	175.15	166.92	168.340	38962839.0	0.0	1.0	173.68	175.15	166.92	168.340	38962839.0

GDP를 가져오는 코드에서 살펴봤듯이 get() 함수만 호출하면 된다. get() 함수로 받아온 데이터는 판다스 DataFrame 타입인 것을 확인할 수 있다. get() 함수 호출 시 rows 옵션에 5를 전달해 5개 행만 출력된 것을 확인할 수 있다. 즉 우리가 원하는 데이터가 있다면 먼저 퀀들에서 해당 데이터가 제공되는지 확인하고, 제공된다면 get() 함수만 호출해 데이터를 저장한다.

데이터를 저장하는 것도 간단하다. 파일을 저장하려는 타입마다 조금씩은 다르지만 .csv 파일로 저장한다면 아래의 코드와 같이 실행한다.

```
import pandas as pd
data.to_csv('aapl.csv')
df = pd.read_csv('aapl.csv')
df
```

Date	Open	High	Low	Close	Volume	Ex-Dividend	Split Ratio	Adj. Open	Adj. High	Adj. Low	Adj. Close	Adj. Volume
2018-03-21	175.04	175.09	171.26	171.270	35247358.0	0.0	1.0	175.04	175.09	171.26	171.270	35247358.0
2018-03-22	170.00	172.68	168.60	168.845	41051076.0	0.0	1.0	170.00	172.68	168.60	168.845	41051076.0
2018-03-23	168.39	169.92	164.94	164.940	40248954.0	0.0	1.0	168.39	169.92	164.94	164.940	40248954.0
2018-03-26	168.07	173.10	166.44	172.770	36272617.0	0.0	1.0	168.07	173.10	166.44	172.770	36272617.0
2018-03-27	173.68	175.15	166.92	168.340	38962839.0	0.0	1.0	173.68	175.15	166.92	168.340	38962839.0

그럼 get() 함수는 어떤 값을 전달받을 수 있는지 확인해보자.

```
Signature: quandl.get(dataset, **kwargs)
Docstring:
Return dataframe of requested dataset from Quandl.
:param dataset: str or list, depending on single dataset usage or multiset usage
        Dataset codes are available on the Quandl website
:param str api_key: Downloads are limited to 50 unless api_key is specified
:param str start_date, end_date: Optional datefilers, otherwise entire
        dataset is returned
:param str collapse: Options are daily, weekly, monthly, quarterly, annual
:param str transform: options are diff, rdiff, cumul, and normalize
:param int rows: Number of rows which will be returned
:param str order: options are asc, desc. Default: `asc`
:param str returns: specify what format you wish your dataset returned as,
    either `numpy` for a numpy ndarray or `pandas`. Default: `pandas`
:returns: :class:`pandas.DataFrame` or :class:`numpy.ndarray`
Note that Pandas expects timeseries data to be sorted ascending for most
timeseries functionality to work.
Any other `kwargs` passed to `get` are sent as field/value params to Quandl
with no interference.
```

dataset : str 타입이나 list 타입으로 받는다.

api_key : API_KEY를 직접 전달받을 수 있고 위에서 config에 선언하면 전달하지 않아도 된다.

start_date : 사용자가 원하는 임의의 시작 일자를 지정한다.

collapse : 데이터 간격을 지정한다. 기본값은 일별 데이터로 전달하며 옵션을 지정하면 주별 데이터, 월별 데이터를 받을 수 있다.

transform : 데이터를 미리 전처리한다. 변화량이나 변화율, 누적곱, 정규화가 가능하다.

order : 데이터를 오름차순 또는 내림차순으로 설정한다.

returns : 반환값의 타입을 설정한다. 기본값은 'pandas'이며, 'numpy' 타입으로 변경할 수 있다.

그렇다면 dataset에 list 타입을 전달할 때 어떤 값이 반환되는지 확인해보자.

```
code_list = ["WIKI/AAPL","WIKI/AMZN","WIKI/MSFT"]
data = quandl.get(dataset = code_list, rows=5)
data.columns
data
```

```
Index(['WIKI/AAPL - Open', 'WIKI/AAPL - High', 'WIKI/AAPL - Low',
       'WIKI/AAPL - Close', 'WIKI/AAPL - Volume', 'WIKI/AAPL - Ex-Dividend',
       'WIKI/AAPL - Split Ratio', 'WIKI/AAPL - Adj. Open',
       'WIKI/AAPL - Adj. High', 'WIKI/AAPL - Adj. Low',
       'WIKI/AAPL - Adj. Close', 'WIKI/AAPL - Adj. Volume', 'WIKI/AMZN - Open',
       'WIKI/AMZN - High', 'WIKI/AMZN - Low', 'WIKI/AMZN - Close',
       'WIKI/AMZN - Volume', 'WIKI/AMZN - Ex-Dividend',
       'WIKI/AMZN - Split Ratio', 'WIKI/AMZN - Adj. Open',
       'WIKI/AMZN - Adj. High', 'WIKI/AMZN - Adj. Low',
       'WIKI/AMZN - Adj. Close', 'WIKI/AMZN - Adj. Volume', 'WIKI/MSFT - Open',
       'WIKI/MSFT - High', 'WIKI/MSFT - Low', 'WIKI/MSFT - Close',
       'WIKI/MSFT - Volume', 'WIKI/MSFT - Ex-Dividend',
       'WIKI/MSFT - Split Ratio', 'WIKI/MSFT - Adj. Open',
       'WIKI/MSFT - Adj. High', 'WIKI/MSFT - Adj. Low',
       'WIKI/MSFT - Adj. Close', 'WIKI/MSFT - Adj. Volume'],
      dtype='object')
```

Date	WIKI/ AAPL - Open	WIKI/ AAPL - High	WIKI/ AAPL - Low	WIKI/ AAPL - Close	WIKI/ AAPL - Volume	WIKI/ AAPL - Ex- Dividend	WIKI/ AAPL - Split Ratio	WIKI/ AAPL Adj.Open	WIKI/ AAPL Adj. High
2018-03-21	175.04	175.09	171.26	171.270	35247358.0	0.0	1.0	175.04	175.09
2018-03-22	170.00	172.68	168.60	168.845	41051076.0	0.0	1.0	170.00	172.68
2018-03-23	168.39	169.92	164.94	164.940	40248954.0	0.0	1.0	168.39	169.92
2018-03-26	168.07	173.10	166.44	172.770	36272617.0	0.0	1.0	168.07	173.10
2018-03-27	173.68	175.15	166.92	168.340	38962839.0	0.0	1.0	173.68	175.15

5 rows x 36 columns

dataset에 애플, 아마존, 마이크로소프트 종목 코드를 입력하고 데이터를 받는다. DataFrame 을 살펴보니 세 개의 종목 데이터를 다 잘 받은 것을 확인할 수 있다. 하지만 변수명이 복잡해 서 실제 사용하기엔 번거로우므로 추가적인 데이터 전처리를 해야 한다.

먼저 데이터를 종목별로 나눠보자.

```
extract_code = [x for x in data.columns if code_list[0] in x ]
df = data.loc[:,extract_code]
df
```

Date	WIKI/ AAPL - Open	WIKI/ AAPL - High	WIKI/ AAPL - Low	WIKI/ AAPL - Close	WIKI/ AAPL - Volume	WIKI/ AAPL - Ex- Dividend	WIKI/ AAPL - Split Ratio	WIKI/ AAPL Adj.Open	WIKI/ AAPL Adj. High
2018-03-21	175.04	175.09	171.26	171.270	35247358.0	0.0	1.0	175.04	175.09
2018-03-22	170.00	172.68	168.60	168.845	41051076.0	0.0	1.0	170.00	172.68
2018-03-23	168.39	169.92	164.94	164.940	40248954.0	0.0	1.0	168.39	169.92
2018-03-26	168.07	173.10	166.44	172.770	36272617.0	0.0	1.0	168.07	173.10
2018-03-27	173.68	175.15	166.92	168.340	38962839.0	0.0	1.0	173.68	175.15

위 화면은 code_list에 정의된 종목 중 첫 번째 종목만 가져온 것이다. 전체 컬럼 리스트를 루 프loop하며 우리가 원하는 종목 코드가 포함된 모든 컬럼 리스트를 다시 선별한다. 그런 다음 loc 인덱서를 사용해 추출된 코드명만 선택한다. 데이터를 확인해보니 애플 관련 컬럼만 선택

한 것을 확인할 수 있다. 그리고 한 가지 달라진 점은 하나의 코드만 가져왔을 때는 종목 코드가 컬럼명에 없었는데, 지금은 종목 코드가 붙어있다는 점이다. 컬럼에서 종목 코드를 제거하는 방법을 살펴보자.

```
df.rename(columns=lambda x: x.replace('WIKI/AAPL - ', ''),inplace=True)
df
```

Date	Open	High	Low	Close	Volume	Ex-Dividend	Split Ratio	Adj. Open	Adj. High	Adj. Low	Adj. Close	Adj. Volume
2018-03-21	175.04	175.09	171.26	171.270	35247358.0	0.0	1.0	175.04	175.09	171.26	171.270	35247358.0
2018-03-22	170.00	172.68	168.60	168.845	41051076.0	0.0	1.0	170.00	172.68	168.60	168.845	41051076.0
2018-03-23	168.39	169.92	164.94	164.940	40248954.0	0.0	1.0	168.39	169.92	164.94	164.940	40248954.0
2018-03-26	168.07	173.10	166.44	172.770	36272617.0	0.0	1.0	168.07	173.10	166.44	172.770	36272617.0
2018-03-27	173.68	175.15	166.92	168.340	38962839.0	0.0	1.0	173.68	175.15	166.92	168.340	38962839.0

rename( ) 함수를 사용해 람다^{lambda} 함수에서 전달받은 값을 columns에 전달해서 종목 코드 부분을 제거한다.

그럼 최종적으로 개별 종목별로 데이터를 전처리해 파일로 저장하는 흐름을 살펴보자.

```
for code in code_list:
    print(code)
    extract_code = [x for x in data.columns if code in x ]
    df = data.loc[:,extract_code]
    old_col = code+' - '
    df.rename(columns=lambda x: x.replace(old_col, ''),inplace=True)
    save_file = code.split('/')[1]+'.csv'
    df.to_csv(save_file)
```

```
WIKI/AAPL
WIKI/AMZN
WIKI/MSFT

AAPL.csv        2 minutes ago
AMZN.csv        2 minutes ago
MSFT.csv        2 minutes ago
```

	Date	Open	High	Low	Close
1	2018-03-21	175.04	175.09	171.26	171.27
2	2018-03-22	170.0	172.68	168.6	168.845
3	2018-03-23	168.39	169.92	164.94	164.94
4	2018-03-26	168.07	173.1	166.44	172.77
5	2018-03-27	173.68	175.15	166.92	168.34

먼저 for 문을 통해 종목 리스트를 차례로 순회한다. 이후 전체 데이터에서 선택할 종목 코드를 추출해 다른 리스트에 저장하고 추출한 리스트를 활용해 개별 데이터프레임 변수를 설정한다. 그리고 컬럼에서 종목 코드를 제거하고 '/'를 제거하기 위해, '/'를 기준으로 분리하고 종목 코드명을 파일명으로 선언해 파일에 저장한다.

추가로 퀀들 페이지(https://www.quandl.com/search)에 들어가면 다양한 데이터를 살펴볼 수 있다.

그림 B-7 퀀들 페이지에서 제공하는 다양한 데이터

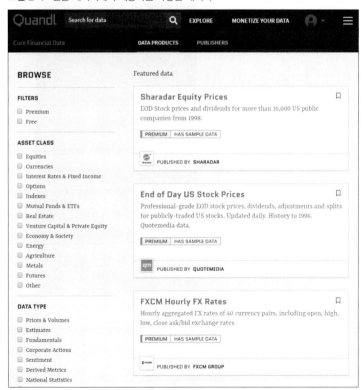

위 그림에서 'Filters'를 보면 Free와 Premium이 구분된다. Free 데이터만 살펴보면, 선물 데이터, 부동산 데이터, 경제 지표 데이터, IMF 거시지표 통계치, 나스닥 글로벌 인덱스, 미국 에너지 데이터 등 다양한 데이터를 볼 수 있다.

실제 데이터를 클릭해보면 [그림 B-8]과 같이 데이터 형태와 참고 자료, 설명을 통해 어떤 데이터인지 확인할 수 있고, Usage에는 파이썬에서는 어떻게 호출할 수 있는지 친절하게 설명되었다.

그림 B-8 퀀들 페이지에서 제공하는 데이터 형태와 설명

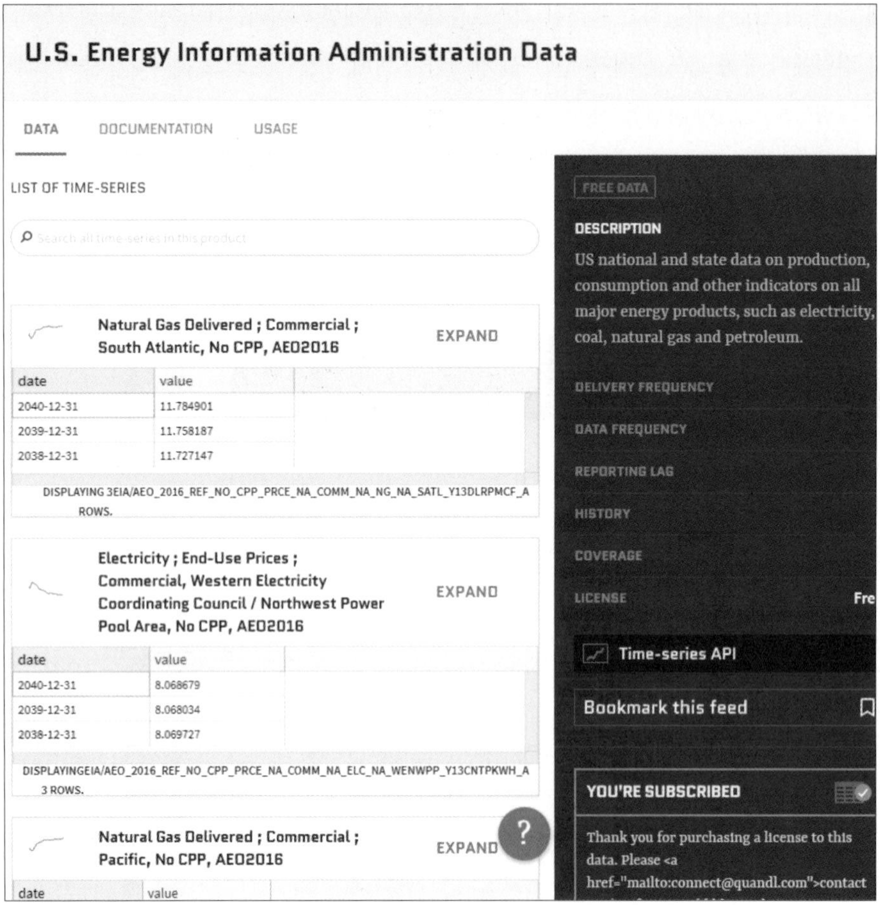

퀀들에는 무료로 이용할 수 있는 다양한 데이터가 있다. 주가 데이터 외에 다른 데이터를 이용해 분석해보고 싶다면 퀀들에서 다양한 인사이트를 얻기 바란다.

API는 데이터를 어디서 가져오는가?

API의 내부 로직을 살펴보자. 먼저 API가 어디에 설치되는지 알아야 한다. 아래 명령어를 입력하면 패키지를 설치한 경로를 쉽게 확인할 수 있다.

```
python -m site
```

```
¦ 선택 Anaconda Prompt
(base) C:\Users\Dream>activate py36
(py36) C:\Users\Dream>python -m site
sys.path = [
    'C:\\Users\\Dream',
    'C:\\Users\\Dream\\Anaconda3\\envs\\py36\\python36.zip',
    'C:\\Users\\Dream\\Anaconda3\\envs\\py36\\DLLs',
    'C:\\Users\\Dream\\Anaconda3\\envs\\py36\\lib',
    'C:\\Users\\Dream\\Anaconda3\\enys\\py36
    'C:\\Users\\Dream\\Anaconda3\\envs\\py36\\lib\\site-packages',
]
USER_BASE: 'C:\\Users\\Dream\\AppData\\Roaming\\Python' (doesn't exist)
USER_SITE: 'C:\\Users\\Dream\\AppData\\Roaming\\Python\\Python36\\site-packages'
(doesn't exist)
ENABLE_USER_SITE: True

(py36) C:\Users\Dream>
```

필자는 아나콘다를 사용해 site-packages 경로에 라이브러리가 설치된다. 자신의 파이썬 인터프리터를 실행시켜 패키지 설치 경로를 확인한다.

data.py 파일의 코드를 확인해보자. 이곳에서 우리가 호출하는 함수를 분기한다. 우리는 2개의 함수를 호출했지만, 3개의 함수까지 호출할 수 있다.

```
from FinanceDataReader.investing.data import (InvestingDailyReader)
from FinanceDataReader.naver.data import (NaverDailyReader)
from FinanceDataReader.nasdaq.listing import (NasdaqStockListing)
from FinanceDataReader.krx.listing import (KrxStockListing)
from FinanceDataReader.wikipedia.listing import (WikipediaStockListing)
from FinanceDataReader.investing.listing import (InvestingEtfListing)
from FinanceDataReader.naver.listing import (NaverEtfListing)
```

```python
import re

def DataReader(symbol, start=None, end=None, country=None):
    is_stock_krx = re.match('\d{6}', symbol) and (country==None or country.
upper()=='KR')
    reader = NaverDailyReader if is_stock_krx else InvestingDailyReader
    return reader(symbol=symbol, start=start, end=end, country=country).
read()
def StockListing(market):
    market = market.upper()
    if market in [ 'NASDAQ', 'NYSE', 'AMEX']:
        return NasdaqStockListing(market=market).read()
    if market in [ 'KRX', 'KOSPI', 'KOSDAQ', 'KONEX']:
        return KrxStockListing(market).read()
    if market in [ 'S&P500', 'SP500']:
        return WikipediaStockListing(market).read()
    else:
        msg = "market=%s is not implemented" % market
        raise NotImplementedError(msg)

def EtfListing(country='KR'):
    if country.upper() == 'KR':
        return NaverEtfListing().read()
    return InvestingEtfListing(country).read()
```

먼저 **StockListing()** 함수를 보면 market 변수에 우리가 전달한 종목 코드를 받고 종목 코드가 조건문에 맞는지 검사한다. 리스트에 속하면 해당 종목 코드를 전달해 최종적으로 **read()** 함수의 return 값을 전달받아 출력한다. 종목 리스트를 가져올 때 한국 종목은 한국 거래소 로직으로 넘어가고, 미국은 나스닥과 위키피디아에서 종목 리스트를 가져온다.

다음으로 **DataReader**를 살펴보면 Symbol, 시작 일자, 종료 일자, 나라 구분을 입력할 수 있다. 한국 종목은 **NaverDailyReader**에서 크롤링하고, 이외 종목은 **InvestingDailyReader**에서 크롤링한다.

그럼 **DataReader**를 호출하는 로직을 살펴보자. 아래 코드는 **NaverDailyReader** 클래스 코드다.

```python
import re
import requests
import pandas as pd
from io import StringIO
```

```python
from FinanceDataReader._utils import (_convert_letter_to_num, _validate_dates)

class NaverDailyReader:
    def __init__(self, symbol, start=None, end=None, country=None):
        self.symbol = symbol
        start, end = _validate_dates(start, end)
        self.start = start
        self.end = end
        self.country = country

    def read(self):
        url = 'https://fchart.stock.naver.com/sise.nhn?timeframe=day&count=600
            0&requestType=0&symbol='
        r = requests.get(url + self.symbol)

        data_list = re.findall('<item data=\"(.*?)\" />', r.text, re.DOTALL)
        if len(data_list) == 0:
            return pd.DataFrame()
        data = '\n'.join(data_list)
        df = pd.read_csv(StringIO(data), delimiter='|', header=None,
            dtype={0:str})
        df.columns = ['Date', 'Open', 'High', 'Low', 'Close', 'Volume']
        df['Date'] = pd.to_datetime(df['Date'], format='%Y%m%d')
        df.set_index('Date', inplace=True)
        df.sort_index(inplace=True)
        df['Change'] = df['Close'].pct_change()

        return df.query('index>=%r and index<=%r' % (self.start, self.end))
```

기본적으로 전달받은 start, end date가 유효한 형식인지 내부적으로 검사한다. 그런 다음 네이버 페이지에 전달할 url을 조립하고, 받아온 데이터를 분류해 원하는 데이터프레임 포맷으로 가공한다.

이렇게 외부 라이브러리를 분해해 사용하면 원하는 내용을 추가해 더 많은 데이터를 수집할 수 있다. 단순히 API를 사용하는 단계를 넘어, API를 수정해 본인의 입맛에 맞게 변경하는 수준까지 올라가야 직접 API를 구현할 수 있다.

금융 용어 및 주요 거시 경제 지표

미국 국고채의 장단기 금리 스프레드: 금융 상품의 위험도에 따라 상품 금리의 차이가 생기는데, 이를 금리 스프레드라고 한다. 금리 스프레드는 기간 위험과 신용 위험에 의해 발생한다. 기간 위험에 의해 발생하는 장단기 금리 스프레드는 보통 10년 국고채와 3년 혹은 2년 국고채의 금리차이로 나타낸다. 일반적으로 장단기 금리 스프레드가 확대될 경우, 향후 경기가 호전될 것으로 예상한다. 반대로 장단기 금리 스프레드가 축소되거나 역전(단기금리가 장기금리보다 더 높다)되는 경우 향후 경기가 침체될 것으로 본다.

VIX 인덱스: 미국 S&P 500의 변동성^{volatility}을 나타낸다. 이를 추종하는 ETFs 상품이 상장되었기 때문에 VIX 인덱스를 직접 구하기보다는 해당 인덱스를 추종하는 ETFs 상품 데이터를 시장의 변동성 변수로 사용할 것이다.

TED 스프레드: 금융 신용경색$^{credit\ risk}$의 정도를 측정하는 지표로 사용되며 3개월물 미국 국채$^{T-Bill}$ 수익률과 3개월물 리보^{LIBOR}금리의 차이를 뜻한다. 미국 국채는 국제 금융 시장에서 높은 신뢰도를 가진 지표로 간주되는 반면, 리보는 은행 간 자금거래에 수반되는 신용위험을 반영하기 때문에 신용경색의 척도로 많이 사용된다. 즉, 리보가 올라간다는 것은 자금을 조달하기 위한 비용이 높아지는 것을 뜻한다. 반대로 안전자산으로 간주되는 미국 국채 가격이 올라간다면 금리가 떨어질 것이다. 이러한 차이가 커진다는 것은 세계 금융 시장에서 자금 조달이 어려워짐을 뜻한다. 즉, 세계 금융의 유동성 위험이 부족해진다는 신호다.

금 가격: 금은 대표적인 안전자산이다. 안전자산에 대한 선호도가 높아지는 것은 현 금융 시장에 대한 불안감이 커지고 있다는 것으로 해석할 수 있다.

60일 이동평균 가격: 예측하고자 하는 지수의 60일 이동평균 가격을 변수로 넣었다. 여기서 60일은 임의로 정한 것이며 10일, 30일, 90일 등 다른 이동평균 가격을 계산해 사용할 수도 있다. 아마 주식 관련 유튜브나 뉴스에서 'xx일 선을 뚫었으니 사야 한다'는 이야기를 많이 들어봤을 것이다. 많은 투자자들이 선호하는 기술 지표이기 때문에 사용해보기로 한다.

거래량의 30일 이동평균: 거래량을 중요하게 보는 투자자들이 있다. 거래량에는 어떤 면에서는 주가 자체보다 더 많은 정보가 들어있을 수 있다. 여기서 사용한 30일도 임의로 정한 것이니 크게 신경 쓰지 말고 자신만의 철학이나 아이디어에 기반해 변수를 가공하길 바란다.

달러 지수: 세계 주요 6개국 통화 대비 미국 달러의 평균 가치를 나타내는 지표다. 주요 6개국 통화는 유로·엔·파운드·캐나다 달러·스웨덴 크로네·스위스 프랑이며, 각 통화 비중은 그 국가의 경제 규모에 따라 결정된다. 달러가 강세라면 세계 경제에 불안감이 커지고 있음을 암시할 수 있다.

기대 인플레이션율(Breakeven Inflation Rate; BEI): 기대 인플레이션expected inflation은 경제 주체들이 내다보는 물가에 대한 전망, 즉 기업 및 가계 등 경제 주체들이 예상하는 미래의 물가상승률을 말한다. BEI는 기대 인플레이션율을 측정하는 지표 중의 하나다. 예를 들어 인플레이션 전망이 높아지면 물가채 금리는 국고채 금리보다 더 많이 떨어질 것이고 BEI는 확대될 것이다.

(10년물) 기대 인플레이션율(Breakeven Inflation Rate, BEI): 경제 주체가 예상하는 물가에 대한 전망이다. 즉 기업, 가계 등 경제 주체가 예상하는 미래의 물가상승률을 말한다

(10년 만기) 명목 국채 수익률 − (10년 만기) 물가연동 국채 수익률

시장 강도 지수(Relative Strength Index; RSI): 가격이 변하는 속도를 측정하는 일종의 기술 거래 도구인 모멘텀 지표. 모멘텀이 상승하면 주식이 시장에서 활발히 매매되고 있음을 나타내고, 모멘텀이 감소하면 주식에 대한 거래자의 관심이 둔화되고 있다는 신호다.

세전영업이익(Earning Before Interest and Taxes; EBIT): 이자비용과 법인세를 차감하기 전, 영업활동을 통해 얻은 모든 이익을 포함한다. 보통 영업외 이익과 영업외 비용은 EBIT에 포함되지 않는다. EBIT는 Operating Profit, Operating Earnings로도 불린다.

EBIT = 매출액 − 매출원가 − 판관비

기업 가치(Enterprise Value; EV): Total Enterprise Value(TEV) 또는 Firm Value(FV)라고도 불리는데 모두 기업 가치를 의미한다. 기업 가치는 기업을 통째로 사버리는 데 들어가는 비용을 뜻한다.

EV = 시가총액 + 부채총계 − 잉여현금

고정자산(Fixed Assets): 기업이 소유한 재산 중 1년 안에 현금화되기 어려운 항목을 의미한다.

유동자산(Working Capital): 기업이 소유한 재산 중 1년 안에 현금으로 환금이 가능한 항목을 의미한다.

총자산 순 이익률(Return on Assets; ROA): 기업의 총자산으로 얼마나 수익을 냈는지 나타내는 수익성 지표다.

ROA = 기말 당기순이익 / 기초 총자산

자기자본이익률(Return on Equity; ROE): 투입한 자기자본이 얼마만큼의 이익을 냈는지를 나타내는 지표다. ROE와 ROA의 큰 차이는 회사 부채의 포함 여부다. ROE는 회사 부채를 포함하지 않고 ROA는 회사 부채를 포함한다. 그래서 회사 운영의 효율성을 평가할 때는 ROE보다 ROA가 더 적합하다.

주가 수익 비율(Price Earning Ratio; PER): 기업의 순 이익 지표에 비해 현재 주가가 얼마를 나타내는지 살펴보는 가치 지표다.

PER = 현재 주가 / 주당 순이익(EPS)

주당 순이익(Earning Per Share; EPS): 기업이 1주당 얼마의 순 이익을 냈는지를 나타내는 지표다.

EPS = 당기순이익 / 발행주식수

금융 관련 파이썬 라이브러리

D.1 파이썬 기본 라이브러리

넘파이, 판다스, 사이파이는 금융 데이터 분석에서 가장 많이 사용하는 라이브러리이다. 2장에서 필수적인 부분은 설명했지만, 잘 다룰수록 금융 데이터 분석이 쉬워지기 때문에 계속해서 관련 라이브러리 지식을 쌓아가길 바란다.

D.1.1 statsmodels

사용자가 데이터를 탐색할 때 다양한 통계 테스트를 수행할 수 있는 파이썬 라이브러리이다. 사이파이에서 제공하는 통계 모듈을 보완한다.

아래 명령어를 통해 라이브러리를 설치할 수 있다.

```
pip install statsmodels
```

또한 아래와 같이 회귀 분석 코드를 실행하여 간단한 통계 분석을 실행할 수 있다.

```
import numpy as np
import statsmodels.api as sm
import statsmodels.formula.api as smf
# Load data
dat = sm.datasets.get_rdataset("Guerry", "HistData").data
```

```
# Fit regression model (using the natural log of one of the regressors)
results = smf.ols('Lottery ~ Literacy + np.log(Pop1831)', data=dat).fit()
# Inspect the results
print(results.summary())
```

OLS Regression Results
===
Dep. Variable: Lottery   R-squared: 0.348
Model: OLS   Adj. R-squared: 0.333
Method: Least Squares   F-statistic: 22.20
Date: Fri, 21 Feb 2020   Prob (F-statistic):   1.90e-08
Time: 13:59:15   Log-Likelihood: -379.82
No. Observations: 86   AIC: 765.6
Df Residuals: 83   BIC: 773.0
Df Model: 2
Covariance Type: nonrobust
===
                    coef   std err   t   P>|t| [0.025   0.975]

Intercept   246.4341   35.233   6.995   0.000   176.358   316.510
Literacy   -0.4889   0.128   -3.832   0.000   -0.743   -0.235
np.log(Pop1831) -31.3114   5.977   -5.239   0.000   -43.199   -19.424
===
Omnibus: 3.713   Durbin-Watson: 2.019
Prob(Omnibus):   0.156   Jarque-Bera (JB):   3.394
Skew: -0.487   Prob(JB):   0.183
Kurtosis: 3.003   Cond. No.   702.
===

Warnings:
[1] Standard Errors assume that the covariance matrix of the errors is correctly
specified.
```

# D.2 시각화 라이브러리

Matplotlib: 파이썬에서 자료를 차트chart나 플롯plot으로 시각화visulaization하는 패키지이다.
```

Matplotlib는 다음과 같은 정형화된 차트나 플롯 이외에도 저수준 API를 사용한 다양한 시각화 기능을 제공한다.

아래 명령어를 이용하면 간단하게 설치할 수 있다.

```
pip install matplotlib
pip install seaborn
```

plotly: Plotly 툴은 파이썬과 Django 프레임워크를 사용하며, 프론트엔드는 JavaScript, 시각화 라이브러리는 D3.js, HTML, CSS를 사용하여 만들어졌다. Plotly는 파이썬에 수많은 데이터 시각화 라이브러리 가장 뛰어난 기능을 자랑한다. 또한 인터렉티브interactive한 시각화가 가능하다는 게 큰 장점이다.

그림 D-1 Plotly로 만든 데이터 시각화 예시

plotly는 아래 명령어를 이용해 간단히 설치할 수 있다.

```
pip install plotly
```

아래와 같이 코드를 작성하면 캔들차트를 쉽게 그릴 수 있다.

```python
import plotly.graph_objects as go

import pandas as pd
from datetime import datetime

df = pd.read_csv('https://raw.githubusercontent.com/plotly/datasets/master/finance-charts-apple.csv')

fig = go.Figure(data=[go.Candlestick(x=df['Date'],
                open=df['AAPL.Open'],
                high=df['AAPL.High'],
                low=df['AAPL.Low'],
                close=df['AAPL.Close'])])

fig.show()
```

그림 D-2 plotly 그래프 예시

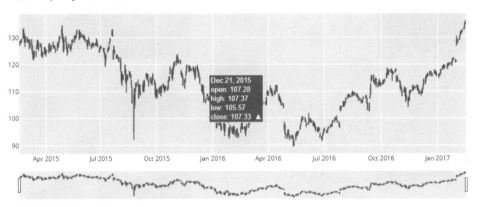

D.3 데이터 스크래핑

Beautiful Soup: HTML 및 XML 문서를 분석하기 위한 파이썬 라이브러리이다. HTML에서 웹 스크래핑에 유용한 데이터를 추출하는 데 사용할 수 있는 구문 분석된 페이지에 대한 구문 분석 트리를 만든다.

파서parser 특징에 따라 아래 4가지 구문 분석을 사용할 수 있다.

표 D-2 파서의 사용 방법과 장/단점

파서 종류	선언 방법	장점	단점
파이썬 html.parser	BeautifulSoup(markup, "html.parser")	설치할 필요 없음 적당한 속도	
lxml HTML parser	BeautifulSoup(markup, "lxml")	매우 빠름	lxml 추가 설치 필요
lxml XML parser	BeautifulSoup(markup, "lxml-xml") BeautifulSoup(markup, "xml")	매우 빠름 유일하게 지원되는 xml parser	lxml 추가 설치 필요
html5lib	BeautifulSoup(markup, "html5lib")	웹 브라우저와 같은 방식으로 페이지를 파싱 유효한 HTML5 생성	html516 추가 설치 필요 매우 느림

pip 명령어를 통해 간단하게 설치할 수 있다.

```
pip install beutifulsoup4
pip install lxml
pip install html5lib
```

Selenium(셀레늄): 주로 웹 애플리케이션(웹앱)을 테스트하는 웹프레임워크다. 웹브라우저(Chrome, Firefox, IE 등) 조작을 지원하는데, WebDriver를 다운받아 실행하면 웹브라우저를 자유자재로 조작할 수 있다.

설치방법은 각 PC마다 설치되어있는 웹브라우저가 다르기 때문에 자신의 환경에 맞는 드라이버를 설치한다. 여기서는 크롬을 기준으로 설치한다.

크롬에서 맞춤 설정 버튼을 누르고 도움말에 크롬 정보를 확인한다.

그림 D-3 크롬 정보 확인 방법

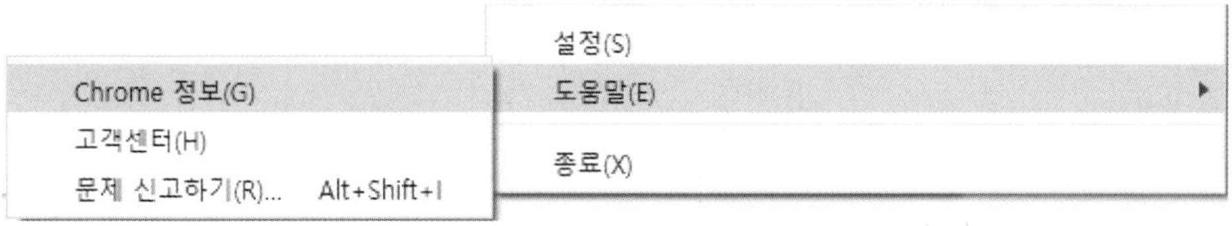

	설정(S)
Chrome 정보(G)	도움말(E) ▶
고객센터(H)	종료(X)
문제 신고하기(R)... Alt+Shift+I	

그림 D-4 크롬 정보

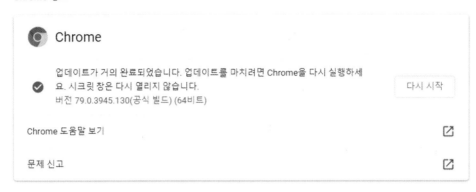

크롬 버전에 맞는 페이지에 들어가서 파일을 설치한다(윈도우).

그림 D-5 크롬 버전에 맞는 파일 설치

Index of /80.0.3987.106/

Name	Last modified	Size	ETag
Parent Directory		-	
chromedriver_linux64.zip	2020-02-13 19:21:31	4.71MB	caf2eb7148c03617f264b99743e2051c
chromedriver_mac64.zip	2020-02-13 19:21:32	6.68MB	675a673c111fdcc9678d11df0e69b334
chromedriver_win32.zip	2020-02-13 19:21:34	4.17MB	d5fee78fdcb9c2c3af9a2ce1299a8621
notes.txt	2020-02-13 19:21:35	0.00MB	ba68a595cc67cb7a7a606b58deb0d259

그리고 Selenium 라이브러리를 설치한다. 아나콘다로 파이썬을 설치했다면 conda 명령어를 사용해도 된다.

```
pip install selenium
conda install selenium
```

사용할 때는 아래와 같이 webdriver 경로를 지정해서 웹브라우저 드라이버를 설정해준다.

```
from selenium import webdriver
chromedriver = '{chromedriver.exe 파일이 존재하는 경로}'
driver = webdriver.Chrome(chromedriver)
```

D.4 기술적 분석 지표 및 계량 경제 이론 모델링

TA-Lib은 기술적 분석을 수행하는 시스템 트레이딩에서 많은 분석가가 애용하는 라이브러리이다. 주요 기능으로 MACD, RSI, 확율, 볼린저 밴드 등과 같은 138개의 지표를 사용할 수 있도록 내장 함수[1]를 지원한다. 거의 모든 기술적 분석 함수를 제공하며 C 바이너리 파일로 되어 있기에 빠른 연산이 가능하지만, 윈도우 버전에서 설치 시 비공식적인[2] 윈도우용 바이너리파일을 이용해 설치해야 한다는 단점이 있다.

그림 D-6 비공식 윈도우 바이너리 파일

TA-Lib: a wrapper for the TA-LIB Technical Analysis Library.
TA_Lib-0.4.17-cp38-cp38-win_amd64.whl
TA_Lib-0.4.17-cp38-cp38-win32.whl
TA_Lib-0.4.17-cp37-cp37m-win_amd64.whl
TA_Lib-0.4.17-cp37-cp37m-win32.whl
TA_Lib-0.4.17-cp36-cp36m-win_amd64.whl
TA_Lib-0.4.17-cp36-cp36m-win32.whl
TA_Lib-0.4.17-cp35-cp35m-win_amd64.whl
TA_Lib-0.4.17-cp35-cp35m-win32.whl
TA_Lib-0.4.17-cp34-cp34m-win_amd64.whl
TA_Lib-0.4.17-cp34-cp34m-win32.whl
TA_Lib-0.4.17-cp27-cp27m-win_amd64.whl
TA_Lib-0.4.17-cp27-cp27m-win32.whl

자신의 환경 파이썬 버전과 윈도우 비트수를 확인해 알맞은 whl파일을 찾은 뒤, 다운로드 경로에서 pip install 라이브러리파일.whl 명령어를 입력하면 설치가 완료된다. 자신이 사용하고 있는 버전이 파이썬 3.6버전과 윈도우 64비트라면 아래와 같은 파일을 설치하면 된다.

```
pip install TA_Lib-0.4.17-cp36-cp36m-win_amd64.whl
```

한가지 예시를 통해 사용법에 대해 알아보자. 아래 코드는 이동평균선 5일, 10일을 계산하는 방법이다. 아래와 같이 라이브러리를 불러와 함수를 호출하면 된다.

---

[1] 주요함수 리스트 – http://ta-lib.org/function.html
[2] https://www.lfd.uci.edu/~gohlke/pythonlibs/#ta-lib 페이지에서 다운로드한다.

```
import talib
# data Load
df = pd.read_csv('data/ch05/intc.csv',
                 index_col='Date',
                 parse_dates=True)
# Moving Average
df['MA5'] = talib.SMA(df['Close'],timeperiod=5)
df['MA10'] = talib.SMA(df['Close'],timeperiod=10)
```

Date	High	Low	Open	Close	Volume	Adj Close	MA5	MA10
1999-12-31	41.9375	40.968750	41.906250	41.15625	11572000.0	26.504349	NaN	NaN
2000-01-03	43.6875	41.625000	41.632812	43.50000	57710200.0	28.013699	NaN	NaN
2000-01-04	43.9375	41.125000	42.718750	41.46875	51019600.0	26.705585	NaN	NaN
2000-01-05	42.9375	40.250000	41.500000	41.81250	52389000.0	26.926966	NaN	NaN
2000-01-06	41.6875	39.093750	40.875000	39.37500	55171200.0	25.357227	41.46250	NaN
2000-01-07	41.0000	38.687500	38.750000	41.00000	41096400.0	26.403713	41.43125	NaN
2000-01-10	43.6250	42.062500	42.875000	42.87500	53619800.0	27.611202	41.30625	NaN
2000-01-11	46.1875	44.140625	44.281250	44.84375	105481800.0	28.879063	41.98125	NaN
2000-01-12	47.3750	44.625000	45.437500	45.62500	97326600.0	29.382189	42.74375	NaN
2000-01-13	46.5000	44.656250	46.343750	45.53125	76104200.0	29.321796	43.97500	42.71875

QuantEcon: 게임 이론, 마르코프 체인, 최적화 이론, 랜덤 난수 생성 기능 및 기타 여러 유틸리티를 제공하는 라이브러리이다. 비영리 단체에서 운영하는 라이브러리이며 경제 관련 계량적인 모델링을 할 수 있는 여러 기능을 제공한다. 해당 깃헙을 들어가면 수업자료와 샘플 파이썬 소스 파일을 확인할 수 있다.

아래 명령어로 필요한 라이브러리를 설치할 수 있다.

```
pip install quantecon
```

QuantEcon 깃허브[3]에서 많은 양의 예제를 확인할 수 있다.

---

3 https://quantecon.org/notebooks/

Finite Markov Chains: Examples

Daisuke Oyama

Faculty of Economics, University of Tokyo

This notebook demonstrates how to analyze finite-state Markov chains with the `MarkovChain` class. For basic concepts and properties on Markov chains, see

- the lecture on finite Markov chains in Quantitative Economics, and
- the documentation for `MarkovChain`.

For algorithmic issues in detecting reducibility and periodicity of a Markov chain, see, for example,

- J. P. Jarvis and D. R. Shier, "Graph-Theoretic Analysis of Finite Markov Chains,"

from which we draw some examples below.

```
%matplotlib inline
```

```
from __future__ import division, print_function
import numpy as np
import matplotlib.pyplot as plt
from quantecon.markov import MarkovChain
```

Example 1: Reducible chain

Consider the Markov chain given by the following stochastic matrix, taken from Exercise 3 in Jarvis and Shier (where the actual values of non-zero probabilities are not important):

```
P = np.zeros((6, 6))
P[0, 0] = 1
P[1, 4] = 1
P[2, [2, 3, 4]] = 1/3
P[3, [0, 5]] = 1/2
P[4, [1, 4]] = 1/2
P[5, [0, 3]] = 1/2
```

D.5 캘린더

시계열 데이터를 처리하는 문제에서 특히 주가 데이터를 분석한다면 전세계 주식시장이 언제 열리고 닫히는지 반드시 알아야 한다. 이런 정보를 제공하는 유용한 파이썬라이브러리가 있다.

D.5.1 pandas_market_calendars

시장 캘린더 정보를 판다스를 이용해서 사용할 수 있다.[4]

아래 명령어로 필요한 라이브러리를 설치할 수 있다.

```
pip install pandas-market-calendars
```

아래와 같이 거래소 정보만 입력하면 간단하게 시간대역 정보와 공휴일 날짜를 받아 올 수 있다.

```
import sys
sys.path.append("../")
from datetime import time
import pandas as pd
import pandas_market_calendars as mcal
nyse = mcal.get_calendar('NYSE')
print(nyse.tz.zone)
holidays = nyse.holidays()
holidays.holidays[-5:]
```

```
'America/New_York'

(numpy.datetime64('2030-05-27'),
 numpy.datetime64('2030-07-04'),
 numpy.datetime64('2030-09-02'),
 numpy.datetime64('2030-11-28'),
 numpy.datetime64('2030-12-25'))
```

---

4 https://pandas-market-calendars.readthedocs.io/en/latest/usage.html

D.5.2 trading_calendars

퀀토피언^{quantopian}에서 지원하는 집라인^{zipline} 백테스팅 라이브러리와 함께 사용할 수 있는 거래소 캘린더 정보이다.

아래 명령어로 필요한 라이브러리를 설치할 수 있다.

```
pip install trading-calendars
```

아래와 같이 거래소 정보만 입력하면 간단하게 시간대역 정보와 공휴일 날짜를 받아 올 수 있다.

```python
from trading_calendars import get_calendar

# US Stock Exchanges (includes NASDAQ)
us_calendar = get_calendar('XNYS')
# London Stock Exchange
london_calendar = get_calendar('XLON')
# Toronto Stock Exchange
toronto_calendar = get_calendar('XTSE')
# Tokyo Stock Exchange
tokyo_calendar = get_calendar('XTKS')
# Frankfurt Stock Exchange
frankfurt_calendar = get_calendar('XFRA')

# US Futures
us_futures_calendar = get_calendar('us_futures')
# Chicago Mercantile Exchange
cme_calendar = get_calendar('CMES')
# Intercontinental Exchange
ice_calendar = get_calendar('IEPA')
# CBOE Futures Exchange
cfe_calendar = get_calendar('XCBF')
# Brazilian Mercantile and Futures Exchange
bmf_calendar = get_calendar('BVMF')
```

2019 Trading Days Calendar

Month	1	2	3	4	5	6	7	8	9	10	11	12	13	14	15	16	17	18	19	20	21	22	23	24	25	26	27	28	29	30	31	Monthly Trading days	Monthly Trading hours	Quarterly Trading days	Quarterly Trading hours
Jan	T	W	T	F	S	S	M	T	W	T	F	S	S	M	T	W	T	F	S	S	M	T	W	T	F	S	S	M	T	W	T	21	136.5		
Feb	F	S	S	M	T	W	T	F	S	S	M	T	W	T	F	S	S	M	T	W	T	F	S	S	M	T	W	T				19	123.5		
Mar	F	S	S	M	T	W	T	F	S	S	M	T	W	T	F	S	S	M	T	W	T	F	S	S	M	T	W	T	F	S	S	21	136.5	61	396.5
Apr	M	T	W	T	F	S	S	M	T	W	T	F	S	S	M	T	W	T	F	S	S	M	T	W	T	F	S	S	M	T		21	136.5		
May	W	T	F	S	S	M	T	W	T	F	S	S	M	T	W	T	F	S	S	M	T	W	T	F	S	S	M	T	W	T	F	22	143.0		
Jun	S	S	M	T	W	T	F	S	S	M	T	W	T	F	S	S	M	T	W	T	F	S	S	M	T	W	T	F	S	S		20	130.0	63	409.5
Jul	M	T	W	T	F	S	S	M	T	W	T	F	S	S	M	T	W	T	F	S	S	M	T	W	T	F	S	S	M	T	W	22	140.0		
Aug	T	F	S	S	M	T	W	T	F	S	S	M	T	W	T	F	S	S	M	T	W	T	F	S	S	M	T	W	T	F	S	22	143.0		
Sep	S	M	T	W	T	F	S	S	M	T	W	T	F	S	S	M	T	W	T	F	S	S	M	T	W	T	F	S	S	M		20	130.0	64	413.0
Oct	T	W	T	F	S	S	M	T	W	T	F	S	S	M	T	W	T	F	S	S	M	T	W	T	F	S	S	M	T	W	T	23	149.5		
Nov	F	S	S	M	T	W	T	F	S	S	M	T	W	T	F	S	S	M	T	W	T	F	S	S	M	T	W	T	F	S		20	127.0		
Dec	S	M	T	W	T	F	S	S	M	T	W	T	F	S	S	M	T	W	T	F	S	S	M	T	W	T	F	S	S	M	T	21	133.5	64	410.0

Jan 1	New Year's Day	Jul 4	Independence Day	total	252	1629	252	1629.0
Jan 21	Martin Luther King, Jr. Day	Sep 2	Labor Day	avg	21	135.8	63	407.3
Feb 18	Washington's Birthday	Nov 28	Thanksgiving Day			
Apr 19	Good Friday	Nov 29	markets close early at 1:00			
May 27	Memorial Day	Dec 24	markets close early at 1:00			
Jul 3	markets close early at 1:00	Dec 25	Christmas			

1990년대에는 많은 개인 투자자들이 전광판에 있는 차트 하나에 의존해 투자했었다. 그 당시 증권가에 시스템 관리를 돕던 지인이 있었는데, 그분은 직접 빠르게 차트 데이터를 확인하고 투자를 할 수 있어, 전광판 차트에 의존하던 개인 투자자 대비 높은 수익률을 낼 수 있었다. 하지만 컴퓨터가 보급되어 일반인도 쉽게 차트를 분석하게 되면서 그동안 누려온 알파가 점차 사라졌다고 한다.

머신러닝도 마찬가지 아닐까? 머신러닝과 컴퓨터 과학 지식, 수많은 데이터로 무장한 헤지펀드가 훨씬 유리해 보일 수 있다. 하지만 데이터 민주화와 더불어 많은 유용한 오픈 소스가 공개되면서, 일반인도 마음만 먹으면 데이터와 편리한 기능을 제공하는 금융 라이브러리를 사용해 머신러닝 기반의 퀀트 전략을 구현할 수 있는 시대가 되었다. 지금 준비하지 않으면 늦을 수도 있다. '지금'이 바로 여러분의 시간이다. 부디 이 책을 통해 더 많은 사람들이 머신러닝 기반 투자 전략 개발에 관심을 갖고, 인공지능이 투자 금융에 미칠 파급력을 함께 고민하게 되기를 바란다.

끝으로 이 책이 세상에 나올 수 있도록 도와주신 많은 분께 감사의 인사를 전하고 싶습니다. 먼저, 목차밖에 없던 기획안의 잠재성을 높게 평가해주시고 연락해주신 서현 과장님과 바쁜 와중에도 틈틈이 시간을 내서 집필을 도와준 신준호 연구원님께 감사드립니다. 그리고 부족한 내용이지만 좋은 추천평을 써주신 모든 분께 감사의 인사 전하고 싶습니다. 마지막으로, 집필에 전념할 수 있도록 내조를 아끼지 않았던 아내 유리나와 힘이 되어준 아들 라온이, 딸 라엘이 그리고 체력과 시간을 허락해주신 하나님께 진심 어린 감사의 마음을 전합니다.

김태헌 드림

계량 투자 지식이 부족하거나 퀀트 투자에 관심이 있는 독자에게 다음 책을 추천한다.

『할 수 있다! 퀀트투자』(에프앤미디어, 2017)
 – 많은 퀀트 전략을 이 책 한 권에서 만날 수 있다.

『주식투자 ETF로 시작하라』(이레미디어, 2018)
 – 쉽고 간결한 설명으로 정량적 투자의 예를 보여준다. 읽어보면 실전 퀀트 알고리즘에 대한 감이 잡힐 것이다.

『문병로 교수의 매트릭 스튜디오』(김영사, 2014)
 – 우리나라 퀀트 투자의 선구자격인 문병로 교수님의 유명한 계량 투자 책이다.

『인공지능 투자가 퀀트』(카멜북스, 2017)
 – 미국 퀀트의 실생활을 잘 포착한 책. 흥미로운 퀀트 알고리즘을 소개한다.

『월스트리트 퀀트투자의 법칙』(비즈니스북스, 2019)
 – 월가에서 15년간 퀀트 생활을 한 저자가 알려주는 퀀트. 복잡한 알고리즘이나 특정 전략을 상세히 설명하진
   않지만 오랜 기간 이 분야에 몸담은 내공이 느껴지는 책이다.

파이썬을 다뤄본 경험이 없는 독자에게 추천하는 책이다.

『Do it! 점프 투 파이썬』(이지스퍼블리싱, 2016)
 – 파이썬 입문서로 제격

『Do it! 데이터 분석을 위한 판다스 입문』(이지스퍼블리싱, 2018)
 – 초급 판다스 교재

『Pandas Cookbook』(에이콘출판사, 2018)
 – 중, 고급 판다스 교재

『Python for Finance: Mastering Data-Driven Finance』(O'Reilly Media, 2018)
 – 금융 관련 데이터를 다루는 파이썬 교재 중 가장 추천하고 싶은 책. 1판은 번역본이 있지만 새로 나온 2판은
   아직 번역 개정본이 출간되지 않았다.

마지막으로 머신러닝, 딥러닝 관련 책을 추천한다.

『파이썬 머신러닝 완벽 가이드』(위키북스, 2019)
 – 코드를 잘 설명한 실습 위주의 책이다.

『핸즈온 머신러닝, 2판』(한빛미디어, 2020)
- 이론과 실습이 조화로운 책. 초, 중급의 머신러닝 책이라고 봐도 무방하다.

『파이썬 라이브러리를 활용한 머신러닝』(한빛미디어, 2019)
- 사이킷런(scikit-learn)의 핵심 개발자가 쓴 책. 머신러닝에서 자주 사용하는 라이브러리들의 사용법을 알려준다.

『밑바닥부터 시작하는 딥러닝』(한빛미디어, 2017)
- 딥러닝 입문서로 많은 추천을 받은 책. 신경망 기초 이론을 코드를 통해 친절하게 설명한다.

『밑바닥부터 시작하는 딥러닝2』(한빛미디어, 2019)
- 1편의 심화 버전이다.

『케라스 창시자에게 배우는 딥러닝』(길벗, 2018)
- 아마존 딥러닝 서적 중 베스트셀러. 자세하고 친절한 설명이 돋보이는 책이다.

『패턴 인식과 머신러닝』(제이펍, 2018)
- 이론 중심 책. 금융과는 거리가 있으나 고급 머신러닝 이론을 익히려면 필수로 거쳐야 하는 교과서 같은 책이다.

『단단한 머신러닝』(제이펍, 2020)
- 위에서 소개한 『패턴 인식과 머신러닝』이 어렵게 느껴진다면, 필자가 번역한 이 책을 권한다.